Helmut Fink
Die Fruchtbarkeit der Evolution

Schriftenreihe der Humanistischen Akademie Bayern, Band 5

Bisher erschienen:

Michael Bauer / Alexander Endreß (Hrsg.)
Selbstbestimmung am Ende des Lebens
Schriftenreihe der Humanistischen Akademie Bayern, Band 1, 2007
ISBN 978-3-86569-018-0

Helmut Fink (Hrsg.)
Was heißt Humanismus heute?
Ein Streitgespräch zwischen Joachim Kahl und
Michael Schmidt-Salomon
Schriftenreihe der Humanistischen Akademie Bayern, Band 2, 2007
ISBN 978-3-86569-035-7

Michael Bauer / Alexander Endreß (Hrsg.)
Armut
Aspekte sozialer und ökonomischer Unterprivilegierung
Schriftenreihe der Humanistischen Akademie Bayern, Band 3, 2009
ISBN 978-3-86569-038-8

Helmut Fink (Hrsg.)
Der neue Humanismus
Wissenschaftliches Menschenbild und säkulare Ethik
Schriftenreihe der Humanistischen Akademie Bayern, Band 4, 2010
ISBN 978-3-86569-059-3

Helmut Fink (Hrsg.)

Die Fruchtbarkeit der Evolution

Humanismus zwischen Zufall und Notwendigkeit

Alibri Verlag
Aschaffenburg

2013

Alibri Verlag
www.alibri.de
Aschaffenburg
Mitglied in der Assoziation Linker Verlage (*aLiVe*)

1. Auflage 2013

Umschlaggestaltung: Claus Sterneck
Druck und Verarbeitung: Sowa, Warschau

ISBN 978-3-86569-072-2

Inhaltsübersicht

Vorwort

Dieser Band versammelt die Beiträge einer Tagung, die unter gleichem Titel von 20. bis 22. Mai 2009 im Nicolaus-Copernicus-Planetarium Nürnberg stattfand. Veranstalter waren der *turmdersinne*, eine gemeinnützige GmbH des Humanistischen Verbandes *HVD Bayern* (www.turmdersinne.de), die *Giordano-Bruno-Stiftung* (www.giordano-bruno-stiftung.de) und die *Humanistische Akademie Bayern* (www.humanistische-akademie-bayern.de).

Alle drei Veranstalter verbindet – bei Unterschieden im Profil und im Spektrum ihrer sonstigen Aktivitäten – das Eintreten für die Ideen der Aufklärung und für einen säkularen Humanismus. Die weltanschauliche Relevanz naturwissenschaftlicher Erkenntnisse bildet dabei einen zentralen gemeinsamen Ausgangspunkt.

Anlass der Tagung war das „Darwin-Jahr" (www.darwin-jahr.de), in dem sowohl der 200. Geburtstag dieses großen Naturforschers als auch das 150-jährige Jubiläum der Erstausgabe seines Hauptwerks *On the Origin of Species by Means of Natural Selection* gefeiert wurden. Die Beiträge behandeln jedoch durchweg systematische Fragen, die weit über den historischen Anlass hinaus Aufmerksamkeit verdienen.

Für die reibungslose und professionelle Organisation der Tagung danke ich Rainer Rosenzweig und dem Team des *turmdersinne* sowie Klaus Herzig vom Nürnberger Planetarium.

Nürnberg im September 2012   Helmut Fink

Helmut Fink

Einleitung: Evolution und Humanismus

Es gehört zu den Eigenarten des Menschen zu fragen, woher er kommt. Der Horizont der eigenen Lebensspanne wird dabei überschritten. Immer weiter zurück geht der Blick, weit über die frühesten persönlichen Erinnerungen hinaus, zu den Vorfahren und deren Vorfahren, jenseits familiengeschichtlicher Dokumente in „die Geschichte", die Frühgeschichte, die Urgeschichte der Menschheit, zur Frage der Menschwerdung, der Entstehung unserer Art, dem großen Naturgeschehen und seinen Gesetzen.

Seit wohl dreieinhalb Milliarden Jahren gibt es Leben auf der Erde, seit über 200 Millionen Jahren Säugetiere, seit rund zwei Millionen Jahren Menschen, seit etwa 160.000 Jahren solche wie uns – biologisch betrachtet. Das Leben ruht nicht. Arten entstehen und sterben wieder aus. Die Vielfalt der Lebensformen, ihre markante Erscheinung, ihre weite Verbreitung, ihr zweckdienliches Verhalten und ihr vernetztes Zusammenspiel sind ohne Zweifel beeindruckend.

Noch faszinierender als die bunte Welt der Phänomene ist für den denkenden Menschen jedoch die Tatsache, dass man diese Vielfalt erforschen und ihr Werden und Vergehen auf gemeinsame Prinzipien zurückführen kann. Das zentrale Stichwort für diesen Blick hinter die Kulissen des Lebens heißt *Evolution*. Die Evolutionsbiologie liefert den Erklärungsrahmen des Artenwandels durch das Zusammenwirken von Reproduktion, Variation und Selektion. Innerhalb dieses Rahmens können unterschiedliche Anpassungseffekte näher bestimmt, aber gleichzeitig die Vielfalt des Lebendigen unter einem gemeinsamen Blickwinkel betrachtet werden.

Die Prinzipien der Evolution ermöglichen naturalistische Erklärungen für die Entstehung, den Wandel, den Erfolg oder Misserfolg der unterschiedlichen Lebensformen. Die Evolution ordnet den Menschen ein in das weit verzweigte Geflecht des Lebens. Die Erkenntnisse der Biologie tragen zur Wesensbestimmung, zum Selbstbild und zur Orientierung des Menschen bei. Sie haben mithin weltanschauliche Konsequenzen. Die Evolutionsbiologie stützt ein naturalistisches Menschenbild.

In voraufgeklärten Zeiten war das „Woher" des Menschen – genau wie sein „Wohin", „Wozu" oder „Woraufhin" – eine Domäne der Religion. Seit einigen Jahrhunderten ist jedoch die Präge- und Bindungskraft traditioneller Formen von Religion zumindest dort rückläufig, wo empirische Wissenschaften und aufklärerisches Bewusstsein ihren Einfluss ungehindert entfalten können. Das Christentum hat in Europa seine beherrschende Stellung im Denken und Fühlen der Menschen weitgehend eingebüßt. Ein entscheidender Grund dafür ist sicherlich die schwer zu überbrückende Kluft zwischen altem Glauben und neuem Wissen.

Andere, nicht mehr christlich und überhaupt nicht mehr religiös geprägte Weltanschauungen bekommen ihre Chance und gewinnen an Boden. Die Säkularisierung der Welt- und Menschenbilder schreitet voran. Was vor über 100 Jahren als monistische Bewegung eine erste Blüte erlebt hat, wird heute unter veränderten Bedingungen, mit aktualisierter Schwerpunktsetzung und neuem Vokabular auf der Höhe der Zeit fortgeführt – als evolutionärer Humanismus oder naturalistischer Humanismus (vgl. dazu auch die Beiträge in Fink (2010)).

Das Stichwort Humanismus bezeichnet in diesem Zusammenhang eine weltanschauliche Strömung, die sich übernatürlicher Aussagen enthält und keinen Gott, sondern den Menschen selbst in den Mittelpunkt ihrer Überlegungen stellt. Gemeint ist somit ausdrücklich ein weltlicher oder säkularer Humanismus, innerhalb dessen die Adjektive „evolutionär" oder „naturalistisch" einen bewusst gewählten inhaltlichen oder methodischen Ausgangspunkt angeben. Dieser Ausgangspunkt trägt zu einer trennscharfen Profilierung des säkularen Humanismus bei und verspricht eine tiefere – nämlich wahrheitsorientierte – weltanschauliche Verankerung, als es bloße kulturelle Befindlichkeiten oder politische Interessen jemals zu leisten vermögen.

Es ist daher unausweichlich, das schwierige Verhältnis von Wissenschaft und Weltanschauung in den Blick zu nehmen: Wenn „evolutionär" auf wissenschaftliche Inhalte (oder Ergebnisse) und „naturalistisch" auf wissenschaftliche Methoden (oder Voraussetzungen) verweist und „Humanismus" weltanschaulich gemeint ist, dann liegt die Frage nahe, ob ein „evolutionärer Humanismus" oder „naturalistischer Humanismus" eine spezielle „wissenschaftliche Weltanschauung" ist.

Wie so oft hängt die Antwort auf diese Frage vom Verständnis der Begriffe ab. Wir können hier nur einige Aspekte der weltanschaulichen Relevanz wissenschaftlicher Erkenntnisse anreißen. Im folgenden Abschnitt stehen zunächst Reichweite und Anspruch des evolutionären Denkens im Mittelpunkt. Danach werden mögliche Auswirkungen dieses Denkens im Verhältnis zu den Religionen bedacht und anschließend ein vorläufiges Fazit aus Sicht des säkularen Humanismus gezogen. Den Abschluss dieser Einleitung bildet ein Überblick über die weiteren Beiträge des Buches.

Anwendungsbereiche und Geltungsansprüche

Die Evolutionsbiologie ist heute nicht nur das unter Fachleuten akzeptierte Spezialgebiet für ihren angestammten Anwendungsbereich, nämlich Entstehung und Wandel der Arten, sondern sie ist darüber hinaus eine Schlüsseldisziplin zum Verständnis der gesamten Biologie geworden. Wie jedes wissenschaftliche Betätigungsfeld unterliegt auch die Evolutionsbiologie einem Erkenntnisfortschritt, der im Laufe von 150 Jahren neue Belege erbringt, neue Bezüge erkennen lässt und neue Einordnungen ermöglicht.

Einen profunden Rückblick auf die Geschichte der Evolutionstheorie und die seit ihren Anfängen vorhandenen Widerstände und Kontroversen bieten Junker und Hoßfeld (2009), einen kenntnisreichen Bogen von Darwinschen Ideen bis zum Forschungsstand der Gegenwart schlägt Kutschera (2009), und einen guten Überblick über die Entwicklung der verschiedenen Teilgebiete der Biologie vermittelt Junker (2004); speziell zu Darwin siehe auch Wuketits (2005) und zu seinem 200. Geburtstag die Broschüre „Darwin-Jahr" (2009) sowie die Zusammenfassung von Hoßfeld (2009).

Die Erforschung biologischer Evolutionsmechanismen ist längst vernetzt mit Erkenntnissen aus Genetik, Populationsdynamik und Geowissenschaften. Die vielfältigen Belege für die Evolution des Lebendigen und die wissenschaftlichen Methoden ihrer Gewinnung werden von Dawkins (2010) ansprechend dargestellt und engagiert erläutert. Als Lehrbuch sei Kutschera (2008) empfohlen. Von besonderer Brisanz in der Ideengeschichte der Evolution war stets die Entstehung des Menschen. Der gegenwärtige Wissensstand über diesen Jahrmillionen langen Prozess ist knapp zusammengefasst in Henke und Rothe (2003), Junker (2006) und Schrenk (2008).

Die Reichweite evolutionärer Betrachtungen umfasst keineswegs nur den Körperbau, sondern auch das Verhalten der untersuchten Lebewesen. Somit gehören kulturelle Phänomene beim Menschen und deren Vorstufen

im Tierreich grundsätzlich mit zum Anwendungsbereich der Evolutionsbiologie. Einen Eindruck vom „kulturellen Leben der Tiere" vermittelt de
Waal (2005). Die oftmals empfundene Kluft zwischen Natur und Kultur
wird bei diesem Herangehen naturalistisch überbrückt.

Ein noch ehrgeizigeres Programm ist die evolutionäre Erklärung der
Entstehung und des Wandels bewusster kultureller Inhalte beim Menschen.
Dabei werden die Grenzen der (traditionellen) Biologie überschritten und
Evolution in einem allgemeineren Sinne verstanden. Ein ausgearbeiteter
Entwurf einer solchen vereinheitlichten evolutionären Theorie, die aus-
drücklich auch Moral und Religion einbezieht, liegt in Schurz (2011) vor.
Generell ist zu erwarten, dass der verwendete Evolutionsbegriff umso ab-
strakter werden muss, je weiter sein Anwendungsbereich gefasst werden
soll.

Wenn nun allerdings die Absicht bestünde, den Geltungsanspruch einer
bestimmten Weltanschauung – ob sie den Namen Humanismus verdient
oder nicht – evolutionär zu rechtfertigen oder auch evolutionär zu widerlegen, so stehen dem drei methodische Hindernisse im Weg: *Erstens* ist
die prognostische Kraft evolutionärer Erklärungen sehr begrenzt, solange
nicht alle Einflussgrößen der Umgebung und alle Rückwirkungen auf sie
genau bekannt sind. Dass sich in der Kulturentwicklung der Menschheit
eine bestimmte Weltanschauung evolutionär durchsetzen wird, ist daher
nicht seriös begründbar. *Zweitens* liefert die naturalistische Reduktion
geistiger Gehalte auf ihre materielle Basis (etwa von Denkinhalten auf
die unterliegenden neuronalen Anregungsmuster im Gehirn der denkenden Person) – soweit sie überhaupt gelingt – keine Geltungskriterien. Dem
neuronalen Anregungsmuster kann man nämlich nicht ansehen, ob der zu-
gehörige Denkinhalt korrekt ist oder fehlerhaft, ob der Denker also recht
hat oder sich täuscht. *Drittens* greifen evolutionäre Mechanismen immer
an Seiendes an – ob nun auf materieller oder geistiger Ebene –, während
Weltanschauungen nicht ohne Sollenssätze auskommen. Der Übergang
von deskriptiven Wissensbeständen zu normativen Wertentscheidungen ist
aber niemals zwingend.

Man muss also aufpassen, dass man den evolutionären Bogen nicht
überspannt. Die Verständigung über die „Wahrheit" einer Weltanschauung
kann nicht mit dem Wahrheitsanspruch des wissenschaftlichen Erkenntnis-
gewinns gleichgesetzt werden. Für die Evolution wird aber redlicherweise
nur letzterer erhoben. Ein über die Akzeptanz der wissenschaftlichen Methodik hinausgehendes weltanschauliches Bekenntnis ist damit nicht verbunden. „Wahrheit" wird in der Wissenschaft in aller Regel recht harmlos

als Übereinstimmung einer Aussage mit den Fakten (bzw. in der Mathematik: mit den Axiomen) verstanden, während in weltanschaulichen Zusammenhängen oft eine Art emotionaler oder gar existentieller Aufladung erfolgt, die den argumentativen Zugriff erschwert.

Es mag der Entwirrung „weltanschaulicher Wahrheiten" dienen, bei der Analyse von komplexen Gedankengängen immer auf den Geltungsanspruch einzelner Aussagen zurückzugehen. Der Geltungsanspruch *wissenschaftlicher* Aussagen ist objektiv, d. h. am jeweiligen Untersuchungsgegenstand orientiert, und kann im Prinzip von jeder kundigen Person überprüft werden. Der Geltungsanspruch wird eingelöst, indem das Ausgesagte logisch und/oder empirisch aufgezeigt wird. Der Geltungsanspruch *weltanschaulicher* Aussagen ist nicht im selben Sinne objektiv, und er kann auch nicht auf gleiche Weise eingelöst werden. Hier geht es eher um intersubjektiv geteilte Überzeugungen und um den Anspruch, dass ein Grundwert oder ein Sinnhorizont gelten *soll*. Auch hierüber kann man sich zwar mit Gründen verständigen, aber am Ende verbleibt ein normativer Entscheidungsspielraum, der sich durch logische Analysen und empirische Prüfung von Hypothesen nicht weiter verringern lässt.

Die hier vorgenommene idealtypische Zerlegung in einen wissenschaftlichen und einen weltanschaulichen Aussagebereich soll dabei helfen, ein Überziehen der jeweiligen Geltungsansprüche zu vermeiden. Dabei kann nun allerdings der Eindruck entstehen, dass beide Bereiche vollständig voneinander getrennt werden könnten: hier das Studium materieller Abläufe, dort die Verständigung über geistige Gehalte – hier das Messbare, Zählbare, Prüfbare, dort das Erfühlte, Verinnerlichte, Werthaltige – mit einem Wort: hier die Wissenschaft, dort die Weltanschauung oder Religion. Doch so einfach liegen die Dinge nicht.

Verträglichkeitsbedingung an die Religionen

Es ist eine weit verbreitete Meinung unter den Intellektuellen der Gegenwart, dass Wissenschaft und Religion nicht zueinander in Widerspruch geraten können, weil beide von völlig verschiedenen Dingen handeln. Diese Sicht hat eine aufklärerische Seite: Die Religion soll die Wissenschaft in ihrem Zuständigkeitsbereich gewähren lassen, denn für diesen Bereich verfügt die Wissenschaft über die passenden Methoden zur Erkenntnisgewinnung. Die großen historischen Konflikte zwischen Kirche und Forschung, wie etwa der Fall Galilei oder die Verurteilung der Evolution durch kirchliche Würdenträger, werden dabei als frühere Grenzüberschreitungen der Kirche angesehen, die heute überholt und ausgeräumt sind.

In der Tat kann der liberale und intellektuelle Flügel des europäischen Christentums für sich in Anspruch nehmen, wichtige Denkbewegungen der Aufklärung bewusst mitvollzogen zu haben. Dies ermöglicht bis heute gesellschaftliche Gemeinsamkeiten über die Grenzen von Weltanschauungen hinweg und stellt ein integratives Potential der christlichen Lebensauffassung dar, das von atheistischen Denkern nicht immer ausreichend gewürdigt wird.

So herrscht also eine Art moderner Zweireichelehre vor, die die weltliche Macht der Wissenschaft von der geistlichen Macht der Religion scheidet. Im christlichen Denken muss hierfür nur das berühmte Jesuswort aus dem Matthäus-Evangelium vom Kaiser auf den Wissenschaftler heruntertransformiert werden: „Gebt dem Wissenschaftler, was des Wissenschaftlers ist, und Gott, was Gottes ist." Die friedliche Koexistenz von Vernunft und Glaube scheint gesichert, Forschungsfreiheit und Religionsfreiheit dauerhaft versöhnt.

Diese Sicht erklärt, wieso zeitgenössische Theologen so wenig Sympathie für den Kreationismus aufbringen: Er ist ein Rückfall in die unguten Seiten der eigenen Vergangenheit. Er maßt sich mit der Autorität des Glaubens an, in die Domäne der Wissenschaft hineinzuregieren. Er ist eine methodische Grenzverletzung. – Einen recht unterhaltsamen Eindruck von kreationistisch inspirierter, aber in wissenschaftsartigem Stil vorgetragener Weltbildbelehrung bietet das Büchlein *Das Leben* (1985). Die aktuelle christliche Verarbeitung des Themas zeigt Hempelmann (2009). Eine weltanschaulich neutrale, rein wissenschaftstheoretische Kritik an kreationistischen Ansprüchen nimmt Hillerbrand (2011) vor.

Fragwürdig an der Zweireichelehre von Wissenschaft und Religion erscheint nun allerdings die Haltbarkeit der religiösen Domäne, die das Vertrauen der Theologen in dieses Denkmodell wesentlich mitbegründet. Zwar ist zuzugestehen, dass wissenschaftliche Erkenntnis ihrerseits methodische Voraussetzungen hat und atheistisch-humanistische Positionen aus wissenschaftlichem Fortschritt nicht automatisch folgen. Ein *methodischer* Naturalismus, der nur natürliche Ursachen akzeptiert und die kausale Geschlossenheit der Welt zu Erklärungszwecken annimmt, ist noch kein *ontologischer* Naturalismus, der übernatürliche Entitäten und letzte Endziele schlechthin leugnet. Aber wenn der Wissenschaft ihr Entfaltungsspielraum wirklich gelassen wird und ihre Resultate wirklich akzeptiert werden, dann sind damit der religiösen Verkündigung weitaus engere Grenzen gesetzt, als den meisten heutigen Theologen klar zu sein scheint.

Religiöse Weltdeutungsansprüche können nämlich gar nicht formuliert werden ohne Aussagen, die sich auf Dinge in der Welt beziehen. Für alle solchen Aussagen ist jedoch eine wissenschaftliche Überprüfung zumindest im Prinzip möglich. Deren Ergebnis zu respektieren stellt eine harte *Verträglichkeitsbedingung* an jeden religiösen Entwurf: Glaubensaussagen müssen dann stets so gefasst werden, dass sie mit dem nachprüfbaren Weltwissen vereinbar sind.

Man kann sich fragen, ob Religion unter dieser Bedingung überhaupt noch möglich ist. Denn natürlich sind alle Gegenstände der religiösen Überlieferung erforschbar und werden ja auch seit Jahrhunderten erforscht. Sowohl historische Abläufe als auch behauptete Auswirkungen des Glaubens einschließlich der ihm zugrunde liegenden pädagogischen und psychischen Mechanismen unterliegen Ursache-Wirkungs-Zusammenhängen, deren Aufdeckung zu einem schlüssigen Bild des Phänomens Religion führt – ohne dass dazu an irgendeiner Stelle eine Glaubensaussage investiert werden müsste.

Erforscht wurden und werden etwa die Herkunft der religiösen Texte, ihr historisch-literarischer Kontext, ihre redaktionelle Zusammenstellung zu „heiligen" Büchern, die wechselvolle Geschichte ihrer Interpretation, die Vorläufer- und Parallelkulte der heute vorherrschenden Religionen, der Lebenslauf historischer Figuren (wie etwa Jesus oder Mohammed), die machtpolitischen Entstehungsbedingungen religiöser Institutionen, die Wirkung von Gebeten, die Funktion von Ritualen, der Wandel künstlerischer Ausdrucksformen, die Folgen religiöser Erziehung, die Soziologie religiöser Vergemeinschaftung, die neuronalen Mechanismen religiöser Entrückung und die Finanzbeziehungen zwischen Kirche und Staat.

Religiöse Verkündigungen, die sich an die obige Verträglichkeitsbedingung halten wollen, dürfen das erforschte Ursache-Wirkungs-Gefüge in der Welt an keiner Stelle verleugnen. Was bleibt dann aber noch zu verkünden? Atheisten werden solche Botschaften als ziemlich sinnleer, da aussagelos, empfinden. Nicht so Gläubige! Denn natürlich verbleibt die Freiheit, Bewertungen der historischen Tatsachen vorzunehmen, das Naturgeschehen zu deuten, ethische Grundentscheidungen zu treffen und kulturelle Ziele zu definieren. Logisch gesehen ist eine wissenschaftskompatible Religion also durchaus möglich.

Die Frage ist allerdings, ob eine konsequent aufgeklärte Religion die Gläubigen auf Dauer zu überzeugen vermag. Denn viele altgewohnte Elemente des Glaubens müssten dann entweder zurückgenommen oder stark abgespeckt werden. Insbesondere wäre wohl kaum noch zu verschleiern, dass sich ein Wirken Gottes nirgends in der Welt real zeigt (Gott kommt in natürlichen Ursachenketten nicht vor), dass die „heiligen" Texte kulturelle Zeugnisse ihrer Zeit und die heilsgeschichtlichen Verheißungen literarische Erfindungen sind, dass Gebete keine über Selbstgespräch, Meditation und Placebo-Effekt hinausgehenden realen Bezüge haben und dass das geistige Dasein des Individuums mit dem Tod seines Gehirns unwiderruflich endet. Die theologische Beflissenheit, durch beziehungsreiche Wortgebilde mehr zu insinuieren als man auf konkrete Nachfrage hin zu verteidigen bereit ist, wäre dann wohl beendet.

Für religiöse Deutungen einzelner Vorgänge in der Welt besteht das grundsätzliche Problem, dass solche Deutungen zur Erklärung des jeweiligen Vorgangs gar nicht benötigt werden und das „Andocken" der Deutungsabsicht an einen bestimmten Realitätsausschnitt recht willkürlich erscheint. Wieso soll gerade Jesus von Nazareth besonderes Vertrauen verdienen, obwohl seine Prophezeiung des nahen Weltendes nachweislich nicht eingetreten ist? Wieso soll ausgerechnet Mohammed besonders ehrenwert sein, obwohl schon viele vor ihm und viele nach ihm Religionskriege angezettelt haben? Wieso sollen Beschneidungen erlaubt, aber Sterbehilfe verboten sein, obwohl die Interessen der heutigen Menschen bestimmt nicht unreflektierter sind als die Moralsedimente vergangener Jahrtausende? Fragen über Fragen tun sich auf.

Die Entscheidung für den Glauben bekommt durch Aufklärung ein ernsthaftes Plausibilitätsproblem, das mit dem Wissen über die Welt wächst. Dieses Plausibilitätsproblem zeigt sich in vielerlei Gestalt: als *individuelles Offenbarungsproblem* (wieso soll gerade *mein* Evidenzerlebnis tragfähig sein, obwohl sich schon so viele andere getäuscht haben und mein Gehirn denselben Gesetzen gehorcht wie ihres?) und als *kulturelles Spezifizierungsproblem* (wieso soll Gott gerade in den Riten und Verkündigungen *unseres* Kulturkreises präsent sein, wo doch zu anderen Zeiten und an anderen Orten damit Unvereinbares genauso intensiv geglaubt wurde?), sowie als *dogmatisches Symmetrieproblem* (wieso ist Gott männlich und nicht weiblich? Wieso soll er einen Sohn haben, aber keine Tochter? Wieso soll es einen Gott geben, einen Teufel aber nicht?) und als *ontologisches Überschussproblem* (wozu neben natürlichen Ursachen zusätzlich übernatürliche annehmen? Wozu die eigenen personalen Züge noch in einer abstrakten Überperson spiegeln?). – Aber rein logisch betrachtet bleibt die willkürliche Entscheidung für eine religiöse Ausdeutung der Fakten, inmitten derer sich unser aller Leben vollzieht, selbstverständlich weiterhin möglich.

Weltanschaulicher Mehrwert der Evolution

Kehren wir nach diesen allgemeinen Betrachtungen zum Verhältnis von Wissenschaft und Religion zum spezielleren Thema Evolution zurück. Den Kernbestand religiöser Überlieferung mit dem dynamischen Evolutions-geschehen verträglich zu machen, ist eine interpretatorische Herausforde-rung für aufgeklärte Theologen, die wir ihnen gönnen wollen. Wie sieht aber ein kluger Umgang des säkularen Humanismus mit evolutionären Er-kenntnissen aus?

Zunächst einmal hat der säkulare Humanismus nicht mit dem für Religi-onen so typischen Spannungsverhältnis von „ewigen Wahrheiten" und neu-en Einsichten zu kämpfen, weil er mangels göttlicher Offenbarungen oder zeitloser Autoritäten von Haus aus keine „ewigen Wahrheiten" behauptet. Die Verträglichkeitsbedingung zwischen Wissenschaft und aufgeklärter Weltanschauung kann er daher leicht erfüllen. Insbesondere besteht für Hu-manisten überhaupt kein Anlass, evolutionäre Erklärungen als Bedrohung oder Einschränkung ihrer weltanschaulichen Position zu empfinden.

Darüber hinaus können säkulare Humanisten problemlos einen ontolo-gischen Naturalismus vertreten. Sie sind dazu allerdings nicht gezwungen, denn zum einen erhebt ein aufgeklärter Humanismus keine dogmatischen Ansprüche und zum anderen kann eine philosophische Position wie der ontologische Naturalismus nicht aus evolutionären oder anderen wissen-schaftlichen Erkenntnissen abgeleitet werden. Trotz agnostischer Vorbe-halte ist die Ablehnung eigenständiger immaterieller Wesenheiten, spiritis-tischer Mechanismen und transzendenter Vorgaben jedoch der Normalfall im säkularen Denken.

Der weltanschauliche Freiraum des säkularen Humanismus zeigt sich – wie bei den Religionen – in der Deutung des Naturgeschehens, im Treffen ethischer Grundentscheidungen, in der Verfolgung kultureller Ziele und in der Bewertung historischer Vorgänge. Hierfür bietet die Kenntnis evoluti-onärer Theorien und Phänomene vielfältige Anregungen, an die produktiv angeknüpft werden kann.

In der Natur wird im Zuge des Evolutionsgeschehens *Offenheit* sicht-bar. Neue Lösungen werden belohnt. Vielfalt zahlt sich aus. Fortschritt ist

nicht sicher. Katastrophen sind möglich. Ressourcen sind knapp. Kooperation nützt. Überleben ist wichtiger als Perfektion. Es ist keine Schande,
sich emporzuirren. Es ist keine Kränkung, ein Kind der Evolution zu sein.
Auch im ethischen Bereich bleibt das Bewusstsein, dem Kontinuum
des Lebendigen anzugehören, nicht folgenlos. Lust und Leid sind die ge-
fühlte Innenseite natürlicher Bewertungen. Hedonistische und pathozen-
trische Ethikkonzepte reflektieren diese Grunderfahrung. Die Einsicht in
die Evolution lässt uns Verwandtschaften erkennen. Tierrechte geraten in
den Blick. Die Besonderheiten des Menschen bleiben dennoch spannend.
Die Gestaltung der menschlichen Kultur bekommt eine solide Grundlage. Denn die evolutionäre Sichtweise zwingt zum Studium der natürlichen
Anlagen und Bedürfnisse des Menschen und der materiellen Bedingungen
seiner Kultur.

Es gehört zu den zentralen Kulturzielen des säkularen Humanismus,
dem Mut des freien Denkens und der Neugier des forschenden Geistes
öffentliche Anerkennung und dauerhafte Wertschätzung zu sichern. Die
Verankerung wissenschaftlicher Grundkenntnisse durch Breitenbildung
und Schulpraxis ist eine humanistische Tugend. Dass das Jahrmillionen
währende Evolutionsgeschehen dabei die Rolle einer Respekt gebietenden,
Ordnung gewährenden Rahmenhandlung spielen kann, versteht sich von
selbst. Humanisten schätzen die Werte der Aufklärung und genießen ihre
Früchte. Die Aufdeckung der Evolution ist ein wichtiger Teil der Aufklärung. Sie ermöglicht ein schlüssiges säkulares Welt- und Menschenbild.
Humanisten sehen das positiv.

Die intensive weltanschauliche Verarbeitung des Evolutionsgedankens
im Kontext des Humanismus hat zur Bezeichnung „evolutionärer Humanismus" geführt. Damit kann einerseits die bewusste Orientierung der eigenen Auffassungen über Welt, Tier und Mensch am natürlichen Evolutionsgeschehen gemeint sein. Ein solcher Humanismus weiß um das Geflecht
aus Zufall und Notwendigkeit in der Natur. Dabei sollten allerdings die
Grenzen der Übertragbarkeit von Kategorien der Naturbeschreibung in die
Sphäre kultureller Bewertungen stets klar herausgearbeitet werden. Speziell gilt das für so „wertegeladene" Bereiche menschlichen Urteilens wie
Ethik und Ästhetik.

Andererseits kann sich die Rede vom „evolutionären Humanismus"
auch auf die Fortentwicklung, die Fehlertoleranz, die Offenheit der eigenen Weltanschauung beziehen. Dann ist es der Humanismus selbst, der sich
entwickelt. Die Mechanismen seines Wandels mögen in Begriffe einer ver-
allgemeinerten Evolution gefasst werden. Dieser Humanismus weiß sich

dann auf einer geistigen Ebene angesiedelt zwischen Zufall und Notwendigkeit. – Unabhängig von Begriffsinterpretationen gilt: Der säkulare Humanismus entwickelt sich im Umfeld wissenschaftlicher Neugier, philosophischer Reflexion, weltanschaulicher Toleranz, kultureller Verantwortung und politischer Wachsamkeit. Diese Entwicklung geht weiter. Die Zukunft ist offen, doch auf eines ist Verlass: auf die Fruchtbarkeit der Evolution.

Zusammenfassung der Beiträge

In seinem weltanschaulich motivierten Eingangsbeitrag legt *Michael Schmidt-Salomon* zunächst dar, wieso er die traditionellen Formen des religiösen Glaubens und die von der katholischen Kirche vertretene „theistische Evolution" mit dem heutigen Stand der Evolutionstheorie für unvereinbar hält. In einem zweiten Schritt wirbt er für eine stärkere öffentliche Verbreitung der Grundideen der Evolution und plädiert für einen evolutionären Humanismus als echte Alternative zur Religion.

Die Untersuchung des Philosophen *Gerhard Vollmer* ist der Frage gewidmet, wie weit verbreitet Evolution tatsächlich ist. Sie spielt in vielen wissenschaftlichen Disziplinen eine Rolle, oft sogar die eines vorangestellten Adjektivs. Eine universelle Evolutionstheorie ist jedoch schwer zu charakterisieren. Es erweist sich als fruchtbar, einzelne evolutive Merkmale bei Theorien zu unterscheiden, um Evolution in jedem Anwendungsgebiet angemessen kennzeichnen zu können. Alles scheint einem evolutionären Wandel zu unterliegen, nur die Evolutionsgesetze selbst nicht.

Der Anthropologe *Winfried Henke* geht in einem materialreichen Überblicksartikel mit ausführlichem Literaturverzeichnis der Frage nach, woher der Mensch kommt. Dabei wird auch erläutert, woher man das weiß. Dargestellt werden die Methoden, Hypothesen und Resultate der evolutionären Anthropologie. Die Rekonstruktion der Hominisation erfordert die Vernetzung zahlreicher Nachbardisziplinen und beruht u. a. auf evolutionsökologischen Modellen. Es zeigt sich, dass *Homo ergaster* eine zentrale Rolle auf dem Weg zum heutigen Menschen gespielt hat. Nach neuerem Verständnis scheinen die Australopithecinen aber eher nicht zu den Vorläufern von *Homo* zu gehören.

Der Wissenschaftspublizist *Ernst Peter Fischer* blickt zurück auf Darwins Buch über die Entstehung der Arten. Entscheidende Begriffe darin sind Population, Variation und Selektion (noch nicht Evolution). Herbert

Spencer und Thomas Malthus gaben wichtige Anstöße. Ludwig Boltzmann nahm später Grundgedanken der evolutionären Erkenntnistheorie vorweg. Eine Erweiterung liegt in der evolutionären Psychologie vor, deren Thesen jedoch unter Hinweis auf die Zeitskalen evolutionärer Anpassung kritisiert werden.

Mit Darwins Vorstellungen von der Evolution des Menschen setzt sich auch der Evolutionsbiologe *Franz Wuketits* auseinander. Im Mittelpunkt steht dabei die Frage nach der Entstehung der Moralfähigkeit. Bei Darwin steht der „niederen Abkunft" des Menschen seine moralische Höherentwicklung gegenüber, die durch Pflege und Ausweitung seiner sozialen Instinkte in Gang komme. Darin liegt ein gewisses Fortschrittsdenken der Zeit. Auch Sozialromantik kann in seinen Auffassungen gesehen werden. Die naturalistische Grundlage der Darwinschen Erklärungsansätze schlägt eine Brücke zum heutigen evolutionären Humanismus.

Der ausführliche Beitrag des Wissenschaftsjournalisten *Rüdiger Vaas* behandelt die evolutionäre Sicht auf das Phänomen Religion. Die Kernfrage, ob Religiosität eine evolutionäre Anpassung ist, muss letztlich offen bleiben. Einzelne Merkmale könnten einen Selektionsvorteil aufweisen und daher adaptiv sein. Vorgestellt werden neben neurobiologischen und kognitionspsychologischen Aspekten des Glaubens auch der Zusammenhang von Religion und Reproduktion sowie genetische, soziobiologische, soziologische und psychologische Befunde. Während die Ausprägung der verschiedenen Religionen rein kulturbedingt ist, hat die zugrunde liegende Religiosität biologische Grundlagen.

Die Biologin *Sabine Paul* geht evolutionären Erklärungen für Kunst und Religion nach. Deren Aufwand muss durch einen evolutionären Nutzen aufgewogen werden. Er findet sich bei der Kunst in einem Vorteil bei der sexuellen Auslese durch die ehrliche Darstellung des „erweiterten Ich". Ferner erlaubt Kunst den Austausch über Gefühle und Wünsche in einer sozialen Gruppe und ermöglicht so die Bündelung von Interessen und die Einigung der Gruppe. Religion dient der Gemeinschaftsbildung in hierarchischen Systemen, die das Leben in Städten und Staaten mit sich brachte.

Auch der Biologiehistoriker *Thomas Junker* setzt sich mit evolutionären Erklärungen menschlichen Verhaltens auseinander, und zwar speziell mit der Verübung von Selbstmordattentaten. Diese scheinen kaum erklärbar, da sie jede Reproduktion des Täters verhindern. Es handelt sich um einen Akt der Selbstaufopferung, der nur im engsten Verwandtschaftskreis biologisch sinnvoll ist. Dieser Mechanismus kann aber durch Manipulation auf Pseudofamilien wie Nationen oder religiöse Gruppen als größere Identifikationseinheiten erweitert werden. Durch ein unterstützendes Umfeld entsteht so in einer als ausweglos empfundenen Lage eine Hochrisikostrategie, die Märtyrer hervorbringt.

In seinem Beitrag über die säkularen Kräfte in den USA erinnert der Verwaltungswissenschaftler *Rainer Prätorius* zunächst an den berühmten „Affenprozess" von 1925, um dann auf weitere wichtige Entscheidungen des obersten Gerichtshofs hinzuweisen. Er schildert die amerikanische Szene der Atheisten, Agnostiker, Humanisten und Freidenker. Aus dem Säkularismus in der zweiten Hälfte des 19. Jahrhunderts gingen sowohl kämpferische Atheisten als auch säkulare Humanisten hervor. Heute werden in den USA zunehmend religiöse Sonderrechte vom als weltanschaulich parteiisch betrachteten säkularen Staat eingefordert.

Der Biologiedidaktiker *Dittmar Graf* untersucht in seinem Beitrag die Behandlung der Evolution im Biologieunterricht. In einem historischen Rückblick auf das preußische Schulsystem der 1870er und 1880er Jahre wird deutlich, dass die Lehre evolutionärer Ansätze von Anfang an umstritten war. In den 1920er und 1930er Jahren wurde die Evolution dann unter dem Einfluss sozialdarwinistischer Ideen ideologisch missbraucht. Seit den 1980er Jahren gibt es kreationistische Aktivitäten in Deutschland. Der heutige Wissensstand Jugendlicher über Evolution, insbesondere über deren Mechanismen, erscheint dringend verbesserungsbedürftig.

Der Wissenschaftsphilosoph *Rudolf Kötter* widmet sich der methodologischen Seite der Evolutionstheorie, die in biologischen Lehrbüchern kaum vorkommt. Dabei richtet sich sein wissenschaftstheoretischer Blick zunächst auf die Beschreibungssprache als Voraussetzung für die Formulierung von Erklärungsproblemen. Dann wird das Forschungsprogramm der Evolutionsbiologie rekonstruiert. Auf verschiedenen Beschreibungsebenen kommen verschiedene Erklärungsschemata zum Einsatz. Die Evolutionstheorie verknüpft dabei Funktionalerklärungen und ökonomische Erklärungen. Die Übertragung von im Labor gewonnenen Resultaten auf die Natur ist legitimer Teil der Theorieanwendung.

Im abschließenden Beitrag liefert der Philosoph *Gerhard Engel* eine gründliche Auseinandersetzung mit dem vielschichtigen Begriff des Fortschritts. Er detektiert Fortschrittskriterien im biologischen und soziologischen Bereich und diskutiert Einwände und Gegeneinwände zur Frage, ob und wo es Fortschritt wirklich gibt. In der spieltheoretischen Modellsituation des Gefangenendilemmas wird deutlich, wie Kooperationsanreize zur Entschärfung sozialer Dilemmasituationen beitragen. Allenthalben sind neue Ideen nötig, um festgefahrene Gegensätze einer produktiven Synthese zuzuführen. Ziel ist ein intellektueller und kultureller Fortschritt, der in einen Evolutionären Humanismus mündet.

Literatur

Das Leben – Wie ist es entstanden? Durch Evolution oder durch Schöpfung? Hrsg. von der Wachtturm Bibel- und Traktat-Ges. der Zeugen Jehovas e.V. 1985.

Darwin-Jahr 2009: Happy Birthday, Charly! Schriftenreihe der Giordano-Bruno-Stiftung Band 3, Aschaffenburg: Alibri 2009.

Dawkins, Richard: *Die Schöpfungslüge. Warum Darwin recht hat*, Berlin: Ullstein 2010.

Fink, Helmut (Hrsg.): *Der neue Humanismus. Wissenschaftliches Menschenbild und säkulare Ethik*, Schriftenreihe der Humanistischen Akademie Bayern Band 4, Aschaffenburg: Alibri 2010.

Hempelmann, Reinhard (Hrsg.): *Schöpfungsglaube zwischen Anti-Evolutionismus und neuem Atheismus*, EZW-Texte 204, 2009.

Henke, Winfried / Rothe, Hartmut: *Menschwerdung*, Frankfurt a. M.: Fischer 2003.

Hillerbrand, Rafaela: Von Mausefallen und Designern oder: Warum der Kreationismus keine wissenschaftliche Alternative zur Evolutionstheorie bietet, in: *Gott und Natur. Philosophische Positionen zum aktuellen Streit um die Evolutionstheorie*, hrsg. von Petra Kolmer und Kristian Köchy, Freiburg: Karl Alber 2011, S. 84-118.

Hoßfeld, Uwe: Darwin-Jahr 2009 – eine erste Bestandsaufnahme, in: *Anzeiger des Vereins Thüringer Ornithologen* 6, 2009, S. 313-325.

Junker, Thomas: *Geschichte der Biologie. Die Wissenschaft vom Leben*, München: C. H. Beck 2004.

Junker, Thomas: *Die Evolution des Menschen*, München: C. H. Beck 2006.

Junker, Thomas / Hoßfeld, Uwe: *Die Entdeckung der Evolution. Eine revolutionäre Theorie und ihre Geschichte*, Darmstadt: Wissenschaftliche Buchgesellschaft 2009 (2. Aufl.).

Kutschera, Ulrich: *Evolutionsbiologie*, 3. Aufl., Stuttgart: Eugen Ulmer 2008.

Kutschera, Ulrich: *Tatsache Evolution. Was Darwin nicht wissen konnte*, München: dtv 2009.

Schrenk, Friedemann: *Die Frühzeit des Menschen. Der Weg zum Homo sapiens*, München: C. H. Beck 2008 (5. Aufl.).

Schurz, Gerhard: *Evolution in Natur und Kultur. Eine Einführung in die verallgemeinerte Evolutionstheorie*, Heidelberg: Spektrum 2011.

de Waal, Frans: *Der Affe und der Sushimeister. Das kulturelle Leben der Tiere*, München: dtv 2005.

Wuketits, Franz: *Darwin und der Darwinismus*, München: C. H. Beck 2005.

Michael Schmidt-Salomon

Darwins umkämpftes Erbe

Die Evolutionstheorie im weltanschaulichen Widerstreit

Kurz nachdem Charles Darwin 1844 seinen ersten Entwurf zur Evolutionstheorie fertig gestellt hatte, schrieb er an seinen Freund, den Botaniker Joseph Hooker, die Theorie zu veröffentlichen erscheine ihm, „als ob man einen Mord gesteht".[1] Darwin war sich der weitreichenden Konsequenzen seiner Theorie offensichtlich von Anfang an bewusst. Und wahrscheinlich war dies nicht zuletzt der Grund dafür, dass er die Veröffentlichung seiner Ideen so lange hinauszögerte. Erst 15 Jahre nach der Vollendung des 230-seitigen Textes von 1844 erschien sein berühmtes Buch *Über die Entstehung der Arten*.

Seit dieser Veröffentlichung sind 150 Jahre vergangen. Die Brisanz der Evolutionstheorie hat seither kaum nachgelassen. Noch immer stellt Darwins gefährliche Idee viele traditionelle Weltanschauungen vor eine harte Zerreißprobe. Dies ist das Thema, über das ich heute sprechen werde.

Mein Vortrag ist in zwei Teile untergliedert: Zunächst werde ich den bis heute anhaltenden Konflikt zwischen der Evolutionstheorie und traditionellen Glaubensvorstellungen beleuchten. Im zweiten Teil werde ich dafür plädieren, Darwins Erbe selbstbewusst in einer humanistischen Weise anzutreten.

---

1   Charles Darwin 1844 in einem Brief an den Botaniker Joseph Hooker, einen der wenigen Menschen, denen er sich vor der Veröffentlichung des Artenbuchs anvertraute, vgl. u. a. Mathias Glaubrecht: *„Es ist, als ob man einen Mord gesteht" – ein Tag im Leben des Charles Darwin*, Freiburg 2009, S. 161f.

1. Wissen statt Glauben – Warum sich die Evolutionstheorie nicht mit traditionellen Glaubensformen vereinbaren lässt

Als Darwin zu seiner berühmten Forschungsreise mit der Beagle aufbrach, war er noch gläubiger Christ. In seiner Autobiographie berichtete er, dass „etliche Schiffsoffiziere über mich lachten, weil ich die Bibel als unanfechtbare Autorität in einer Frage der Moral zitierte".[2] Im Grunde war er damals, wie er schrieb, gar nicht willens, seinen Glauben aufzugeben. Doch was Darwin in der Natur entdeckte, war, wie er es auch drehte und wendete, einfach nicht mehr in Einklang zu bringen mit dem, was die Religion ihn zu glauben lehrte: „So beschlich mich der Unglaube ganz langsam, am Ende aber war er unabweisbar und vollständig."[3]

Nun war Charles Darwin ein sehr vorsichtiger Mensch, der sich – im Unterschied etwa zu Ernst Haeckel und Thomas Huxley – in seinen Werken merklich zurückhielt, sobald es um die weltanschaulichen Konsequenzen seiner Theorie ging. Nur in seiner Autobiographie erlaubte er es sich, etwas deutlicher zu werden. So schrieb er, dass die Bibel „um nichts glaubwürdiger ist als die heiligen Bücher der Hindus oder irgendeine Barbaren-Religion".[4] Je mehr wir von den feststehenden Gesetzen der Natur wüssten, umso unglaubhafter würden Wunder. Und so lehnte Darwin alle traditionellen Glaubensvorstellungen rigoros ab. „Nichts", so resümierte er einigermaßen erleichtert in seinen Memoiren, sei „bemerkenswerter als das Zunehmen der Skepsis oder des Rationalismus" in seiner zweiten Lebenshälfte.[5] Sein Vater habe ihm noch dazu geraten, seine Glaubenszweifel „sorgfältig geheimzuhalten", weil solche Zweifel „zu extremem Unglück in der Ehe führen" könnten. In seiner zweiten Lebenshälfte jedoch kenne er unter seinen wenigen Bekannten „einige verheiratete Damen, die kaum gläubiger sind als ihre Ehemänner".[6]

Die Welt erfuhr von Darwins Religionskritik zunächst einmal nichts, da seine Frau Emma, zeitlebens gläubige Christin, die Autobiographie ihres Mannes aus Rücksicht auf religiöse Verwandte und Bekannte liebevoll

---

2 Charles Darwin: *Mein Leben. Die vollständige Autobiographie*, Frankfurt a.M. 2008, S. 94.
3 Darwin, Mein Leben, S. 96.
4 Darwin, Mein Leben, S. 95.
5 Darwin, Mein Leben, S. 104.
6 Darwin, Mein Leben, S. 105.

zensierte.[7] Aber letztlich half auch das nicht viel. Denn je mehr sich die Evolutionstheorie als wissenschaftliches Welterklärungsmodell durchsetzte, desto schärfer fielen die Reaktionen derer aus, die durch Darwins Erkenntnisse ihre religiösen Überzeugungen gefährdet sahen.

Man kann diese Reaktion durchaus nachvollziehen. Schließlich hatten Menschen über Jahrhunderte hinweg geglaubt, Gott habe vor wenigen Tausend Jahren jede einzelne Spezies eigenhändig modelliert und den Menschen als „Krönung seiner Schöpfung" mit einer unsterblichen Seele versehen. Darwins Wort stand also gegen Gottes Wort. Dass sich ein magenkranker, englischer Privatgelehrter erdreistete, die schöne heile Glaubenswelt so mir nichts dir nichts über den Haufen zu werfen, war für viele Gläubige schlichtweg nicht hinnehmbar! Und so entbrannte bald eine heftige Auseinandersetzung zwischen den Verteidigern des Glaubens und den Vertretern der Evolutionstheorie, ein Konflikt, der, wie wir alle wissen, noch immer akut ist.

Weltweit, vor allem in den muslimischen Ländern, aber auch in den christlich geprägten Staaten Afrikas, Südamerikas sowie in den USA, lehnen solide Bevölkerungsmehrheiten die Evolutionstheorie rigoros ab oder haben noch nie etwas von ihr gehört. In Westeuropa sieht die Lage bekanntlich etwas besser aus. Die überwiegende Mehrheit der Deutschen etwa akzeptiert die *Tatsache der Evolution*. Das heißt allerdings nicht, dass sie auch die Evolutions*theorie* in vollem Umfang akzeptieren würden. Bei genauerer Betrachtung zeigt sich sogar, dass nur sehr wenige Menschen hierzulande eine konsequent evolutionäre Sichtweise vertreten.

Um dies zu verstehen, ist es notwendig, das Lager der Evolutionsgegner etwas differenzierter zu betrachten, als dies gemeinhin geschieht. In dieser Gruppe finden wir nämlich nicht nur jene traditionellen Schöpfungsgläubigen, die etwa den Genesistext der Bibel wörtlich nehmen, sondern auch Vertreter des sogenannten „Intelligent Design", sowie – für Europa besonders relevant – Verfechter einer „theistischen Evolution". Zum besseren Verständnis der Gemeinsamkeiten und Unterschiede der Konzepte schlage ich vor, diese drei Varianten des Schöpfungsglaubens unter den Begriffen „fundamentalistischer", „pseudowissenschaftlicher" und „getarnter Kreationismus" zu fassen.

Am leichtesten zu identifizieren ist zweifellos der *fundamentalistische Kreationismus*. Strenggläubige Juden, Christen und Muslime begreifen die

---

7   Siehe den Brief Emma Darwins an Sohn Francis aus dem Jahr 1885, zitiert von Darwins Enkelin Nora Barlow im Anmerkungsapparat von Charles Darwin, Mein Leben, S. 165.

in ihren „heiligen Texten" fixierten Schöpfungsmythen als ernstzunehmen-
de Tatsachenberichte, denen man nicht einmal im Detail widersprechen
dürfe. Fundamentalistische Kreationisten streiten deshalb bereits die Tatsache der Evolution ab, also die allmähliche Entwicklung der Arten, ihr In-
einanderübergehen, vor allem die biologische Abstammung des Menschen
von früheren Primatenarten. Unterschiede bestehen in diesem kreationistischen Lager in der Einschätzung des Erdalters: „Alte-Erde-Kreationisten"
akzeptieren die Tatsache, dass die Erde bereits Milliarden von Jahren alt ist
(sie erklären dies damit, dass die „göttlichen Schöpfungstage" keine Men-
schentage sind); „Junge-Erde-Kreationisten" vertreten die besonders krude
„Wahnidee"[8], dass die Erde zu einem Zeitpunkt erschaffen wurde, als die
Mesopotamier bereits das erste Bier brauten.[9]

Wissenschaftlich oder philosophisch ernst nehmen muss man den fundamentalistischen Kreationismus angesichts der überwältigenden Fakten,
die für die Evolution sprechen, selbstverständlich nicht. *Politisch* jedoch
müssen wir ihn leider sehr wohl ernst nehmen, denn schließlich halten weltweit Abermillionen von Menschen an solchen Glaubensvorstellungen fest.
Dies ist nicht nur ein schwerwiegendes Hindernis für die wissenschaftliche
Aufklärung, sondern auch in ethischer Hinsicht problematisch. Denn Menschen, die derart verbohrt an überholten Welterklärungen festhalten, vertre-

---

8   Ist „Wahnidee" ein unwissenschaftlicher, polemischer Ausdruck? Sollten wir
    in diesem Zusammenhang vielleicht besser von „Hypothese" sprechen? Nein!
    Denn fundamentalistische Kreationisten vertreten kein Weltbild, das auf über-
    prüfbaren „Hypothesen" beruht, sie gehen vielmehr von unerschütterlichen
    „Glaubensgewissheiten" aus! Diese Glaubensgewissheiten erfüllen sämtliche
    Kriterien, die der psychologischen Definition von „Wahn" zugrunde liegen.
    Schließlich handelt es sich um Überzeugungen, die a) logisch inkonsistent sind
    und dem empirischen Wissen über die reale Welt widersprechen und die b) trotz
    gegenteiliger Belege aufrechterhalten werden, da die persönliche Gewissheit
    der Betroffenen so stark ist, dass diese rational nicht mehr zugänglich sind.
    Wissenschaftlich korrekt lässt sich das Wahnsystem fundamentalistischer Krea-
    tionisten als „Gemeinsame Psychotische Störung" (DSM 297,3) klassifizieren.
    Dies mag unhöflich klingen, entspricht aber dem wissenschaftlich erarbeiteten
    Diagnostischen und Statistischen Manual Psychischer Störungen (DSM). Mir
    fällt beim besten Willen keine Klassifikation ein, die den hier beschriebenen
    Sachverhalt wissenschaftlich präziser fassen würde.
9   Vgl. u. a. Sam Harris: *Das Ende des Glaubens. Religion, Terror und das Licht
    der Vernunft*, Winterthur 2007, S. 13.

ten in der Regel auch ethische und politische Positionen, die dem mittlerweile erreichten Stand unserer Zivilisation nicht mehr entsprechen.[10]

	Traditioneller Schöpfungsglaube	Intelligent Design	Theistische Evolution
Typ	Fundamentalistischer Kreationismus	Pseudowissenschaftlicher Kreationismus	Getarnter Kreationismus
Inhalt	Leugnet bereits die „Tatsache der Evolution" (Entwicklung der Arten)	Akzeptiert die „Tatsache Evolution" weitgehend, bestreitet jedoch die evolutionäre Logik	Leugnet die evolutionäre Logik, insbesondere im Hinblick auf die „höheren geistigen Funktionen"
Strategie	Glaube soll an die Stelle der Wissenschaft treten	Glaube soll als Wissenschaft verstanden werden	Strikte Trennung von Wissenschaft und Glaube

Nun lässt sich eine solch wortgetreue Auslegung der religiösen Schöpfungsmythen weder den amerikanischen Schulbehörden noch der europäischen Bevölkerung verkaufen. Also haben die Kreationisten dazugelernt und neue Hilfskonstruktionen geschaffen, mit denen sie versuchen, das *einst Geglaubte* mit dem *nun besser Gewussten* notdürftig in Einklang zu bringen. Das wichtigste Produkt dieser seltsamen Mixtur aus echtem Glauben und halbherziger Wissenschaft ist die sogenannte *„Intelligent Design"-Theorie*, das zentrale Schlachtschiff des *pseudowissenschaftlichen Kreationismus.*[11] Verfechter dieser Theorie versuchen die Erkenntnisse der Kosmologie, Paläontologie und der Evolutionsbiologie in ihren Schöpfungsglauben zu integrieren. Sie akzeptieren in der Regel zwar die Entwicklungstatsache der Evolution, bezweifeln aber, dass der Wandel der Arten gemäß der evolutionären Logik von Variation, Mutation und Selektion auf natürlichem Wege vonstattenging. Stattdessen gehen sie davon aus,

---

10 Man denke etwa an den in fundamentalistisch-kreationistischen Kreisen üblichen Schwulenhass oder das ebenso weit verbreitete Engagement für die Todesstrafe und gegen den Schwangerschaftsabbruch.

11 Vgl. u. a. die kritische Analyse von Ulrich Kutschera: *Streitpunkt Evolution. Darwinismus und Intelligentes Design*, Münster 2004.

dass die evolutionären Prozesse von einem intelligenten Planer angestoßen wurden, der mit seiner Schöpfung spezifische Ziele verfolgt.

Pseudowissenschaftliche Kreationisten versuchen eine religionskompatible, wissenschaftlich anmutende Alternative zur Evolutionstheorie zu entwickeln. Doch so sehr sie sich auch bemühen, von ihrem Sprachduktus her wissenschaftlich zu *klingen*, mit echter Wissenschaft hat das Ganze wenig zu tun. Denn der Erklärungswert der Theorie ist gleich Null, Vorhersagen können auf ihrer Basis nicht getroffen, stattgefundene Entwicklungsprozesse nicht nachvollzogen werden.

Schon der Begriff „Intelligent Design" ist bei genauerer Betrachtung eine Absurdität sondergleichen.[12] Denn nehmen wir spaßeshalber einmal an, ein allwissender, allmächtiger Gott habe tatsächlich das Universum geschaffen, *damit* Menschen darin leben und dem von ihm vorgegebenen Heilsplan folgen können, so müssen wir uns doch fragen, warum er zur Erreichung dieses Ziels so viel *sinnlosen Aufwand* betrieben hat: Wie beispielsweise sollen wir es uns bloß erklären, dass dieser angeblich hyperintelligente Designer zunächst a) eine ungeheure Vielfalt von Dinosauriern erschuf, später b) einen riesigen Felsbrocken auf deren Heimatplanet einschlagen ließ, damit c) die Dinosaurier wieder aussterben, um so d) Platz zu schaffen für ein paar rattengroße Ursäuger, aus denen sich Jahrmillionen später die vermeintliche Krönung der Schöpfung, *Homo sapiens*, entwickelte?

Wie „intelligent", bitteschön, kann ein „Designer" sein, der eine derartig groteske Arbeitsweise an den Tag legt?! Keine noch so chaotische Grafikagentur, kein Fahrzeughersteller, keine Modefirma, kein Mensch, der halbwegs bei Verstand ist, würde einen Designer mit einer derart verheerenden Kosten-Nutzen-Bilanz einstellen! Unsere Welt ist, wenn man etwas genauer hinschaut, so „unintelligent designt", so voller „Pleiten, Pech und Pannen",[13] dass sich der Glaube an einen intelligenten Designer von selbst erübrigt.

Wie unterscheidet sich nun das u. a. von der katholischen Kirche vertretene Konzept der „*theistischen Evolution*" von „Intelligent Design"? Inhaltlich ist diese Abgrenzung recht schwierig, was Kardinal Schönborn mit seinem Pro-Intelligent-Design-Text in der *New York Times*[14] einigermaßen

---

12 Vgl. hierzu u. a. Michael Schmidt-Salomon: *Manifest des evolutionären Humanismus. Plädoyer für eine zeitgemäße Leitkultur*, Aschaffenburg 2006.
13 Vielen Dank in diesem Zusammenhang an Eckart Voland, der mir in privaten Gesprächen viele amüsante Beispiele für „unintelligentes Design" nannte.
14 New York Times vom 5.7.2005.

in Verlegenheit brachte. Warum ist diese Abgrenzung so schwierig? Weil selbstverständlich auch die Kirchen zur Aufrechterhaltung des Glaubens trotz Darwin von einem Schöpfergott ausgehen müssen, der den Menschen in seinem Heilsplan gewollt hat und somit als *Spiritus rector* hinter den natürlichen Phänomenen agiert! Der Unterschied zwischen der Intelligent-Design-Theorie der pseudowissenschaftlichen Kreationisten und dem *„getarnten Kreationismus"* der katholischen Kirche besteht daher weniger im Inhalt der jeweiligen Bekenntnisse als in den jeweils gewählten Kommunikationsstrategien.

Während Intelligent-Design-Theoretiker danach streben, mit ihren religiösen Vorstellungen in die wissenschaftliche Forschung hineinzuwirken, setzen führende Kirchentheologen auf eine *strikte Trennung von Wissenschaft und Glauben*. Geht es etwa nach Papst Benedikt XVI. oder dem evangelischen Bischof Wolfgang Huber (ehemaliger Vorsitzender der *Evangelischen Kirche in Deutschland*), sollen sich Wissenschaftler *als Wissenschaftler* nicht zu Glaubensfragen äußern und Gläubige sich *als Gläubige* ebenso wenig in die Wissenschaften einmischen. Stattdessen schlagen sie vor, wissenschaftliches Denken und religiösen Glauben als zwei Seiten *einer* Medaille zu begreifen, d. h. als getrennte, jedoch kompatible „Wahrheitssysteme", die mit unterschiedlichen Aufgabenbereichen betraut sind. Während der Wissenschaft dabei die Funktion zugeschrieben wird, die Welt zu *erklären*, soll die Religion die Aufgabe erfüllen, den Menschen in ihrem Leben *Orientierung zu geben.*[15]

Eine solche Aufgabenteilung klingt auf den ersten Blick möglicherweise sinnvoll und befriedigt unser Bedürfnis nach Harmonie. Sie ist allerdings nur unter der Voraussetzung möglich, dass Wissenschaft und Religion tatsächlich kompatible, miteinander verträgliche „Wahrheitssysteme" sind. Doch wie sollte das funktionieren? Kann man wirklich einerseits von der empirisch gehärteten These ausgehen, dass der Mensch eine über blinde Selektionskräfte zufällig entstandene affenartige Lebensform ist, und andererseits glauben, dass er von einem planvoll vorgehenden Gott bewusst erschaffen wurde? Nein, denn das wäre ein Widerspruch in sich![16]

---

15 Dies war auch der Tenor eines Evolutionskongresses, der Anfang März 2009 an der päpstlichen Universität Gregoriana in Rom stattfand.

16 In diesem Punkt irrte sich Stephen Jay Gould, der (um des lieben Friedens willen?) das sog. NOMA-Prinzip (non-overlapping magisteria) formulierte. Dieses Prinzip sagt aus, dass Theologie und Evolutionstheorie nie in einen Konflikt geraten können, da sie sich in völlig getrennten Bereichen bewegen. Interessanterweise hält auch Kardinal Schönborn dieses Prinzip für falsch, was belegt,

Je genauer man hinschaut, desto deutlicher wird, dass wir uns entscheiden müssen: Entweder Evolution oder Schöpfung, Aufklärung oder Obskurantismus, Darwin oder Bibel, wissenschaftliches Wissen oder religiöser Glaube. Sämtliche Versuche, das eine mit dem anderen zu verbinden, sind grandios gescheitert![17]

Was ist also von den Verlautbarungen zu halten, die Kirche habe die Evolutionstheorie längst schon akzeptiert? Ich kann nur davor warnen, solche Aussagen ernst zu nehmen! Man muss schon etwas genauer hinschauen, um zu verstehen, welche Aspekte der Evolutionstheorie die Kirchen akzeptiert haben und welche eben nicht. Nehmen wir als Beispiel die Katholische Kirche.

Nach fast einem Jahrhundert Sendepause, in der die römische Kurie offenbar hoffte, das Problem „Evolutionstheorie" irgendwie „aussitzen" zu können, war Pius XII. der erste Papst, der sich öffentlich dezidiert zur Deszendenztheorie äußerte. In seinem Rundschreiben *Humani Generis* von 1950 erklärte er, dass eine Beschäftigung mit der „Entwicklungslehre" unter bestimmten Bedingungen legitim sei. Dabei ließ er die Frage offen, ob der Mensch sich „seinem Leibe nach" tatsächlich aus dem Tierreich entwickelt habe. In Bezug auf die „Seele" und die sogenannten „höheren geistigen Fähigkeiten des Menschen" definierte der Papst jedoch einen klaren Standpunkt: Was die „Seele" betrifft, so Pius XII., müsse der katholi-

---

dass er die Argumentationsstrategie des getarnten Kreationismus nicht vollständig akzeptiert, sondern sich teilweise eben auch der Argumentationsstrategie des pseudowissenschaftlichen Kreationismus (Intelligent Design) bedient, vgl. Christoph Kardinal Schönborn: Fides, Ratio, Scientia. Zur Evolutionismusdebatte. In: Stephan Horn / Siegfried Wiedenhofer (Hrsg.): *Schöpfung und Evolution: Eine Tagung mit Papst Benedikt XVI. in Castelgandolfo*, Augsburg 2007, S. 86.

17 Dies gilt auch für den wohl tiefsinnigsten Versuch einer Synthese von Schöpfungsglauben und Evolutionstheorie, den Pierre Teilhard de Chardin in den 1950er und 1960er Jahren vorlegte, vgl. u. a. seine Werke *Der Mensch im Kosmos* und *Die Entstehung des Menschen*. Teilhards Konzept einer evolutionären Entwicklung hin zum „Omegapunkt" ist nur haltbar unter der Voraussetzung, dass dem evolutionären Prozess ein Fortschrittsautomatismus zugrunde liegt. Eben dies wird jedoch in den neueren evolutionären Modellen mit guten Gründen bestritten, vgl. u. a. Stephen Jay Gould: *Illusion Fortschritt. Die vielfältigen Wege der Evolution*, Frankfurt am Main 1998; sowie: Franz M. Wuketits: *Evolution ohne Fortschritt. Aufstieg oder Niedergang in Natur und Gesellschaft*, Aschaffenburg 2009.

sche Gläubige unbedingt daran festhalten, „dass sie unmittelbar von Gott geschaffen ist".[18]

Im Grunde hat sich an dieser Haltung der Kirche bis heute wenig geändert. Der einzig erkennbare Fortschritt besteht darin, dass der Vatikan mittlerweile die *körperliche Herkunft* des Menschen aus dem Tierreich nicht mehr als „offene Frage" begreift, sondern seit Johannes Paul II. als „Tatsache". Weiterhin jedoch wird von der Kirche jede evolutionäre Erklärung der „seelischen", d. h. der psychischen, kognitiven und affektiven Merkmale von *Homo sapiens* vehement bestritten, obgleich schon Darwin in seinen Werken *Die Abstammung des Menschen und die geschlechtliche Zuchtwahl* und *Der Ausdruck der Gemütsbewegungen bei dem Menschen und den Tieren* auch auf diesem Gebiet wichtige Pionierarbeit geleistet hatte!

Insofern lässt sich sagen, dass die katholische Kirche sich bestenfalls mit einem „halbierten Darwin" angefreundet hat. Sie akzeptiert zwar die Entwicklungstatsache der Evolution, d. h. auch die leibliche Herkunft des Menschen von vorhergegangenen Primatenformen, nicht aber die evolutionäre Logik, die diesen Entwicklungen zugrunde liegt – vor allem nicht in Bezug auf die sogenannten „höheren, geistigen Fähigkeiten" des Menschen. Die Kirche kann sich deshalb zwar vom „fundamentalistischen" wie auch vom „pseudowissenschaftlichen Kreationismus" abgrenzen. „Kreationistisch" im Sinne von „schöpfungsgläubig" muss sie jedoch weiterhin argumentieren, schließlich ist der christliche Glaube, die Lehre von „Erbsünde", „Erlösung" und „Auferstehung", nur unter der Voraussetzung möglich, dass Gott mit seiner Schöpfung Ziele verfolgt! Die Kirchentheologen kommen also gar nicht umhin, auf die Fiktion eines göttlichen Designers, eines hinter den Dingen wirkenden Lenkers und Planers der Evolution zurückzugreifen, wenn ihr Glaube mehr sein soll als eine inhaltsleere Ansammlung fromm klingender Leerformeln.

Papst Benedikt XVI. ließ deshalb wie seine Vorgänger gar keinen Zweifel daran aufkommen, dass der Mensch – Darwin hin oder her – ein gottgewolltes Geschöpf sei: „Dieses spezielle Gewolltsein und Gekanntsein des Menschen von Gott nennen wir seine besondere Erschaffung."[19] Eben dies machte er auch unmissverständlich in seiner Predigt zur Amtseinführung

---

18 Rundschreiben von Papst Pius XII. *Humani Generis*, zitiert nach Josef Neuner / Heinrich Roos (Hrsg.): *Der Glaube der Kirche in den Urkunden der Lehrverkündigung*, Regensburg 1992, S. 205.

19 Papst Benedikt XVI. in: Horn / Wiedenhofer (Hrsg.): Schöpfung und Evolution, S. 15.

als Papst deutlich, in der er den evolutionstheoretischen Standpunkt in aller Entschiedenheit abwies: „Wir sind nicht das zufällige und sinnlose Produkt der Evolution. Jeder von uns ist Frucht eines Gedankens Gottes. Jeder ist gewollt, jeder ist geliebt, jeder ist gebraucht."[20] Und auch die *Evangelische Kirche in Deutschland* (EKD) sieht in Gott noch immer den Denker und Lenker hinter der Evolution. In ihren bildungstheoretischen Empfehlungen für den schulischen Unterricht bekennt sie sich mit Luther weiterhin zur Überzeugung: Wo Gott „nicht anfängt, da kann nichts sein oder werden, wo er aufhört, da kann nichts bestehen".[21]

Beide Großkirchen müssen daran festhalten, dass Gott in seiner All-macht und Allwissenheit die Schöpfung von Anfang an exakt so konzipiert hat, dass wir Menschen als seine Ebenbilder notwendigerweise entstehen mussten. Dies führt freilich zu recht kuriosen Konsequenzen: Hätte Gott nämlich die Parameter der Evolution nur einen Tick anders eingestellt (bei-spielsweise auf den verheerenden Einschlag eines Asteroiden vor 65 Mil-lionen Jahren verzichtet), so hätte sich sein *Alter ego* „Jesus" möglicher-weise nicht in Menschengestalt, sondern als *Tyrannosaurus rex* inkarnieren müssen! Nicht auszudenken, welcher Kult hieraus erwachsen wäre![22]

Spaß beiseite: Es zeigt sich, dass die vermeintliche Akzeptanz der Evo-lutionstheorie durch die Kirchen bei genauerer Betrachtung eine Mogel-packung ist. In Wirklichkeit akzeptieren die Kirchen, wie gesagt, nur den „halbierten" Darwin, um auf diese Weise zumindest den letzten Restbestand ihres kreationistischen Weltverständnisses aufrechterhalten zu können.

Was bedeutet dies für diejenigen, die Darwins Erkenntnisse ernst neh-men? Ich meine: Sie sollten sich nicht nur, wie bislang, gegen den fun-damentalistischen und pseudowissenschaftlichen Kreationismus engagie-ren, sondern ebenso sehr gegen den getarnten Kreationismus der Kirchen. Wenn es die Aufgabe der Aufklärung ist, gedankliche Klarheit an die Stelle nebulöser Verschwommenheit zu setzen, sollten aufklärerisch denkende Menschen in aller Entschiedenheit darauf hinweisen, dass der christliche,

---

20 Ebenda, S. 7.

21 Kirchenamt der Evangelischen Kirche in Deutschland (Hrsg.): *Weltentstehung, Evolutionstheorie und Schöpfungsglaube in der Schule*, Hannover 2008, S. 10.

22 Ist dies nun unwissenschaftliche Polemik? Ich meine: Nein! Das Beispiel zeigt lediglich auf, mit welch absurden Konsequenzen wir rechnen müssen, wenn wir die Konzepte des „getarnten Kreationismus" ernst nehmen, d. h. zu Ende denken. *Difficile est satiram non scribere* (Es ist schwierig, keine Satire zu schreiben), lautet ein alter lateinischer Sinnspruch, der gerade auch im Hinblick auf kreationistische Denkmuster seine Stimmigkeit erweist…

muslimische oder jüdische Glaube *per se* – also nicht nur in seinen fundamentalistischen Varianten! – mit den Ergebnissen der evolutionsbiologischen Forschung unvereinbar ist.

Bedauerlicherweise bemühen sich derzeit einige Wissenschaftler, Philosophen und Theologen, diesen brisanten Sachverhalt unter den Teppich zu kehren. Über ihre Motive kann man nur spekulieren. Möglicherweise sind es eigene, unreflektierte Glaubensüberzeugungen oder die Rücksichtnahme auf gläubige Verwandte oder Bekannte. Eine Rolle wird bei manchem sicherlich auch die Angst vor einer Beschädigung der eigenen Karriere spielen (bekanntlich gilt Religionskritik im wissenschaftlichen und politischen Establishment noch immer als ziemlich „unfein" und karrierehinderlich).[23] Vielleicht steckt hinter diesem intellektuellen Rückzugsmanöver aber auch nur eine Unkenntnis der eklatanten Widersprüche zwischen basalen Glaubensüberzeugungen und den Erkenntnissen der Wissenschaften oder aber die naive Hoffnung, man könne den weltanschaulichen Widerstreit um die Evolutionstheorie durch einen gut gemeinten Beschwichtigungsversuch entschärfen. Wie dem auch sei: Gleich welches Motiv die Leute veranlasst, den Gegensatz zwischen Darwin und etwa Benedikt XVI. herunterzuspielen, ein solcher Beschwichtigungsversuch ist notwendigerweise erkauft über einen Verrat an dem maßgeblichen Ideal der Aufklärung, nämlich dem Ideal der intellektuellen Redlichkeit.

Es ist schlichtweg unredlich, wenn beispielsweise Jürgen Mittelstraß im Interview verkündet, die Kirche müsse mit „Darwin nicht ihren Frieden machen", da sie sich „nie im Kriegszustand mit ihm befunden" habe. Vor allem aber ist die Aufgabenteilung unredlich, die dem Konstanzer Philosophen, ganz nach vatikanischem Geschmack, vorschwebt: „Aufgabe der Wissenschaft ist es, die Welt zu erklären – Aufgabe des Glaubens, das menschliche Leben zu stabilisieren und zu orientieren."[24]

Einem solchen faulen Kompromiss muss entschieden widersprochen werden. Denn ein Glaube, der (siehe *Katechismus der Katholischen Kirche*) sogar von der realen Existenz von Adam und Eva sowie der durch sie erzeugten „Ursünde" ausgeht und der mit der Fiktion einer a-materiell ge-

---

23 Vgl. Michael Schmidt-Salomon: Das Feuerbach-Syndrom. Warum Religionskritik in der Wissenschaft noch immer ein Tabuthema ist. In: *Materialien und Informationen zur Zeit* (MIZ) 2/2004.

24 „Es gab nie einen Krieg mit Darwin" – Der Philosoph Jürgen Mittelstraß erklärt im Spiegel-Online-Interview, wieso die Kirche mit Darwin kein Problem hat. In: *Spiegel-Online*, 9.3.2009, http://www.spiegel.de/wissenschaft/mensch/0,1518,612173,00.html.

schaffenen Seele sämtliche wissenschaftlichen Erkenntnisse der evolutionären Psychologie und Hirnforschung ignoriert, der vermag das Leben der
Menschen eben nicht „zu stabilisieren und zu orientieren". Er trägt vielmehr zur *Destabilisierung und Desorientierung des menschlichen Lebens*
bei. Exakt an diesem Punkt sollte die Aufklärung ansetzen, womit ich zum
zweiten Teil meines Vortrags komme.

2. Darwins humanistisches Erbe – Die Graswurzel-revolution des evolutionären Humanismus

In Vorbereitung des großen Darwin-Festakts in der Nationalbibliothek
Frankfurt[25] führten wir eine Straßenbefragung in der Kölner Innenstadt
durch. Dabei zeigte sich, dass viele der Befragten zwar wussten, „dass
der Mensch vom Affen abstammt" (was immerhin schon die halbe Wahrheit ist!), dass aber nur die allerwenigsten von ihnen tatsächlich etwas mit
dem Namen „Darwin" oder den Prinzipien der Evolutionstheorie anfangen
konnten. Einer der Gründe für diesen Bildungsnotstand ist die betrübliche
Tatsache, dass die Evolutionstheorie in den Schulen, wenn überhaupt, nur
am Rande behandelt wird.

Ich halte dies für einen Skandal! Eine Theorie, die für unser Welt- und
Selbstverständnis von solch zentraler Bedeutung ist wie die Evolutionstheorie, sollte nicht nur im Mittelpunkt des Biologieunterrichts stehen,
sondern auch in den geistes- und sozialwissenschaftlichen Fächern, etwa
im Sozialkunde-, Geschichts- und Ethikunterricht, in angemessener Weise
behandelt werden. Und natürlich sollte die Konfrontation mit der Evolutionstheorie auch nicht erst in der neunten oder zehnten Klasse erfolgen,
wie dies bislang in den Lehrplänen vorgesehen ist, sondern weit früher!
Im Grunde gehört die Evolutionstheorie schon an die Grundschule, denn je
früher das evolutionäre Denken eingeübt wird, umso besser.

Möglich wäre es allemal, die grundlegenden Konzepte der Evolutionstheorie so zu formulieren, dass sie auch für sehr junge Kinder verständlich
sind. Warum dies bislang nicht geschieht und auch in den Universitäten
– sogar im Fach Biologie! – evolutionstheoretische Fragestellungen völlig

---

25 Dokumentiert in: Giordano-Bruno-Stiftung (Hrsg.): *Happy Birthday, Charly!*
   Redebeiträge von Charles Darwin, Thomas Junker, Ulrich Kutschera, Sabine
   Paul, Michael Schmidt-Salomon und Franz M. Wuketits. Schriftenreihe der
   Giordano-Bruno-Stiftung Band 3, Aschaffenburg 2009.

unzureichend behandelt werden, lässt sich weder mit wissenschaftstheoretischen noch mit didaktischen Argumenten begründen.

Wo also liegt der Grund für diese enormen Defizite? Ich meine, dass eine stärkere Berücksichtigung der Evolutionstheorie unter anderem deshalb verhindert wurde, weil man meinte, dass hierfür „gute moralische Argumente" sprechen würden. Denn Darwins gefährliche Idee wurde nicht bloß als Bedrohung des Glaubens begriffen, was für viele gewiss schon schlimm genug war, sondern als Bedrohung der Humanität schlechthin. Eine stärkere Akzeptanz der Evolutionstheorie, so meinen Kritiker noch heute, würde unweigerlich zu einem Aufstieg von Sozialdarwinismus, Rassismus und eugenischem Totalitarismus führen.[26]

Zur Begründung dieses Arguments wird häufig auf die Geschichte verwiesen, in der es in der Tat zu einem fürchterlichen Missbrauch der Evolutionstheorie kam.[27] So wurde Darwins Lehre vom „Kampf ums Dasein" und dem „Überleben der Tauglichsten" als Aufforderung zum Aufbau entsprechender gesellschaftlicher Verhältnisse missverstanden (Stichwort: „Recht des Stärkeren"). Darüber hinaus konstruierte mancher Evolutionsbiologe, etwa Ernst Haeckel, rassistische Stufenleitern vom „niederen Wilden" zum „höheren Kulturvolk". Und auch das eugenische Denken, das mittels staatlicher Zuchtmaßnahmen („Rassehygiene") eine angeblich schleichende Schädigung des Genpools verhindern sollte, war in der ersten Hälfte des 20. Jahrhunderts nicht nur in Nazideutschland weit verbreitet.

All dies ist nicht zu beschönigen. Doch natürlich finden wir in diesen historischen Verweisen keine guten Argumente gegen eine stärkere gesellschaftliche Verankerung der Evolutionstheorie in der Gegenwart. Gegen die Argumente der moralischen Evolutionsskeptiker sprechen insbesondere die folgenden zwei Gründe:

Erstens müssen wir festhalten, dass die theoretischen Konzepte, auf denen Sozialdarwinismus, Rassismus und Eugenik beruhten, längst widerlegt

---

26 Im „Darwin-Jahr 2009" waren es in Deutschland insbesondere die katholischen Bischöfe Meisner, Müller und Mixa, die den „Evolutionismus" für die Gräuel des Nationalsozialismus verantwortlich machten und im Hinblick auf die Bucherfolge von Richard Dawkins & Co. vor der vermeintlichen „Wiederkehr einer Gefahr" warnten, vor der uns angeblich nur ein „wieder erstarkter christlicher Glaube" retten könne.

27 Vgl. hierzu u. a. Michael Schmidt-Salomon: *Auf dem Weg zu einer Einheit des Wissens. Die Evolution der Evolutionstheorie und die Gefahren von Biologismus und Kulturismus*, Schriftenreihe der Giordano-Bruno-Stiftung Band 1, Aschaffenburg 2007.

sind. Der Sozialdarwinismus etwa übersah, dass es in der Natur selbstverständlich nicht nur um das rücksichtslose Durchsetzen eigener Interessen auf Kosten anderer geht, sondern eben auch um Kooperation[28], Solidarität, ja, bei den höheren Primaten mitunter sogar um echtes altruistisches Handeln aus Mitleid und Mitfreude. Der Rassismus wiederum verkannte die großen biologischen Gemeinsamkeiten unter den heute lebenden Menschen, die die Biologen letztlich davon abgebracht haben, von „Rassen" bei *Homo sapiens* zu sprechen.[29] Und die Eugenik ging fälschlicherweise von einem weitreichenden genetischen Determinismus aus, der die enorme Bedeutung kultureller Faktoren für das menschliche Denken, Handeln und Empfinden unzulässig ausblendete.[30] Kurzum: Der theoretische Biologismus der Vergangenheit ist längst schon überwunden und dies reißt auch den normativen Biologismus, der auf ihm gründete, mit ins Grab der Geschichte.

Zweitens: Wir müssen begreifen, dass eine wissenschaftliche Erklärung einer Verhaltensweise keineswegs als ethische Rechtfertigung verstanden werden darf. Evolutionsbiologen versuchen die evolutionären Mechanismen zu entschlüsseln, aufgrund derer es in der Natur (und damit letztlich auch bei uns) immer wieder zu Kindstötungen, Vergewaltigungen, Gruppenkonflikten etc. kommt. Das heißt jedoch keinesfalls, dass sie solche ethisch problematischen Verhaltensweisen zur Norm erheben wollten. Im Gegenteil: Gerade Evolutionstheoretiker sind gegen den sogenannten naturalistischen Fehlschluss, der aus dem Sein ein Sein-Sollen ableitet, in besonderem Maße gefeit. Denn gerade sie wissen ja, welche Katastrophen es nach sich zöge, wenn wir unsere Normen unreflektiert aus der Natur ableiten würden. Mehr noch: Indem sie uns helfen zu verstehen, warum es immer wieder zu unethischem Verhalten kommt, liefern sie uns wichtige Informationen darüber, wie wir solches Verhalten möglicherweise verhindern können.

Bedeutsam ist in diesem Zusammenhang, dass wir verstehen, dass die Evolutionstheorie *keine* Weltanschauung im klassischen Sinne ist. Sie schreibt nicht vor, wie die Welt optimalerweise aussehen *sollte*, sondern erklärt, warum die Welt so *ist*, wie sie ist. Wie wir mit den Erkenntnissen der Evolutionstheorie umgehen, lässt sich aus der Evolutionstheorie selbst

28 Siehe hierzu u. a. Eckart Voland: *Soziobiologie – Die Evolution von Kooperation und Konkurrenz*, Heidelberg 2009.
29 Vgl. u. a. Luca und Francesco Cavalli-Sforza: *Verschieden und doch gleich. Ein Genetiker entzieht dem Rassismus die Grundlage*, München 1996.
30 Vgl. u. a. Stephen Jay Gould: *Der falsch vermessene Mensch*, Stuttgart 2002.

gar nicht ableiten. Denn dies ist eine Frage der philosophischen, ethischen Reflexion, zu der die Evolutionstheorie als wissenschaftliches Erklärungsmodell nur *indirekt* etwas beitragen kann, nämlich indem sie fehlerhafte weltanschauliche Seins-Annahmen, beispielsweise die Vorstellung eines planvoll vorgehenden göttlichen Designers, entzaubert.

Halten wir fest: *Die Evolutionstheorie ist zwar keine Weltanschauung, doch sie hat als Lackmustest für den Wahrheitswert von Aussagen über die Struktur der Welt sehr weitreichende weltanschauliche Konsequenzen.* Denn die meisten traditionellen Weltanschauungen, insbesondere die weihevoll auftretenden „Hochreligionen", haben keinerlei Chancen, den „Darwinischen Wahrheitstest" heil zu überstehen. Sagen wir es daher laut und deutlich, auch auf die Gefahr hin, religiös empfindende Menschen zu verletzen: *150 Jahre nach der Veröffentlichung von Darwins wegweisendem Buch* Über die Entstehung der Arten *ist das Haltbarkeitsdatum für die meisten religiösen Glaubensüberzeugungen endgültig abgelaufen!*

Bekanntlich hindert dieses Faktum viele Millionen Menschen weltweit nicht, die ranzig gewordenen religiösen Heilsartikel weiter zu konsumieren. Dafür gibt es zwei Gründe: *Erstens* wissen die meisten Gläubigen nicht, dass die Heilsprodukte, die sie von Kindesbeinen an konsumieren, seit Jahrzehnten schon abgelaufen sind. *Zweitens* ist ihnen nicht bekannt, dass es sinnvolle Alternativen zur abgelaufenen religiösen Massenware gibt, weshalb sie sich genötigt sehen, zu den alten religiösen Ladenhütern zu greifen, um nicht weltanschaulich zu verhungern.

Wenn diese Analyse stimmt, dann sollte evident sein, dass es nicht ausreicht, die Menschen von der Unvereinbarkeit von wissenschaftlicher Wahrheit und tradierten Glaubensüberzeugungen zu überzeugen. Es müssen vielmehr *tragfähige Alternativen zu den Religionen* entwickelt werden – und zwar Alternativen, die Darwins Erbe in humanistischer Weise antreten, also die Ideen der Gerechtigkeit, Freiheit und Solidarität mit einer evolutionären Sichtweise verbinden.

Eben dies ist das Ziel des evolutionären Humanismus, den Julian Huxley in den 1960er Jahren entwickelte[31] und den sich die *Giordano-Bruno-Stiftung* heute in etwas veränderter Form auf die Fahnen geschrieben hat. Wohlgemerkt: Der evolutionäre Humanismus ist kein Religionsersatz, keine säkulare Pseudoreligion, sondern eine echte Alternative zur Religion! Es geht den evolutionären Humanisten also nicht darum, neuen Wein in alte Schläuche zu gießen. Vielmehr müssen die Schläuche selbst erneuert wer-

---

31 Siehe Julian Huxley: *Der evolutionäre Humanismus. Zehn Essays über die Leitgedanken und Probleme*, München 1964.

den, also neue, undogmatische Organisationsformen gefunden werden, die es verhindern, dass das evolutionär-dynamische Wissen fundamentalistisch erstarrt. Deshalb stellt sich der evolutionäre Humanismus kompromisslos dem Prinzip der kritischen Prüfung,[32] um auf diese Weise zu gewährleisten, was bislang jede Religion verhindert hat: nämlich uns in die Lage zu versetzen, *falsche Ideen sterben zu lassen, bevor Menschen für falsche Ideen sterben müssen.*

Angesichts der glänzenden Vorarbeiten vieler kluger Köpfe in der Vergangenheit scheint es heute nicht sonderlich schwierig zu sein, eine solche antidogmatische, evolutionär-humanistische Perspektive *theoretisch* zu ent-wickeln. Die eigentliche Schwierigkeit besteht darin, einer solchen Perspektive *praktisch* zum Durchbruch zu verhelfen. Schließlich reichen gute Gründe alleine nicht aus, damit sich eine Position im weltanschaulichen Widerstreit behaupten kann. Ansonsten wäre die Menschheitsgeschichte, in der sich allzu oft die absurdesten, rückschrittlichsten Ideen durchsetzten, völlig anders verlaufen.

Um gesellschaftliche Bedeutung zu erlangen, brauchen gute Argumente gute PR! Leider haben Darwins humanistische Erben gerade auf diesem Gebiet ihre größten Defizite. Sowohl finanziell, institutionell als auch personell sind die etablierten Religionen um Klassen besser aufgestellt als wir. Jedoch sollte dies kein Grund sein, um voreilig zu resignieren. Die Erfahrungen der letzten Jahre haben gezeigt, dass man auch mit verhältnismäßig geringen Mitteln Einfluss auf gesellschaftliche Debatten nehmen kann. Und so bin ich durchaus optimistisch, dass eine „Graswurzelrevolution des evolutionären Humanismus" trotz aller Betonköpfe und Betonideologien mit der Zeit erfolgreich sein könnte.

Für eine solche Graswurzelrevolution braucht es vor allem *eines*: Menschen, die andere Menschen mit ihren Ideen anstecken; Lehrer, die sich trauen, ihren Schülern auch unbequeme Wahrheiten zu vermitteln; Wissenschaftler, die den Mut haben, ihr Wissen in die Gesellschaft hineinzutragen; Schriftsteller, Musiker, Schauspieler, Regisseure, bildende Künstler, die sinnliche Ausdrucksformen für den evolutionären Denkansatz finden; Politiker, die entsprechende Reformen etwa im Bildungssystem in die Wege leiten; Journalisten, die nicht auf theologische Leerformeln hereinfallen, sondern sich die Mühe machen, Inhalte gründlich zu recherchieren; Privatpersonen, die in Gesprächen entschieden, aber nicht verbissen, für das humanistische Erbe Darwins eintreten usw. usf.

---

32 Vgl. u. a. Hans Albert: *Traktat über kritische Vernunft*, Tübingen 1991.

Je mehr Menschen für eine evolutionär-humanistische Sichtweise eintreten, desto stärker wird der notwendige kulturelle Transformationsprozess vorangetrieben. Und wer weiß? Vielleicht wird *Homo sapiens* auf diese Weise tatsächlich irgendwann einmal eine neue Stufe in seiner kulturellen Evolution erklimmen. Es mag heute vielleicht utopisch klingen, aber es ist keineswegs ausgeschlossen, dass irgendwann einmal wissenschaftliche Offenheit in globalem Maßstab an die Stelle religiöser Offenbarung tritt. Sollte es dazu kommen, werden die aufgeklärten nackten Affen der Zukunft sich wohl mit einiger Erheiterung daran erinnern, dass ihre Vorfahren noch felsenfest an ein imaginäres Alphamännchen im Himmel und vermeintliche Stellvertreter auf Erden glaubten. Und sie werden es als pure Selbstverständlichkeit empfinden, was vielen heute noch als „ungeheuerliche Provokation" erscheint, nämlich, dass man die großartige Tatsache der Evolution feiert – statt der obskuren „Himmelfahrt" eines religiösen Wanderpredigers vor 2000 Jahren.[33]

---

33 Eine Anspielung auf die Kampagne „Evolutionstag statt Christi Himmelfahrt", die die *Giordano-Bruno-Stiftung* im „Darwin-Jahr 2009" durchführte. Die Aktion, die u. a. durch die Veröffentlichung des Musikvideos „Children of Evolution" begleitet wurde, stieß auf unerwartet positive Resonanz: So stimmten bei einer Umfrage von Spiegel-Online rund 70 Prozent der Befragten dafür, „Christi Himmelfahrt" in „Evolutionstag" umzubenennen.

Gerhard Vollmer

Ist Evolution wirklich überall?
Kritische Gedanken zu einer großen Idee

Der Titel der Tagung und des vorliegenden Tagungsbandes ist – natürlich mit Absicht – doppelsinnig: Das *Evolutionsgeschehen* ist fruchtbar, weil es immer wieder neue Systeme hervorbringt. Für die biologische Evolution gilt das bekanntlich in besonderem Maße; wir rechnen mit einigen Millionen lebender Arten und mit dem Hundert- bis Tausendfachen, wenn wir auch ausgestorbene Arten mitzählen. Ebenfalls fruchtbar, wenn auch in anderer Weise, ist der *Evolutionsgedanke*: Für viele Disziplinen brachte er neue Ideen und Betrachtungsweisen. Man kann sich darüber streiten, wo dieser Gedanke zuerst fruchtbar wurde: in Geologie und Biologie mit Buffons *Histoire naturelle* ab 1749, in der Kosmologie etwa mit Kants *Allgemeiner Naturgeschichte und Theorie des Himmels* 1755, oder in der Sprachwissenschaft mit der Begründung der *Indogermanistik* durch Sir William Jones 1786? Auffällig ist jedenfalls, dass diese frühen evolutionären Ideen alle in die zweite Hälfte des 18. Jahrhunderts fallen. Im vorliegenden Beitrag geht es vor allem um diesen zweiten Aspekt, um die Fruchtbarkeit des *Evolutionsgedankens*, insbesondere für die Wissenschaft.

Die Evolutionstheorie bereichert viele Disziplinen

Das Darwin-Jahr 2009 brachte viele Tagungen und viele neue Bücher hervor: über Darwins Leben und Werk, über die Evolutionstheorie, über ihre Geschichte, ihre Gegner, ihren Einfluss auf andere Wissenschaften, ihre Folgen für unser Welt- und Menschenbild. Wir nennen hier nur *The Cambridge Companion to Darwin* (Hodge, Radick 2009).

Schauen wir einmal in ein Buch, das zu einem Darwin-Jubiläum erschienen ist. Tabelle 1 zeigt das Inhaltsverzeichnis: Nummer des Beitrags, Autor (mit zugehörigem wissenschaftlichem Fachgebiet), Titel des Aufsatzes.

Autor (Fach)	Titel
1 Sir Joseph Dalton Hooker (Botanik)	Introductory letter to the editor
2 J. Arthur Thomson (Naturgeschichte)	Darwin's predecessors
3 August Weismann (Zoologie)	The selection theory
4 Hugo de Vries (Botanik)	Variation
5 William Bateson (Biologie)	Heredity and variation in modern lights
6 Eduard Strasburger (Anatomie)	The minute structure of cells in relation to heredity
7 Gustav Schwalbe (Anthropologie)	„The descent of man"
8 Ernst Haeckel (Zoologie)	Charles Darwin as an anthropologist
9 James George Frazer (Ethnologie)	Some primitive theory of the origin of man
10 Adam Sedgwick (Zoologie)	The influence of Darwin on the study of animal embryology
11 William Berryman Scott (Geologie)	The paleontological record. I. Animals
12 Dukinfield H. Scott (Linné Society)	The paleontological record. II. Plants
13 Georg Krebs (Botanik)	The influence of environment on the forms of plants
14 Jacques Loeb (Zoologie)	Experimental study of the influence of environment on animals
15 Edward Bagnall Poulton (Zoologie)	The value of colour in the struggle for life
16 Sir William Thiselton-Dyer (Botanik)	Geographical distribution of plants
17 Hans Gadow (Zoologie)	Geographical distribution of animals
18 John Wesley Judd (Geologie)	Darwin and geology
19 Francis Darwin (Botanik)	Darwin's work on the movements of plants
20 Karl Goebel (Botanik)	The biology of flowers
21 Conwy Lloyd Morgan (Psychologie)	Mental factors in evolution
22 Harald Høffding (Philosophie)	The influence of the conception of evolution on modern philosophy
23 Célestin Bouglé (Soziologie)	Darwinism and sociology
24 Philip Napier Waggett (Theologie)	The influence of Darwin upon religious thought

25	Jane Ellen Harrison (Religionskunde)	The influence of Darwinism on the study of religions
26	Peter Giles (vergleichende Philologie)	Evolution and the science of language
27	John Bagnell Bury (Geschichte)	Darwinism and history
28	Sir George H. Darwin (Astronomie)	The genesis of double stars
29	W. C. D. Whetham (Physik)	The evolution of matter

Tabelle 1: Inhaltsverzeichnis eines Buches zu einem Darwin-Jubiläum

Was uns zuerst auffällt, ist die Vielzahl der Disziplinen, auf die Darwin gewirkt hat, auch die Tatsache, dass es sich dabei nicht nur um biologische Disziplinen handelt, nicht einmal nur um naturwissenschaftliche. Vielmehr kommen – ab Beitrag 21 – auch die Geisteswissenschaften zu Wort, nämlich Psychologie, Philosophie, Soziologie, Theologie, Religionswissenschaft, Sprachwissenschaft und Geschichte. Befremden könnte allerdings die Entdeckung, dass von den biologischen Fächern zwar Botanik und Zoologie gleich mehrfach vertreten sind, aber so wichtige moderne Disziplinen wie Genetik, Molekularbiologie, Mikrobiologie oder Verhaltensforschung überhaupt nicht. Schauen wir jedoch auf die Autoren, so werden besonders Biologen und Wissenschaftshistoriker feststellen, dass hier sehr bekannte Namen vertreten sind, Namen von Wissenschaftlern freilich, die vor allem um die Wende vom 19. zum 20. Jahrhundert eine Rolle spielten. Sogar der Name Darwin ist zweimal vertreten (19, 28), und zwar durch Darwins Söhne Francis (1848-1925, Botaniker) und George (1845-1912, Astronom). In Deutschland dürften vor allem August Weismann (3), Hugo de Vries (4) und Ernst Haeckel (8) bekannt sein. Vielleicht ist auch jemandem aufgefallen, dass bei der Einführung der Tabelle nicht von *dem*, sondern von *einem* Darwin-Jubiläum als Anlass für den genannten Sammelband die Rede ist. Spätestens jetzt wird klar, dass mit dem zitierten Buch *Darwin and modern science*[1] nicht Darwins 200. Geburtstag im Jahre 2009 gewürdigt wird, sondern im Jahre 1909 sein 100. Geburtstag. (Gleichzeitig wird natürlich immer auch Darwins bekanntestes Werk *On the origin of species* aus dem Jahre 1859 gefeiert.) Und es überrascht nicht, dass zum Jubiläum 1959, also zum 150. Geburtstag, ebenfalls umfangreiche Sammelwerke erschienen sind.[2]

---

1 Seward, Albert Charles (Hrsg.): *Darwin and modern science,* Cambridge 1909.

2 Etwa Barnett, Samuel A. (Hrsg.): *A century of Darwin,* London 1958; Heberer, Gerhard / Schwanitz, Franz (Hrsg.): *Hundert Jahre Evolutionsforschung,*

Man wird kaum einen anderen Forscher finden, der in so vielen Disziplinen gefeiert wird. Alle haben ihm etwas zu verdanken, einfach deshalb,
weil man alles unter dem evolutionären Blickwinkel sehen kann. So kommt
der Genetiker Theodosius Dobzhansky (1900-1975) zu dem oft zitierten
Satz: „Nichts in der Biologie hat Sinn außer im Lichte der Evolution."[3]
Aber schon vorher holt Julian Huxley (1887-1975), Mitbegründer der Synthetischen Evolutionstheorie, noch viel weiter aus: Nach ihm kann und soll
alles Geschehen – nicht unter dem klassisch-spinozistischen Aspekt der
Ewigkeit, *sub specie aeternitatis*,[4] sondern – unter dem Aspekt der Evolution, also *sub specie evolutionis* gesehen werden:

> „Men began studying the evolution of nebulae and stars, of languages and
> tools, of chemical elements, of social organizations. Eventually they were
> driven to view the universe at large *sub specie evolutionis*, and so to genera-
> lize the evolutionary concept in fullest measure. This extension of Darwin's
> central idea – of evolution by natural means – is giving us a new vision of
> the cosmos and of our human destiny. [...] all reality can be regarded in one
> aspect as evolution. Biological evolution is only one sector or phase of this
> total process."[5]

Und der Genetiker Carsten Bresch meint: „Diese Gesamtentwicklung in
allen Bereichen unserer Welt [...] wird als *Evolution* bezeichnet. Die Erkenntnis dieses universellen Prozesses ist die umfassendste Einsicht aller
bisherigen Wissenschaft."[6]

Von Evolution ist also in vielen Zusammenhängen die Rede. Nicht immer ist klar, was damit gemeint ist: bloße Veränderung, nicht-periodischer
Wandel, Irreversibilität, Veränderung nach Gesetzen, Einschluss von Zu-
fallselementen, Zielgerichtetheit, Strukturbildung, Zuwachs an (funkti-
oneller) Komplexität? Deshalb sind auch die zugehörigen Gesetze nicht
überall die gleichen. Darauf werden wir noch zurückkommen.

Stuttgart 1960; Tax, Sol / Callender, Charles (Hrsg.): *Evolution after Darwin,*
Chicago 1960.

3   Dobzhansky, Theodosius: Nothing in biology makes sense except in the light of
evolution, in: *American Biology Teacher* 35 (1973), S. 125-129.

4   Spinoza, Baruch de: *Ethik, in geometrischer Ordnung dargestellt*, 1677. Teil 5,
Lehrsätze 29-31.

5   Huxley, Julian: The emergence of Darwinism (Vortrag 1958), in Julian Huxley:
Essays of a humanist, London 1964, S. 33.

6   Bresch, Carsten: *Zwischenstufe Leben*, München 1977, S. 10.

Evolution ist universell

Wenn alles der Evolution unterliegt, ist der Evolutionsbegriff *universell* anwendbar, und zwar in doppeltem Sinne: anwendbar auf alles und sogar anwendbar auf das Universum als Ganzes. So nennt auch der Evolutionsbiologe Bernhard Rensch (1900-1990), wie Huxley Mitbegründer der Synthetischen Theorie, eines seiner späteren Bücher über Evolution und Naturphilosophie *Das universale Weltbild,*[7] wobei allerdings der Hauptteil der Biologie gewidmet ist. Mit Huxley unterscheiden wir jedoch verschiedene Phasen der Evolution mit ihren unterschiedlichen Objekten und den zuständigen Wissenschaften. Eine solche Abfolge ist in Tabelle 2 schematisch wiedergegeben. (Der Ausdruck „Früchte der Evolution" nimmt dabei Bezug auf den Titel des vorliegenden Bandes.)

Eine einheitliche Theorie für alle Evolutionsphasen haben wir nicht. Für die Evolution der Organismen stellt jedoch die Darwinsche Evolutionstheorie eine brauchbare Beschreibung und Erklärung bereit. Nach einem ihrer zentralen Begriffe heißt sie auch „Theorie der natürlichen Auslese" oder „Selektionstheorie".

Es lohnt sich, die Besonderheiten der biologischen Evolution gegenüber anderen Evolutionsprozessen genauer zu studieren. Die Anwendbarkeit der Selektionstheorie reicht „nach unten" bis zu einfachen replikativen Systemen, also zu Systemen, die sich selbst vermehren, „nach oben" bis zum Menschen und zu allen seinen Merkmalen, Fähigkeiten, Leistungen. Im Hinblick auf die „höheren" Evolutionsphasen ist die Selektionstheorie jedoch ergänzungsbedürftig. Dies aber nicht, weil sie in der Biologie unvollständig wäre, sondern weil sie dann auf Objekte angewandt wird, für die sie *zunächst* ja gar nicht gedacht war.

Wenn also beispielsweise jemand fragt: „Lässt sich die technische Entwicklung mit der biologischen Evolution vergleichen?"[8], so kann man, ohne die Arbeit anzusehen, die Antwort vorwegnehmen: Natürlich lassen sich Technik und Biologie vergleichen; denn alles lässt sich mit allem vergleichen, und einige *Gemeinsamkeiten* wird man immer finden, insbesondere dann, wenn es sich wie hier in beiden Fällen um zeitabhängige Prozesse handelt.

---

7 Rensch, Bernhard: *Das universale Weltbild. Evolution und Naturphilosophie,* Frankfurt 1977.

8 Grassmann, Peter: Läßt sich die technische Entwicklung mit der biologischen Evolution vergleichen? In: *Naturwissenschaften* 72 (1985), S. 567-573.

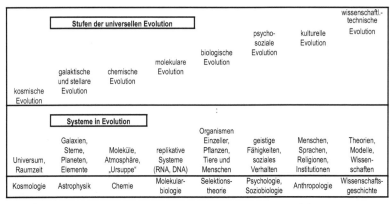

Tabelle 2: Stufen der universellen Evolution, ihre „Früchte" und die jeweils zuständigen Wissenschaften

Und natürlich wird man auch viele *Unterschiede* finden. Die Frage ist, welche Gemeinsamkeiten und welche Unterschiede man für wesentlich hält und ob der Vergleich neue Einsichten vermittelt. Das ist vor allem dann der Fall, wenn man dadurch auf Merkmale aufmerksam wird, die einem sonst gar nicht aufgefallen wären. Grassmann hält die Gemeinsamkeiten für „äußerlich", die Unterschiede für „prinzipiell". Nun hindert uns nichts, die Bewertungen auszutauschen und die Gemeinsamkeiten für bedeutsam, die Unterschiede für nebensächlich zu erklären. Grassmann weist jedoch zu Recht darauf hin, dass und warum sich die Evolutionstheorie *nicht* ohne Weiteres auf die technische Entwicklung übertragen lässt.

Bei solchen Vergleichen fällt mir unweigerlich ein herrlich respektloses Gedicht von Robert Gernhardt (1937-2006) ein:

Ein Gleichnis

Wie, wenn da einer, und er hielte
ein frühgereiftes Kind, das schielte,
hoch in den Himmel und er bäte:
„Du hörst jetzt auf den Namen Käthe!" —
Wär dieser nicht dem Elch vergleichbar,
der tief im Sumpf und unerreichbar
nach Wurzeln, Halmen, Stauden sucht
und dabei stumm den Tag verflucht,
an dem er dieser Erde Licht...
Nein? Nicht vergleichbar? Na, dann nicht!

Besser kann man nicht deutlich machen, dass manche Vergleiche zwar möglich und zulässig sind und dass sie auch gut gemeint sein mögen, letztlich aber doch „an den Haaren herbeigezogen" sind. (Für den genannten Aufsatz gilt das freilich nicht.) Dass solche Vergleiche so oft missglücken, liegt an einer besonderen Schwierigkeit: Sie verlangen eigentlich, dass der Autor sich auf den verglichenen Gebieten sehr gut auskennt, damit er die wesentlichen Züge erkennt und herausarbeiten kann. Bedenken wir aber, wie schwierig es schon ist, sich auf nur einem Gebiet so gut auszukennen, so sehen wir sofort, wie selten die Bedingungen für einen ergiebigen Vergleich erfüllt sein werden.

Tabelle 2 zeigt nun nicht nur, dass der Evolutionsgedanke in viele Gebiete hineinreicht; sie zeigt auch, dass die Idee der Evolution es erlaubt, diese Gebiete in einer ganz natürlichen Weise zu *ordnen*. In erster Linie ist es eine chronologische Ordnung; diese führt aber – ebenfalls wie von selbst – zu einer Ordnung nach *Komplexität*. Tatsächlich sind die Stufen der universellen Evolution zugleich Stufen zunehmender Komplexität. Der Grund ist klar: Komplizierte Systeme können in aller Regel nur aus einfacheren entstehen. (Es gibt Ausnahmen: Viren sind komplex, aber vermutlich durch Rückbildung aus noch komplexeren Einzellern entstanden.) Deshalb kann keine Stufe ohne die vorhergehende erreicht werden; wohl aber können höhere Stufen ausbleiben, enden oder auch wieder abgebaut bzw. zerstört werden. Für die Biologie muss man dazu nur an die Katastrophen der Erdgeschichte denken.

Daraus entsteht eine weitere Frage. Wenn die fraglichen Systeme im Laufe der Evolution von selbst *entstanden* sind, sollte es dann nicht auch möglich sein, die komplizierten Systeme der späteren Stufe aus den einfachen Systemen früherer Stufen zu *erklären*? Unser Schema führt also auf die Frage der Rückführbarkeit oder *Reduzierbarkeit* und stellt auch gleich ein wichtiges Argument zugunsten der Reduzierbarkeit zur Verfügung, das so genannte *Evolutionsargument*. Der Evolutionsgedanke unterstützt also zugleich die Idee einer Einheit der Wissenschaft![9]

---

9 Vollmer, Gerhard: Die Einheit der Wissenschaft in evolutionärer Perspektive (engl. 1983), Reduktion und Evolution – Argumente und Beispiele (engl. 1984), beide in: *Was können wir wissen?* Band 2: *Die Erkenntnis der Natur*, Stuttgart 1986 (4. Aufl. 2003), S. 163-199 bzw. S. 211-233; Das Ganze und seine Teile – Holismus, Emergenz, Erklärung und Reduktion (1992b), in: *Auf der Suche nach der Ordnung*, Stuttgart 1995, S. 60-101.

Gibt es auch eine universelle Evolutions*theorie*?

Eine Idee oder ein Gedanke ist noch keine Theorie. Auch noch so viele Begriffe bilden keine Theorie. Zu einer Theorie gehören *Gesetze*, insbesondere Naturgesetze, formuliert in Sätzen, die wahr und falsch sein können. Gerade in der Biologie gibt es nicht nur den Evolutionsgedanken, sondern auch eine ausgearbeitete Theorie, eben die Darwinsche Theorie der natürlichen Auslese. Im Laufe der letzten 150 Jahre hat sie viele Veränderungen und Ergänzungen erfahren. Wenn wir im Folgenden ohne schmückendes Beiwort von der Evolutionstheorie sprechen, so meinen wir damit die biologische Evolutionstheorie in ihrer heute anerkannten Form (oder in einer ihrer heute weitgehend anerkannten Formen).

Wenn aber der Evolutionsgedanke auf so viele andere Bereiche ausgedehnt werden konnte und dort so fruchtbar ist, wie wir betont haben, dann stellt sich die Frage, ob auch die Evolutions*theorie* in diesen anderen Gebieten angewandt werden kann und gilt. Das wird oft behauptet. Dabei wird darauf hingewiesen, dass es so etwas wie *blinde Variation und Selektion nach Kriterien* in vielen Bereichen gibt. Gilt damit auch schon die gesamte Evolutionstheorie in diesen Bereichen?

Hier ist es zunächst einmal wichtig zu wissen, dass die Evolutionstheorie eben nicht nur die oft genannten und allgemein bekannten Prinzipien von Variation und Selektion kennt, sondern zahlreiche Gesetze oder Hypothesen, die man für eine vollständige Charakterisierung der Evolutionstheorie aufzählen muss.[10]

Bei genauerer Betrachtung sieht man, dass viele dieser ergänzenden Prinzipien spezifisch *biologische* Begriffe enthalten, zum Beispiel den Begriff der Vererbung, der Isolation, der Artbildung, der sexuellen Auslese, der Anpassung, der ökologischen Nischen, des Gradualismus, der diskreten genetischen Einheiten, der Nichtwiederholbarkeit. Diese Begriffe und Gesetze sind natürlich *nicht* ohne Weiteres auf nichtbiologische Bereiche anwendbar.

Nun gut, wird man sagen; dann begnügen wir uns eben mit den elementaren Prinzipien der blinden Variation und der Auslese nach Kriterien;

---

10 Eine Liste von 17 evolutionsbiologischen Prinzipien findet sich in Vollmer (1995b, S. 95-99). – Einen frühen Versuch, solche Evolutionsprinzipien zusammenzustellen, macht Lewontin (1968). – Ballmer und von Weizsäcker (1974, S. 247) nennen zahlreiche Stichwörter, ohne diese zu erläutern, beziehen sich jedoch dabei auf Fong (1973). – Immerhin 10 vereinheitlichende Prinzipien formuliert Jantsch (1981).

denn diese Prinzipien gelten tatsächlich in vielen Bereichen, wenn vielleicht auch nicht in allen. Aber so, wie die biologische Evolution mit diesen Prinzipien längst noch nicht ausreichend charakterisiert ist, so sind in aller Regel auch die anderen Evolutionsprozesse damit nicht hinreichend erfasst. Eine Forderung an eine allgemeine Evolutionstheorie besteht also darin, Prinzipien zu formulieren, die über Variation und Selektion deutlich hinausgehen und doch für alle Evolutionsphasen gelten.

Solche Versuche sind mehrfach gemacht worden, meistens ohne Bezug aufeinander. Bisher kann jedoch noch keiner als erfolgreich gelten. Rupert Riedl schreibt sich das Verdienst zu, eine „Systemtheorie der Evolution" aufgestellt zu haben, die er dann als „Strategie der Genesis" bezeichnet. Leider kann ich in seinen Büchern[11] unter vielen hochtrabenden Begriffen keine Theorie erkennen. Zwar ist einmal sogar von *umfassenden Evolutions-Theoremen* die Rede[12]; damit sind jedoch nur der Entropiesatz und das Prinzip der natürlichen Auslese gemeint, und damit hat man nun erst recht noch keine Evolutionstheorie.

Auch Hans-Joachim Gläser verspricht „Grundzüge einer allgemeinen Evolutionstheorie, die alle Formen von Evolution im Universum umfasst".[13] Die von ihm herangezogenen Prinzipien sind Integration, Differenzierung, Systemvergrößerung, Vermehrung komplexer unter Verminderung elementarer Systeme, Konkurrenz und Selektion, wobei die beiden erstgenannten, Integration und Differenzierung, die wichtigsten sein sollen. Für die Integration von Teilsystemen als allgemeines Evolutionsmerkmal hätte er sich auf Bresch (1977) berufen können, den er nur in anderem Zusammenhang und mit einem Aufsatz[14] zitiert. An den genannten Merkmalen könnte man viel Kritik üben. So gehört doch zur Evolution oft auch das genaue Gegenteil dieser Merkmale: Desintegration, Systemverkleinerung, Verminderung komplexer Systeme durch Faunenschnitte und Artenschwund. Oder sollen wir das Aussterben und die Katastrophen in der Erdgeschichte, sollen wir die „Vergiftung" der Atmosphäre durch den von den Pflanzen abgegebenen Sauerstoff etwa nicht zur Evolution rechnen? Auch Konkurrenz und Selek-

---

11 Riedl, Rupert: *Die Ordnung des Lebendigen,* Hamburg 1975; Riedl, Rupert: *Die Strategie der Genesis*, München 1976.

12 Riedl, Rupert: *Die Strategie der Genesis*, München 1976, S. 16.

13 Gläser, Hans-Joachim: Allgemeine und biologische Evolutionstheorie, in: *Biologisches Zentralblatt* 106 (1987), S. 663.

14 Bresch, Carsten: Evolution aus Alpha-Bedingungen, Zufallstürmen und Systemzwängen, in: Rupert Riedl / Franz Kreuzer (Hrsg.): *Evolution und Menschenbild*, Hamburg 1983, S. 22-39.

tion gehören nicht zu allen Arten von Evolution: Sie entstehen ja erst durch Vermehrung; Sterne und andere Himmelskörper vermehren sich aber nicht, und selbst die gefräßigsten Schwarzen Löcher können sich nicht teilen oder Nachkommen in die Welt setzen.

Immerhin hat Werner Patzelt in seinem Evolutorischen Institutionalismus[15] Gedanken von Riedl aufgegriffen und versucht, eine allgemeine Evolutionstheorie zu entwickeln. Der *Evolutorische* Institutionalismus geht davon aus, dass sich die Entwicklung von Institutionen mit Begriffen und Aussagen der Evolutionstheorie beschreiben und erklären lässt. Dazu müssen diese Begriffe und Prinzipien verallgemeinert werden. Er formuliert deshalb eine Theorie, welche „die Bildung, Weitergabe und Veränderung *sämtlicher* kultureller und sozialer Formen" erfassen soll, und wendet diese Theorie dann wieder auf die Institutionenanalyse an. Doch geht es ihm „nur" um Erzeugnisse des *Menschen* (und zu Vergleichszwecken einiger höherer Tiere). Die Evolution im vorbiologischen Bereich wird dadurch nicht erfasst.

Einen interessanten Ansatz bietet Peter Mersch in zwei Büchern[16], wobei der Titel *Evolution, Zivilisation und Verschwendung* die eigentliche Absicht nicht deutlich genug verrät. Die wichtigsten allgemeinen Merkmale sind hier Variation, Reproduktionsinteresse und Reproduktion. Wo sie vorliegen, soll Evolution die Folge sein. Dieser Evolutionsbegriff gilt offenbar nur für Lebewesen und ihre sozialen Systeme. Eine Evolution unbelebter Systeme gibt es dann nicht; die biologische Evolutionstheorie wird auch hier nur „nach oben" erweitert.

Am ehesten überzeugt Gerhard Schurz mit seinem Buch *Evolution in Natur und Kultur. Eine Einführung in die verallgemeinerte Evolutionstheorie.*[17] Als grundlegende Merkmale aller Evolution fordert Schurz Reproduktion, Variation, Selektion. Damit unterliegen nur vermehrungsfähige Systeme der Evolution; eine Evolution von Sternen, Quasaren oder gar des gesamten Kosmos gibt es dann nicht.

Es kommt also vor allem darauf an, welche Merkmale man fordert, wann also ein Vorgang oder eine Theorie als „evolutionär" gelten soll. Darauf kommen wir im übernächsten Kapitel zurück.

---

15 Patzelt, Werner J. (Hrsg.): *Evolutorischer Institutionalismus*, Würzburg 2007.
16 Mersch (2008), vor allem Kap. 4.4., und Mersch (2012).
17 Schurz, Gerhard: *Evolution in Natur und Kultur*, Heidelberg 2011.

Evolutionäre Theorien in Wissenschaft und Philosophie

Wir haben betont, dass der Evolutionsgedanke in zahlreiche Disziplinen Eingang gefunden hat. Zu vielen Wissenschaften gibt es eine *evolutionäre* Variante oder Teildisziplin. Im Darwin-Jahr 2009 kam mir die Idee, einmal alle diese Disziplinen übersichtlich darzustellen. Aus einer Übersicht wurde ein kleiner, dann ein großer Aufsatz und inzwischen ein ganzes Buch.[18] Im Folgenden begnügen wir uns mit einer Liste dieser Disziplinen, sozusagen mit einem vorläufigen Inhaltsverzeichnis. Wegen des Umfangs der Liste schien nur eine alphabetische Reihenfolge sinnvoll, auch wenn sich manchmal eine Zusammenstellung nach den Inhalten angeboten hätte.

Evolutionäre Verfahren

Evolutionsstrategie
Evolutionäre und genetische Algorithmen
Evolutionär stabile Strategien

Evolutionäre Theorien in den Wissenschaften

Evolutionäre (biologische) Anthropologie
Evolutionäre Biologie
Evolutionäre Biotechnologie
Evolutionäre Didaktik
Evolutionäre Entwicklungsbiologie (Evo-Devo)
Evolutionäre Finanztheorie
Evolutionäre Genetik
Evolutionäre Institutionentheorie
Evolutionäre Kosmologie
Evolutionäre Kulturtheorie
Evolutionäre Kunst
Evolutionäre Kunsttheorie
Evolutionäre Linguistik
Evolutionäre Mathematik
Evolutionäre Medizin (*darwinian medicine*)
Evolutionäre Morphologie
Evolutionäre Musik

---

18 Vollmer, Gerhard: *Im Lichte der Evolution. Darwin in den Wissenschaften und in der Philosophie*, Stuttgart 2013.

Evolutionäre Musiktheorie
Evolutionäre Neurologie (Neuronaler Darwinismus, *neural darwinism*)
Evolutionäre Ökonomie (Evolutorische Ökonomik)
Evolutionäre Pädagogik
Evolutionäre Psychiatrie
Evolutionäre Psychologie
Evolutionäre Rechtstheorie
Evolutionäre Religionswissenschaft
Evolutionäre Soziologie (meist Soziobiologie genannt)
Evolutionäre (auch evolutorische) Spieltheorie
Evolutionäre Technikgeschichte
Evolutionäre Theologie

Evolutionäre Theorien in der Philosophie

Evolutionäre (philosophische) Anthropologie
Evolutionäre Ästhetik
Evolutionäre Erkenntnistheorie
Evolutionäre Ethik
Evolutionäre Philosophie des Geistes
Evolutionärer Humanismus
Evolutionäre Logik
Evolutionäre Metaphysik
Evolutionärer Naturalismus
Evolutionäre Wissenschaftstheorie

Manche dieser Disziplinen kommen einem bekannt vor, etwa Evolutionsstrategie, Evolutionäre Genetik, Evolutionäre Erkenntnistheorie. In Leipzig
gibt es sogar ein großes Max-Planck-Institut für Evolutionäre Anthropologie. Von anderen hat man vielleicht noch nie etwas gehört, kann sich aber
durchaus etwas darunter vorstellen, etwa Evolutionäre Algorithmen, Evolutionäre Kulturtheorie, Evolutionäre Ethik. Bei wieder anderen hat man
vielleicht Zweifel, ob es so etwas überhaupt geben kann. Was soll man sich
etwa unter Evolutionärer Didaktik vorstellen, unter Evolutionärer Kunst
oder gar unter Evolutionärer Metaphysik? Und was, bitte, soll Evolutionäre
Theologie sein?

    Solchen durchaus berechtigten Nachfragen gegenüber können wir hier
nur versichern, dass es alle diese Fächernamen gibt, wovon man sich im
Internet leicht überzeugen kann. Einige wenige wie *evolutionary mathe-
matics* finden sich vorläufig nur im Englischen, werden aber sicher bald

Eingang ins Deutsche finden. Erwartungsgemäß sind diese Disziplinen von sehr unterschiedlichem Umfang; sie sind auch auf sehr unterschiedliche Resonanz gestoßen.

Im Übrigen können wir nur auf das angekündigte Buch verweisen. Am nächsten kommt ihm das ausgezeichnete Buch *Evolutionär denken*[19]. Im Einzelnen geht es dabei um den Einfluss der Evolution auf menschliches Sozialverhalten, Denken und Bewusstsein, Sprache und Kultur, Erkenntnis, Religion und Moral, auf unser Schönheitsempfinden und auf unsere Krankheiten. Dagegen gibt das Buch *Darwinisch denken*[20] keinen solchen Überblick, sondern viele wunderbare Einblicke in die heutige Primatenforschung bzw. in die Panthropologie, wie der Autor sein Fachgebiet in Anspielung auf unsere enge Verwandtschaft mit den Menschenaffen nennt.

Wann ist eine Theorie evolutionär?

Angesichts der Vielzahl evolutionärer Theorien mag man sich erneut fragen, was denn im Einzelnen unter *evolutionär* zu verstehen ist. Wir wissen schon, dass der Ausdruck *evolutionär* dabei sehr unterschiedlich gebraucht wird. So kann er im biologischen Sinne oder auch in einem recht allgemeinen Sinne verwendet werden. Wann also soll eine Theorie *evolutionär* genannt werden? Nicht um diese Entscheidung für alle Kandidaten zu fällen, sondern um sie wenigstens zu erleichtern, stellen wir in Tabelle 3 Merkmale zusammen, die wir bei evolutionären Prozessen bzw. bei den zugehörigen evolutionären Theorien fordern, und unterscheiden dabei danach, ob sie immer, fast immer, meistens oder wenigstens für die biologische Evolutionstheorie gelten.

---

19 Buskes, Chris: *Evolutionär denken,* Darmstadt 2008.
20 Sommer, Volker: *Darwinisch denken*, Stuttgart 2007.

Evolutives Merkmal	Erläuterung	Beispiele und Gegenbeispiele, Bemerkungen
Notwendig immer		
nicht statisch	Es geschieht etwas.	Heraklit ist unserem evolutionären Weltbild näher als Parmenides.
nicht stationär	Es geschieht nicht immer dasselbe.	Der geradlinige Flug eines Steins, die Bewegung eines Planeten, das Fließgleichgewicht eines Brunnens, der Kreislauf der Jahreszeiten, das Schwingen eines Pendels, der Gleichklang von Ebbe und Flut, die ewige Wiederkehr des Gleichen bei Nietzsche – das alles ist noch *nicht* Evolution.
nicht umkehrbar	Irreversibilität	Prozesse, die auch umgekehrt von selbst ablaufen, nennen wir nicht evolutiv. Dazu gehören auch einige der obigen Beispiele.
keine reine Zufallsfolge	Erforderlich ist ein Mindestmaß an kausaler Kohärenz.	Beim Münzwurf oder beim Würfeln nähern sich die Häufigkeiten mehr und mehr der Gleichverteilung (Gesetz der großen Zahl). Trotzdem sprechen wir hier nicht von Evolution, vor allem wohl deshalb, weil die Zustände nicht kausal auseinander hervorgehen.
Kontingent immer oder fast immer		
Strukturbildung	Komplexität nimmt im Durchschnitt zu. (Selbstorganisation)	Bei Strukturabbau, bei Zerfall, Zerstörung, Degeneration, Aussterben sprechen wir im Allgemeinen nicht von Evolution. Sie können jedoch durchaus Bestandteil evolutiver Prozesse sein.
Entropievermehrung	auch: dissipative Prozesse	Gilt allerdings für *alle* realen Prozesse, nicht nur für evolutive. Strukturbildung und Entropievermehrung schließen einander nicht aus. Das gilt insbesondere bei anziehenden Wechselwirkungen, etwa Gravitation.
Zufall und Notwendigkeit	also: stochastische *und* deterministische Elemente. Mit wachsender Komplexität nimmt der Einfluss des Zufalls zu, die Voraussagbarkeit ab.	*Planetenentstehung:* Die Zahlen und Massen der Planeten (und ihrer Begleiter) sind stark, ihre Abstände teilweise zufallsbedingt. *Biogenese:* Die Entstehung des Lebens auf der Erde war, wie Manfred Eigen immer wieder betont, unausweichlich, aber in Verlauf und Ergebnis nicht determiniert. *Biologische Evolution:* Mutation, Genrekombination, Populationswellen, Gendrift; aber auch Selektion, Annidation. *Wissenschaftsentwicklung:* Einfälle, Spekulation, Genialität einerseits; Prüfung, Experiment, Test, Kritik andererseits.

Meistens		
Stabilitäts-probleme	Komplexe Systeme können auch wieder zerfallen.	Durch äußere Einwirkung, mangelnde Energie-zufuhr, Konkurrenz; Explosion, Kollaps, Tod, Aussterben, Vergessen.
Variation und selektiver Fortbestand		Die Varianten entstehen zufällig (besser: blind); der Fortbestand ist jedoch nicht zufällig, sondern erfolgt nach *Kriterien*, etwa nach Stabilität (Campbell: *Blind variation and selective retention*).
Optimierung	nur wenn eine Bewertung vorliegt	Liegt ein Bewertungskriterium vor, so kann man oft auch von *Fortschritt* sprechen. Nur von uns kann Evolutionsstrategie *bewusst* angewandt werden.
Nur bei der biologischen Evolution (oder wenn wir eine Evolution von Maschinen in Gang setzen)		
Selbstreplikation	also Vererbung	Sterne evolvieren, aber sie vermehren sich nicht ...
Erbänderungen	Mutationen	... und unterliegen deshalb auch keinen Erbänderungen.
Selektion	differentielle Reproduktion	Natürliche Auslese ist unterschiedliche Vermehrung *aufgrund unterschiedlicher Tauglichkeit (Fitness)*.
Anpassung		Dadurch kommt es zu besserer Anpassung, zu einem Zuwachs an *funktioneller* Komplexität.

Tabelle 3: Welche Merkmale sind für evolutive Prozesse (und für die zugehörigen Theorien) wesentlich?

Kränkungen des Menschen?

In den bisherigen Abschnitten haben wir den Einfluss der Evolutionstheorie auf zahlreiche wissenschaftliche und philosophische Disziplinen hervorgehoben. Meistens haben wir diesen Einfluss positiv beurteilt. Für die Evolutionstheorie ist diese Reichweite ein Qualitätsmerkmal, ein Beleg für ihre große Bedeutung. Aber auch für die beteiligten evolutionären Disziplinen ist es ein Vorteil, weil die evolutionäre Betrachtungsweise, das „Licht der Evolution", ihnen ganz neue Perspektiven vermittelt.

Aber hat die Evolutionstheorie nur positive Folgen? Man könnte Zweifel haben, wenn man den Widerstand bedenkt, der ihr vielfach entgegengesetzt wird. Dabei sind es in den seltensten Fällen die neuen wissenschaftlichen Einsichten, die mit Hilfe der evolutionären Perspektive gewonnen werden und Ablehnung oder Abwehr hervorrufen. In aller Regel geht es um die Folgerungen für unser Welt- und Menschenbild! Viele sehen ihr Urteil über den Menschen, seine Natur und seine Stellung in der Welt gefährdet.

Bekanntlich spricht Sigmund Freud von drei *Kränkungen*, die dem Menschen – vor allem aber seinem Selbstbild – zugemutet wurden: die kosmologische Kränkung durch Kopernikus und das heliozentrische Weltbild, die biologische Kränkung durch Darwin und die Abstammungslehre, schließlich die psychologische Kränkung durch Freud und die Psychoanalyse. Es ist mehrfach bemerkt worden, dass zu diesen drei Kränkungen noch weitere hinzugekommen sind:

- die *geologische* durch die Entdeckung der Tiefenzeit, also durch die Einsicht des 19. Jahrhunderts, dass die Erde und das Leben auf der Erde sehr, sehr alt sind (heute wissen wir: über vier Milliarden Jahre), dass wir Menschen also nur einen winzigen Bruchteil der Erdgeschichte miterlebt haben statt der vollen 6000 Jahre seit der biblischen Schöpfung;
- die *ethologische* durch Oskar Heinroth (1871-1945) und die Verhaltensforschung etwa ab 1910;
- die *epistemologische* durch Konrad Lorenz (1903-1989) und die Evolutionäre Erkenntnistheorie ab 1941 (die ihren Namen erst 1974 erhalten hat);
- die *soziobiologische* durch Edward O. Wilson (*1929) und die Soziobiologie ab 1975;
- die Kränkung durch das *Computermodell des Geistes* und die Erfolge der Künstlichen Intelligenz (1997 besiegt das Computerprogramm *Deep Blue* den Schachweltmeister Kasparov; *Deep Fritz* besiegt 2006 Weltmeister Kramnik);
- die *ökologische* im 21. Jahrhundert durch die bittere Einsicht, dass wir die uns umgebenden Ökosysteme und die Auswirkungen unseres Handelns *nicht* durchschauen;
- die *neurobiologische* durch die aktuelle Hirnforschung und die Zweifel am autonomen Ich und an der Willensfreiheit.

Auf die Kränkung durch die Entdeckung der Tiefenzeit hat der Paläontologe und Evolutionsbiologe Stephen Jay Gould (1941-2008) aufmerksam gemacht.[21] Sie bilde das Bindeglied zwischen der kosmologisch-räumlichen Begrenzung des Menschen durch Kopernikus und der Aufklärung durch Darwin über unsere beschämend niedrige Verwandtschaft im Tierreich.

Jede der genannten Einsichten ist gelegentlich – offenbar in Unkenntnis der jeweils anderen – als *vierte* Kränkung bezeichnet worden.[22] Sieht

---

21 Gould, Stephen Jay: *Die Entdeckung der Tiefenzeit*, München 1990, S. 13-16.
22 Eine Zusammenstellung gibt Vollmer (1992a).

man genau hin, so hat mindestens die Hälfte der genannten Kränkungen eine biologische Grundlage, und man könnte sie durchaus als späte Folgen der Darwinschen Revolution ansehen. Das aber ist nur ein weiteres Motiv, der Evolutionstheorie große Bedeutung für unser Welt- und Menschenbild zuzusprechen.

Das Wort *Kränkung*, das Freud benutzt, ist ein Fachbegriff aus der Psychoanalyse: Da ist etwas, was krank macht. Statt Kränkung können wir jedoch auch andere Wörter benutzen: Enttäuschung, Zumutung, Desillusionierung, Demütigung, Entzauberung. Am Sachverhalt ändert sich dadurch nichts. Die Evolutionstheorie ist ein Stück Aufklärung, und Aufklärung ist nicht überall willkommen.

Über Art und Umfang der Kränkung kann man sich viele Gedanken machen. Man wird dann leicht feststellen, dass nicht alle Menschen sich gekränkt fühlen, vor allem jene Forscher nicht, welche die neuen Entdeckungen gemacht oder sich andere Verdienste um diese Entdeckungen erworben haben. Im Gegenteil: Es kann durchaus sein, dass sie ihre Entdeckungen und ihre Folgen gern und mit Nachdruck verkünden, vielleicht sogar mit besonderem Stolz. Der Philosoph Michael Pauen meint sogar, eigentlich sei die menschliche Eigenliebe durch die wissenschaftliche Entwicklung überhaupt *nicht* gekränkt worden; das Selbstwertgefühl des Menschen habe seit Kopernikus *nicht* gelitten.[23] Hierin kann ich ihm nicht folgen. Zu groß ist der Widerstand, der den neuen Einsichten entgegengebracht wurde und auch heute noch entgegengebracht wird.

Aber *warum* fühlen sich so viele gekränkt? Es gibt mehrere Gründe.

Ein erster Grund ist die Tatsache, dass neue wissenschaftliche Erkenntnisse dem Augenschein oft widersprechen. Von der Kugelgestalt der Erde, von ihrer Drehung um die eigene Achse und von ihrer Bahnbewegung um die Sonne, aber auch von der ungeheuren Größe des Weltalls sehen und spüren wir nichts. Dass Arten sich entwickeln und immer wieder neue Arten entstehen, sieht man nicht unmittelbar. Dass die Seele nicht Herr ist im eigenen Haus, wie Freud sich ausdrückt, merkt sie nur selten. Und Evidenzen sind eben psychologisch nur schwer zu überwinden. Mancher mag sich sogar für dumm verkauft fühlen, wenn man ihm einen solchen „Bären" aufbinden will. Dann wird er die neue Einsicht erst recht nicht wahrhaben wollen.

---

23 Pauen, Michael: Darwins Revolution im Lichte der modernen Philosophie, in: *Der Mensch – Krone der Schöpfung oder Zufallsprodukt der Evolution*, 20. Bremer Universitätsgespräch, Bremen 2008, S. 47-63.

Ein zweiter Grund liegt darin, dass Kinderglaube nur schwer zu überwinden ist. Als Kinder glauben wir alles, was unsere Autoritäten – Eltern, Lehrer, Freunde – uns erzählen. Sich davon wieder zu befreien, ist dann viel schwieriger. Wer als Kind von Wundern hört, sich jederzeit von einer strafenden Instanz überwacht fühlt, überall gute und böse Geister am Werk sieht, auf Horoskope und Aberglaube geprägt wird, der wird diese Geister nicht so leicht wieder los.

Der wohl wichtigste Grund ist jedoch die Einsicht, dass wir eine *Sonderrolle*, die wir als Menschen oder als Individuen zu haben glaubten, gar nicht haben: Wir leben nicht im Mittelpunkt der Welt; unsere Sonne ist ein ganz gewöhnlicher, sogar eher kleiner Stern in einer durchschnittlichen Galaxis; wir sind aus einfachsten Anfängen hervorgegangen und verwandt mit den Tieren, insbesondere mit den Affen. Wir bewohnen nur einen winzigen Bruchteil des Kosmos, und wir erleben auch nur einen winzigen Ausschnitt der Erdgeschichte, erst recht der Weltgeschichte. Auch mit unseren geistigen Fähigkeiten sind wir aus dem Tierreich hervorgegangen, und diese Vergangenheit macht sich in unserem Verhalten noch vielfach bemerkbar. Intelligenz ist nicht dem Menschen vorbehalten, und die Intelligenz, die wir haben, genügt unseren Ansprüchen nicht: Wir durchschauen nicht alles, was wir durchschauen möchten, und wir sind offenbar nicht schlau genug, uns selbst ein sorgenfreies Dasein zu schaffen.

Ist Evolution wirklich überall?

Die Fruchtbarkeit des Evolutionsgedankens ist unzweifelhaft. Man kann aber so viele Systeme oder so viele Disziplinen aufzählen, für die der Evolutionsgedanke eine Rolle spielt, wie man Zeit, Wissen und Fantasie hat; einen Beweis dafür, dass *alles* in Evolution ist, erhält man dadurch nicht. Es ist wahr: Wir sind mit unserem Weltbild näher bei Heraklit („alles fließt") als bei Parmenides („alles ist eins; aller Wandel ist nur Schein"); aber ob Heraklit *zur Gänze* recht hat, bedarf zusätzlicher Untersuchungen. Wir fragen deshalb ausdrücklich: Gibt es etwas, was *nicht* der Evolution unterliegt?

Anfangs konnte man den Eindruck haben, dafür gebe es beliebig viele gute Kandidaten. Dieser Eindruck musste immer wieder korrigiert werden. Wir wollen uns einige Beispiele ansehen.

Zunächst fallen uns die *lebenden Fossilien* ein.[24] Den Nautilus, die einzig überlebende Gattung der Perlboote, gab es schon vor 500 Million Jahren! Den Quastenflosser, dem man den Übergang vom Leben im Wasser zum Leben auf dem Land zuschreibt, kannte man fossil nur aus der Zeit vor 400 bis 70 Jahrmillionen vor heute. Man hielt ihn deshalb für längst ausgestorben, fand aber 1938, 1952 und danach lebende Exemplare. Es gibt ihn also immer noch! So sensationell diese Funde auch waren: Unverändert geblieben, also der Evolution entgangen ist er nicht. Nach Darwin ist ja auch nicht zu erwarten, dass ausgerechnet in der Biologie evolutionslose Systeme gefunden werden. Wir müssen sie anderswo suchen.

Beginnen wir mit dem Urbild des Unveränderlichen, mit den *Fixsternen*. Sie heißen ja nicht deshalb *fix*, weil sie besonders schnell sind, sondern im Gegenteil deshalb, weil sie ewig und unveränderlich zu sein scheinen und bis auf ihren täglichen, immer gleichen Umlauf um die Erde auch ihren Platz nicht zu ändern scheinen, also *fixiert* sind. Zunächst fanden die Astronomen heraus, dass viele Sterne Eigenbewegungen gegenüber dem Fixsternhimmel zeigen, und nach Vorreitern wie Novae und Supernovae klärten die Astrophysiker uns darüber auf, dass Sterne nur eine endliche Lebensdauer haben, also entstehen, sich entwickeln, im Innern die Kernfusion zünden, einige Zeit stabil strahlen und am Ende kollabieren oder explodieren. Es herrscht also nicht nur eine Vergänglichkeit alles Irdischen; auch alles Himmlische vergeht!

Wirklich alles? Sind nicht wenigstens die Urbausteine unserer Welt, die *Elemente*, ewig? Wenn schon nicht die klassischen vier Elemente Erde, Wasser, Luft und Feuer, dann doch die chemischen Elemente, ganz gleich, wie viele es davon gibt.[25] Nein, sie sind es nicht! Um die Mitte des 20. Jahrhunderts stellte sich heraus, dass *alle* Elemente erst entstehen mussten, entweder im Inneren der Sterne oder beim Explodieren des Sterns zum Ende seines „Lebens". Nur das leichteste aller Elemente, der Wasserstoff, war von Anfang an da, verdichtete sich zu Sternen und wurde zu schwereren Elementen verschmolzen. So erklärt sich der schöne Buchtitel *Im Anfang war der Wasserstoff*[26].

Von Anfang an? Ein Wasserstoff-Atom besteht aus einem Proton und einem Elektron, und die konnten kurz nach dem Urknall, wenn sie sich trafen, wegen der hohen Temperaturen nicht zusammenbleiben, sondern

---

24 Ward, Peter Douglas: *Der lange Atem des Nautilus oder warum lebende Fossilien noch leben*, Heidelberg 1993.

25 Es sind über 100.

26 Ditfurth, Hoimar von: *Im Anfang war der Wasserstoff,* Hamburg 1972.

erst, nachdem etwa 380.000 Jahre verstrichen waren und die Temperatur niedrig genug war. Die besseren Kandidaten für etwas Ewiges sind jetzt also die *Elementarteilchen*.

Aber gab es die Elementarteilchen „schon immer"? Nein, auch sie bestehen und bildeten sich aus *Quarks, Gluonen,* vielleicht Higgs-Teilchen. Ob diese wiederum aus noch kleineren Einheiten bestehen, wissen wir nicht. In diesen Bereichen verliert sogar der Teilchenbegriff seinen Sinn; wir sollten dann eher von Feldern sprechen. Ob nun Teilchen oder Felder – wir werden *nie sicher* wissen, ob die von uns jeweils als elementar angesehenen Bausteine nicht ihrerseits wieder zusammengesetzt sind oder nicht.

Bisher haben wir immer Teilsysteme unseres Kosmos in Erwägung gezogen, sind dabei aber nicht fündig geworden. Wie steht es mit dem *Kosmos* als Ganzem? Auch wenn sich darin ungeheuer viel abspielt, auch wenn der Kosmos voller Evolution ist – ist nicht wenigstens der Kosmos selbst ewig? Auch das nicht! Nach unserem heutigen Wissen ist unser Kosmos *entstanden*, möglicherweise mit dem Urknall, und in ferner Zukunft wird er entweder infolge der Massenanziehung (Gravitation, Schwerkraft) in sich zusammenstürzen und wieder verschwinden oder durch ewige Ausdehnung und den Zerfall seiner Bestandteile völlig veröden.

Bisher haben wir also nichts Unveränderliches gefunden, nichts, was nicht im weitesten Sinne der Evolution unterläge. Wie aber steht es mit den Naturgesetzen? Tragen sie das Beiwort *ehern* zu Recht? Einige nicht. Betrachten wir Galileis *Fallgesetz*. In seiner heutigen Form lautet es: $s = \frac{1}{2} g t^2$. Es zeigt, wie beim freien Fall der Fallweg s von der Fallzeit t abhängt. Die Größe g steht dabei für die Erdbeschleunigung und hat den Wert $9{,}8 \text{ m/s}^2$. Ist das eine unabänderliche Naturkonstante? Nein, vielmehr ergibt sie sich nach der Newtonschen Mechanik als $G \cdot M_E / R_E^2$ mit der Erdmasse M_E, dem Erdradius R_E und der Gravitationskonstante $G = 6{,}7 \cdot 10^{-11} \text{ m}^3/\text{kg} \cdot \text{s}^2$. Die Erdbeschleunigung g hängt also von Erdmasse und Erdradius ab, und die sind natürlich langfristig veränderlich. Das Fallgesetz ist also durchaus zeitabhängig und in diesem Sinne evolutionär. Und selbstverständlich herrscht auf jedem Himmelskörper eine andere Konstante: auf dem Mond die Mondbeschleunigung, auf dem Mars die Marsbeschleunigung, auf dem Sirius die Siriusbeschleunigung.

Ist dann wenigstens die *Gravitationskonstante* G, welche die Stärke – oder eher die Schwäche – der Gravitation bestimmt, wirklich eine universelle Naturkonstante? Wir wissen es nicht. Tatsächlich wurde schon mehrfach darüber nachgedacht und immer genauer geprüft, ob sie im Laufe der Zeit abnimmt. Wäre das so, dann wären alle Himmelskörper, die durch die

Schwerkraft zusammengehalten werden, früher kleiner gewesen, auch Sonne, Erde und Mond und natürlich alle Sterne. Und die Abstände zwischen solchen Himmelskörpern, die einander spürbar anziehen, wären ebenfalls geringer gewesen, der Mond also näher bei der Erde, die Erde und alle anderen Planeten näher bei der Sonne, alle Sternhaufen kleiner, sogar ganze Galaxien und Galaxienhaufen kleiner als jetzt. Diese kosmischen Objekte hätten dann das Licht, das wir heute empfangen, zu einer Zeit abgestrahlt, als die Gravitation noch stärker war als heute, und dies sollte sich eigentlich in ihrer Strahlung bemerkbar machen. Bisher hat man jedoch keinen Hinweis auf eine Abnahme der Gravitationskonstante gefunden. Es ist also durchaus sinnvoll, diese Konstante als unveränderlich anzusehen. Dasselbe gilt für die anderen Naturkonstanten, mit denen die Physiker arbeiten. Und es gilt nicht nur für die Konstanten, sondern auch für die elementaren Naturgesetze, die wir kennen. Es gilt insbesondere für jene Naturgesetze, die für die Evolution – ganz gleich, welcher Phase – maßgebend sind. Wir haben somit gute Gründe zu sagen: *Alles ist in Evolution, nur nicht die Evolutionsgesetze.*

Aber so wie das Universum, ob statisch, stationär oder evolutionär, in einem extremen Ereignis, dem Urknall, entstanden zu sein scheint, so kann man nun fragen, ob und wie die Naturgesetze ihrerseits, auch und gerade die „ehernen", entstanden sind. Natürlich sind sie mit dem Urknall und mit der Materie entstanden; denn ohne Träger kann es auch keine Eigenschaften geben. Aber waren die Gesetze des Kosmos von Anfang an jene, die wir kennen und heute vorfinden? Hier gibt es tatsächlich Ansätze zu Erklärungen, die allerdings weitgehend spekulativ sind.

Einen besonderen Bezug zur Evolution, sogar zur biologischen Evolution, bietet der Physiker Lee Smolin (*1957) in seinem Buch *Warum gibt es die Welt?*[27] Bei ihm durchläuft nicht nur unser Universum eine Evolution; vielmehr bilden die Schwarzen Löcher, sonst eher als Endzustand der Materie angesehen, das Durchgangsstadium zu neuen Welten, zu *neuen Kosmen* mit ähnlichen, aber nicht genau gleichen Eigenschaften. Auch sie durchlaufen dann wieder eine Evolution, wenn auch eine geringfügig andere als ihre Vorfahren. Universen mit Schwarzen Löchern haben also „Nachkommen", andere nicht. Deshalb gibt es viele Universen, die unserem Universum ähneln. Umgekehrt gehört unser Universum zu denen, die Schwarze Löcher bilden können und somit am häufigsten vorkommen, und

---

27 Smolin, Lee: *Warum gibt es die Welt?* München 1999 (englisch 1997).

eben deshalb hat es die Eigenschaften, die wir bei ihm, also hier bei uns, vorfinden.[28]

Halten wir fest: Evolution ist überall, wo wir auch hinsehen. Wir leben in einem durchgehend evolutionären Universum. *Alle realen Systeme* unterliegen beständigem Wandel. Dabei können die charakteristischen Wandlungszeiten sehr unterschiedlich sein, und das gilt, wie wir gesehen haben, auch für die Biologie. Aber die abstrakte Beschreibung dieses Wandels, insbesondere die Beschreibung durch *Naturgesetze*, hat durchaus bleibende Züge. Bei Naturgesetzen können wir zwar nicht ausschließen, dass sie sich doch noch als zeitabhängig erweisen; wir haben jedoch gute Gründe, sie einstweilen als unveränderlich, also als zeitinvariant anzusehen.

Das gilt auch für andere Abstraktionen, etwa für die *Wahrheit* von Aussagen. Eine wahre Aussage ist – entgegen postmodernen Fantasien – immer wahr, eine falsche immer falsch. Das ist allerdings keine Eigenschaft der realen Welt; vielmehr haben wir Wahrheit und Falschheit gerade so definiert. Der Wahrheitsbegriff hat also keine evolutionäre Komponente.

Das schließt natürlich nicht aus, dass sich unser *Wissen* ändert und dass wir Aussagen, die wir für wahr halten, später als falsch erkennen – und umgekehrt. Die Wahrheit ist also nicht evolutionär, unser Wissen schon! Auch

---

28 Offenbar beantwortet Smolin *nicht* die Frage, warum es unsere Welt gibt, wie das im deutschen Titel versprochen wird, sondern nur die Frage, warum unser Kosmos gerade jene Naturgesetze aufweist, die wir darin vorfinden. Dass Schwarze Löcher zu neuen Welten führen, ist reine Spekulation, für die empirische Tests nicht in Aussicht stehen, auch wenn Smolin sie zu versprechen versucht.

Um nicht missverstanden zu werden: Spekulationen sind nicht nur erlaubt, sondern gehören – neben den ungelösten Problemen – zu den treibenden Kräften der Wissenschaft; sie sollten aber immer deutlich als Spekulationen ausgewiesen werden.

Es bleibt Smolin unbenommen, bei diesen Vermehrungsprozessen von *Evolution* zu sprechen. Die von ihm nahegelegte Analogie zur *biologischen* Evolution scheitert jedoch daran, dass es für die Vermehrung der Kosmen keine äußeren Wachstumsbeschränkungen gibt. Zwar haben manche Kosmen viele Nachkommen, andere nur wenige oder gar keine; doch gibt es zwischen den Kosmen keine Konkurrenz – und Kooperation erst recht nicht. Damit fehlen wesentliche Merkmale biologischer Evolution. Smolins Theorie ist zwar näher an der Biologie als manch andere Theorie; dass sie Darwins Theorie auf die Kosmologie übertrage, wie Smolin selbst unterstellt, kann man jedoch nicht behaupten. Hier handelt es sich also wieder einmal um einen Vergleich, bei dem die Gemeinsamkeiten übertrieben und die Unterschiede verschleiert werden.

in der Wissenschaft regiert also die Evolution. Wie ähnlich diese Evolution der biologischen Evolution ist, wird viel diskutiert; aber diese Frage wollen wir anderen Gelegenheiten überlassen.

Literatur

Ballmer, Thomas T. / von Weizsäcker, Ernst: Biogenese und Selbstorganisation, in: Ernst von Weizsäcker (Hrsg.): *Offene Systeme I. Beiträge zur Zeitstruktur von Information, Entropie und Evolution,* Stuttgart: Klett-Cotta 1974, S. 229-264.

Barnett, Samuel A. (Hrsg.): *A century of Darwin,* London: Heinemann 1958; Cambridge, MA: Harvard University Press 1958.

Bresch, Carsten: *Zwischenstufe Leben. Evolution ohne Ziel,* München: Piper 1977.

Bresch, Carsten: Evolution aus Alpha-Bedingungen, Zufallstürmen und Systemzwängen, in: Rupert Riedl, Franz Kreuzer (Hrsg.): *Evolution und Menschenbild,* Hamburg: Hoffmann und Campe 1983, S. 22-39.

Buskes, Chris: *Evolutionär denken. Darwins Einfluss auf unser Weltbild,* Darmstadt: Primus 2008 (niederländisch 2006).

Ditfurth, Hoimar von: *Im Anfang war der Wasserstoff,* Hamburg: Hoffmann und Campe 1972.

Dobzhansky, Theodosius: Nothing in biology makes sense except in the light of evolution, in: *American Biology Teacher* 35, 1973, S. 125-129.

Fong, Peter: Thermodynamic and statistical theory of life: an outline, in: Alfred Locker (Hrsg.): *Biogenesis, evolution, homeostasis,* Berlin: Springer 1973, S. 93-106.

Gläser, Hans-Joachim: Allgemeine und biologische Evolutionstheorie, in: *Biologisches Zentralblatt* 106, 1987, S. 663-681.

Gould, Stephen Jay: *Die Entdeckung der Tiefenzeit. Zeitpfeil oder Pfeilzyklus in der Geschichte unserer Erde*, München: Hanser 1990; München: dtv 1992 (engl. 1987).

Grassmann, Peter: Läßt sich die technische Entwicklung mit der biologischen Evolution vergleichen? In: *Naturwissenschaften* 72, 1985, S. 567-573.

Heberer, Gerhard / Schwanitz, Franz (Hrsg.): *Hundert Jahre Evolutionsforschung. Das wissenschaftliche Vermächtnis Charles Darwins*, Stuttgart: G. Fischer 1960.

Hodge, Jonathan / Radick, Gregory (Hrsg.) *The Cambridge Companion to Darwin,* Cambridge: Cambridge University Press 2009.

Huxley, Julian: The emergence of Darwinism (Vortrag 1958), abgedruckt in Julian Huxley: *Essays of a humanist,* London: Chatto & Windus 1964, S. 1-38. Nachdrucke 1966, 1969, 1992, zuletzt mit dem Titel: *Evolutionary humanism.* Deutsch: *Ich sehe den künftigen Menschen. Natur und neuer Humanismus,* München: List 1965.

Jantsch, Erich: Unifying principles of evolution, in: Ders. (Hrsg.): *The evolutionary vision,* Boulder: Westview Press 1981, S. 83-115.

Lewontin, Richard C.: Evolution: The concept of evolution, in: *International Encyclopaedia of the Social Sciences,* 1968, S. 202-210.

Mersch, Peter: *Evolution, Zivilisation und Verschwendung,* Books on Demand 2008.

Mersch, Peter: *Systemische Evolutionstheorie,* CreateSpace Platform 2012.

Patzelt, Werner J. (Hrsg.): *Evolutorischer Institutionalismus. Theorie und exemplarische Studien zu Evolution, Institutionalität und Geschichtlichkeit,* Würzburg: Ergon 2007.

Pauen, Michael: Darwins Revolution im Lichte der modernen Philosophie, in: *Der Mensch – Krone der Schöpfung oder Zufallsprodukt der Evolution,* 20. Bremer Universitätsgespräch, Bremen 2008, S. 47-63.

Rensch, Bernhard: *Das universale Weltbild. Evolution und Naturphilosophie,* Frankfurt a. M.: Fischer 1977; überarbeitete Neuauflage: Darmstadt: Wissenschaftliche Buchgesellschaft 1991.

Riedl, Rupert: *Die Ordnung des Lebendigen. Systembedingungen der Evolution,* Hamburg: Rupert Parey 1975; München: Piper 1990.

Riedl, Rupert: *Die Strategie der Genesis. Naturgeschichte der realen Welt,* München: Piper 1976.

Schurz, Gerhard: *Evolution in Natur und Kultur. Eine Einführung in die verallgemeinerte Evolutionstheorie,* Heidelberg: Spektrum 2011 (nicht zu verwechseln mit Volker Gerhardt / Julian Nida-Rümelin (Hrsg.): Evolution in Natur und Kultur, Berlin: de Gruyter 2010).

Seward, Albert Charles (Hrsg.): *Darwin and modern science. Essays in commemoration of the centenary of the birth of Charles Darwin and of the fiftieth anniversary of the publication of „The origin of species",* Cambridge: Cambridge University Press 1909; Nachdrucke in den Jahren 2006, 2008, 2009.

Smolin, Lee: *Warum gibt es die Welt? Die Evolution des Kosmos,* München: Beck 1999 (englisch 1997).

Sommer, Volker: *Darwinisch denken. Horizonte der Evolutionsbiologie,* Stuttgart: Hirzel 2007.

Spinoza, Baruch de: *Ethik, in geometrischer Ordnung dargestellt,* 1677.

Tax, Sol / Callender, Charles (Hrsg.): *Evolution after Darwin. The University of Chicago Centennial,* Chicago: Chicago University Press 1960.

Vollmer, Gerhard: Die Einheit der Wissenschaft in evolutionärer Perspektive. Original englisch 1983; deutsch in: Vollmer 1986, S. 163-199.

Vollmer, Gerhard: Reduktion und Evolution – Argumente und Beispiele. Original englisch 1984; deutsch in: Vollmer 1986, S. 211-233.

Vollmer, Gerhard: *Was können wir wissen?* Band 2: *Die Erkenntnis der Natur,* Stuttgart: Hirzel 1986, [4]2003.

Vollmer, Gerhard: Die vierte bis siebte Kränkung des Menschen. Gehirn, Evolution und Menschenbild, in: *Philosophia naturalis* 29/1, 1992a, S. 118-134; auch in: Vollmer 1995a, S. 43-59.

Vollmer, Gerhard: Das Ganze und seine Teile – Holismus, Emergenz, Erklärung und Reduktion, 1992b, in: Vollmer 1995a, S. 60-101.

Vollmer, Gerhard: *Auf der Suche nach der Ordnung. Beiträge zu einem naturalistischen Welt- und Menschenbild*, Stuttgart: Hirzel 1995a.

Vollmer, Gerhard: *Biophilosophie,* Stuttgart: Reclam 1995b.

Vollmer, Gerhard: *Im Lichte der Evolution. Darwin in den Wissenschaften und in der Philosophie*, Stuttgart: Hirzel 2013.

Ward, Peter Douglas: *Der lange Atem des Nautilus oder warum lebende Fossilien noch leben*, Heidelberg: Spektrum 1993 (englisch 1992).

Winfried Henke

Die ehrenrührige „Affenfrage"

Eine paläoanthropologisch-primatologische Bilanz

Von der Naturgeschichte zur Evolutionsbiologie

„Woher kommt der Mensch? – Was ist der Mensch? – Wohin geht der Mensch?" – Wenn auch die existenziellen Fragen der Menschheit dieselben blieben, so führten die theoretische Grundlegung der Deszendenz- und Selektionstheorie durch Charles Darwin (Russel Wallace sollte dabei nicht ganz vergessen werden) und der sukzessive Ausbau einer Systemtheorie der Evolution zu einem paradigmatischen Wandel unseres Weltbildes. Dieser ist dadurch gekennzeichnet, dass die Entstehung der Organismen einschließlich des Menschen als realhistorisch-genetischer Prozess verstanden wird.[1] Nach Auffassung der Biologie bedarf es keiner speziellen Theorie der Menschwerdung, sondern nur der konsequenten Anwendung bewährter evolutionsbiologischer Erklärungsmuster. Das Hominisationsproblem ist damit nicht die Frage nach dem „großen Entwurf der Natur", nach der „Krone der Schöpfung", denn die Anthropogenese verlief nicht zielstrebig, nicht teleologisch. Der evolutionsbiologische Erklärungsansatz *sensu* Darwin überwand die traditionelle Anschauung von der Zweckmäßigkeit der Natur, indem die „äußere" Sinngebung aus der Verklammerung mit der „inneren" Sinngebung gelöst wurde, was Pittendrigh (1958) schließlich in dem Begriff „Teleonomie" in Abgrenzung zur Teleologie aristotelischer Tradition zum Ausdruck brachte.

---

1 Altner, G.: Einleitung. Darwinismus und Darwinismus, in: Altner, G. (Hrsg.): *Der Darwinismus. Die Geschichte einer Theorie*, Darmstadt 1981; Junker, T.: *Die Zweite Darwinsche Revolution*, Marburg 2004.

Dieser paradigmatische Wechsel leitete nach der kopernikanischen Wende die zweite große „Kränkung der Menschheit" *sensu* Freud ein. Günter Altner kennzeichnete die weltanschauliche Brisanz der Darwinschen Evolutionstheorie treffend, als er schrieb: „Der neuzeitliche Mensch ist aus allen ihn übergreifenden Sinnbezügen herausgefallen und auf sich selbst und sein Werden zurückgeworfen."[2]

Zwar hat sich das anfängliche Entsetzen über das Menschenbild der Biologie gelegt, obwohl unsere Primatenverwandtschaft keineswegs durchgehend akzeptiert wird. Ebenso bedenklich wie die weit verbreitete Ignoranz gegenüber evolutionsbiologischen Erkenntnissen ist aber auch die Haltung jener Biologen, die die Auffassung vertreten, die Biologie könne den „ganzen Menschen" erklären. Hubert Markl[3] ist daher zuzustimmen, wenn er schreibt: „... Biologie erfasst nie alles, was am Menschen und für den Menschen wichtig ist, und darf auch diesen Anspruch nicht erheben, wenn sie will, daß das, was sie zu sagen hat, von denkenden Menschen ernst genommen werden soll." Ob diese von einem naturalistischen Monismus abweichende Position nur als reduktionistischer Naturalismus oder gar schon als Öffnung in dichotome Erklärungsmuster zu verstehen ist, soll hier nicht weiter verfolgt werden,[4] eines ist jedoch sicher: Der Ansatz der Biologie zur Erklärung der Menschennatur ist für unser Selbstverständnis essentiell, denn „Nichts macht Sinn in der Biologie, außer im Lichte der Evolution".[5] Der Mensch ist ein evolvierter Organismus, der die Fähigkeit zur Selbstreflexion erworben hat oder – in der biblischen Metapher bleibend – der vom Baum der Erkenntnis gegessen hat. Da wir sowohl erklärtes Objekt als auch erklärendes Subjekt sind, kennzeichnet diese Objekt-Subjekt-Identität die prinzipielle Schwierigkeit unserer biologischen Standortbestimmung. Beides, *Explanandum* und *Explanans* zu sein, ist das Dilemma anthropologischen Selbstverständnisses.[6]

---

2   Altner, G. (Hrsg.): *Der Darwinismus,* Darmstadt 1981, S. 3.
3   Markl, H.: Mensch und Umwelt. Frühgeschichte einer Anpassung, in: Rössner, H. (Hrsg.): *Der ganze Mensch,* München 1986, S. 44f.
4   Siehe hierzu Vollmer, G.: *Wieso können wir die Welt erkennen?* Stuttgart 2003; Schwarz-Boenneke, B. / Erbacher Hof (Hrsg.): *Weiß der Glaube? – Glaubt das Wissen?* Mainz 2008.
5   Vgl. Dobzhansky, T.: *Genetics and the origin of species,* New York 1973.
6   Vollmer, G.: *Wieso können wir die Welt erkennen?* Stuttgart 2003.

Die evolutionsbiologische Herausforderung

Ziel dieses Beitrags ist es, den Forschungsansatz der evolutionären Anthropologie zu kennzeichnen und *begründete* paläoanthropologische Modelle vorzustellen, die schlüssige Antworten auf die Fragen geben, welchen ökologischen Anforderungen die frühen Homininen ausgesetzt waren und welche adaptiven Strategien unsere Gattung zum *global player* machten. Aus biologischer Sicht ist *Homo sapiens* „another unique species"[7], gekennzeichnet durch auffällige Neuerwerbungen wie zweibeinige Fortbewegung (habituelle Bipedie), Ernährungsweise als Allesesser (Omnivorie), exzessive Gehirnentfaltung (Cerebralisation) verbunden mit Kulturfähigkeit, gesteigertem tradigenetischem Verhalten, Symbolsprache und Moral.[8]

Evolution bedeutet permanente Anpassung an eine sich ständig verändernde Umwelt. Das „typisch Menschliche" muss sich folglich im harten Konkurrenzkampf gegenüber alternativen Anpassungen als die erfolgreichere Lösung durchgesetzt haben, d. h. den Fitnessansprüchen im harten Selektionsprozess genügt haben. Das Mosaik der in der Vergangenheit erworbenen evolutiven Anpassungen ist der Schlüssel zu unserem biologischen Menschenbild: Vergangenheit erklärt Gegenwart.[9] Nachfolgend geht es also um unser Gewordensein, unseren Standort im Strom der Evolution, ganz im Sinne des *panta rhei* (gr. πάντα ῥεῖ, „Alles fließt") von Heraklit.

---

7 *Sensu* Foley, R.A.: *Another unique species*, Harlow 1987.

8 Mithen, S.: The network of brain, body, language, and culture, in: Henke W. / Tattersall, I. (Hrsg.): *Handbook of Paleoanthropology,* Vol. 3, Berlin / Heidelberg / New York 2007, S. 1965-2000.

9 Henke, W.: Human Biological Evolution, in: Wuketits, F. M. / Ayala, F. J. (Hrsg.): *Handbook of Evolution, Volume II: The Evolution of Living Systems (including Hominids)*, Weinheim 2005, S. 117-222; Henke, W. / Rothe, H.: *Einführung in die Stammesgeschichte des Menschen*, Berlin / Heidelberg / New York 1999; Henke, W. / Rothe, H.: Ursprung, Adaptation und Verbreitung der Gattung *Homo*, in: Kleeberg, B. / Crivellari, F. / Walter, T. (Hrsg.): *Urmensch und Wissenschaften. Festschrift Dieter Groth zum 70sten Geburtstag,* Darmstadt 2005, S. 89-124.

Von der Paläopoesie zur Paläoanthropologie

Auf Ausstellungsplakaten naturwissenschaftlicher Museen wird häufig behauptet: „Fossilien reden". Diese Annahme ist ganz offensichtlich falsch, ebenso wie die, man könne die Evolution an Fossilien *direkt* ablesen. Reste und Spuren ausgestorbenen Lebens sind keine „Beweise" der Evolution, sie besitzen als biologische Hinterlassenschaften keine unmittelbare faktische Information über den Ablauf der Evolution.[10] Zur Rekonstruktion der Stammesgeschichte bedarf es eines theoriegeleiteten Ansatzes. Notwendige Voraussetzung für tragfähige Evolutionsmodelle sind konzise begründete Hypothesen über unseren stammesgeschichtlichen Eigenweg; fossilen Überresten kommt bei allen Rekonstruktionsversuchen stets nur Belegcharakter zu – wir modellieren nur![11]

Der Systemansatz der phylogenetischen Anthropologie ist folgender: Aufbauend auf der Evolutionstheorie und deren allgemeinen evolutionären Prinzipien wird die Entwicklung zum Menschen als ein Problem lösender Prozess verstanden, in welchem durch Anpassungen via Selektion Existenzprobleme gelöst werden (operationelle Theorie). Die vergleichende Biologie entwickelt dann Modelle zur Identifikation der Adaptionsproblematik und formuliert über so genannte Mittlertheorien[12] Voraussagen zur Interpretation von Fossilien. (Quasi-)Empirische Tests erlauben dann die Suche nach kohärenten Mustern in der Vergangenheit.

Orthogenetische Vorstellungen führender Evolutionsbiologen wie Ernst Haeckel und Thomas H. Huxley sowie Rudolf Virchows Interpretation des Neandertalers als pathologische Menschenform verzögerten jahrzehntelang die Konstituierung und Etablierung einer theoriegeleiteten Paläoanthropologie nachhaltig.[13] Die „Fossilienkunde" blieb als deskriptiv-narrative Disziplin lange ein Stiefkind der Biologie.[14] Die aus einem or-

---

10 Henke, W.: Historical overview of palaeoanthropological research, in: Henke W. / Tattersall, I. (Hrsg.): *Handbook of Paleoanthropology,* Vol. 1, Berlin / Heidelberg / New York 2007, S. 1-56.

11 Mahner, M. / Bunge, M.: *Philosophische Grundlagen der Biologie,* Berlin / Heidelberg / New York 2000.

12 "Middle range theories" *sensu* Foley, R. A.: *Another unique species,* Harlow 1987.

13 Hoßfeld, U.: *Geschichte der biologischen Anthropologie in Deutschland*, Stuttgart 2005.

14 Henke, W.: Fossilarchive der Hominisation – Analysen, Aussagen und deren Grenzen, in: *Nova Acta Leopoldina* NF 94, Nr. 348, 2007, S. 9-19; Henke,

thogenetischen Fehlverständnis und mangelndem populationsgenetischen Denken begründete ständige Suche nach dem *missing link*, dem Bindeglied zwischen tierischen Vorfahren und dem ersten Menschen, hat das Image der Paläoanthropologie als *fossil-driven science* nachhaltig geprägt. Bis heute haftet dieser Disziplin das Vorurteil an, eine in großen Teilen wenig seriöse, *journalism or media driven science* zu sein. Scharfe Kritiker beklagen die wachsende „Ökonomie der Aufmerksamkeit" *sensu* Franck.[15]

Wie wissenschaftshistorische Studien[16] belegen, resultiert die extrem schwierige und langwierige Etablierung und Konsolidierung des Faches – die leider bis heute nachwirkt – daher, dass die Paläoanthropologie zunächst von Nicht-Biologen, vorwiegend von Prähistorikern und Medizinern mit überwiegend kasuistischen Interessen, bar jeglicher evolutionsbiologischer Konzepte betrieben wurde. Bis kurz nach dem Zweiten Weltkrieg blieb das Fach vorwiegend deskriptiven und narrativen Konzepten verhaftet, d. h. weitgehend „prinzipienlos". Die entscheidende Neuorientierung induzierte ein forschungsstrategischer Artikel des Amerikaners Sherwood L. Washburn (1953), in welchem er ein innovatives Konzept der physischen Anthropologie entwickelte. Sein Modell zielte auf die Ablösung wissenschaftlicher Spekulation durch eine konzise Hypothesenprüfung – übrigens ganz im Sinne Darwins, der schon betonte: „Falsche Tatsachen sind äußerst schädlich für den Fortschritt der Wissenschaft, denn sie erhalten sich oft lange; falsche Theorien dagegen, die einigermaßen durch Beweise gestützt werden, tun keinen Schaden; denn jedermann bestrebt sich mit löblichem

W.: The Research Potential of Human Fossils – Methodological Reflections, in: Bajd, B. (Hrsg.): *Where Did We Come From? Current Views on Human Evolution*, University of Ljubljana, Faculty of Education, Ljubljana 2010, S. 19-62; Henke, W. / Rothe, H.: Zur Entwicklung der Paläoanthropologie im 20. Jahrhundert. Von der Narration zur hypothetiko-deduktiven Forschungsdisziplin, in: Preuß, D. / Breidbach, O. / Hoßfeld, U. (Hrsg.): *Anthropologie nach Haeckel*, Stuttgart 2006, S. 46-71.

15 Franck, G.: *Ökonomie der Aufmerksamkeit,* München 1996; White, T.D.: A View on the Science: Physical Anthropology at the Millennium, in: *American Journal of Physical Anthropology* 113, 2000, S. 287-292; Henke, The Research Potential of Human Fossils, 2010, S. 19-62.

16 Henke, W.: Gorjanović-Kramberger's research on Krapina – its impact on palaeoanthropology in Germany, in: *Periodicum Biologorum* Vol. 108, No. 3, 2006, S. 239-252; Henke, W.: Historical overview of palaeoanthropological research, in: Henke W. / Tattersall, I. (Hrsg.): *Handbook of Paleoanthropology,* Vol. 1, Berlin / Heidelberg / New York 2007, S. 1-56; Hoßfeld, U.: *Geschichte der biologischen Anthropologie in Deutschland*, Stuttgart 2005.

Eifer ihre Unrichtigkeit zu beweisen. Und wenn diese Arbeit getan ist, so ist der Weg zum Irrtum gesperrt, und der Weg zur Wahrheit ist oft in demselben Moment eröffnet."[17]

Die Paläoanthropologie hat sich seitdem zu einer ernst zu nehmenden, hypothetiko-deduktiven Disziplin entwickelt und ihr narratives Image sukzessiv abgelegt.[18] Heute zählt sie mit zu den am stärksten vernetzten biologischen Disziplinen (Abb. 1). Sie ist nicht nur Fossilienkunde, beschränkt sich nicht nur auf die Analyse und Interpretation des morphologischen Formenwandels, sondern versucht, die spezifische psychophysische Konstitution des Menschen evolutionsbiologisch zu erklären und die besonderen evolutionsökologischen Rahmenbedingungen der Menschwerdung zu erfassen. Es geht damit auch um die evolutionsbiologische Erklärung unserer Kulturfähigkeit als Anpassungsprozess. Die entscheidende Frage dabei ist, welche Abstammungs- und Selektionsprozesse es waren, die ein Wesen hervorbrachten, dem „Kultur zum natürlichen Rüstzeug" wurde.[19] Bahnbrechende wissenschaftshistorische Trends der letzten Dezennien sind:

- der sprunghafte Anstieg neuer Fossilfunde aufgrund systematisch geplanter und durchgeführter Grabungen;
- die steigende Multi- und Interdisziplinarität der Bearbeitung stammesgeschichtlicher Probleme mit positiven Konsequenzen für die Methodologie und empirische Forschung;
- die wachsende Bedeutung innovativer Fächer wie Soziobiologie, Paläogenetik und Archäometrie für die Lösung stammesgeschichtlicher und paläoökologischer Fragen.

Der Zuwachs an Fossilien bedeutet nicht automatisch mehr Klarheit über stammesgeschichtliche Abläufe, wie der zunehmende Trend von *trees to bushes* in den Homininen-Verzweigungsmodellen zeigt (Abb. 2). Der sprunghafte Anstieg von Fossilfunden ist nicht zufällig, er geht auf eine präzise Prospektion und Planung der Feldstudien in fundträchtigen Regionen zurück. Trotz ausgefeilter Grabungskonzepte hängt das Auffinden der raren Homininenfossilien von vielen Zufallsfaktoren ab: Grabungskompetenz, Fleiß und Ausdauer sind zwar wichtige Voraussetzungen für den

---

17 Darwin, C.: *The Descent of Man and Selection in Relation to Sex*, London 1871; dt. Übersetzung von H. Schmidt 1982, 4. Auflage, S. 262.

18 Henke, W. / Tattersall, I.: *Handbook of Paleoanthropology*, 3 Volumes, Berlin / Heidelberg / New York 2007.

19 Markl, H.: Mensch und Umwelt. Frühgeschichte einer Anpassung, in: Rössner, H. (Hrsg.): *Der ganze Mensch,* München 1986, S. 45.

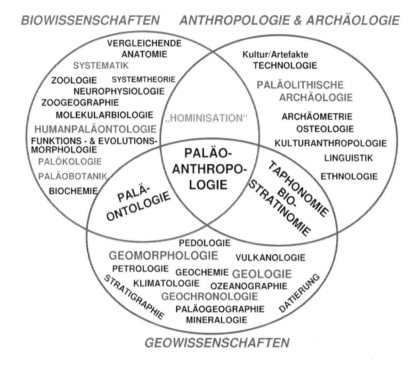

*Abb. 1: Paläoanthropologie als multi- und interdisziplinäres Forschungsfeld (aus
Henke und Tattersall 2007, umgezeichnet).*

Erfolg, aber keineswegs eine Garantie, denn Fundglück gehört auch stets
dazu. Kein Wunder, dass Homininenfossilien in den öffentlichen Medien
häufig wie *nuggets* behandelt werden (jüngste Beispiele sind der „Millennium Man" oder *Orrorin tugenensis*, Tumaï oder *Sahelanthropus tchadensis* sowie der „Hobbit" aus Flores/Indonesien respektive das Fossil LB 1).
Die intensive – und auch lukrative – paläoanthropologische Vermarktung
ist wissenschaftlich aber nicht problemlos, da offenbar nur Superlative die
Öffentlichkeit zu beeindrucken vermögen. Die populistische Facette der
„Fossilienkunde", die „Paläopoesie" und „Paläoalchemie", soll hier aber

Winfried Henke

nicht weiter thematisiert werden, da es durchaus auch eine angemessene populärwissenschaftliche Darstellung anthropologischer Befunde gibt.[20]

Die Vernetzung der Paläoanthropologie mit Disziplinen wie der Zoologie, insbesondere der Primatologie, der Verhaltensforschung (Ethologie, Soziobiologie), der Zoogeographie, aber auch der Morphologie, Evolutionsökologie, Systematik und Taphonomie sowie der Paläogenetik und Paläopopulationsgenetik, der Archäologie, der Ethnologie und zahlreicher weiterer Fächer kennzeichnet die besondere wissenschaftliche Attraktivität des Faches. Bereits „totgesagte" Fächer wie die Systematik und die Morphologie erlangten wieder Bedeutung neben neuen Disziplinen wie der Paläogenetik und Archäometrie. Letztgenannte Forschungsfelder[21] zeichnen sich durch hohe Innovativität aus, so dass zumindest für die jüngere Stammesgeschichte aufgrund der bereits erzielten Erfolge in der DNA- und aDNA-Forschung[22] die Erwartungen hoch sind. Die ermittelten Stammbäume[23] und evolutiven Szenarien, die den Ablauf der Evolution einer Spezies unter evolutionsökologischen Gesichtspunkten interpretieren, sind stets nur Modelle. Die Erstellung eines umfassenden Lebensbildes erfordert die konzertierte Aktion aller paläoanthropologisch relevanten Disziplinen. Nur durch das vernetzte Zusammenwirken von Feld- und Laborforschung werden wir der Herausforderung der Evolutionsbiologie gewachsen sein, den einmalig abgelaufenen Prozess der Menschwerdung zu verstehen.

---

20 Henke, W.: The Research Potential of Human Fossils – Methodological Reflections, in: Bajd, B. (Hrsg.): *Where Did We Come From? Current Views on Human Evolution*. University of Ljubljana, Faculty of Education, Ljubljana 2010, S. 19-62.

21 Übersicht in Henke, W. / Tattersall, I.: *Handbook of Paleoanthropology*, 3 Volumes, Berlin / Heidelberg / New York 2007.

22 u. a. Krings, M. / Stone, A. / Schmitz, R. W. / Krainitzki, H. / Stoneking, M. / Pääbo, S.: Neandertal DNA sequences and the origin of modern humans, in: *Cell* 90, 1997, S. 19-30; Green, R. E. / Krause, J. / Ptak, S. E. / Briggs, A. W. / Ronan, M. T. / Simons, J. F. / Lei Du / Egholm, M. / Rothberg, J. M. / Paunovic, M. / Pääbo S.: Analysis of one million base pairs of Neanderthal DNA, in: *Nature* 444, 2006, S. 330-336; Hummel, S.: Ancient DNA, in: Henke, W. / Tattersall, I. (Hrsg.): *Handbook of Paleoanthropology*, Vol. 1, Berlin / Heidelberg / New York 2007.

23 Vgl. hierzu Rothe, H. / Henke, W.: Machiavellistische Intelligenz bei Primaten. Sind die Sozialsysteme der Menschenaffen Modelle für frühmenschliche Gesellschaften? In: Kleeberg, B. / Crivellari, F. / Walter, T. (Hrsg.): *Urmensch und Wissenschaften. Festschrift Dieter Groth zum 70sten Geburtstag*, Darmstadt 2006, S. 161-194.

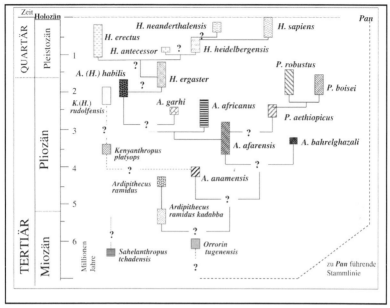

Abb. 2: Stammbaummodell der Hominisation – Version der Splitter (nach Henke und Rothe 2003, modifiziert).

Der Mensch – nur eine weitere „einzigartige Art"

Spricht man als Biologe öffentlich über die Evolution des Menschen, so stellt man immer wieder fest, dass trotz aller auf naturwissenschaftlichen Erkenntnissen beruhenden technischen Errungenschaften der Neuzeit und der Verwissenschaftlichung unserer Welt Vielen – und keineswegs nur den Kreationisten – das Phänomen der Menschwerdung im Rahmen der Systemtheorie der Evolution nicht hinreichend erklärbar erscheint. Die offenbar schwierig zu überwindende finalistische oder teleologische Vorstellung vom Menschen als „Krone der Schöpfung" impliziert, dass die Spezies Mensch mit anderen Maßstäben gemessen wird als die anderer Organismen. Wenn es um den Menschen und seine Herkunft geht, reicht Vielen Darwins Erklärungsprinzip eines selbstorganisatorischen Prozesses offenbar nicht aus. Um überzeugende Argumente für einen evolutiven Weg in die Kulturfähigkeit vorzubringen, gilt es daher, die evolutionsökologischen Rahmenbedingungen aufzuzeigen, die durch natürliche Auslese zur „Kanalisierung" oder Ausrichtung auf ein sich zweibeinig fortbewegendes, großhirniges, vernunftbegabtes, soziales und moralisches Wesen geführt haben. Will man die *Conditio humana* evolutionsbiologisch verstehen, so lösen sich viele wissenschaftliche Fragen bereits bei einem Blick auf die weite Primaten-Evolution. Die „präadaptive Plattform der Hominisation" *sensu* Vogel (1975) umfasst Besonderheiten

– des Bewegungsapparates, die im arborealen Raum erworben wurden (z. B. allseitige Beweglichkeit der oberen Extremitäten, Greiffähigkeit der Hand),
– der Sinnesorgane (stereoskopisches Sehen, Farbensehen),
– des Gehirns (gesteigerte cerebrale Leistungsfähigkeit),
– der Fortpflanzungsbiologie (Optimierung der Versorgung von Embryo und Fetus, Verlängerung der Jugendentwicklung, Individuation und Sozialisation) sowie
– des Verhaltens, wie komplexes Sozialleben, kognitive Leistungsfähigkeit und Moral.

Der letzte Punkt verlangt besondere Beachtung, um die evolutive Brücke zwischen Tier und Mensch zu verstehen, denn „vorausschauendes Handeln und Planen nach abgewogenen Wahrscheinlichkeiten unter antizipatorischer Einbeziehung komplexer Situationen bzw. Konstellationen bei gleichzeitig beherrschter, oft restriktiver Kontrolle über das eigene Verhalten, all das müssen nicht-menschliche höhere Primaten bereits im sozialen Feld leisten", schreibt Christian Vogel[24], und genau das sind auch die entscheidenden Voraussetzungen für die technologische Werkzeug-Entwicklung, für die Schaffung „extrakorporaler Organe" *sensu* Günter Osche (1983).

Es sei ergänzt, dass durch die *Soziobiologie*, wie Edward O. Wilson im Jahr 1975 das von William Hamilton in der zweiten Hälfte des letzten Jahrhunderts eingeleitete theoretische Konstrukt für die darwinistische Erklärung der Entstehung des evolutiven Erfolges von kooperativem und altruistischem Verhalten bezeichnete, der entscheidende Ansatz zur Erklärung tierischen und menschlichen Verhaltens geliefert wurde.[25] Aus dem

---

24 Vogel, C.: Praedispositionen bzw. Praeadaptationen der Primaten-Evolution im Hinblick auf die Hominisation, in: Kurth, G. / Eibl-Eibesfeldt, I. (Hrsg.): *Hominisation und Verhalten*, Stuttgart 1975, S. 23.
25 Voland, E.: *Grundriss der Soziobiologie*, 2. Aufl., Heidelberg 2000; Voland, E. / Grammer, K.: *Evolutionary aesthetics*, Berlin 2003; Rothe, H. / Henke, W.: Stammbäume sind wie Blumensträuße – hübsch anzusehen, doch schnell ver-

Blickwinkel der Evolutionsbiologie ist der Mensch somit nur „eine weitere einzigartige Art".[26] Für die analytische Paläoökologie bedeutet das, die Einzigartigkeit des Menschen dadurch zu erklären, dass man seine spezifisch menschlichen Anpassungsstrategien als Großsäuger, bodenlebender Primat, tropisches Lebewesen, Savannenbewohner und als Hominine zu verstehen versucht.

Evolutionsökologische und taxonomische Aspekte der Hominisation

Afrika – Wiege der Menschheit

Bereits Darwin hatte in seinem anthropologischen Hauptwerk aufgrund der vermuteten engen Verwandtschaft des Menschen mit den großen afrikanischen Menschenaffen *Gorilla* und *Pan* auf Afrika als „Wiege der Menschheit" hingewiesen, jedoch wurde dieser Hinweis lange ignoriert. Zu tief saß offenbar noch die „narzisstische Kränkung" *sensu* Freud, die die Deszendenztheorie dem Menschen zugefügt hatte. Eine weitere Kränkung, den Verlust des eurozentrischen Weltbildes, wollte man nicht auch noch hinnehmen. Erst ein 1924 aus den Buxton-Kalksteinbrüchen von Taung (320 km südwestlich von Johannesburg, Republik Südafrika) geborgener Kinderschädel änderte diese Situation. Afrika rückte in den Mittelpunkt paläoanthropologischer Forschung, als der junge Anatom Raymond Dart 1925 das kindliche Fossil als eine Übergangsform zwischen Menschenaffen und dem Menschen interpretierte und als *Australopithecus africanus* beschrieb. Seit dieser Zeit wurden in Afrika systematische Feldstudien durchgeführt. Nach den erfolgreichen Grabungen von Robert Broom in Südafrika waren es insbesondere die Aktivitäten von Louis S. B. Leakey sowie seiner Ehefrau Mary in Ostafrika, die den Grabenbruch zum „Mekka der Paläoanthropologen" machten, eine Rolle, die er bis heute innehat.

Durch den Grabungserfolg zahlreicher Expeditionen ist die Anzahl fossiler Homininenarten insbesondere in den letzten Jahren sprunghaft angestiegen. Die aus Süd- und Ostafrika sowie dem Korridor zwischen diesen

---

welkt, in: Preuß, D. / Hoßfeld, U. / Breidbach, O. (Hrsg.): *Anthropologie nach Haeckel,* Stuttgart 2005, S. 149-183.

26 Foley, R. A.: *Another unique species. Patterns in human evolutionary ecology,* Harlow 1987.

Regionen (Malawi) und neuerdings auch aus Nordostafrika (Tschad) beschriebenen frühen Homininen werden – sofern sie nicht als *Homo* klassifiziert werden – zu den Gattungen *Australopithecus, Paranthropus, Praeanthropus, Ardipithecus, Orrorin, Sahelanthropus* und *Kenyanthropus* gezählt (Abb. 2). Trotz großer Diskrepanzen in der taxonomischen Bewertung der Fossilien verdeutlicht die Fundsituation unzweifelhaft, dass in der Frühphase der Menschwerdung verschiedene Genera und Spezies der Homininen zeitgleich (kontemporär) und überwiegend auch in derselben Region (sympatrisch) gelebt haben. Nach evolutionsökologischen Gesichtspunkten ist daher aufgrund des Konkurrenzausschlussprinzips eine Nischenseparation anzunehmen, womit sich die Frage stellt, welche ökologischen Nischen von den frühen Homininen erschlossen wurden.

Die Australopithecinen-Nische

Die Aufspaltung des *Homo-Pan-Gorilla*-Kladus erfolgte molekularbiologischen Datierungen zufolge vor 8 bis 5,5 Millionen Jahren; Primatenfossilien, die älter als acht Millionen Jahre sind, können unter dieser Annahme nicht mehr als hominin angesehen werden. Mit den sechs Millionen Jahre alten Fossilien von *Orrorin tugenensis* und den 5,5 bis 5,2 Millionen Jahre zählenden Fossilien von *Ardipithecus ramidus kadabba*, die beide Adaptionen eines aufrechten Gangs aufweisen sollen, befinden wir uns nahe am Gabelungspunkt der Hominini- und Panini-Linien, was insbesondere auch für die höchst umstrittene *species nova Sahelanthropus tchadensis* gilt. Damit stellt sich die evolutionsökologisch wichtige Frage: Was sind die Kennzeichen der evolutiven Strategie der Homininen? Dass sie vergleichsweise sehr erfolgreich war, ist evident: Heute stehen über sieben Milliarden Menschen, die nahezu alle Regionen der Erde besiedeln, den Panini *Gorilla* und *Pan* gegenüber, deren auf Zentralafrika beschränkter Bestand drastisch sinkt. Unsere nächsten Verwandten zählen zu den am meisten bedrohten Primatenarten, insbesondere aufgrund anthropogener Einflüsse und Bedrohungen.

Die plio-pleistozäne Hominisation begann offenbar damit, dass einige Homininen eine zweibeinige Fortbewegungsweise entwickelten, während die Grazilisation des Kauapparates und die homininen-typische Hirnentfaltung erst später mit dem Auftreten der Gattung *Homo* folgten (Mosaikevolution). Lange Zeit bestand die Auffassung, die frühesten Homininen hätten bereits eine habituelle (dauerhafte) bipede Lokomotionsform entwickelt. Daneben wurde auch immer wieder auf verschiedene intermediäre paninhominine Merkmale des postkranialen Bewegungsapparates der frühen Australopithecinen hingewiesen, aber offenbar wurden die Unterschiede zwischen unserer Bipedie und der der Australopithecinen lange Zeit unterschätzt. Die von dem israelischen Paläoanthropologen Yoel Rak (1991) vertretene Auffassung, dass *A. afarensis* höchstwahrscheinlich „eine Fortbewegungsweise ganz eigner Art" besaß, wurde nicht hinreichend gewürdigt. Zwar haben wir deutliche Hinweise, dass *A. afarensis* und wohl auch die anderen Australopithecinen zur Bipedie befähigt waren (z. B. physiologische X-Beinstellung, Form der distalen Femurkondylen, Verkürzung und Ausladen der Beckenschaufeln gegenüber *Pan*), jedoch nicht im Sinne einer *habituell* oder *obligatorisch* zweibeinigen Fortbewegungsweise. Nach heutiger Auffassung spricht die Vielzahl menschenaffenähnlicher Merkmale der frühen Homininen aus kinetischen und energetischen Gründen dafür, dass sie weitaus effizientere Baumkletterer waren, als bislang angenommen wurde.[27] So sprechen unter anderem der trichterförmige Brustkorb und die Biegung der Rippen sowie eine nach oben (kraniolateral) ausgerichtete Schultergelenkgrube bei *A. afarensis* für eine hangelnde (suspensorische) Lokomotion. „Lucy" war offenbar noch ein effektiver Hangler (Brachiator) und Kletterer; ihre Beweglichkeit im Geäst unterschied sich jedoch von der rezenter Menschenaffen, da ihre untere Extremität bereits deutliche bipede Anpassungen besaß. In jüngster Zeit wurden diese Befunde durch Untersuchungen an Fossilien von *Australopithecus anamensis* untermauert. Nach Rekonstruktionen der Paläobiotope von Allia Bay und Kanapoi (Kenia) lebte diese Art in einem Seeufer- und Galeriewaldgürtel noch vorwiegend in den Bäumen (arborikol). Anatomische Strukturen der Handwurzelknochen und die Führung der Fingerbeugersehnen lassen auf extrem hohe Greifkräfte schließen, die nur im Kontext mit Kletterfunktionen zu interpretieren sind.

Da die *Australopithecus*-Spezies keinen klaren Trend von Baumkletterern zu terrestrischen Zweibeinern erkennen lassen, ist ihre Rolle als direkte Vorläufer von *Homo* umstritten, was auch die Genera *Ardipithecus, Kenyanthropus, Sahelanthropus* und *Orrorin* betrifft (Abb. 3).[28] Dagegen sind die „robusten" Australopithecinen, die heute von den meisten Autoren

---

27 Preuschoft, H.: Die Biomechanik des aufrechten Ganges und ihre Konsequenzen für die Evolution des Menschen, in: Conard, N.J. (Hrsg.): *Woher kommt der Mensch?* 2., aktualisierte Auflage, Tübingen 2006, S. 36-73.

28 Übersicht in Henke, W. / Tattersall, I.: *Handbook of Paleoanthropology*, 3 Volumes, Berlin / Heidelberg / New York 2007; vgl. Harcourt-Smith, W.: The Origins of Bipedal Locomotion, in: Henke W. / Tattersall, I. (Hrsg.): *Hand-*

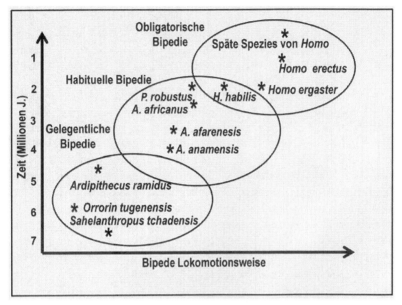

Abb. 3: Der Grad der Bipedie bei den bekannten Homininen in Relation zur Zeit, differenziert nach gelegentlicher sowie habitueller und obligatorischer Bipedie (nach Harcourt-Smith 2007), umgezeichnet.

in das separate Genus *Paranthropus* gestellt werden (*P. robustus, P. boisei* und *P. aethiopicus*), sowohl aufgrund ihres zu jungen Alters als auch ihrer hochgradigen dentalen und kranialen Spezialisierungen als unsere Vorfahren mit Sicherheit auszuschließen. Die *Paranthropus*-Spezies zeigen einen deutlichen Trend zur Megadontie; man spricht von einer Molarisierung der Prämolaren (Vorbackenzähne gleichen sich den Backenzähnen an) und auch die Kaufläche der Molaren ist vergrößert. Gleichzeitig ist eine Verkleinerung (Diminuierung) der Frontzähne festzustellen, was auf deren reduzierten Einsatz im Ernährungskontext hindeutet. Beide Trends stehen in Verbindung mit Anpassungen an den Verzehr sehr großer Mengen relativ harter Nahrung. Bislang wurde angenommen, dass es sich hierbei vorwiegend um energiearme pflanzliche Nahrung, z. B. hartschalige, zähe Früchte, Rhizome, derbe, widerstandsfähige Blätter oder Gräsersamen, gehandelt haben könnte. Der Kontakt zwischen Zahnkrone und Nahrungsob-

book of Paleoanthropology, Vol. 3, Berlin / Heidelberg / New York 2007, S. 1483-1518.

jekt (z. B. Körnern) müsste gering gewesen sein, oder es wurden nur kleine Portionen gleichzeitig gekaut. Rasterelektronenmikroskopische Analysen der Kauflächen (*microwear*-Analysen) lassen annehmen, dass die robusten Australopithecinen Blätter-, Früchte-, Körnerfresser, d. h. foli-, frugi-, graminivor waren. Diesen Befunden zufolge soll *Paranthropus* zumindest saisonal in der Savanne gelebt haben. Kohlenstoff-Isotope signalisieren, dass die Nahrung von *Paranthropus* jahreszeitlichen Schwankungen unterlag, mal waren es Grassamen und Wurzelknollen oder Fleisch von Grasfressern, dann wieder überwiegend Nüsse und Früchte. Neuere Isotopenbefunde am ostafrikanischen *Paranthropus* lassen annehmen, dass dieser frühe Hominine sich vorwiegend von Krebsen ernährte, die er in den Uferzonen watend gefischt und gesammelt haben könnte, d. h. er war demnach kein Savannen-, sondern Galeriewaldbewohner.

Will man aber die Australopithecinen nicht gänzlich aus unserer Vorfahrenschaft ausschließen, wie es Brigitte Senut und Martin Pickford, die Entdecker von *Orrorin* vorschlagen,[29] dann rückt die aus der Afarregion stammende Art *Australopithecus garhi*, was in der Afarsprache „Überraschung" heißt, in den engeren Kandidatenkreis der Vorläufer von *Homo*. Die Fossilien aus den äthiopischen Hata Beds im Middle Awash sind im Vergleich zu den anderen *Australopithecus*-Arten mit einem Alter von ca. 2,5 Millionen Jahren recht jung. Für eine gegenüber *A. afarensis* optimierte Bipedie sprechen die längeren unteren Extremitäten, jedoch widersprechen die vergleichsweise langen oberen Extremitäten dieser Auffassung. Es ist nicht festzustellen, ob es sich dabei bloß um eine beibehaltene, funktional nicht länger relevante Struktur handelt oder aber eine spezifische Kletteranpassung bei gleichzeitig vorhandener Fähigkeit zu effizienter Bipedie. Wichtig ist in diesem Kontext, dass die Art bereits lithische Werkzeuge zum Zerlegen von erlegter Beute oder Kadavern genutzt haben soll, wie Spuren an einem assoziierten Tierknochen vermuten lassen. Gegenwärtig erscheint es immer wahrscheinlicher, dass die frühen *Australopithecus*-Arten im ausgehenden Pliozän ihr Leben in den Bäumen noch keineswegs ganz aufgegeben hatten, sondern noch vorwiegend im arborealen Biotop ihre Nahrung suchten, Schlafplätze bauten (möglicherweise Nester wie bei *Pan*) und Schutz vor Fressfeinden fanden. Da sie aber auch schon effiziente bipede Läufer waren, kann man sie am ehesten als zweibeinig laufende Menschenaffen ansehen, denen das Attribut menschlich aber noch fehlte;

---

29 Senut, B.: The earliest putative hominids, in: Henke W. / Tattersall, I. (Hrsg.): *Handbook of Paleoanthropology*, Vol. 3, Berlin / Heidelberg / New York 2007, S. 1519-1538.

Aufrichtung und Zweibeinigkeit sind zwar eine notwendige, aber nicht hinreichende Voraussetzung der *conditio humana*.

Eine Überraschung, wie der Name sagt, ist *„garhi"* insofern nicht, als
wir mosaikartige Übergangsformen zwischen den Genera *Australopithecus* und *Homo* erwarten dürfen, denn es bedarf aus evolutionsökologischer
Sicht lückenloser Funktionstüchtigkeit der Organismen. Das Schild *Wegen
Umbau geschlossen!* existiert in der Evolutionsgeschichte nicht.[30] Was jedoch überrascht, ist der Umstand, dass diese Übergangsform auch entdeckt
worden sein soll. Wer denkt da nicht an selbsterfüllende Prophezeiung?
Auch bereits 1994 entdeckte Homininenfunde,[31] die zwischenzeitlich intensiv untersucht und als Spezies *Ardipithecus ramidus*[32] klassifiziert wurden, vermögen als noch teilweise arborikole[33], fakultativ bipede, omnivo-
re Art mit femininisierten Eckzähnen die *Scientific community* als „erste
Menschen" keineswegs zu überzeugen – die Suche geht also weiter.

Eine Erkenntnis kann aus der Vielfalt des plio-pleistozänen Fundmate-
rials gezogen werden: In der Frühphase der Hominisation ist mit komplexer *adaptiver Radiation* und *interspezifischer Diversifikation* zu rechnen,
d. h. es ist zu mehrfachen Nischenseparationen gekommen, was die phylogenetische Rekonstruktion der zu *Homo* führenden Stammlinie erheblich
erschwert. Das gilt umso mehr, als mit *Kenyanthropus platyops*[34] ein weiterer Kandidat beschrieben worden ist, der als möglicher Vorläufer unseres
Genus diskutiert wird (Abb. 2), während andere ihn als Vorläufer von *Kenyanthropus rudolfensis* einstufen, eine Art, die von anderen weiterhin als
Homo rudolfensis geführt wird.

---

30 Osche, G.: Die Sonderstellung des Menschen in evolutionsbiologischer Sicht,
    in: *Nova Acta Leopoldina*, NF 55(253), 1983, S. 58.
31 White, T. D. / Suwa, G. / Asfaw, B.: *Australopithecus ramidus,* a new spe-
    cies of early hominid from Aramis, Ethiopia, in: *Nature* 371, Nr. 6495, 1994,
    S. 306-312.
32 White, T. D. / Asfaw, B. / Beyene, Y. / Haile-Selassie, Y. / Lovejoy, O. C. /
    Suwa, G. / Woldegabriel, G.: *Ardipithecus ramidus* and the Paleobiology of
    Early Hominids, in: *Science* 326, Nr. 5949, 2009, S. 75-86.
33 arborikol = baumbewohnend [Anm. d. Hrsg.].
34 Leakey, M. G. / Spoor, F. / Brown, F. H. / Gathogo, P. N. / Kiarie, C. / Leakey,
    L. N. / McDougall I.: New hominin genus from eastern Africa shows diverse
    middle Pliocene lineages, in: *Nature* 410, 2001, S. 433-440.

Das Genus *Homo* – ein evolutives Erfolgsmodell

Wie die bisherigen Ausführungen gezeigt haben, wird die Annahme, dass
die Entwicklung des aufrechten, zweibeinigen Ganges der grazilen Australopithecinen an einen Wechsel vom Wald- zum Savannenbiotop gekoppelt war, nicht länger durch die Fossildokumentation gestützt. Wir müssen
vielmehr annehmen, dass diese frühen Homininen die humiden (feuchten),
geschlossenen Ufer- und Galeriewälder mit ihrem großen Nahrungsangebot an Früchten und Blättern und eventuell auch limnischer Nahrung nur
saisonal und temporär zur Erweiterung ihrer Nahrungsressourcen verlie-
ßen. Das gilt möglicherweise auch für den sich vermutlich nicht nur ve-
getarisch ernährenden *A. garhi*. Ob auch die ältesten Vertreter des Genus
Homo, in der Regel als *Homo rudolfensis, Homo habilis* und *Homo ergaster* klassifiziert, noch keine notorischen Savannenbewohner waren, wird
diskutiert. Ihre Entstehung war offenbar eng mit den paläoklimatischen
Veränderungen im ostafrikanischen Grabenbruch und damit verbundenen
neuartigen Überlebensstrategien korreliert. Mit der Schrumpfung des Re-
genwaldgürtels und der Entstehung offener Landschaften wurden isolierte
Landschaftsinseln und ein Mosaik von Ökotopen mit engen Habitatgrenzen
geschaffen. In diesen Refugien lebten kleine isolierte Populationen, die al-
lopatrischer[35] Artbildung unterlagen. Diese Form der Umweltveränderung
bietet die Möglichkeit der Entwicklung evolutionärer Neuheiten auf Grund
von Gendrift und disruptiver Selektion. Allgemein gilt, dass eine in Raum
und Zeit variable Umwelt evolutionären Wandel begünstigt und vielfältige
Möglichkeiten der Einnischung (*Annidation*) bietet.

Die wohl zunächst nur temporär und erst später permanent in die afrikanischen Savannen vorgedrungenen frühen Hominini hatten in diesem
neuartigen Lebensraum zahlreiche adaptive Probleme zu lösen. Dabei ver-
folgten sie offensichtlich unterschiedliche Strategien. Die robusten Australopithecinen entwickelten einen massiven Kauapparat mit megadonten
Zähnen, die den Verzehr zäher, trockener pflanzlicher Nahrung erlaubten.
Parallel zu diesen robusten Formen entwickelten einige australopithecine
Populationen offenbar eine grundsätzlich andere Überlebensstrategie: Sie
setzten neben pflanzlicher Nahrung auch auf die reichhaltigen fleischlichen
Nahrungsressourcen, welche die Savanne mit ihrem riesigen Tierbestand
bis heute bietet. Dabei ist aus verschiedenen Gründen zu vermuten, dass sie
sich erst sehr allmählich aus den Schutzzonen der Galeriewälder dauerhaft
in die offenen Landschaften vorwagten. Zum einen stellte das Aufsuchen

---

35 allopatrisch = mit räumlich getrennten Verbreitungsgebieten [Anm. d. Hrsg.].

der weit auseinander liegenden Wasserstellen extreme Anforderungen an die Hitzetoleranz der Individuen, zum anderen war das Problem der Bedrohung durch Beutegreifer und Aasfresser (insbesondere Katzenartige und Hyänen) zu lösen. Auch das Bedrohungspotenzial durch bodenlebende pavianartige Primaten barg ein erhebliches Risiko für Leib und Leben.

Die Savanne ist schillernd und vielfältig. Harris (1980) unterscheidet Savannenwälder, Baum-, Busch- und Grassavannen. Die abiotischen Elemente, welche die Unterschiedlichkeit der Savannen prägen, sind Niederschlag, Verdunstung, Temperatur, Höhe und Neigung des Geländes, Drainage, Bodenbeschaffenheit und Feuer. Das allgemeine Kennzeichen der Savanne ist die Saisonalität, denn sie erfordert eine komplexe und flexible Nahrungsstrategie, eine breite Nahrungsnische und eine hohe Mobilität. Im Gegensatz zum tropischen Regenwald zeichnet sich die Savanne durch niedrigere Qualität der Pflanzennahrung aus. Wegen hoher Kosten bei der Suche von Pflanzennahrung und des intensiven Wettstreits um hochwertige Nahrung hat Fleisch(fr)essen (Karnivorie) einen hohen Selektionsvorteil. Die intensive Nahrungskonkurrenz unter Fleischfressern macht gleichzeitig eine effektive Fressfeindvermeidung notwendig. Konkurrenzvermeidung ist der erste „Glaubenssatz" der modernen Ökologie. Aufgrund der Kosten eines Wettstreits ist es für eine Population deshalb im Allgemeinen vorteilhafter, einen kleinen Teil eines ökologischen Raumes exklusiv zu besetzen, als einen größeren mit anderen zu teilen. Die Strategie der Konkurrenzvermeidung dürfte bei den frühen Homininen zu einer komplexen Nischenvielfalt geführt haben, denn es ist prinzipiell nicht möglich, dass sich zwei Homininenarten auf unbestimmte Zeit eine völlig gleichartige Nische teilten.

Der evolutionäre Erfolg der Gattung *Homo*, deren Vertreter physisch weder zu schneller Flucht noch zu großer Körperkraft befähigt waren und somit im Vergleich zu anderen Großsäugern nahezu wehrlos, kann nur dann richtig verstanden werden, wenn man ihr psychische Fähigkeiten zuerkennt. Nur so war es möglich, zahlreiche Bedrohungen in dem neuartigen Lebensraum abzuwehren und den harten Wettbewerb um Nahrungsressourcen zu bestehen. *Homo* überlebte als Generalist, d. h. als eine Form, die das breite Nahrungsspektrum der Savanne einschließlich des reichhaltigen Angebots fleischlicher Nahrung nutzte. Die breite Nahrungsstrategie des frühen *Homo* erwies sich im Wettstreit mit den Konkurrenten der frühpleistozänen ökologischen Gesellschaft letztlich als die erfolgreichere. Der gesteigerte Verzehr von Fleisch spielte dabei offenbar die entscheidende Rolle. Fossilien allein erlauben jedoch keinen Aufschluss darüber, ob das Fleisch durch

Jagen, Klau (Kleptoparasitismus) oder andere Strategien von Aasfressern erworben wurde. Aufgrund von Freilandstudien an rezenten Aasfressern[36] nimmt man an, dass die Fleischnahrung nicht durch Jagd, sondern durch Suche von Aas erworben wurde. *Homo* löste das Problem der Saisonalität der Savanne vermutlich auch durch die Erschließung schwer zugänglicher Pflanzennahrung, z. B. Wurzelknollen.

Nachdem unsere Gattung diesen evolutionären Weg eingeschlagen hatte, entwickelte sie in der Nahrungskonkurrenz mit sympatrischen[37] Organismen vollkommen neue Strategien: Dazu gehörten offenbar neben soziosexuellen Organisationsformen, d. h. einem veränderten Paarungs- und Fortpflanzungsverhalten, vermutlich auch die ökonomische Kontrolle über Erwerb, Verteilung und Tausch von Nahrungsressourcen und intraspezifische Kooperationsbeziehungen. Mit bis zu 2,5 Millionen Jahre alten Geröllgeräten des Oldowan liegen unzweifelhafte Dokumente für Werkzeugherstellung und -nutzung vor, deren Bedeutung für den initialen Hominisationsprozess aus vergleichend-primatologischer Sicht jedoch nicht überschätzt werden sollte. Dass gezielter Werkzeugeinsatz nicht zwangsläufig zur Menschwerdung führt, belegt das Beispiel freilebender Schimpansen – und der verblüffend geschickte Werkzuggebrauch südamerikanischer Kapuzineräffchen zeigt, dass der Einsatz lithischer Geräte parallel „erfunden" wurde.[38]

Um das komplexe Evolutionsgeschehen besser zu verstehen, wurden sukzessiv Konzeptmodelle entwickelt, angefangen mit dem androzentrisch ausgerichteten Jäger-Modell von Richard Lee und Irven DeVore über das Nahrungsteilungs-Modell von Glynn Isaac zum eher gynäkozentrischen Sammler/innen-Modell der Anthropologinnen Adrienne Zihlman und Nancy Tanner. Es folgten 1981 das Paarbindungs-Modell von C. Owen Lovejoy sowie das Ernährungsstrategie-Modell von Kim Hill und schließlich das bereits erwähnte Aasfresser-Modell von Robert Blumenschine und John Cavallo.[39] Oder hat das Feuer vor etwa zwei Millionen Jahren den

36 Blumenschine, R. J. / Cavallo J. A.: Frühe Hominiden – Aasfresser, in: *Spektrum der Wissenschaft* 12/1992, S. 88-95.

37 sympatrisch = mit überlappenden oder gleichen Verbreitungsgebieten [Anm. d. Hrsg.].

38 Rapaport, L. G. / Brown, G. L.: Social Influences on Foraging Behavior in Young Nonhuman Primates: Learning What, Where, and How to Eat, in: *Evolutionary Anthropology* 17, 2008, S. 189-201.

39 Vgl. Henke, W. / Rothe, H.: *Paläoanthropologie*, Berlin / Heidelberg / New York 1994.

Homininen zu einem ganz entscheidenden Schritt in der Evolution verholfen? War Kochen von Wurzelknollen ein drastischer Einschnitt, der die Besiedlung neuer Lebensräume und die Entwicklung anderer Sozialstrukturen aufgrund der sexuellen Anziehungskraft von Frauen ermöglichte, wie Wrangham et al. (1999) in ihrem ökologischen Modell *The raw and the stolen* vermuten? Es soll hier nicht näher auf die einzelnen Modelle eingegangen werden, die zu so spannenden Fragen wie Partnerbindung (Stichworte: verdeckter Oestrus, Vaterrolle), Geschlechterrollendifferenzierung (Nahrungsteilung, geschlechtstypische Nischen) und soziale Organisationsformen (Polygamie *vs.* Monogamie) überleiten, und auch die „Glaubwürdigkeit" von *Homo habilis*, der menschlichen Art, der nach allgemeiner Auffassung erstmals der Weg in die Kulturfähigkeit gelungen sein soll, soll nur kurz diskutiert werden.

Die „Habilinen" und das Dilemma ihrer „Glaubwürdigkeit"

Seit seiner Erstbeschreibung durch Louis Leakey, Phillip Tobias und John Napier im Jahre 1964 hat *Homo habilis* zunächst sehr viel Kritik erfahren, in den 1980ern wurde das Hypodigma in *H. habilis s. str.* und *H. rudolfensis* gesplittet. Auch das brillante *Opus magnum* von Phillip Tobias (1991) vermöchte keine taxonomische Klarheit zu bringen. Nach Tattersall und Schwartz (2000) besteht das Mysterium *„Homo habilis"* weiter. Neueren kladistischen Befunden zufolge fallen die Spezies *H. rudolfensis* und *H. habilis s. str.* aus dem für die Gattung *Homo* kennzeichnenden Raster heraus. Sie zeigen enge Beziehungen zur Abstammungsgemeinschaft der Australopithecinen.[40] Aufgrund der jüngsten kladistischen Befunde erscheint die Reklassifizierung von *H. rudolfensis* und *H. habilis s. str.* in das Taxon *Australopithecus* einigen als ein notwendiger Schritt mit weit reichenden Konsequenzen, während neueste Vergleiche mit *Kenyanthropus platyops* alternative Phylogenien wahrscheinlich machen.

Die Lücke zwischen den Australopithecinen und einem unzweifelhaften frühen Vertreter der Gattung *Homo*, der *H. ergaster* genannt wurde, ist größer geworden. Damit wäre auch der als ältestes Fossil unserer Gattung *Homo* apostrophierte Unterkiefer Uraha 501 aus Malawi[41] nicht in unserer

---

40 Näheres siehe Wood, B. / Collard, M.: The Human Genus, in: *Science* 284, 1999, S. 65-71.

41 Schrenk, F. / Kullmer, O. / Bromage, T.: The earliest putative *Homo* fossils, in: Henke W. / Tattersall, I. (Hrsg.): *Handbook of Paleoanthropology,* Vol. 3, Berlin / Heidelberg / New York 2007, S. 1611-1632.

Stammlinie. Aufgrund aller Erfahrung kann man aber sicher sein, dass über die Habilinen noch nicht das letzte Wort gesprochen wurde. Es bleibt daher abzuwarten, ob letztlich doch einige Fossilien der „Habilinen" einer *Dehumanisierung* trotzen werden.

Homo ergaster – einer wie wir?

Das – müsste man es nicht leidenschaftslos sehen – enttäuschende Ergebnis der Revision der Habilinen führt uns nun zu der Frage, wann *Homo* denn nun wirklich erstmals in Afrika auftrat. Im afrikanischen Fossilreport ist eine Fundgruppe dokumentiert, die geeignete anatomisch-morphologische Anpassungsmuster erkennen lässt, um ungenutzte Ressourcen der Savanne – sogenannte ökologische Lizenzen dieses ariden Lebensraums – zu nutzen. Die Art, die über entsprechende körperliche und verhaltensbiologische Eigenschaften, sogenannte organismische Lizenzen, verfügte, ist *Homo ergaster* (Abb. 4). Diese ehemals auch als afrikanischer *H. erectus* bezeichnete Art wurde erstmals von Groves und Mazák (1975) beschrieben. Nach Auffassung der Autoren zeigen die *H. ergaster* zugerechneten afrikanischen Fossilien so viele Autapomorphien (eigenständige Neuerwerbungen), dass ihnen die Abgrenzung von den *H. erectus*-Funden Asiens notwendig erscheint. Holotypus (der kennzeichnende Erstfund) ist ein Unterkiefer aus Koobi Fora (KNM-ER 992), aber mittlerweile sind Fossilien wie das Kalvarium KNM-ER 3733, das eine Hirnschädelkapazität von 850 ccm aufweist, sowie der Jahrhundertfund KNM-WT 15000 aus Nariokotome (*Turkana boy*), ein nahezu vollständiges Skelett eines Jugendlichen, die bekannteren und aussagekräftigeren Fossilbelege.

Das aus West-Turkana stammende, von Allan Walker und Richard Leakey (1993) zunächst als *H. erectus* klassifizierte Skelett belegt eindrucksvoll, dass sich an der Grenze vom Tertiär zum Quartär eine einschneidende Entwicklung in der Primatenevolution vollzogen hat. Die Neuerwerbungen dieses Menschentyps sind ein deutlich gesteigertes Hirnvolumen, kleinere Kiefer und Zähne, schmale Hüften, ein enger Geburtskanal sowie die deutlich gesteigerte Körperhöhe verbunden mit einer schlanken, linearen Körpergestalt (Abb. 5). Die anatomisch-morphologischen Veränderungen

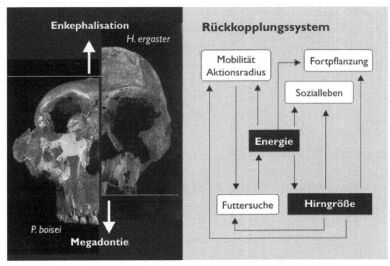

Abb. 4: Hirngröße und evolutiver Erfolg von Homo ergaster (in Anlehnung an R. Martin, 1995), ergänzt und umgezeichnet.

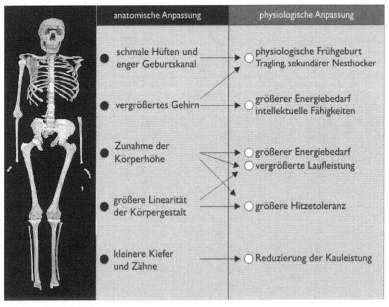

Abb. 5: Homo ergaster (Nariokotome Boy) – „Musterknabe" der Hominisation (Foto: Minh Ny, Tattersall) (nach Henke und Herrgen, 2012).

haben physiologische und physische Konsequenzen, die sich auch in den archäologischen Funden und Befunden widerspiegeln.[42]

Die für *H. ergaster* kennzeichnende Körperhöhensteigerung, die schon an dem Skelett des ca. 12-jährigen, hochgeschossenen Knaben aus Nariokotome ablesbar ist, lässt auf einen größeren Bedarf an hochwertiger Nahrung, eine Steigerung der Körperkraft sowie eine erhöhte lokomotorische Effizienz schließen. Das hatte deutliche Konsequenzen für das Verhalten, nämlich eine zeitaufwändigere Nahrungsbeschaffung, entweder aufgrund einer Zunahme der Nahrungsvielfalt oder aber eines erhöhten Fleischkonsums. Damit verbunden waren offenbar ein größeres Streifgebiet und eine größere tägliche Wanderstrecke. Archäologische Befunde belegen, dass dieser Menschentypus erstmals in der Lage war, dauerhaft in offene und trockene Biotope vorzudringen. Das erforderte klimatische Adaptionen. *H. ergaster* ist aufgrund biomechanischer Optimierungen des bipeden Gangs (u. a. Schrittlänge, Beckenrotation) ein effizienter Langstreckengeher und -läufer, und die große Linearität der Körpergestalt und das damit verbundene günstige Verhältnis von Oberfläche zu Volumen lässt nach den geltenden Klimaregeln einen optimierten Widerstand gegen Hitzestress vermuten. Diese Anpassung konnte dann in den gemäßigten Regionen zugunsten anderer Klimaadaptionen jedoch wieder aufgegeben werden. Die große Ähnlichkeit der extremen Schlank- und Hochwüchsigkeit von *H. ergaster* mit der Leptosomie heutiger Savannenpopulationen, u. a. der Bantu-Stämme, lässt auch weitere gleichartige, jedoch nicht mehr rekonstruierbare, durch Hitzestress bedingte Adaptionen annehmen wie Kraushaarigkeit, starke Hautmelanisierung und effiziente Schweißdrüsen. Die entscheidende Optimierung in dieser frühen Hominisation betrifft jedoch die Steigerung der kognitiven Leistungsfähigkeit und die damit verbundene Innovativität auf dem kulturellen Feld.

---

42 Rogers, M. J. / Feibel, C. S. / Harris, J. W. K .: Deciphering early hominid land use and behaviour: A multidisciplinary approach from the Lake Turkana basin, in: Magori, C. C. / Saanane, C. B. / Schrenk, F. (Hrsg.): *Four million years of hominid evolution in Africa: Papers in Honour of Dr. Mary Douglas Leakey's Outstanding Contribution in Palaeoanthropology,* Kaupia 6, 1996, S. 9-19; Henke, W. / Rothe, H.: *Einführung in die Stammesgeschichte des Menschen,* Berlin / Heidelberg / New York 1999; Hardt, T. / Henke, W.: Zur stammesgeschichtlichen Stellung des *Homo heidelbergensis,* in: Wagner, G. A. / Rieder H. / Zöller L. / Mick, E. (Hrsg.): *Homo heidelbergensis Schlüsselfund der Menschheitsgeschichte,* Stuttgart 2007, S. 184-202.

Offenbar war die Zunahme der Hirngröße der entscheidende Trigger
zum evolutiven Erfolg. Zwar sind die Bipedie und die damit verbundene Befreiung der Hände von Lokomotionsaufgaben wichtige Schritte in
der Primatenevolution, jedoch nur notwendige, aber nicht hinreichende
Adaptionen für die Hominisation. Essentielle Voraussetzung für die Eroberung der *Homo*-spezifischen ökologischen Nische ist der Erwerb der
Kulturfähigkeit, der an kognitive Leistungssteigerung gekoppelt ist und die
sukzessive Abkoppelung der biologisch-genetischen Evolution durch die
kulturelle Evolution einleitet.[43] Seine „ökologische Superstellung" *sensu*
Osche verdankt der Mensch der kulturellen Evolution und aus ökologi-
scher Sicht vor allem der materiellen Kultur und technischen Evolution,
d. h. der Optimierung extrakorporaler Werkzeuge.

H. ergaster ist offensichtlich der an der Basis der *Homo*-Linie stehende
Musterknabe, der eine unvergleichliche Karriere einleitete. Nach derzeiti-
gen Befunden war er der erste – uns bekannte – Hominine, der Afrika verließ
und in die übrigen Teile der Alten Welt immigrierte. Nach den Grundsätzen
zoogeographischer Mobilität erlaubte ihm der Wechsel zur Karnivorie respektive Omnivorie einen entschieden weiteren Aktionsradius. Dem Prinzip
der Eurytopie[44] zufolge zeigen Fleischfresser eine deutlich geringere spezifische Biotopbindung. „Fleisch auf Hufen" ist mobil und schmeckt überall
auf der Welt mehr oder weniger gleich, d. h. Karnivore können ohne weitere anatomische und physiologische Anpassungen stärker expandieren als
stenotope[45] Pflanzenfresser. Fleischfressende Säugetiere sind daher auch
geographisch entschieden weniger variabel als große Pflanzenfresser. Die
Kongruenz der Radiation von Homininen und großen Raubtieren, z. B. der
katzen- und hundeartigen Beutegreifer, lässt den Schluss zu, dass erstere in
hohem Maße auf Fleischressourcen angewiesen waren, ob als Aasfresser
oder Wildbeuter muss für die frühe Phase offen bleiben.

Ferner ist Exogenie als ein Prinzip zu nennen, worunter die Eigenschaft
einer Spezies verstanden wird, aufgrund relativ geringer Spezialisierungen
für einen bestimmten Lebensraum, insbesondere für eng begrenzte Nahrungsressourcen, eine sehr breite Nahrungsnische nutzen zu können. Der
entscheidende Vorteil besteht darin, bei Änderung der Lebensbedingungen
einen Nischenwechsel rasch vollziehen zu können. Dieser Vorteil greift nur
dann, wenn die Umweltbedingungen nicht stabil sind und die Fähigkeit,

---

43 Vogel, C.: *Anthropologische Spuren*, Stuttgart / Leipzig 2000.
44 Eurytopie = Bewohnen unterschiedlicher Lebensräume [Anm. d. Hrsg.].
45 stenotop = nur in eng umgrenzten Lebensräumen verbreitet [Anm. d. Hrsg.].

die Nische zu erweitern bzw. sogar eine andere Nische zu erschließen, strategisch erforderlich ist.

Umweltphysiologische Aspekte kennzeichnen schließlich ein drittes
allgemeines Prinzip zur Erklärung der Homininen-Expansion, jedoch lassen sich über die klimatischen Anpassungen früher Hominini nur plausibel-
hypothetische Vermutungen anstellen.[46]

Dass die das tropische Afrika verlassenden Homininen-Populationen
die Mobilitätskriterien erfüllten, zeigt ihre relativ schnelle Verbreitung in
Eurasien. Warum *Homo* bald nach seinem ersten Auftreten in Afrika aus-
wanderte und sowohl in Kontinental- und Südostasien als auch vor den
Toren Europas (Dmanisi) erschien, ist bislang noch weitgehend spekulativ.
Waren es Klimaveränderungen, Ressourcenmangel, Raub- und Fressfeind-
druck, Nischenkonkurrenz, epidemiologische Ursachen oder gar „Wan-
derlust", die ihn trieben? Am wahrscheinlichsten scheint die These der
Abhängigkeit als Kleptoparasit[47] oder Jäger der Großfauna. Vergleichende Analysen an der Großsäugergesellschaft stärken die Auffassung, dass
der fruhe Mensch aus energetischen Gründen nur als obligater, partieller
Fleischesser in der Lage war, Landschaften mit Jahreszeitenwechsel der
gemäßigten Zonen erfolgreich besiedeln zu können, d. h. er befand sich in
einem engen Abhängigkeitsverhältnis zu seiner potentiellen Beute. Ferner
muss der frühe *Homo* gegenüber konkurrierenden Beutegreifern über eine
ausreichende Bedrohungskapazität verfügt haben, um in dieser koevoluti-
ven Beziehung zu bestehen. Die Rekonstruktion der lithischen Artefakte
erlaubt die Feststellung, dass *H. ergaster* bereits vor 1,7 Millionen Jahren
mit Beginn der Acheuléen-Industrie über sehr effiziente Werkzeuge zum
Zerlegen von Beute und Kadavern verfügte, die eine deutliche „Evolution"
gegenüber den bis zu 2,5 Millionen Jahre alten *pebble tools*[48] zeigen. Dass
Steine als Wurfgeschosse dienten, ist aufgrund der physischen Grundaus-
stattung des Menschen als optimalem Werfer mit hoher Wahrscheinlichkeit
anzunehmen. Dass dabei schon Bolas als Distanzwaffen verwendet wurden, ist aufgrund experimentell-archäologischer Versuche durchaus möglich, aber bislang nicht erwiesen.

---

46 Hemmer, H.: Erstbesiedlung Europas nach Indizien der Großsäugergesellschaft
    (Box 8.1), in: Henke, W. / Rothe, H. (Hrsg.): *Stammesgeschichte des Menschen*,
    Berlin / Heidelberg / New York 1999.

47 Kleptoparasit = Nahrungsdieb, allg.: Nutzer der Leistungen anderer Lebensfor-
    men [Anm. d. Hrsg.].

48 *Pebble tools* = Geröllgeräte [Anm. d. Hrsg.].

In diesem Kontext sei nur an die von Hartmut Thieme (1997) in Schö-
ningen (Niedersachsen) gefundenen 400.000 Jahre alten Holzspeere erinnert, die aufgrund ihrer beeindruckenden technischen Perfektion zur Vorsicht mahnen sollten, die kognitiven und technischen Fähigkeiten auch viel
älterer Vorfahren nicht zu unterschätzen. Dass sie bereits eine hohe soziale
Kompetenz besessen haben müssen, die den Zusammenhalt der Clans gegenüber den Unbilden der wechselnden Umwelten ermöglichte und stärkte,
ist anzunehmen. Ob dabei Sprache eine Rolle spielte, ist umstritten. Paläo-
neurologische Befunde sind wenig aussagekräftig; Kritiker sprechen sogar
von Paläophrenologie. Wenn *H. ergaster* aufgrund seines Hirnvolumens
auch nur mit einem zweijährigen rezenten Kind gleichzieht, so bedeutet
diese Aussage wenig, wenn man die ethologischen Befunde an höheren
Primaten berücksichtigt.[49] Wie die Kommunikation beim frühen *Homo*
auch immer verlief, eines ist trotz aller offenen Fragen sicher: Es müssen
subtile Wechselbeziehungen zwischen Mensch, Kultur und Umwelt zum
Tragen gekommen sein, die Tobias so beschrieb: „Man-plus-culture makes the environment; environment-plus-culture makes man; therefore man
makes himself."[50] Wir müssen in unserer eigenen Evolutionslinie mit auto-
katalytischen Prozessen rechnen, die zu einer starken Beschleunigung der
selbstorganisatorischen Entwicklung beigetragen haben.

Migrationen „*Out-of-Africa*" – wieder und wieder

Will man den Migrationsprozess des frühen *Homo* verstehen, so gilt es,
die relevanten Fossilien (und assoziierten Artefakte) nach Raum und Zeit
sorgfältig zu „sortieren". Wie die geographische Verteilung der ältesten
Fundstätten zeigt, finden sich die frühesten archaischen Vertreter unseres
Genus in Ost- und Südafrika. Datierungen von Fossilien und lithischen
Werkzeugen, die das früheste Vorkommen von Homininen außerhalb Afrikas bekunden, machen die Besiedlung Asiens vor rund zwei Millionen

---

49 Dunbar, R.: *Klatsch und Tratsch. Wie der Mensch zur Sprache fand*,
   München 1996.
50 Tobias, P. V.: The status of *Homo habilis* in 1987 and some outstanding problems, in: Giacobini, G. (Hrsg): *Hominidae, Proceedings of the 2nd International Congress on Human Paleontology*, Mailand 1989, S. 148.

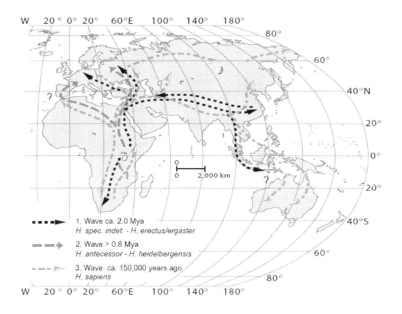

Abb. 6: Hypothetische Migrationswellen des Genus Homo unter besonderer Be-
rücksichtung von Homo heidelbergensis als ursprünglich afrikanische Spezies, die
von einigen Paläoanthropologen auch als archaischer Homo sapiens geführt wird
(nach Henke und Hardt, 2011).

Jahren wahrscheinlich.[51] Einige Daten sind jedoch umstritten, z. B. die
Datierung javanischer *H. erectus*-Funde, und was die Einwanderung nach
Europa betrifft, so erfolgte diese wohl erst relativ spät, d. h. vor ca. einer
Million Jahren (Abb. 6).

Das hohe Alter des 1991 in Dmanisi (Georgien) geborgenen Homininen-
Unterkiefers (D 211) zweifelte man zunächst stark an. Vielen erschien nicht
glaubhaft, dass die auf den ersten Blick so modern wirkende, voll bezahnte
Mandibula[52] vom altpaläolithischen Fundplatz inmitten des Geländes der
mittelalterlichen Ruinenstadt in Süd-Georgien frühpleistozän sein sollte.
Doch alle sorgfältigen Nachforschungen ergaben, dass der Unterkiefer aus
Ablagerungen auf einem basalen Lavastrom stammt, dessen Alter 1,9 Milli-

---

51 Larick, R. / Ciochon, R. L.: The African Emergence and Early Asian Disper-
    sals of the Genus *Homo*, in: *American Scientist* (pdf-online) 1996; Henke, W. /
    Rothe, H.: *Menschwerdung*, Frankfurt am Main 2003.
52 Mandibula = Unterkiefer [Anm. d. Hrsg.]

onen Jahre beträgt. Umfangreiche Vergleichsanalysen zur Morphologie des
Fossils D 211[53] zeigten u. a. enge Affinitäten zu archaischen Formen wie
H. ergaster (KNM-ET 15000). Als das georgisch-deutsche Grabungsteam
im Frühjahr 1999 in enger Assoziation zur Mandibula-Fundstelle zwei gut
erhaltene *Homo*-Schädel fand und anschließend weitere exzeptionelle Fossilfunde machte, war die Überraschung perfekt. Ihr unzweifelhaft hohes
Alter von ca. 1,75 Millionen Jahren widerlegte alle, die den Unterkiefer
D 211 für entschieden jünger gehalten hatten. Der Dmanisi-Mensch exis-
tierte bereits am Anfang des Pleistozän, d. h. zu Ende des Olduvai-Events
und Beginn der folgenden, revers magnetisierten Matuyama-Periode. Die
Erstbeschreibung der Schädel unterstreicht deren enge Affinitäten zum afrikanischen *H. ergaster*, weshalb die Autoren diese Homininen vorläufig
als *Homo* ex gr. *ergaster* klassifizierten, andere sehen so viele Autapomorphien, dass sie die Klassifikation *Homo georgicus* für gerechtfertigt erachten.[54] Die Hirnschädel D 2280 und D 2282 sind mit vorläufig ermittelten
Hirnvolumina von ca. 780 ccm bzw. 625 ccm sehr klein, was auch für den
jüngsten Schädelfund D 2700 gilt. Sollte die Klassifikation der Dmanisi-
Homininen als *H. ergaster* – der bisher nur in Afrika nachgewiesenen Spezies – durch weitere Befunde gestützt werden, gäbe es kein Herkunftspro-
blem. Die plausibelste – vielleicht auch tatsächlich zutreffende – Erklärung
wäre eine sehr frühe Einwanderungswelle von *H. ergaster* über den Nahen
/ Mittleren Osten. Relativ kurze Zeit nach seinem ersten Auftreten in Afrika
hätte *Homo* demnach den Weg nach Norden angetreten.

Dass mehrere Auswanderungswellen aus Afrika aufeinander folgten,
ist aufgrund fossilkundlicher Belege mit hoher Wahrscheinlichkeit belegt.
Wie viele es letztlich waren und ob es sich dabei um jeweils neue Spezies handelte (z. B. *Homo antecessor, Homo heidelbergensis, Homo erectus)*
ist jedoch keineswegs gesichert. Besonders strittig ist dabei die Rolle der

---

53 Bräuer, G. / Henke, W. / Schultz, M.: Der hominide Unterkiefer von Dmani-
    si: Morphologie, Pathologie und Analysen zur Klassifikation, in: *Jahrbuch des
    Römisch-Germanischen Zentralmuseums Mainz* 42, 1995, S. 143-203.

54 Gabunia, L. / Vekua, A. / Lordkipanidze, D. / Swisher III, C. C. / Ferring, R. /
    Justus, A. / Nioradze, M. / Tvalchrelidze, M. / Antón, S. C. / Bosinski, G. / Jöris,
    O. / de Lumley, M.-A. / Masjuradze, G. / Mouskhelishvili, A.: Earliest Pleisto-
    cene Hominid Cranial Remains from Dmanisi Republic of Georgia: Taxonomy,
    Geological Setting and Age, in: *Science* 288, 2000, S. 1019-1025; Vekua, A. /
    Lordkipanidze, D. / Rightmire, G. P. / Agusti, J. / Ferring, R. / Maisuradze, G. /
    Mouskhelishvili, A. / Nioradze, M. / Ponce de Leon, M. / Tappen, M. / Tvalch-
    relidze, M. / Zollikofer, C.: A new skull of early *Homo* from Dmanisi, Georgia,
    in: *Science* 297, 2002, S. 85-89.

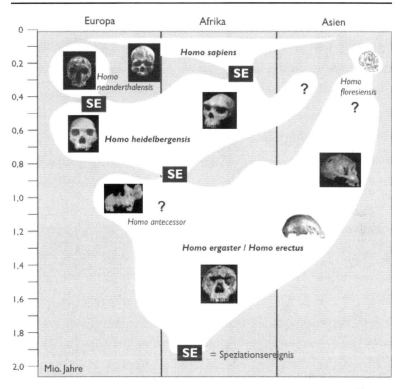

Abb. 7: Angenommene Speziationsprozesse nach Rightmire (1998), umgezeichnet und ergänzt (Henke und Herrgen, 2012). Nach neuesten DNA-Befunden sind die Neandertaler zur Spezies Homo sapiens zu rechnen, während Homo floresiensis eine fossile Spezies repräsentieren dürfte – Auffassungen, die keineswegs allgemein akzeptiert werden.

Neandertaler[55], die sich in Europa offenbar aus der Vorläuferart *Homo heidelbergensis*[56] entwickelt haben und vor ca. 28000 Jahren nachkommenlos

---

55 Henke, W. / Rothe, H.: Die phylogenetische Stellung des Neandertalers, in: *Biologie in unserer Zeit,* 29. Jg., Nr. 6, 1999, S. 320-329.

56 Righmire, G. P.: Human Evolution in the Middle Pleistocene: The Role of *Homo heidelbergensis*, in: *Evolutionary Anthropology* 6, 1998, S. 218-227; Henke, W.: Evolution und Verbreitung des Genus *Homo* – Aktuelle Befunde aus evolutionsökologischer Sicht, in: Conard, N. J. (Hrsg.): *Woher kommt der Mensch?,* Tübingen 2006, S. 104-142; Bräuer, G.: Origin of modern humans, in: Henke W. / Tattersall, I. (Hrsg.): *Handbook of Paleoanthropology*, Vol. 3, Berlin / Heidelberg / New York 2007, S. 1749-1780.

ausgestorben sein sollen, während der anatomisch moderne Mensch gra-
dualistisch aus den afrikanischen Populationen des *Homo heidelbergensis*
evolvierte und anschließend in die übrige Alte Welt immigrierte und die
dort lebenden archaischen Homininen verdrängte (vgl. Abb. 7).

Ausblick

Die Faszination der Paläoanthropologie liegt in der berechtigten Erwar-
tung, aufbauend auf dem Evolutionskonzept Darwins und einem ständig
optimierten Methodeninventar, „Welträtsel" *sensu* Ernst Haeckel lösen zu
können – zweifellos keine einfache Aufgabe, zu der auch die Klärung unserer Herkunft und Verbreitung zählt. Greifen wir Dobzhanskys eingangs
zitierte Feststellung nochmals auf, dass in der Biologie nichts Sinn mache,
außer im Lichte der Evolution, so gilt das auch für die biologische Angepasstheit des Menschen. Die sukzessive Ausweitung der Darwinschen
Evolutionstheorie zu einer Systemtheorie der Evolution hat das Wissen
über den stammesgeschichtlichen Eigenweg des Menschen erheblich erweitert. Paläoanthropologische und vergleichend-primatologische Befunde
lassen keinen Zweifel daran, dass sich unsere Stammlinie von der zu den
afrikanischen Menschenaffen führenden vor spätestens 5,5 Millionen Jahren getrennt hat.

Trotz aller Kontroversen um die stammesgeschichtliche Rolle einzelner Spezies evolvierte spätestens mit *H. ergaster* ein für die Eroberung
der Welt optimal ausgestatteter Vertreter unserer Gattung in Afrika. Unsere
Vorstellungen von den Wanderungsprozessen unserer Vorfahren sind dagegen noch sehr vage; um die Itinerare unserer Vorfahren zu rekonstruieren,
bedarf es noch erheblicher Anstrengungen, jedoch ohne Erfolgsgarantie, da
die Lückenhaftigkeit des Fossilreports uns nur ein „Jeweilsbild" vermittelt.
Für unser Selbstverständnis weitaus wichtiger wäre es, die spannende Frage
zu lösen, welche Prozesse die kulturelle Evolution so ungemein triggerten.
Offenbar spielte dabei die sexuelle Evolution für die Entstehung des Geistes eine herausragende Rolle.[57] Dass die These von sexuell opportunisti-
schen Männern und wählerischen Frauen nicht nur bei Soziologen, sondern

---

57 Miller, G. F.: *Die sexuelle Evolution*, Heidelberg 2001; Rothe, H. / Henke, W.:
     Stammbäume sind wie Blumensträuße – hübsch anzusehen, doch schnell ver-
     welkt, in: Preuß, D. / Hoßfeld, U. / Breidbach, O. (Hrsg.): *Anthropologie nach
     Haeckel,* Stuttgart 2005, S. 149-183.

auch bei Laien Konflikte auslöst, ist Soziobiologen hinreichend bekannt.[58] Es ist anzunehmen, dass sich unterschiedliches geschlechtstypisches Verhalten in der Hominisation entwickelt hat. Das mag uns nicht behagen, aber wenn wir unsere Biologie verleugnen, so wird sie unser Schicksal bleiben. Erst dann, wenn wir sie erforschen und ernst nehmen, haben wir eine Chance, uns von ihr zu emanzipieren, betont Nobert Bischof (1980). Unsere Vergangenheit erklärt zwar die Gegenwart, sie macht sie jedoch nicht deterministisch zur Richtschnur unseres Handelns. Man hüte sich daher vor naturalistischen Fehlschlüssen.

Die Paläoanthropologie – soviel sollte hier deutlich geworden sein – fragt nicht nur nach dem Erscheinungsbild der fossilen Homininen, danach, wann und wo wir entstanden sind, sondern sucht nach Antworten auf die fundamentale Frage, wie wir wurden, was wir sind. Sie ist theoriegeleitetes Hypothesentesten im Rahmen eines Forschungsansatzes, dessen Ziel eine dynamische Darwinsche Erklärung der Menschwerdung in ihren evolutionären, geschichtlichen und ontogenetischen Dimensionen ist.[59]

Literatur

Altner, G.: Einleitung. Darwinismus und Darwinismus, in: Altner, G. (Hrsg.): *Der Darwinismus. Die Geschichte einer Theorie*, Darmstadt: Wissenschaftliche Buchgesellschaft 1981a.

Altner, G. (Hrsg.): *Der Darwinismus. Die Geschichte einer Theorie,* Darmstadt: Wissenschaftliche Buchgesellschaft 1981b.

Bischof, N.: Biologie als Schicksal? Zur Naturgeschichte der Geschlechterrollendifferenzierung, in: Bischof, N. / Preuschoft, H. (Hrsg.): *Geschlechtsunterschiede, Entstehung und Entwicklung. Mann und Frau in biologischer Sicht,* München: C.H. Beck 1980, S. 25-42.

Blumenschine, R. J. / Cavallo, J. A.: Frühe Hominiden – Aasfresser, in: *Spektrum der Wissenschaft* 12/1992, S. 88-95.

Bräuer, G.: Origin of modern humans, in: Henke W. / Tattersall, I. (Hrsg.): *Handbook of Paleoanthropology*, Vol. 3, Berlin / Heidelberg / New York: Springer 2007, S. 1749-1780.

Bräuer, G. / Henke, W. / Schultz, M: Der hominide Unterkiefer von Dmanisi: Morphologie, Pathologie und Analysen zur Klassifikation, in: *Jahrbuch des Römisch-Germanischen Zentralmuseums Mainz* 42, 1995, S. 143-203.

---

58 Vgl. Voland, E.: *Grundriss der Soziobiologie,* 2. überarbeitete Auflage, Heidelberg 2000.

59 Henke, W. / Tattersall, I.: *Handbook of Paleoanthropology*, 3 Volumes, Berlin / Heidelberg / New York 2007.

Darwin, C.: *The Descent of Man and Selection in Relation to Sex*, London: John Murray and Sons 1871.

Darwin, C.: *Die Abstammung des Menschen*, Stuttgart: Kröner 1982.

Dobzhansky, T.: *Genetics and the origin of species*, New York: Columbia University Press 1973.

Dunbar, R.: *Klatsch und Tratsch. Wie der Mensch zur Sprache fand*, München: Bertelsmann 1996.

Foley, R. A.: *Another unique species. Patterns in human evolutionary ecology*, Harlow: Longman 1987.

Franck, G.: *Ökonomie der Aufmerksamkeit. Ein Entwurf*, Edition Akzente, München: Hanser Verlag 1996.

Gabunia, L. / Vekua, A. / Lordkipanidze, D. / Swisher III, C. C. / Ferring, R. / Justus, A. / Nioradze, M. / Tvalchrelidze, M. / Antón, S. C. / Bosinski, G. / Jöris, O. / de Lumley, M.-A. / Masjuradze, G. / Mouskhelishvili, A.: Earliest Pleistocene Hominid Cranial Remains from Dmanisi Republic of Georgia: Taxonomy, Geological Setting and Age, in: *Science* 288, 2000, S. 1019-1025.

Green, R. E. / Krause, J. / Ptak, S. E. / Briggs, A. W. / Ronan, M. T. / Simons, J. F. / Lei Du / Egholm, M. / Rothberg, J. M. / Paunovic, M. / Pääbo S.: Analysis of one million base pairs of Neanderthal DNA, in: *Nature* 444, 2006, S. 330-336.

Groves, C. P. / Mazák, V.: An approach to the taxonomy of the Hominidae: gracile Villafranchian hominids in Africa, in: *Casopis pro Mineralogii a Geologii* 20, 1975, S. 225-247.

Harcourt-Smith, W.: The Origins of Bipedal Locomotion, in: Henke W. / Tattersall, I. (Hrsg.): *Handbook of Paleoanthropology*, Vol. 3, Berlin / Heidelberg / New York: Springer 2007, S. 1483-1518.

Hardt, T. / Henke, W.: Zur stammesgeschichtlichen Stellung des *Homo heidelbergensis*, in: Wagner, G. A. / Rieder H. / Zöller L. / Mick, E. (Hrsg.): *Homo heidelbergensis – Schlüsselfund der Menschheitsgeschichte*, Stuttgart: Konrad Theiss 2007, S. 184-202.

Harris, D. R.: *Human ecology in savanna environments*, London: Academic Press 1980.

Hemmer, H.: Erstbesiedlung Europas nach Indizien der Großsäugergesellschaft (Box 8.1), in: Henke, W. / Rothe, H. (Hrsg.): *Stammesgeschichte des Menschen*, Berlin / Heidelberg / New York: Springer 1999.

Henke, W.: Human Biological Evolution, in: Wuketits, F. M. / Ayala, F. J. (Hrsg.): *Handbook of Evolution, Volume II: The Evolution of Living Systems (including Hominids)*, Weinheim: Wiley-VCH 2005, S. 117-222.

Henke, W.: Gorjanović-Kramberger's research on Krapina – its impact on palaeoanthropology in Germany, in: *Periodicum Biologorum* Vol. 108, No. 3, 2006, S. 239-252.

Henke, W.: Evolution und Verbreitung des Genus *Homo* – Aktuelle Befunde aus evolutionsökologischer Sicht, in: Conard, N. J. (Hrsg.): *Woher kommt der Mensch?,* Tübingen: Attempto Verlag 2006, S. 104-142.

Henke, W.: Historical overview of palaeoanthropological research, in: Henke W. / Tattersall, I. (Hrsg.): *Handbook of Paleoanthropology,* Vol. 1, Berlin / Heidelberg / New York: Springer 2007, S. 1-56.

Henke, W.: Fossilarchive der Hominisation – Analysen, Aussagen und deren Grenzen, in: *Nova Acta Leopoldina* NF 94, Nr. 348, 2007, S. 9-19.

Henke, W.: The Research Potential of Human Fossils – Methodological Reflections, in: Bajd, B. (Hrsg.): *Where Did We Come From? Current Views on Human Evolution*, University of Ljubljana, Faculty of Education, Ljubljana 2010, S. 19-62.

Henke, W. / Hardt, T.: The Genus *Homo*: Origin, Speciation and Dispersal, in: Condemi, S. / Weniger, G.-C. (Hrsg.): *Continuity and Discontinuity in the Peopling of Europe: One Hundred Fifty Years of Neanderthal Study*, 17 Vertebrate Paleobiology and Paleoanthropology, Dordrecht / Heidelberg 2011, S. 17-45.

Henke, W. / Herrgen, M.: Menschwerdung als Evolutionsökologischer Prozess, in: Lang, A. / Marinkovic, P. (Hrsg.): *Bios – Cultus – (Im)mortalitas. Zur Religion und Kultur – Von den biologischen Grundlagen bis zu Jenseitsvorstellungen.* Beiträge der interdisziplinären Kolloquien vom 10.- 11. März 2006 und 24.-25. Juli 2009 in der Ludwig-Maximilians-Universität München, Rhaden/Westf., 2012, S. 25-60.

Henke, W. / Rothe, H.: *Paläoanthropologie*, Berlin / Heidelberg / New York: Springer 1994.

Henke, W. / Rothe, H.: *Homo erectus* – valides Taxon der europäischen Hominiden? In: *Bulletin Societe Suisse d'Anthropologie* 1, 1995, S. 15-26.

Henke, W. / Rothe, H.: *Einführung in die Stammesgeschichte des Menschen*, Berlin / Heidelberg / New York: Springer 1999.

Henke, W. / Rothe, H.: Die phylogenetische Stellung des Neandertalers, in: *Biologie in unserer Zeit,* 29. Jg., Nr. 6, 1999, S. 320-329.

Henke, W. / Rothe, H.: *Menschwerdung*, Fischer Kompakt, Frankfurt am Main: S. Fischer 2003.

Henke, W. / Rothe, H.: Ursprung, Adaptation und Verbreitung der Gattung *Homo*, in: Kleeberg, B. / Crivellari, F. / Walter, T. (Hrsg.): *Urmensch und Wissenschaften. Festschrift Dieter Groth zum 70sten Geburtstag*, Darmstadt: Wissenschaftliche Buchgesellschaft 2005, S. 89-124.

Henke, W. / Rothe, H.: Zur Entwicklung der Paläoanthropologie im 20. Jahrhundert. Von der Narration zur hypothetiko-deduktiven Forschungsdisziplin, in: Preuß, D. / Breidbach, O. / Hoßfeld, U. (Hrsg.): *Anthropologie nach Haeckel,* Stuttgart: Franz Steiner Verlag 2006, S. 46-71.

Henke, W. / Tattersall, I.: *Handbook of Paleoanthropology*, 3 Volumes, Berlin / Heidelberg / New York: Springer 2007.

Hoßfeld, U.: *Geschichte der biologischen Anthropologie in Deutschland. Von den Anfängen bis in die Nachkriegszeit*, Stuttgart: Franz Steiner Verlag 2005.

Hummel, S.: Ancient DNA, in: Henke, W. / Tattersall, I. (Hrsg.): *Handbook of Paleoanthropology*, Vol. 1, Berlin / Heidelberg / New York: Springer 2007.

Junker, T.: *Die Zweite Darwinsche Revolution. Geschichte des Synthetischen Darwinismus in Deutschland 1924 bis 1950*, Marburg: Basilisken-Presse 2004.

Krings, M. / Stone, A. / Schmitz, R. W. / Krainitzki, H. / Stoneking, M. / Pääbo, S.: Neandertal DNA sequences and the origin of modern humans, in: *Cell* 90, 1997, S. 19-30.

Larick, R. / Ciochon, R. L.: The African Emergence and Early Asian Dispersals of the Genus *Homo*, in: *American Scientist* (pdf-online) 1996.

Leakey, M. G. / Spoor, F. / Brown, F. H. / Gathogo, P. N. / Kiarie, C. / Leakey, L. N. / McDougall I.: New hominin genus from eastern Africa shows diverse middle Pliocene lineages, in: *Nature* 410, 2001, S. 433-440.

Mahner, M. / Bunge, M.: *Philosophische Grundlagen der Biologie,* Berlin / Heidelberg / New York: Springer 2000.

Markl, H.: Mensch und Umwelt. Frühgeschichte einer Anpassung, in: Rössner, H. (Hrsg.): *Der ganze Mensch,* München: Deutscher Taschenbuch-Verlag 1986, S. 29-46.

Miller, G. F.: *Die sexuelle Evolution. Partnerwahl und die Entstehung des Geistes*, Heidelberg: Spektrum Akademischer Verlag 2001.

Mithen, S.: The network of brain, body, language, and culture, in: Henke W. / Tattersall, I. (Hrsg.): *Handbook of Paleoanthropology,* Vol. 3, Berlin / Heidelberg / New York: Springer 2007, S. 1965-2000.

Osche, G.: Die Sonderstellung des Menschen in evolutionsbiologischer Sicht, in: *Nova Acta Leopoldina*, NF 55(253), 1983, S. 57-72.

Pittendrigh, C. S.: Adaptation, natural selection, and behaviour, in: Roe, A. / Simpson G. G. (Hrsg.): *Behavior and evolution*, New Haven: Yale University Press 1958.

Preuschoft, H.: Die Biomechanik des aufrechten Ganges und ihre Konsequenzen für die Evolution des Menschen, in: Conard, N.J. (Hrsg.): *Woher kommt der Mensch?* 2., aktualisierte Auflage, Tübingen, 2006, S. 36-73.

Rak, Y.: Lucy's pelvic anatomy: its role in bipedal gait, in: *Journal of Human Evolution* 20, 1991, S. 283-290.

Rapaport, L. G. / Brown, G. L.: Social Influences on Foraging Behavior in Young Nonhuman Primates: Learning What, Where, and How to Eat, in: *Evolutionary Anthropology* 17, 2008, S. 189-201.

Righmire, G. P.: Human Evolution in the Middle Pleistocene: The Role of *Homo heidelbergensis*, in: *Evolutionary Anthropology* 6, 1998, S. 218-227.

Rogers, M. J. / Feibel, C. S. / Harris, J. W. K .: Deciphering early hominid land use and behaviour: A multidisciplinary approach from the Lake Turkana basin, in: Magori, C. C., Saanane, C. B., Schrenk, F. (Hrsg.): *Four million years of hominid evolution in Africa: Papers in Honour of Dr. Mary Douglas Leakey's Outstanding Contribution in Palaeoanthropology,* Kaupia 6, 1996, S. 9-19.

Rothe, H. / Henke, W.: Stammbäume sind wie Blumensträuße – hübsch anzusehen, doch schnell verwelkt, in: Preuß, D. / Hoßfeld, U. / Breidbach, O. (Hrsg.): *Anthropologie nach Haeckel,* Stuttgart: Franz Steiner Verlag 2005, S. 149-183.

Rothe, H. / Henke, W.: Machiavellistische Intelligenz bei Primaten. Sind die Sozialsysteme der Menschenaffen Modelle für frühmenschliche Gesellschaften? In: Kleeberg, B. / Crivellari, F. / Walter, T. (Hrsg.): *Urmensch und Wissenschaften. Festschrift Dieter Groth zum 70sten Geburtstag*, Darmstadt: Wissenschaftliche Buchgesellschaft 2006, S. 161-194.

Schrenk, F. / Kullmer, O. / Bromage, T.: The earliest putative *Homo* fossils, in: Henke W. / Tattersall, I. (Hrsg.): *Handbook of Paleoanthropology,* Vol. 3, Berlin / Heidelberg / New York: Springer 2007, S. 1611-1632.

Schwarz-Boenneke, B. / Erbacher Hof (Hrsg.): *Weiß der Glaube? – Glaubt das Wissen?* Diskussion über eine umstrittene Beziehung. Akademietagung 18.-19. April 2008 anlässlich der 10. Jahrestagung der Enzyklika „fides et ratio", Erbacher Hof, Mainz: Akademie des Bistums Mainz 2008.

Senut, B.: The earliest putative hominids, in: Henke W. / Tattersall, I. (Hrsg.): *Handbook of Paleoanthropology*, Vol. 3, Berlin / Heidelberg / New York: Springer 2007, S. 1519-1538.

Tattersall, I. / Schwartz, J. H.: *Extinct Humans*, Boulder: Westview Press 2000.

Thieme, H.: Lower Paleolithic Hunting Spears from Germany, in: *Nature* 385, 1997, S. 807-810.

Tobias, P. V.: The status of *Homo habilis* in 1987 and some outstanding problems, in: Giacobini, G. (Hrsg): *Hominidae, Proceedings of the 2nd International Congress on Human Paleontology*, Turin 1987, Mailand: Jaca Book 1989, S. 141-149.

Tobias, P. V.: The gradual appraisal of *Homo habilis*, in: Giacobini, G. (Hrsg): *Hominidae, Proceedings of the 2nd International Congress on Human Paleontology*, Turin 1987, Mailand: Jaca Book 1989, S. 151-154.

Tobias, P. V.: *Olduvai Gorge, vol 4, parts I-IX. The skulls, Endocasts and Teeth of* Homo habilis, Cambridge: Cambridge University Press 1991.

Vekua, A. / Lordkipanidze, D. / Rightmire, G. P. / Agusti, J. / Ferring, R. / Maisuradze, G. / Mouskhelishvili, A. / Nioradze, M. / Ponce de Leon, M. / Tappen, M. / Tvalchrelidze, M. / Zollikofer, C.: A new skull of early *Homo* from Dmanisi, Georgia, in: *Science* 297, 2002, S. 85-89.

Vogel, C.: Praedispositionen bzw. Praeadaptationen der Primaten-Evolution im Hinblick auf die Hominisation, in: Kurth, G. / Eibl-Eibesfeldt, I. (Hrsg.): *Hominisation und Verhalten*, Stuttgart: Gustav Fischer 1975, S. 1-31.

Vogel, C.: *Anthropologische Spuren*, Stuttgart / Leipzig: S. Hirzel 2000.

Voland, E.: *Grundriss der Soziobiologie,* 2. überarbeitete Auflage, Heidelberg: Spektrum Akademischer Verlag 2000.

Voland, E. / Grammer, K.: *Evolutionary aesthetics*, Berlin: Springer 2003.

Vollmer, G.: *Wieso können wir die Welt erkennen?* Stuttgart: S. Hirzel 2003.

Wägele, J.-W.: *Grundlagen der Phylogenetischen Systematik*, München: Verlag Dr. Friedrich Pfeil 2000.

Walker, A. / Leakey, R. (Hrsg.): *The Nariokotome* Homo erectus *Skeleton*, Cambridge, MA: Harvard University Press 1993.

Washburn, S. L.: The strategy of physical anthropology, in: Kroeber, A. L. (Hrsg.): *Anthropology Today*, Chicago: Chicago University Press 1953, S. 14-27.

White, T. D.: A View on the Science: Physical Anthropology at the Millennium, in: *American Journal of Physical Anthropology* 113, 2000, S. 287-292.

White, T. D. / Suwa, G. / Asfaw, B.: *Australopithecus ramidus,* a new species of early hominid from Aramis, Ethiopia, in: *Nature* 371, Nr. 6495, 1994, S. 306–312.

White, T. D. / Asfaw, B. / Beyene, Y. / Haile-Selassie, Y. / Lovejoy, O. C. / Suwa, G. / Woldegabriel, G.: *Ardipithecus ramidus* and the Paleobiology of Early Hominids, in: *Science* 326, Nr. 5949, 2009, S. 75-86.

Wood, B. / Collard, M.: The Human Genus, in: *Science* 284, 1999, S. 65-71.

Wrangham, R. W. / Jones, J. H. / Laden, G. / Pilbeam, D. / Conklin-Brittain, N.: The raw and the stolen. Cooking and the Ecology of Human Origins, in: *Current Anthropology* 40(5), 1999, S. 567-594.

Der vorliegende Beitrag ist eine stark gekürzte und in Teilen aktualisierte Fassung des in der Schriftenreihe der 'Freien Akademie' veröffentlichen Beitrags: „Licht wird fallen auf den Ursprung des Menschen" – Paläoanthropologie und Menschenbild, in: Wuketits, F. M. (Hrsg.): *Wohin brachte uns Charles Darwin?* Neu-Isenburg: Angelika Lenz Verlag 2009.

Ernst Peter Fischer

„Licht wird auch fallen auf den Menschen und seine Geschichte"

Darwins Gedanke und seine Verbindung zum Menschen

Wir feiern im Jahre 2009 sowohl den 200. Geburtstag von Charles Darwin (1809-1882) als auch den 150. Jahrestag der Publikation seines Hauptwerkes, das im Original verspricht, den Leser *On the Origins of Species by Means of Natural Selection* zu informieren. Es gehört inzwischen zu den Allgemeinplätzen der Kritik an Darwin, dass sein wahrhaft weitreichend wirkendes Werk genau genommen sein Thema verfehlt, denn was der Autor auf vielen hundert Seiten beschreibt, kann man nicht „Die Entstehung der Arten" nennen. Wenn überhaupt, dann handelt das wohl einflussreichste Buch der Biologiegeschichte von der Anpassung (der Adaption) der Organismen an die Umwelt, in der sie sich zurechtfinden und überleben müssen, und sein Autor macht dafür selektive Kräfte in der Natur verantwortlich, die zwischen konkurrierenden Varianten wirken und sie unterscheiden.

Darwins Gedanke

Darwins Vorstellung der Evolution durch natürliche Selektion kann in fünf Beobachtungen zusammengefasst werden, aus denen drei Folgerungen zu ziehen sind. Darwin führt zunächst einen neuen Begriff ein, der zwischen dem Individuum und der Art angesiedelt ist, nämlich den der *Population* (wobei noch gezeigt wird, dass Darwin diesen Begriff aus einem Werk übernommen hat, das nicht die Natur, sondern die Gesellschaft beschreibt). Mit dem anschaulichen Wort „Population" ist eine Gruppe von Lebewesen gemeint, die als Lebensgemeinschaft zusammengehört und gemeinsam in einem Habitat die eigene Existenz sichert und für Nachkommen sorgt. Wie sich nämlich herausstellt, sind es keine Arten, die sich anpassen, sondern Populationen, und es lässt sich vorstellen, dass die jeweiligen Anpassungen (Adaptionen, Modifikationen) die Entfernung von der ursprünglichen Art solange immer größer werden lassen, bis die ersten Exemplare einer neuen Art erscheinen. Soviel zu den allgemeinen Vorstellungen, die im Detail wie folgt entwickelt werden:

Die erste Beobachtung betrifft die Fruchtbarkeit der Arten. Darwin bemerkte bei seiner Reise um die Welt, dass die Natur verschwenderisch vorgeht und ihre Geschöpfe äußerst fruchtbar macht. Wenn alle Individuen, die in einer Population zusammen leben, sich in aller Freizügigkeit vermehren würden, so stellte er fest, dann könnte ihre Zahl über alle Maßen zunehmen. Doch – und damit ergibt sich die zweite Beobachtung – dies passiert nicht, denn abgesehen von saisonalen Schwankungen bleiben Populationen stabil, das heißt, die Zahl ihrer Mitglieder hält sich konstant. Mit der dritten Beobachtung, dass die natürlichen Ressourcen in jeder Umgebung begrenzt sind und mit ihr stabil bleiben, kann die erste Schlussfolgerung gezogen werden:

Unter den Individuen einer Population muss es Auseinandersetzungen um die Lebensgrundlagen geben, und dieser Wettkampf gehört für Darwin mit zu dem Ringen um das Überleben, „the struggle for life", mit dem jedes Tier und jede Pflanze beschäftigt ist.

Von den Individuen, die sich abmühen und mit- und gegeneinander agieren, sind keine zwei identisch, wie die vierte Beobachtung festhält. Innerhalb einer Population zeigen sich zahlreiche Unterschiede, die Darwin als *Variationen* bezeichnet. Wie in der Musik lässt sich dabei an ein Thema denken, das von der Natur in verschiedenen Variationen gespielt wird. Das Thema ist natürlich durch die Art bzw. die Population vorgegeben, und es ist klar, dass das von ihm Ausgedrückte – also zum Beispiel „ein Pferd sein" oder „eine Rose sein" – vererbt wird. Doch – so die fünfte und letzte Beobachtung – auch die Variationen sind erblich, zumindest ein Teil von ihnen. Und damit kann man die gesamte Ernte des Gedankens einfahren, denn nun lassen sich zwei weitere Folgerungen ziehen. Da sich unter den verschiedenen Individuen nicht alle in gleicher Weise behaupten und es notwendigerweise zu einem Ausleseprozess kommt, lässt sich zunächst sagen, dass das Überleben von der erblichen Konstitution abhängig ist. Es kommt – dritte und letzte Schlussfolgerung – zu einer (natürlichen) Selektion von

Variationen, die zum Wandel der Population führen. Dies wiederum findet seinen wahrnehmbaren Ausdruck in einer Anpassung der Art.

Der letzte Satz

Darwins Vorstellungen von adaptiven bzw. adaptationsfähigen Individuen und sich wandelnden Arten bilden sich im Anschluss an eine Phase, in der die Naturwissenschaften in Form ihrer geologischen Disziplinen gelernt haben, dass die Erde zum einen sehr alt ist und sich zum zweiten in unvorstellbar langen Zeiträumen selbst gewandelt und dem Leben immer andere Umwelten angeboten bzw. abgefordert hat. Spätestens seit 1800 existiert der Gedanke, dass die Arten keine ewigen Schöpfungen, sondern veränderbare (modifizierbare) Gegebenheiten sind, und Darwin erkannte im Laufe seiner weltumspannend betriebenen Naturbeobachtungen, dass der Vorgang der Modifizierung im Laufe der Abstammung – „modification by descent" – schließlich zu völlig neuen Lebensformen – und damit zu einer Evolution der Organismen – führen kann.

Der heute so berühmte und vielfach eingesetzte Begriff der Evolution fällt in Darwins Hauptwerk allerdings nicht – wenn man davon absieht, dass der Text mit dem dazugehörigen Verb sein Ende findet. Der letzte Satz in der *Entstehung der Arten* lautet:[1]

„Es ist wahrlich etwas Erhabenes um die Auffassung, dass der Schöpfer den Keim alles Lebens, das uns umgibt, nur wenigen oder gar nur einer einzigen Form eingehaucht hat und dass, während sich unsere Erde nach den Gesetzen der Schwerkraft im Kreis bewegt, aus einem so schlichten Anfang eine unendliche Zahl der schönsten und wunderbarsten Formen entstand und noch weiter entsteht."

Das abschließende „entsteht" lautet im englischen Original „evolved", und nur an dieser Stelle verwendet Darwin das heute so gebräuchliche Wort, wobei einer der Gründe dafür in der Tatsache zu suchen ist, dass der Begriff damals bereits offenbar so viele Bedeutungen hatte, dass er mehr zur Verwirrung als zur Klärung beitrug.

---

1   Darwin, Charles: *Die Entstehung der Arten,* übersetzt von Ekkehard Schöller, Stuttgart: Reclam 1998, S. 678.

Der Blick auf den Menschen

Bei großen Werken lässt sich häufig eine spannende Geschichte ihrer Rezeption schreiben, und dies trifft ganz sicher für Darwins *Entstehung der Arten* zu. Die hierin wissenschaftlich begründete Abweichung von der Ansicht konstanter (ewig währender) Arten und die dazugehörige Hinwendung zu einer evolutionären Geschichte des Lebens hat viele unterschiedliche Reaktionen hervorgerufen, wobei sich, wenn man will, dezidiert nationale Differenzen – etwa zwischen dem euphorischen Deutschland und dem skeptischen Frankreich – ausmachen lassen. Die größte allgemeine Aufmerksamkeit hat dabei ein einzelner Satz auf sich gezogen, der gegen Ende des Werkes auftaucht und in dem Darwin endlich auf das Thema zu sprechen kommt, das die meisten Menschen wirklich interessiert, und das ist ihre eigene Spezies. Über mehr als 600 Seiten lässt der Autor seine eigene Art unbeachtet und die Leser warten, bevor er kurz vor dem Ende seine berühmte Prognose abgibt:[2]

„Licht wird auch fallen auf den Menschen und seine Geschichte."

Dieser immer wieder beanspruchte Satz schließt einen weniger oft zitierten Abschnitt ab, in dem Darwin deutlich macht, dass er der Ansicht ist, dass die Lampe der Evolution dabei nicht nur den Körperbau, sondern auch das geistige Vermögen des Menschen wird erhellen oder erklären können. Er schreibt auf derselben Seite prophetisch:

„In einer fernen Zukunft sehe ich ein weites Feld für noch bedeutsamere Forschungen. Die Psychologie wird sicher auf der von Herbert Spencer geschaffenen Grundlage weiterbauen: dass jedes geistige Vermögen und jede Fähigkeit [von Menschen] nur allmählich und stufenweise erlangt werden kann", und – so die Ansicht Darwins – wenn dieser Vorgang genauer verstanden ist, wird das Licht seiner Idee es uns Menschen erlauben, die Geschichte unseres Werdens – unsere Herkunft – zu verstehen.

Der Hinweis auf Herbert Spencer (1820-1903) muss im historischen Rückblick eher als unglücklich bezeichnet werden. Der zeitgenössische britische Philosoph und Soziologe hat sich in Werken der 1860er Jahre (*Principles of Biology*) nämlich als Anhänger des Denkens erwiesen, das die Evolution auf die Vererbung von Eigenschaften zurückführen wollte, die man im Laufe eines Lebens erwirbt („Lamarckismus"). Spencer redete auf diese Weise einem Sozialdarwinismus das Wort, der meinte, aus evolutionären Überlegungen die Entwicklung der menschlichen Gesellschaft

---

2   Darwin, Entstehung der Arten, S. 676.

verstehen zu können, die dabei natürlich einem Ziel zustrebt (Glück oder Harmonie). Er erfand und verwendete dabei das leider zündende Schlagwort vom „suvival of the fittest", dem „Überleben des Tüchtigsten", das sich nach wie vor im öffentlichen Diskurs hält, obwohl die in ihm enthaltene Tautologie von Anfang an bemerkt wurde und schwer zu übersehen ist:

Wer als Biologe definieren will, was tüchtig bzw. fit meint, wird auf die Zahl der Nachkommen eingehen müssen, die Lebensformen generieren. Mit anderen Worten, der Tüchtige ist der, der überlebt, und Spencers Formel reduziert sich auf das Überleben des Überlebenden.

Natur und Gesellschaft

Wenn Spencer versucht, aus der Natur mit ihrer Evolution etwas für den Menschen in seiner Gesellschaft zu lernen, dann unternimmt er das, was viele Soziologen und andere wissenschaftliche Erkunder des menschlichen Zusammenlebens angestrebt haben. Die Aufgabe scheint völlig klar zu sein – aus dem, was man über die Natur erkannt hat, etwas zu lernen für uns selbst und unsere historische Entwicklung. Wer sich auf diesen naheliegenden Weg macht, übersieht allerdings, dass er den Gedanken der Evolution nur dorthin trägt, wo er herkommt. Tatsächlich stammt Darwins theoretische und begriffliche Grundlage keineswegs aus der Natur, wie es vielfach nahegelegt wird. Wenn er während seiner Weltreise zwischen 1831 und 1836 Vögel und andere Lebewesen auf den Galapagosinseln und in anderen Habitaten beobachtet und für Forschungszwecke einsammelt, dann geht es dabei – philosophisch gesprochen – ausschließlich um Anschauungsmaterial, und der bald überwältigenden empirischen Tatsachenfülle steht zunächst noch kein klärender bzw. strukturierender Begriff zur Seite, wie Darwins Aufzeichnungen aus dieser Zeit erkennen lassen, der ein theoretisches Durchschauen des Gesehenen erlaubt.

Die Entstehung des evolutionären Denkens und Verstehens bietet ein klassisches Beispiel für die philosophische Einsicht, die Immanuel Kant in seiner *Kritik der reinen Vernunft* von 1791 vorgestellt hat und die darin besteht, dass ein gelingendes Erkennen zwei unabhängige und eigenständige Komponenten benötigt. Kant nennt sie Begriff und Anschauung, und er macht ihre individuelle Unzulänglichkeit durch den mir aus Schulzeiten in Erinnerung gebliebenen berühmten Hinweis deutlich, dass die Anschauung ohne Begriffe blind bleibt, während ein Begriff ohne Anschauung leer wirkt.

Darwins Anschauung der Welt bis zu seiner Rückkehr nach London (1836) war insofern tatsächlich blind, da er über keine Theorie verfügte, mit der sich die beobachteten Variationen etwa bei den Schnäbeln von Drosseln und Finken durch einen passenden Begriff verstehen ließ. Es dauerte bis zum Jahre 1838, als es ihm nach der Lektüre eines Buches plötzlich wie Schuppen von den Augen fiel, und die Historiker sind über den entscheidenden Augenblick durch einen Eintrag in sein Tagebuch im Detail informiert. Hier heißt es:[3]

> „Im Oktober 1838 las ich zufällig zur Unterhaltung Malthus, über Bevölkerung, und da ich hinreichend darauf vorbereitet war, den überall stattfindenden Kampf um die Existenz zu würdigen (*struggle for existence)*, kam mir sofort der Gedanke, dass unter solchen Umständen günstige Abänderungen dazu neigen, erhalten zu werden, und ungünstige, zerstört zu werden. Das Resultat hiervon würde die Bildung neuer Arten sein. Hier hatte ich nun endlich eine Theorie, mit welcher ich arbeiten konnte."

Das Buch, das Darwin gelesen hat und erwähnt, war in den frühen Jahrzehnten des 19. Jahrhunderts ein Bestseller, der von den gebildeten Kreisen der englischen Gesellschaft gelesen wurde. Der Autor war der Nationalökonom und Pfarrer Thomas Malthus (1766-1834), und die erste Auflage seines *Essays on the Principle of Population* stammte aus dem Jahre 1798. Malthus brachte in seinem Text die Befürchtung zum Ausdruck, dass sich die englische Bevölkerung stärker vermehrt als die landwirtschaftliche Produktivität, und für diesen Fall sagte er einen „Kampf ums Dasein" unter den Menschen voraus, wie es später immer wieder in den deutschen Übersetzungen sowohl von Malthus als auch von Darwin hieß. Dieser Begriff vom „struggle for existence" – so das mildere englische Original –, wie grausam oder harmlos er auch gemeint ist, öffnet Darwin auf jeden Fall die Augen. Er kann jetzt endlich das beschreiben, was er längst vielfach gesehen hat, und zwar an Gruppen von Organismen, die er nach der Lektüre mit der „Population" identifiziert, die Malthus im Titel anführt. Mit dem theoretischen Konstrukt des zeitgenössischen Nationalökonomen versteht Darwin die Natur, und die Reihenfolge ist sowohl eindeutig als auch wichtig: Darwins Begriff der Evolution kommt nicht aus der Natur, sondern aus der englischen Gesellschaft nach 1800, die das erlebt bzw. praktiziert, was Schulbücher korrekt als „Industrielle Revolution" bezeichnen.

---

3   Zitiert nach Browne, Janet: *Charles Darwin – Die Entstehung der Arten*, München: dtv 2007, S. 48.

Mit anderen Worten – es ist nicht die Natur, die unsere Gesellschaft erklärt, es ist genau umgekehrt die Gesellschaft, die die Natur erklärt. Wenn Sozialdarwinisten anschließend hergehen, den Spieß umzudrehen, dann bringen sie sich nur selbst um die Früchte ihres Bemühens.

Zwei Bemerkungen, ein Gedanke

Die Beobachtung, dass Darwins Gedanke aus der Gesellschaft stammt, erlaubt zwei Bemerkungen, die zur Klärung historischer Rätsel beitragen. Zum einen kann man jetzt verstehen, warum viele Weltreisende und Naturbeobachter – etwa Alexander von Humboldt (1769-1859) –, die vor Darwin die Kontinente auf dem Globus naturwissenschaftlich erkundet haben, ohne dessen evolutionäre Einsicht geblieben sind. Ihnen fehlte der gesellschaftliche Begriff, der die persönliche Anschauung in die intersubjektive Einsicht verwandelte. Diesen Begriff hatte hingegen der Zeitgenosse von Darwin, der Engländer Alfred Wallace (1823-1913), von dem wir wissen, dass er den Gedanken der Evolution etwa zur gleichen Zeit wie Darwin entwickelt hat, und zwar aus denselben Quellen, wie die historische Forschung inzwischen nachweisen konnte. Wallace – dies als zweite Anmerkung – bereiste nicht nur die Welt wie Darwin, er las auch dasselbe Buch, nämlich Malthus' Prognose eines Kampfes ums Dasein. Er entnahm ihm dabei dasselbe Konzept, und beide gemeinsam – Anschauung und Begriff – versetzten ihn wie Darwin in die Lage, von einer Evolution der Arten zu sprechen.

Wenn man diese Zeitbedingtheit des Verstehens einer evolutionären Natur ernst nimmt und akzeptiert, dann folgt daraus nicht zuletzt, dass das heutige Verstehen von „Evolution" anders gelingt, als es im 19. Jahrhundert war. Die Gesellschaft, die Darwin erlebte, funktionierte verschieden von der Gesellschaft, in der wir aufgewachsen sind und unsere Erfahrungen gemacht haben, und so stehen uns nicht nur andere Anschauungen als dem Vater der Evolutionstheorie zur Verfügung, wir machen uns auch andere Vorstellungen, wenn wir einen Begriff wie „Kampf ums Dasein" verwenden. Unser Verstehen muss damit nicht daneben liegen. Es weist nur seine Besonderheiten auf, die von denjenigen beachtet werden sollten, die meinen, mithilfe wissenschaftlicher Einsichten so etwas wie eine feststehende Wahrheit zu kennen. Die Einsicht in die Evolution unterliegt selbst der Wandlung.

Selektion und Divergenz

Die soziale Herkunft des evolutionären Gedankens erlaubt auch eine neue Antwort auf die alte Frage, warum Darwin so lange zögerte, seine Theorie zu publizieren. Er hat sich immerhin mehr als zwanzig Jahre lang – von 1838 bis 1859 – Zeit gelassen, um *Die Entstehung der Arten* vorzulegen. Zumeist werden bei der Suche nach Gründen für die lange Spanne Darwins Angst genannt, die religiösen Gefühle seiner Frau zu verletzen bzw. insgesamt die Sorge angeführt, von einer – damals wie heute – intoleranten Geistlichkeit angegriffen und vorgeführt zu werden. Glaubwürdiger erscheint Historikern inzwischen aber die Beobachtung, dass Darwins Evolutionstheorie unvollständig war, was niemand besser wusste als ihr Schöpfer, der hinter jeder Lücke eine mögliche Widerlegung seiner Idee befürchtete. Erst als Darwin eine besonders große Leerstelle füllen konnte, bekam er den Mut, sich in aller Öffentlichkeit zu seinem Konzept zu bekennen. Gemeint ist das so genannte „Divergenzprinzip", das ihm erst 1851 in den Sinn kam, als er die Weltausstellung in London besuchte, die die erste ihrer Art war und in deren Zentrum ein blitzender Kristallpalast stand.

Bevor Darwin nach London aufbrach, nutzte er schon das Konzept der Selektion (Zuchtwahl), das – wie nicht näher zu erläutern ist – ganz selbstverständlich dem menschlichen Tätigkeitsbereich etwa der Hunde-, Pferde- und Bienenzucht entnommen ist. Sein Problem bestand darin, verständlich zu machen, wie eine natürliche Selektion die Verzweigungen hervorbringt, die wir an Stammbäumen schätzen und mit deren Hilfe wir sehen, wie das Leben seine Vielfalt generieren konnte. Darwin löste diese Frage durch den und beim Besuch der Weltausstellung in London. In den Worten seiner Biographin Janet Browne:[4]

> „… bediente er sich zur Veranschaulichung seines Gedankens eines Bildes, das er aus der Welt der englischen Industrie bezogen hatte. Die natürliche Selektion begünstigte wahrscheinlich am meisten diejenigen Tier- und Pflanzenspezies, welche die am breitesten gefächerten Varianten aufweisen, meinte er – als ob die Natur ein Industriebetrieb wäre, in dem ja die Arbeiter bekanntermaßen desto effizienter produzieren, je weiter fortgeschritten die Arbeitsteilung ist – je vielgestaltiger also die Tätigkeiten der Einzelnen sind." „Die erfolgreichste Art, meinte Darwin, werde diejenige sein, deren Abkömmlinge in Bau, Konstitution und Lebensweise am weitesten auseinandergehen, denn diese werden am besten geeignet sein, viele und sehr verschiedene Stellen im Haushalt der Natur einzunehmen."

---

4   Browne, Charles Darwin, S. 59/60.

Ein weites Feld

Wenn man sich klar gemacht hat, dass Darwin die Natur mit Begriffen aus der Sphäre des Menschen erläutert, muss man darauf achten, dass sich die Versuche, das Humane aus dem Natürlichen zu erklären, nicht in einem *Circulos vitiosus* erschöpfen. Trotzdem besteht die Aufgabe, das weite Feld zu beackern, das Darwin in seiner *Entstehung der Arten* erwähnt und das darin besteht, das „geistige Vermögen" des Menschen durch evolutionäre Stufen verständlich zu machen.

Als erstes Vermögen dieser Art hat sich die Forschung die Erkenntnisfähigkeit vorgenommen und gefragt, ob es so etwas wie eine Evolution des Erkennens gegeben hat. Es gibt viele Wissenschaftler, die darauf nicht nur positiv antworten, sondern die so laut wie möglich das ansonsten philosophische Terrain für die Biologie reklamieren wollen, und sie formulieren ihre Hauptthese unmissverständlich:

„Unser Erkenntnisapparat ist ein Ergebnis der (biologischen) Evolution. Die subjektiven Erkenntnisstrukturen passen auf die Welt, weil sie sich im Laufe der Evolution in Anpassung an diese reale Welt herausgebildet haben. Und sie stimmen mit den realen Strukturen (teilweise) überein, weil nur eine solche Übereinstimmung das Überleben ermöglichte."[5]

Völlig neu ist dieser Gedanke nicht, denn die erste Vorstellung, dass die kognitiven Strukturen des Menschen eine evolutionäre Erklärung vertragen, findet sich bereits in den Tagebüchern, die Darwin geführt hat. Er hat in den platonischen Dialogen gelesen und die Ansicht des griechischen Philosophen kennen gelernt, dass Verstehen etwas mit seelischen Bildern (Ideen) zu tun hat, die es schon immer gegeben hat, die also vor den Menschen da gewesen sind. Für den evolutionär ausgerichteten Blick hat dieses „vor" eine konkrete Bedeutung, und so vermerkt Darwin, „Lies Affe für Präexistenz".

Abgesehen von diesem Einfall hat sich lange Zeit hindurch weder ein Biologe noch ein Philosoph um die Erklärung der kognitiven Fähigkeiten unserer Art gekümmert, die mit der Evolutionsidee möglich wird, wobei es vor allem die Trägheit der Erkenntnistheoretiker ist, die in diesem Zusammenhang überrascht. Schließlich hatte spätestens Immanuel Kant am Ende des 18. Jahrhunderts in seiner *Kritik der reinen Vernunft* von angeborenen Strukturen des Erkennens gesprochen, die er mit den beiden Worten „a

---

5 Vollmer, Gerhard: *Evolutionäre Erkenntnistheorie*, Stuttgart: Hirzel 1975, ³1981, S. 102.

priori" belegte. Was angeboren ist, muss doch irgendwie etwas mit biologischen Gegebenheiten zu tun haben, wie selbst dem schlichtesten Gemüt einleuchtet, und es hätte den reinen Denkern nicht geschadet, wenn sie genauer nach den im Leben verankerten Wurzeln unserer Denkgewohnheiten gefragt hätten.

Diese Aufgabe abgenommen hat ihnen ein Physiker, und zwar Ludwig Boltzmann aus Wien. Er hat in zahlreichen Vorträgen und *Populären Schriften* um die Wende zum 20. Jahrhundert vorgeschlagen, Darwins Lehre auf die Philosophie anzuwenden und vorgeschlagen, das Gehirn „als den Apparat [zu betrachten], das Organ zur Herstellung der Weltbilder, welches sich wegen der großen Nützlichkeit dieser Weltbilder für die Erhaltung der Art entsprechend der Darwinschen Theorie beim Menschen geradeso zur besonderen Vollkommenheit herausbildete, wie bei der Giraffe der Hals, beim Storch der Schnabel zu ungewöhnlicher Länge".[6]

Für Boltzmann war wichtig, „dass die Darwinsche Lehre keineswegs bloß die Zweckmäßigkeit der Organe des menschlichen und tierischen Körpers erklärt, sondern auch davon Rechenschaft gibt, warum sich oft Unzweckmäßiges, rudimentäre Organe, ja geradezu Fehler in der Organisation bilden konnten und mussten".

Seine entscheidende Beobachtung trägt Boltzmann im November 1900 in Leipzig vor: „Nach meiner Überzeugung sind die Denkgesetze dadurch entstanden, dass sich die Verknüpfung der inneren Ideen, die wir von den Gegenständen entwerfen, immer mehr der Verknüpfung der Gegenstände anpasste. Alle Verknüpfungsregeln, welche auf Widersprüche mit der Erfahrung führten, wurden verworfen und dagegen die allzeit auf Richtiges führenden mit solcher Energie festgehalten und dieses Festhalten vererbte sich so konsequent auf die Nachkommen, dass wir in solchen Regeln schließlich Axiome oder Denkgewohnheiten sahen." Und weiter: „Man kann diese Denkgesetze aprioristisch nennen, weil sie durch die vieltausendjährige Erfahrung der Gattung dem Individuum angeboren sind."

Damit nimmt Boltzmann vorweg, was sein Landsmann Konrad Lorenz einige Jahrzehnte später prägnant formuliert, als er die angeborenen Formen der Erfahrung unter den biologischen Gesichtspunkten untersucht, die ihm als Verhaltensforscher besonders wichtig scheinen. In allerkürzester Form identifizierte Lorenz die Kategorien, die uns ontogenetisch ohne Erfahrung (a priori) gegeben sind, mit den Erkenntnisstrukturen, die sich im Laufe der Stammesgeschichte (phylogenetisch) an der Erfahrung bewährt

---

6   Boltzmann, Ludwig: *Populäre Schriften*, Braunschweig: Vieweg 1979.

haben. Der besondere Vorteil dieses Ansatzes bestand darin, dass sich damit die Frage beantworten ließ, wieso die Denkkategorien mit den Realkategorien (wenigstens teilweise) übereinstimmen, und zwar „aus denselben Gründen, aus denen die Form des Pferdehufes auf den Steppenboden und die Fischflosse ins Wasser passt. ... Zwischen der Denk- und Anschauungsform und dem an sich Realen [besteht] genau dieselbe Beziehung, die zwischen Organ und Außenwelt, zwischen Auge und Sonne, zwischen Pferdehuf und Steppenboden, zwischen Fischflosse und Wasser auch sonst besteht ..., jenes Verhältnis, das zwischen dem Bild und dem abgebildeten Gegenstand, zwischen vereinfachendem Modellgedanken und wirklichem Tatbestand besteht, das Verhältnis einer mehr oder weniger weit gehenden Analogie."[7]

Wie konkret etwa die Apriori-Kategorie des Raumes im Verlauf der Evolution entstanden sein könnte, hat der englische Biologe George G. Simpson einmal sehr drastisch ausgedrückt, als er geschrieben hat: „Um es grob, aber bildhaft auszudrücken: Der Affe, der keine realistische Wahrnehmung von dem Ast hatte, nach dem er sprang, war bald ein toter Affe – und gehört daher nicht zu unseren Urahnen."[8]

Immanenter Darwinismus

Seit vielen Jahren wird versucht, den erfolgreichen Bemühungen um eine evolutionäre Erkenntnislehre eine ebenso einsichtige „Evolutionäre Psychologie" an die Seite zu stellen, und auch gibt es gute Gründe, die Frage nach einer „Evolutionären Ästhetik" zu stellen, die wir hier ausklammern wollen.[9] Die Vertreter der evolutionären Psychologie nehmen an, dass der Übergang vom Tier zum Menschen im Wesentlichen glatt und eben gelungen ist, und in der Tat lassen sich bestimmte Verhaltensweisen der Menschen – zum Beispiel unsere Vorliebe für süße und weiche Speisen, das Inzesttabu oder die Vergewaltigungsbereitschaft von Männern – mit Rückgriff auf selektive Kräfte und genetische Vielfalt unter dieser Vorgabe erklären – besser jedenfalls als durch irgendein obskures Gemurmel über

---

7   Lorenz, Konrad: Die angeborenen Formen möglicher Erfahrung, in: *Zeitschrift für Tierpsychologie* 5, 1943, S. 352.

8   Simpson, George G.: Biology and the Nature of Science, in: *Science* 139, 1963, S. 81-88, hier S. 84.

9   Fischer, Ernst Peter: *Das Schöne und das Biest*, München: Piper 1997.

psychoanalytische Ödipus-Komplexe und Penis-Neid. In jüngster Zeit versucht ein Buch mit dem Titel *Der Darwin Code* eine vollständige Erklärung des Lebens durch evolutionäre Prinzipien zu geben, und die angeführten Beispiele reichen von der Schönheit der Frauen bis zu der Logik der Selbstmordattentate, die in den letzten Jahren zu einem brutalen Mittel der politischen Auseinandersetzung geworden sind.[10] Auf den ersten Blick scheint es zwar widersprüchlich und vergeblich, Selbstmord mit natürlicher Selektion erklären zu wollen. Aber soziale Tiergruppen haben den Biologen das Prinzip der indirekten Fortpflanzung vorgeführt, bei der ein Individuum sich opfert und dabei zum Vorteil der Gemeinschaft Verwandten hilft, Kinder aufzuziehen. Mit dieser Strategie des Überlebens lassen sich auch Selbstmordattentate verständlich machen, denn die Verzweiflungstaten „werden von der militärisch schwächeren Seite in nationalen Verteidigungs- oder Befreiungskriegen eingesetzt, in denen es große kulturelle oder religiöse Unterschiede zu den Angreifern bzw. Besatzern gibt. In dieser Situation opfern einige Individuen ihr Leben für die soziale Gruppe und werden dafür von ihr als Helden erinnert und verehrt. Wenn dieses Verhalten aber zu unterschiedlichen Zeiten und in verschiedenen Kulturen auftritt, dann ist es nicht unplausibel anzunehmen, dass ihm eine biologische Anlage zugrunde liegt."[11]

Zu diesem manchmal mit äußerst komplizierten Argumenten befestigten Standpunkt einer evolutionären Psyche gibt es eine Gegenposition aus dem Lager der darwinistisch geschulten Biologen. Sie nennt sich „immanent Darwinism", was einfach zu übersetzen ist – nämlich mit immanenter Darwinismus –, bringt eine Verlagerung der evolutionären Bewegung nach innen mit sich und geht von der Annahme aus, dass die Evolution „ein offenes, prinzipiell nicht festgelegtes menschliches Verhalten hervorgebracht hat, in dem sich der darwinistische Ursprung nur noch in Umrissen zeigt – und häufig nicht einmal das. Dieser Theorie zufolge kann es zwar vorkommen, dass menschliches Verhalten den darwinistischen Voraussagen entspricht, doch diese Übereinstimmung hat dann andere Gründe als bei anderen Tieren."[12]

Die Idee der immanenten Evolution berücksichtigt die besondere Rolle des Gehirns, dessen Betreiben äußerst aufwändig ist. Immerhin verbraucht jeder Mensch rund 40 Prozent seiner Energie zum Betreiben des Organs unter der Schädeldecke. Fast die Hälfte seiner Arbeit steckt der Körper

10 Junker, Thomas / Paul, Sabine: *Der Darwin Code*, München: C.H. Beck 2009.
11 Junker / Paul, Darwin-Code, S. 89. – Siehe auch S. 188 in diesem Buch.
12 Rose, Michael: *Darwins Schatten*, Stuttgart: DVA 2001, S. 123.

in die Versorgung des Gehirns, woraus ein Vertreter der darwinistischen Gegenposition zur evolutionären Psychologie den Schluss zieht, dass die Selektion durch einen offenen Prozess ergänzt wird – nämlich den der Gehirnentwicklung –, der auf Gesichtspunkten von Fitness in dem Sinne basiert, den Darwins Idee vorgibt.

Um dies an einem Beispiel zu erläutern: Es wird häufig gesagt, dass Menschen, die durch Supermärkte laufen, zu diesem Zweck optimale Strategien des Suchens entwickelt haben, und zwar analog zu den Vögeln, die Nektar suchend im tropischen Regenwald unterwegs sind. Natürlich verhalten wir uns oft so, als ob wir uns in Hinblick auf ein darwinistisch gesehen optimales Verhalten entwickelt hätten. Aber es ist wissenschaftlicher Unsinn, dafür genetische Varianten verantwortlich zu machen, und die Erklärung der Verhaltensweisen muss anders gelingen. Sie muss im Gehirn stecken, das sie natürlich nur unbewusst in Gang setzen kann.

Traditionelle evolutionäre Erklärungen kommen deshalb einfach nicht in Frage, weil der Zeitraum, der für die nötigen Änderungen der Erbanlagen erforderlich ist, nicht gegeben ist. Um die Schnelligkeit der beobachteten Anpassungen zu erfassen, lohnt die Annahme, dass dann, wenn Menschen in derartige, im Verlauf ihrer Evolution noch nie dagewesene Situationen versetzt werden, sie nach ganz neuen Mustern handeln, die sie sich in einer quasifunktionellen Manier erworben haben, die in der Bilanz nur darwinistisch erscheint. „Wir verhalten uns häufig so, als *hätten* wir auf evolutionärem Weg eine Verhaltensweise entwickelt, die für unsere darwinsche Fitness optimal ist. Und das auch dann, wenn eine solche Evolution gar nicht möglich ist", weil die Zeit, die dafür zur Verfügung stand – ein oder zwei Generationen –, niemals ausgereicht hat.[13]

Die Position des immanenten Darwinismus nimmt an, dass die Dynamik der Evolution sich in einem ebenso dynamischen (kollektiven) Unbewussten niederschlägt und die Individuen selektiv agieren lässt. Solche Überlegungen bekommen im Kontext der Wissenschaft nur dann eine Bedeutung, wenn sie Prognosen abgeben, mit denen sie sich testen lassen. Dies gelingt an dieser Stelle tatsächlich, denn falls es zur Natur des Menschen gehört, Verhaltensweisen mithilfe eines unbewussten immanenten Darwinismus erworben zu haben, dann sollte es hin und wieder Individuen geben, bei denen diese Adaption misslungen ist. Wie sehr die Fähigkeit des Sehens eine Anpassung an eine Welt mit Sonnenlicht ist, wissen wir ja auch zum Teil deshalb, weil wir die schlimmen Folgen der Blindheit kennen. Tatsächlich gibt es Menschen, die im Englischen als „sociopaths" bezeichnet werden

---

13 Rose, Darwins Schatten, S. 145.

und sich dadurch auszeichnen, dass sie auf den ersten Blick freundlich und intelligent erscheinen, aber unter der Maske der Bürgerlichkeit gefährlich sind und zu brutalen Verbrechen neigen. Die Menschen können sich also bewusst normal verhalten, ihnen fehlen allerdings – in der Interpretation des immanenten Darwinismus – die unbewussten Elemente der Kontrolle.

Mit diesen Bemerkungen soll nicht der Eindruck erweckt werden, hier hätte die Wissenschaft etwas durchgängig verstanden. Es geht nur um den Hinweis, dass es einen wissenschaftlichen Ansatz – und möglicherweise sogar einen Weg – zum Verstehen der menschlichen Natur gibt, der sich an darwinistischen Prinzipien orientiert. Weder naive adaptive Begründungen noch ideologische Festsetzungen werden dazu benötigt.

Die Abstammung des Menschen

1871 lässt Darwin seinem eingangs zitierten Satz über die Geschichte des Menschen seine Version dieses Werdens folgen. Er legt in diesem Jahr sein Werk über *Die Abstammung des Menschen* vor, das mit der Einsicht endet:

> „Wir müssen indessen, wie es scheint, anerkennen, daß der Mensch mit allen seinen edlen Eigenschaften, mit der Sympathie, welcher er für die Niedrigsten empfindet, mit dem Wohlwollen, welches er nicht bloß auf andere Menschen, sondern auch auf die niedrigsten Wesen ausgedehnt hat, mit seinem gottähnlichen Intellekt, welcher in die Bewegungen und die Konstitution des Sonnensystems eingedrungen ist, mit all diesen hohen Kräften doch noch in seinem Körper den unauslöschlichen Stempel eines niederen Ursprungs trägt."

Es ist natürlich ein großes Unterfangen, durch natürliche Selektion die „Geisteskräfte" abzuleiten, die den Menschen auszeichnen und die ihn weit über alle natürlichen Erfordernisse hinausheben. Und es ist ein noch größeres Unterfangen, die Grenzen zu erkennen, die den Menschen durch diese evolutionären Vorgaben gesetzt sind und die Eckart Voland die „Unbelehrbarkeit des Menschen" nennt,[14] die sich im Angesicht etwa der heute vielfach beklagten Bevölkerungsexplosion bzw. der Ressourcenknappheit in der Unfähigkeit zeigt, den Kinderwunsch zu rationalisieren bzw. aufgrund

---

14 Voland, Eckart: *Die Natur des Menschen*, München: C.H. Beck 2007, S. 150-156.

langfristiger Überlegungen auf kurzfristige Vorteile zu verzichten. Erlaubt die evolutionäre Abstammung des Menschen, dass wir unser Verhalten so ändern, dass es unter den wissenschaftlich erkannten Bedingungen der Gegenwart zukunftsfähig und nachhaltig wird?

Bereits im 19. Jahrhundert hat der amerikanische Psychologe William James (1842-1910) den Vorschlag gemacht, dass Menschen, wenn sie flexibel agieren und reagieren wollen, nicht weniger, sondern mehr ihren Instinkten vertrauen sollten.[15] James verstand dabei unter Instinkt die Fähigkeit, „sich so zu verhalten, dass gewisse Ziele erreicht werden, ohne die Voraussicht dieser Ziele und ohne vorherige Erziehung oder Erfahrung".

Im 20. Jahrhundert hat der Nobelpreisträger Wolfgang Pauli (1900-1958) diesen Gedanken im Angesicht der Atombombe und der Umweltzerstörung wiederholt und geschrieben, dass uns nur eine „instinktive Weisheit" vor den hierdurch drohenden Gefahren schützen kann.[16] Vielleicht ist es gerade der „unauslöschliche Stempel" unserer Herkunft, der uns zur Orientierung dient. Vielleicht verhilft er uns dazu, zu dem Verhalten zu finden, das man Nachhaltigkeit nennt und das geeignet ist, die Erde so zu bewahren, dass in Zukunft – also für unsere Kinder und Kindeskinder – dieselben Möglichkeiten bestehen wie in der Gegenwart. Das Konzept der Nachhaltigkeit – *sustainability* – entstammt der Evolution, die genau das kann, was wir lernen wollen. Vielleicht können wir zuletzt doch aus der Natur für den Menschen und sein Wirtschaften lernen. Wenn uns dies nicht gelingt, wird kein Licht mehr fallen auf den Menschen und seine Geschichte. Es wird beide nicht mehr geben.

---

15 James, William: *The Principles of Psychology*, Cambrigde MA: Harvard Univ. Press 1983.
16 Fischer, Ernst Peter: *Brücken zum Kosmos*, Lengwil: Libelle 2004.

Franz M. Wuketits

Von Natur aus böse/gut?

Darwins Hoffnung auf den künftigen Menschen

Mit seiner Theorie der natürlichen Auslese oder Selektion gilt Charles Darwin gemeinhin als Begründer einer düsteren Naturtheorie, und es ist allgemein bekannt, dass er in diese auch den Menschen einbezog. Weniger bekannt ist allerdings, dass er in die Zukunft unserer Spezies große Hoffnungen setzte und vom Glauben an eine friedliche Koexistenz aller Menschen beseelt war.[1] Er schrieb Folgendes: „Ein Ausblick auf fernere Geschlechter braucht uns nicht fürchten zu lassen, daß die sozialen Instinkte schwächer werden; wir können im Gegenteil annehmen, daß die tugendhaften Gewohnheiten stärker und vielleicht durch Vererbung noch befestigt werden. Ist dies der Fall, so wird unser Kampf zwischen den höheren und niederen Impulsen immer mehr von seiner Schwere verlieren, und immer häufiger wird die Tugend triumphieren."[2]

Im vorliegenden Beitrag wird Darwin als ein Begründer der evolutionären Ethik und des evolutionären Humanismus[3] kritisch gewürdigt, wobei ich mich auf die wesentlichsten seiner diesbezüglichen Gedanken beschränken werde. Besonders betonen möchte ich aber gleich an dieser Stelle, dass Darwin – trotz noch heute immer wieder anzutreffender gegen-

---

1 Vgl. Wuketits, Franz M.: Der sanfte Darwin, in: *Psychologie heute* 36 (3), 2009, S. 60-63.

2 Darwin, Charles: *Die Abstammung des Menschen* [1871], Stuttgart: Kröner 1966, S. 159f.

3 Siehe hierzu auch Wuketits, Franz M.: Charles Darwin and Modern Moral Philosophy, in: *Ludus Vitalis* XVII (32), 2009, S. 396-404; Oeser, Erhard: Darwins evolutionärer Humanismus und die Folgen, in: Wuketits, Franz M. (Hrsg.): *Wohin brachte uns Charles Darwin?* Neu-Isenburg: Angelika Lenz 2009, S. 161-178.

teiliger Behauptungen – dem Sozialdarwinismus keinen Vorschub geleistet hat und selbst alles andere als ein Sozialdarwinist war.[4]

Des Menschen „niedere Abkunft"

Darwin hegte keinen Zweifel daran, „daß der Mensch von einer niedrig organisierten Form abstammt",[5] so wie ihm auch bewusst war, dass er damit Ärger auslösen wird. Gleichzeitig muss man sich aber vor Augen führen, dass der Gedanke an eine Entwicklung des Menschen aus dem Tierreich schon zuvor von anderen Naturforschern deutlich ausgesprochen worden war. Hervorzuheben sind Thomas Henry Huxley (1825-1895) in England und Ernst Haeckel (1834-1919) in Deutschland, deren entsprechende Verdienste Darwin auch durchaus zu würdigen wusste. Allerdings war er in der Anwendung seiner Theorie der Evolution durch natürliche Auslese auf den Menschen besonders konsequent und stellte nicht nur seine körperlichen Merkmale, sondern auch seine psychischen, geistigen, sozialen und moralischen Eigenschaften auf ein solides evolutionstheoretisches Fundament. So weit wollten selbst einige Evolutionstheoretiker seiner Zeit nicht gehen, wobei vor allem an Alfred Russel Wallace (1823-1913) zu erinnern ist, der ja unabhängig von Darwin eine Theorie der Evolution durch natürliche Auslese entwickelt hatte, an der (geistigen) Sonderstellung des Menschen jedoch festhielt.

Wie seine allgemeinen Konzeptionen der Evolution, ging Darwin auch das Problem des Ursprungs des Menschen sehr vorsichtig und gewissenhaft an. Er beschäftigte sich sehr lange damit, bevor er 1871 sein einschlägiges Buch dazu veröffentlichte. Es war ihm klar, dass dieses Problem gleichsam ein heißes Eisen darstellte. Zumal, wenn es um die sogenannten höheren Fähigkeiten ihrer Spezies geht, sind ja noch heute viele Menschen sehr empfindlich und wollen dem Geistigen eine eigenständige Entität zugestehen. Dazu müssen sie allerdings in der Evolution einen prinzipiellen Bruch annehmen. Einen solchen konnte Darwin schon deswegen nicht akzeptieren, weil sich Evolution für ihn kontinuierlich, in unzähligen kleinen Schritten vollzog, womit er übrigens an der alten naturphilosophi-

4 Siehe dazu etwa auch Pfahl-Traughber, Armin: Darwinismus und Sozialdarwinismus. Eine kritische Erörterung zu Gemeinsamkeiten und Unterschieden, in: *Aufklärung und Kritik* (Sonderheft 15), 2009, S. 132-144.
5 Darwin, Abstammung, S. 273.

schen Weisheit *natura non facit saltus* festhielt – die Natur macht keine
Sprünge. Der Mensch „verdankt seine Entstehung einer langen Reihe von
Vorfahren. Hätte ein einziges Glied in dieser langen Kette niemals existiert, so würde der Mensch nicht genau das geworden sein, was er jetzt
ist."[6] Daher sah Darwin auch die Unterschiede zwischen dem Menschen
und anderen Lebewesen nicht als prinzipielle, sondern nur als graduelle an.
Wir brauchen uns, betonte er, für unsere Abstammung nicht zu schämen.
Denn: „Der niedrigste Organismus ist etwas bei weitem Höheres als der
unorganische Staub unter unseren Füßen; und kein vorurteilsfreier Mensch
kann irgend ein lebendes Wesen, wie niedrig es auch stehen mag, studieren,
ohne in Enthusiasmus über seine wunderbare Struktur und Eigenschaften
zu geraten."[7]

Um Darwins Vorstellungen von der Evolution des Menschen und vor
allem von der Möglichkeit seiner Weiterentwicklung zu verstehen, muss
man sich vergegenwärtigen, dass in seiner evolutionären Gesamtkonzep-
tion die Idee des Fortschritts eine wichtige Rolle spielte.[8] Im Sinne der
Aufklärung glaubte Darwin an eine „Verbesserungsfähigkeit" der Natur,
die zwar keiner höheren Zwecke und Absichten bedarf, aber deren Tendenz
zur Höherentwicklung in ihr selbst liegt. Der auch nach Darwin bei vielen
Evolutionstheoretikern beliebte Gedanke an eine progressive, fortschritt-
liche Evolution ist in der Evolutionstheorie inzwischen allerdings obsolet
geworden.[9] Für Darwin war er wichtig, er stellte die Voraussetzung für eine
Begründung der Verbesserungsfähigkeit des Menschen in moralischer Hinsicht dar. Zugleich erschütterte Darwin mit seinem konsequent evolutionären Menschenbild die seit der Antike vielfach beschworene Sonderstellung
unserer Spezies – in seinem Menschenbild blieb davon praktisch nichts
mehr übrig. Als müsse er diese niederschmetternde Konsequenz gleichsam abfedern und diejenigen besänftigen, denen der Gedanke an unsere
„niedere Abkunft" unerträglich war, baute er in seine Theorie das „morali-

---

6   Darwin, Abstammung, S. 215.
7   Darwin, Abstammung, S. 215.
8   Vgl. z. B. Ospovat, Dov: *The Development of Darwins Theory. Natural History,*
     Natural Theology, and Natural Selection, 1838-1859, Cambridge: Cambridge
     Univ. Press 1981.
9   Vgl. Gould, Stephen J.: *Life's Grandeur. The Spread of Excellence from Pla-*
     to to Darwin, London: Vintage 1997; Wuketits, Franz M.: *Evolution ohne*
     Fortschritt. Aufstieg oder Niedergang in Natur und Gesellschaft, Aschaffen-
     burg: Alibri 2009 (die erste Auflage dieses Buches erschien unter dem Titel
     Naturkatastrophe Mensch. Evolution ohne Fortschritt in Düsseldorf: Patmos
     1998).

sche Argument" ein.[10] Konnte er einerseits nicht leugnen, „daß der Mensch mit all [seinen] Fähigkeiten und Kräften in seinem Körperbau immer noch die unaustilgbaren Zeugnisse seines niedrigen Ursprungs erkennen läßt",[11] fand Darwin die Annahme tröstlich, „daß der Fortschritt bei weitem den Rückschritt überwiegt, daß der Mensch, wenn auch langsam ... sich aus dem niedrigsten Zustand zur heutigen Höhe seines Wissens, seiner Sittlichkeit und Religion erhoben habe".[12]

Hatte Darwin also von Anfang an gute Argumente für die „niedere Abkunft" des Menschen, so benötigte er im Weiteren Argumente für den möglichen Aufstieg des Menschen. Der eminente Genetiker und Evolutionsbiologe Theodosius Dobzhansky (1900-1975) bedauerte, dass Darwin einem seiner bedeutendsten Bücher den Titel „Abstammung" (*descent*), statt „Aufstieg" (*ascent*) des Menschen gab.[13] In Wahrheit freilich bemühte sich Darwin ohnehin, dem Aufstieg des Menschen Perspektiven zu verleihen. In seiner Perspektive stand die „niedere Abkunft" des Menschen nicht im Widerspruch zu dessen „Höherentwicklung" in der Zukunft. Darwins diesbezügliche Argumente will ich in der Folge nachzeichnen.

Soziale Instinkte

Von grundlegender Bedeutung für Darwins Idee eines moralischen Fortschritts ist seine Konzeption der „sozialen Instinkte", worunter man eine Neigung zur Geselligkeit verstehen kann. Seiner Auffassung zufolge hat sich das moralische Gefühl (beim Menschen) aus sozialen Instinkten entwickelt, und der Mensch ist imstande, seine Moralfähigkeit zu verbessern, indem er – durch seine Kultur – eben diese Instinkte verstärkt. Aber darauf wird noch zurückzukommen sein. Zunächst ist zu bemerken, dass Darwin dem Sozialleben der Tiere die diesem gebührende Aufmerksamkeit widmete und sehr richtig bemerkte, dass die „höheren" Tiere über Emotionen

---

10 Vgl. Pennock, Robert T.: Moral Darwinism: Ethical Evidence for the Descent of Man. In: *Biology & Philosophy* 10 (3), 1995, S. 287-307.

11 Darwin, Abstammung, S. 274.

12 Darwin, Abstammung, S. 188.

13 Dobzhansky, Theodosius: *The Biology of Ultimate Concern,* London: Rapp & Whiting 1969. Zu Dobzhansky ist anzumerken, dass er einer der (ganz wenigen) religiösen Evolutionsbiologen des 20. Jahrhunderts war, was man auf seine russische Herkunft zurückführen mag.

verfügen und ihren Gruppengenossen gegenüber eine gewisse Sympathie entwickeln. „Es ist gewiß", bemerkte er, „daß in Gesellschaft lebende Tiere ein Gefühl von Liebe zueinander haben."[14] Und, gestützt auf Beobachtungen, schrieb er Folgendes: „Jedermann muß beobachtet haben, wie unglücklich Pferde, Hunde, Schafe usw. sind, wenn sie von ihren Genossen getrennt sind, und welche Freude wenigstens die beiden ersten bei ihrer Wiedervereinigung zeigen. Es ist interessant, über die Gefühle eines Hundes nachzudenken, welcher stundenlang in einem Zimmer bei seinem Herrn oder einem Mitglied seiner Familie ruhig daliegt, ohne daß die geringste Notiz von ihm genommen wird, der aber bellt und heult, sobald er eine kurze Zeit allein gelassen wird."[15]

Darwin war ein guter Tierbeobachter, und sein Buch über Gemütsbewegungen weist ihn als einen der Vorläufer – wenn nicht gar Begründer – der modernen vergleichenden Verhaltensforschung aus.[16] Und er erkannte, dass Sozialität (Geselligkeit) bei vielen Tierarten einen ganz entscheidenden Aspekt der Evolution bedeutet. Darin sah er aber auch die Wurzeln des moralischen Verhaltens. Die sozialen Instinkte führen in der Tierwelt dazu, dass (soziale) Tiere die Gesellschaft ihrer Gruppengenossen suchen und sich daran erfreuen; woraus sich Verhaltensweisen entwickeln, die letzten Endes zur Moral führen. Es gehört zu Darwins außerordentlichen Leistungen, die (menschliche) Moralfähigkeit auf ein evolutionstheoretisches Fundament gestellt und schlüssig gezeigt zu haben, dass Moral nicht vom Himmel gefallen sein kann, sondern Bestandteil unserer Naturgeschichte ist. Damit ist er auch als einer der Begründer der evolutionären Ethik zu würdigen, welche die Entwicklung menschlicher Wertvorstellungen und Normen auf evolutionstheoretischer Grundlage rekonstruiert und beschreibt.[17] Was auch immer Menschen als „gut" oder „böse" erachten, ist

---

14 Darwin, Abstammung, S. 127.

15 Darwin, Abstammung, S. 125.

16 Vgl. Darwin, Charles: *Der Ausdruck der Gemütsbewegungen bei dem Menschen und den Tieren* [1872], Nördlingen 1986. Nebenbei sei in diesem Zusammenhang erwähnt, dass Darwin auch als ein Vorläufer der modernen Tierethik angesehen werden muss. Vgl. Lengauer, Erwin: Evolutionärer Naturalismus als Grundlage säkularer Tierethikdiskurse, in: *Aufklärung und Kritik* (Sonderheft 15), 2009, S. 145-166.

17 Siehe hierzu nur beispielsweise Mohr, Hans: *Natur und Moral. Ethik in der Biologie*, Darmstadt: Wissenschaftliche Buchgesellschaft 1987; Ridley, Matt: *The Origins of Virtue*, London: Penguin 1997; Wuketits, Franz M.: *Warum uns das Böse fasziniert. Die Natur des Bösen und die Illusionen der Moral*, Stuttgart: Hirzel 1999.

demnach nicht etwa göttlichen Ursprungs, sondern Resultat des Versuchs, konkrete Lebens- beziehungsweise Überlebensprobleme zu lösen. Vertreter einer idealistischen Ethik, die ihrerseits auf Idealbildern vom Menschen beruht, hatten und haben damit selbstverständlich ihre Probleme. Und diejenigen, die daran glauben, dass Werte und Normen von Gott gegeben seien und daher absolut sind, können oder wollen sich nicht vorstellen, dass Menschen auch dann moralisch handeln können, wenn sie nicht an Gott glauben – weil sich Wertvorstellungen und Normen in jeder Gesellschaft nach dem Prinzip der Selbstorganisation entwickeln und eine Gesellschaft gänzlich ohne Regeln des Zusammenlebens ihrer Mitglieder nicht existenzfähig wäre.

Darwin war sich dessen bewusst, dass der Mensch von Natur aus eine gesellige Spezies ist, aber ein Kleingruppenwesen, dessen Mitgefühl und Sympathie sich von vornherein nur auf recht wenige Individuen seiner Art erstreckt. Aber er war der Ansicht, dass die menschliche Sympathiefähigkeit sozusagen ausgebaut werden könne. Darauf komme ich gleich zu sprechen. Zunächst sei noch angemerkt, dass Darwin, da er vom Fortschrittsglauben beseelt war, auch dachte, dass sich Moralfähigkeit unter gegebenen Randbedingungen quasi mit Notwendigkeit aus sozialen Instinkten entwickeln müsse. Diese „Randbedingungen" stellten für ihn intellektuelle Kapazitäten dar. Lassen wir ihn dazu wieder selbst zu Wort kommen: „Es scheint mir in hohem Grade wahrscheinlich zu sein, daß jedwedes Tier mit wohl ausgebildeten sozialen Instinkten (Eltern- und Kindesliebe eingeschlossen), unausbleiblich ein moralisches Gefühl oder Gewissen erlangen würde, sobald sich seine intellektuellen Kräfte so weit oder nahezu so weit wie beim Menschen entwickelt hätten."[18]

Da Menschen mit intellektuellen Fähigkeiten ausgestattet, über „Gut" und „Böse" nachzudenken imstande sind, besitzen sie auch ein moralisches Gefühl, das integrierender Bestandteil ihrer Natur ist und sich früh in der individuellen Entwicklung manifestiert. Darwin berichtete in diesem Zusammenhang über einen seiner eigenen Söhne („Doddy") und meinte, dass dieser bereits im Alter von etwa dreizehn Monaten erste Anzeichen für ein moralisches Gefühl entwickelt habe, so dass er ausschließlich auf dieser Grundlage erzogen worden und früh so ehrlich, offen und liebevoll geworden sei, wie man es sich nur wünschen konnte.[19] Hier kommt also die Vermutung zum Ausdruck, dass die moralische Höherentwicklung des

---

18 Darwin, Abstammung, S. 122.
19 Vgl. Barrett, Paul H. (Hrsg.): *The Collected Papers of Charles Darwin*, Band 2, Chicago: Univ. of Chicago Press 1977.

Menschen einen geradezu naturgesetzlich bestimmten Verlauf beschreibt, woran im 19. Jahrhundert außer Darwin noch viele andere glaubten. Dazu nur ein Beispiel: „Gewohnheiten wurden Sitte, Sitte wurde Gesetz, das Gesetz wurde der Regulator der socialen Organisation …, weckte das Gefühl der Pflicht, wurde die Grundlage für die Moral."[20] Der Glaube an eine lineare, geradlinige (Höher-)Entwicklung der Moral ist auch heute weit verbreitet, so dass vielen manches moralische Fehlverhalten – vor allem, wenn es kollektiv auftritt – als ein Rückschlag, eine Rückkehr in die „Barbarei" erscheinen will.

Moralische Höherentwicklung

Wie gesagt, Darwin war sich dessen bewusst, dass der Mensch ein Kleingruppenwesen sei, doch glaubte er, dass seine kulturelle Fortentwicklung auch die sozialen Instinkte und Sympathien des Menschen sozusagen in die Höhe treiben könne. Er äußerte sich dazu folgendermaßen: „Wenn der Mensch in der Kultur fortschreitet und kleine Stämme zu größeren Gemeinwesen sich vereinen, so führt die einfachste Überlegung jeden Einzelnen schließlich zu der Überzeugung, daß er seine sozialen Instinkte und Sympathien auf alle, also auch die ihm persönlich unbekannten Glieder desselben Volkes auszudehnen habe. Wenn er einmal an diesem Punkte angekommen ist, kann ihn nur noch eine künstliche Schranke hindern, seine Sympathien auf die Menschen aller Nationen und Rassen auszudehnen. Wenn diese Menschen sich in ihrem Äußeren und ihren Gewohnheiten bedeutend von ihm unterscheiden, so dauert es, wie uns leider die Erfahrung lehrt, lange, bevor er sie als seine Mitmenschen betrachten lernt."[21] Diese Zeilen sind von bemerkenswerter Aktualität.

Darwins Idee, in meinen eigenen Worten zusammengefasst, liest sich also wie folgt: Der Mensch kann kraft seiner intellektuellen Fähigkeiten seine sozialen Instinkte und Sympathien nahezu beliebig ausweiten; das Ideal ist eine Menschheit, in der die Schranken zwischen „Rassen" und Nationen aufgehoben sind und der einzelne Mensch jeden anderen Menschen als Mitmenschen zu empfinden gelernt hat, selbst wenn dieser ihm persönlich unbekannt ist. Aber das muss kein bloßes Ideal bleiben, weil

---

20 Diercks, Gustav: *Entwicklungsgeschichte des Geistes der Menschheit. In gemeinverständlicher Darstellung*, Band 1, Berlin: Th. Hofmann 1881, S. 19.
21 Darwin, Abstammung, S. 155f.

der Mensch die Fähigkeit besitzt, es auch zu realisieren. Vom Fortschrittsgedanken seines Jahrhunderts beflügelt, hoffte Darwin, dass seine Evolutionstheorie die naturwissenschaftliche Grundlage für die Möglichkeit der sozialen und moralischen Weiterentwicklung des Menschen durch seine Kultur bilden wird. Der Mensch ist zwar nicht die „Krone der Schöpfung", aber er verfügt über das Potential, sich zu einem wahrhaft menschlichen Wesen zu entwickeln, welches seine ursprüngliche Wildheit hinter sich lässt.

Darwin sah in der bisherigen – geistigen – Entwicklung des Menschengeschlechts durchaus die Berechtigung für seine Hoffnung, wie das nachstehende Zitat verdeutlicht: „Als … der Mensch geistig Schritt um Schritt höher stieg und auch die fernsten Konsequenzen seiner Handlungen ziehen lernte, als sein Wissen bis zu einem Punkte vorgeschritten war, wo es die Verderblichkeit der abergläubischen Gebräuche erkannte, als er mehr und mehr … auch das Glück seiner Mitmenschen berücksichtigen lernte, als sich sein Wohlwollen, durch wohltätige Erfahrung, durch Unterricht und Beispiel verfeinert und erweitert, schließlich auf die Angehörigen aller Rassen, ja selbst auf die nutzlosen Glieder der Gesellschaft, die Idioten und Krüppel, und endlich auch auf die Tiere erstreckte, da wurde auch der Maßstab seiner Sittlichkeit größer und erhabener."[22] Nun wird der Begriff der Rasse heute beim Menschen nicht mehr verwendet, und Ausdrücke wie „Idioten" und „Krüppel" gelten als nicht politisch korrekt. Wenn Darwin sich ihrer bediente, dann sprach und schrieb er – was niemanden überraschen sollte – einfach in der Sprache seiner Zeit. Das gilt selbstverständlich auch, wenn er etwa die Feuerländer als „tiefststehende Barbaren" bezeichnete. Doch bemerkte er auch, dass er immer überrascht gewesen sei, „wie sehr drei Eingeborene an Bord der 'Beagle', die einige Jahre in England gelebt hatten und etwas Englisch sprachen, uns in ihren Anlagen und den meisten geistigen Fähigkeiten ähnelten".[23] Wer Darwin um jeden Preis mit Sozialdarwinismus und Rassismus in Verbindung bringen möchte, wird ihm hier unterstellen, dass er den „Wilden" keine besonderen Fähigkeiten zutrauen wollte und daher überrascht war, wenn die sich einigermaßen gesittet benehmen konnten. Dabei aber ist zu bedenken, dass Darwin den Feuerländern als knapp Vierundzwanzigjähriger erstmals begegnet war. Wie anders hätte ein junger Gentleman aus dem Establishment des viktorianischen England diese Menschen denn wahrnehmen können?

---

22 Darwin, Abstammung, S. 158f.
23 Darwin, Abstammung, S. 78.

Statt also Darwin mit diskriminierenden Denkweisen zu assoziieren und aus der Sprache seiner Zeit falsche Schlüsse zu ziehen, sollte man sich vielmehr vergegenwärtigen, dass sein Werk keinerlei Anspielungen auf „lebensunwertes" (menschliches) Leben enthält – und schon gar nicht die Aufforderung impliziert, bestimmte „Rassen" und Völker als minderwertig zu behandeln. Darwin war ein entschiedener Gegner der Sklaverei, was im viktorianischen England keine Selbstverständlichkeit war.[24] Aber sein evolutionäres Weltbild ließ rassistische Gedanken schon aus prinzipiellen Gründen nicht zu. Wie der – gelegentlich als „Darwin des 20. Jahrhunderts" bezeichnete – bedeutende Evolutionsforscher Ernst Mayr (1904-2005) wiederholt herausstellte, war die Ablösung des typologischen zugunsten eines dynamischen Welt- und Menschenbildes eines der besonderen Verdienste des Engländers.[25] In der Tat ist das auf die Antike zurückgehende – und nach wie vor stark präsente – typologische Denken mit dem Evolutionsdenken nicht vereinbar: Es gibt keine „starren Typen" oder „unveränderliche Wesenheiten", sondern nur beständigen Wandel. Und ein Evolutionstheoretiker weiß, dass alle heutigen Menschen – unabhängig von ihrer sozialen und kulturellen Differenzierung – auf demselben Stammbaumast sitzen und eine einzige Art darstellen, was einem Rassismus die biotheoretische Grundlage entzieht.

Evolution und Humanismus

Einerseits hat Darwin den Menschen vom Thron gestoßen und ihn auf einen Platz im Tierreich verwiesen, andererseits hoffte er, dass der Mensch seine eigenen Ideale der Humanität verwirklichen könne. Darwin kann als Vertreter eines „auf der Idee der Selbsterkenntnis und Selbstüberwindung beruhenden 'evolutionären Humanismus'"[26] bezeichnet werden, der in seiner „praktischen" Konsequenz nicht mehr und nicht weniger bedeutet als

---

24 Siehe dazu auch Darwin, Charles: *Mein Leben. 1809-1882,* Frankfurt/M.: Insel 2008. Diese Autobiographie wurde erstmals von Darwins Enkelin Nora Barlow unter dem Titel *The Autobiography of Charles Darwin 1809-1882* in London 1958 herausgegeben. Wegen der Sklaverei kam es an Bord der „Beagle" zu Kontroversen zwischen Darwin und dem Schiffskapitän, der die Versklavung von Menschen befürwortete.

25 Vgl. z. B. Mayr, Ernst: Darwin's Influence on Modern Thought, in: *Scientific American* 283 (1), 2000, S. 78-83.

26 Oeser, Darwins evolutionärer Humanismus, S. 164.

das, was mittlerweile an Menschenrechten verbrieft ist. Wie gesagt, verabscheute Darwin die Sklaverei, aber er und sein Mitstreiter Huxley traten auch – was wenig bekannt ist – für eine Gleichberechtigung der Frauen ein.[27] Das war ein im 19. Jahrhundert wahrlich „fortschrittlicher" Akt.

Der theoretische Rahmen des evolutionären Humanismus ist ein Naturalismus, der sich vom klassischen, auf die Antike zurückgehenden Humanismus dadurch unterscheidet, dass er die „natürlichen Wurzeln" des Menschen zum Ausgangspunkt nimmt und geistige Phänomene als Gehirnleistungen ausweist, die ihrerseits ein Resultat der Evolution durch Selektion darstellen. Der Naturalismus der modernen Evolutionstheorie bedeutet nicht die naive – und ideologisch belastete – Annahme, dass Moralprinzipien in der Natur vorgegeben seien, impliziert aber, dass sich Moral nicht unabhängig von der menschlichen Natur entwickelt haben kann, sondern vielmehr einen wesentlichen Aspekt derselben darstellt. Gegen die menschliche Natur gerichtete moralische Normen haben daher wenig Aussicht durchgesetzt zu werden. Wer glaubt, Moral habe sich gegen die menschliche Natur zu richten, unterliegt obendrein dem irrigen Glauben, dass der Mensch seiner Natur gemäß (moralisch) schlecht sei (siehe unten) und gleichsam zwangsweise verbessert werden müsse (was gefährlichen Ideologien Tür und Tor öffnet).

Der Mensch ist kein „Geistwesen", welche mentalen Eigenschaften ihn auch auszeichnen mögen – sie sind Ausdruck seiner Natur, Ergebnisse seiner Naturgeschichte. Der Mensch war auch nicht in der Evolution geplant oder beabsichtigt, weil die Evolution grundsätzlich keinem Plan und keiner Absicht folgt. So stehen, wie Jacques Monod (1910-1976) meinte, weder sein Schicksal noch seine Pflichten irgendwo geschrieben.[28] Und genauso wenig findet der Mensch einen ihm vorgegebenen Sinn, er muss sich diesen – seinen jeweiligen individuellen Lebensbedingungen gemäß – selbst suchen.[29] Darwin hat ja mit seinem Werk der Teleologie, der Idee einer kosmischen Zweckhaftigkeit den Todesstoß versetzt, was die meisten seiner Zeitgenossen ebenso wenig verkraftet haben wie es viele unserer Zeitgenossen heute verkraften. Damit hat er allerdings den Menschen auf seine Eigenverantwortlichkeit zurückgeworfen und ihm anheimgestellt, die

---

27 Vgl. Willmann, Rainer: *Darwin, Huxley und die Frauen,* Opladen: Budrich 2009.

28 Monod, Jacques: *Zufall und Notwendigkeit. Philosophische Fragen der modernen Biologie*, München: Piper 1971.

29 Vgl. Wuketits, Franz M.: *Darwins Kosmos. Sinnvolles Leben in einer sinnlosen Welt*, Aschaffenburg: Alibri 2009.

ihm kraft seiner intellektuellen Fähigkeiten verliehene Möglichkeit einer Fortentwicklung in moralischer Hinsicht zu nutzen.[30] Darauf gründete er seine Hoffnung auf den künftigen Menschen. Freilich war Darwin nicht so naiv zu glauben, dass die sozialen Instinkte des Menschen automatisch die Oberhand über seine „niederen Antriebe" gewinnen und den Menschen garantiert zu einem humanen Wesen machen würden. Dennoch blieb er in mancher Hinsicht ein Sozialromantiker. Was ihm auf jeden Fall hoch anzurechnen ist, ist der Umstand, dass er den Solidaritätsgedanken gedacht und ausgesprochen hat, noch bevor Politiker überhaupt auf diesen Gedanken gekommen sind.

Indes lässt sich die Frage, ob der Mensch von Natur aus gut oder böse sei, heute sehr klar beantworten: Er ist weder das eine noch das andere. Wie alle anderen Spezies hat er in erster Linie das Problem des (genetischen) Überlebens (= erfolgreiche Fortpflanzung) zu lösen und benötigt dazu (Nahrungs-)Ressourcen. Damit war der Wettbewerb mit Artgenossen auch bei ihm im Vorhinein programmiert. In den späten Phasen seiner Evolution hat der Mensch allerdings die Fähigkeit erlangt, über sein eigenes Handeln nachzudenken und dieses mit unterschiedlichen moralischen Maßstäben zu bewerten. Aber schon im Vorfeld jeder moralischen Reflexion, in grauer Vorzeit, muss der Mensch mit seinesgleichen kooperiert haben, da er sonst früh – als Gattung – ausgestorben wäre. Eine einfache Überlegung legt nahe: Hätten sich unsere stammesgeschichtlichen Vorfahren nur gegenseitig ihre Köpfe eingeschlagen, dann wären wir heute nicht hier. Was wir heute als Moral bezeichnen, ist mithin nichts weiter als die Verfeinerung und „Verlängerung" von Verhaltensprinzipien, die zu einer Zeit entwickelt und (von der Selektion) begünstigt wurden, als noch niemand über Moral nachzudenken imstande war. So gesehen ist Darwins Vorstellung von unseren sozialen Instinkten ebenso genial wie einfach. Der Mensch ist ein von Natur aus soziales Lebewesen und verdankt – neben einigen anderen Eigenschaften – seiner Geselligkeit auch seinen bisherigen Evolutionserfolg. Dass niemand das sprichwörtliche fünfte Rad am Wagen sein will, ist hinreichend bestätigt. Allerdings ist die menschliche Moralfähigkeit begrenzt. Unsere Moralsysteme haben mittlerweile eine Eigendynamik entwickelt, mit der der Steinzeitmensch, der uns immer noch tief im Nacken sitzt, nicht mithalten kann, so dass wir heute mit Problemen grundsätzlicher Art konfrontiert sind; insbesondere entpuppt sich Moral immer wieder als Macht-

---

30 Das ist auch die „Botschaft" des modernen evolutionären Humanismus. Siehe dazu Schmidt-Salomon, Michael: *Manifest des evolutionären Humanismus. Plädoyer für eine zeitgemäße Leitkultur,* Aschaffenburg: Alibri ²2006.

instrument, und wie Geschichte und Gegenwart zeigen, wird ein Werteab-
solutismus als Rechtfertigung für schlimmste Gräueltaten herangezogen.[31]
Eine Pflichtethik, wie Darwin sie in Anlehnung an Immanuel Kant (1724-
1804) befürwortete und vertrat, ist unter diesen Umständen kritisch zu hinterfragen. Aber das ist nicht mehr Gegenstand des vorliegenden Beitrags.

Kritischer Rück- und Ausblick

Darwins Überlegungen über die Möglichkeiten einer moralischen Höherentwicklung des Menschen sind zweifellos sehr sympathisch. Diejenigen,
die in ihm nur den Urheber einer düsteren Naturtheorie sehen, sollten sich
unbedingt auch mit dieser Seite seines Werkes beschäftigen, um ein ausge-
wogenes Bild vom (Evolutions-)Theoretiker und vom Menschen Charles
Darwin zu gewinnen (sofern ihnen etwas daran liegt). Und es kann gar
nicht oft genug betont werden, dass Darwin an jenen ideologischen Ver-
drehungen seiner Theorien, die letztlich rassistische Exzesse bewirkten,
unschuldig ist.[32] Darwin war ein Mensch von tiefer humanistischer Ge-
sinnung, die in manchem an Albert Schweitzer (1875-1965) und dessen
Philosophie der Ehrfurcht vor dem Leben erinnert, welche sich bei näherer
Hinsicht allerdings nicht als brauchbares Moralprinzip herausstellt.[33]*Aber
im Gegensatz zu Schweitzer konnte Darwin nicht einmal ahnen, dass das
20. Jahrhundert dem Menschen – verursacht durch psychopathische Individuen seiner Spezies – zwei Weltkriege und viele weitere mörderische
Konflikte bescheren wird. Er, dem die Bevölkerungsgesetze eines Thomas
Robert Malthus (1766-1834) vertraut waren, konnte auch nicht wissen, wie
rasch sich die Bevölkerung wirklich vermehren wird und wie viele Menschen von Hunger und Elend betroffen sein werden. (Um die Mitte des

---

31 Vgl. Wuketits, Warum uns das Böse fasziniert; Wuketits, Franz M.: *Wie viel
    Moral verträgt der Mensch? Eine Provokation*, Gütersloh: Gütersloher Ver-
    lagshaus 2010.
32 Siehe auch Anhalt, Utz: Darwin ist unschuldig. Warum Rassismus in Deutsch-
    land wenig mit Darwin zu tun hat, in: Antweiler, Christoph / Lammers, Chri-
    stoph / Thies, Nicole (Hrsg.): *Die unerschöpfte Theorie. Evolution und Krea-
    tionismus in Wissenschaft und Gesellschaft*, Aschaffenburg: Alibri 2008,
    S. 173-190.
33 Vgl. Wolf, Jean-Claude: Ist Ehrfurcht vor dem Leben ein brauchbares Moral-
    prinzip? In: *Freiburger Zeitschrift für Philosophie und Theologie* 40, 1993,
    S. 359-383.

19. Jahrhunderts lebten etwas über eine Milliarde Menschen auf der Erde. Inzwischen ist, in einer evolutionsgeschichtlich winzigen Zeitspanne, die Weltbevölkerung auf sieben Milliarden angewachsen.)

Darwin war ein Sozialromantiker, der auch die Entwicklung einer „Ellbogengesellschaft" unter den Rahmenbedingungen einer Ökonomie nicht voraussehen konnte, die mit der wirtschaftlichen Brutalität seines Jahrhunderts nicht nur vergleichbar ist, sondern diese – unter Anwendung subtilerer Mittel – in mancher Hinsicht noch übertrifft. In der heutigen Welt der „Globalisierung" rücken die Menschen vermeintlich immer näher zusammen. In der Tat hatte nie zuvor in der Geschichte der Einzelne die Möglichkeit, so viele ihm fremde Gesichter – zumindest virtuell – wahrzunehmen, alle anderen Angehörigen seiner Spezies als seine „Brüder" und „Schwestern" zu betrachten und so das Gefühl der Fremdheit abzubauen. Aber in dieser global verstrickten Menschheit werden neue Schranken zwischen den Völkern und Nationen aufgebaut und steigen Macht und Reichtum weniger auf Kosten vieler anderer Menschen. Aus der von Darwin erträumten humanen Gesellschaft ist eine auf Misstrauen und pathologische Sicherheitsbedürfnisse gegründete Kontrollgesellschaft geworden, die immer mehr in die Rechte und Freiheiten des Einzelnen eingreift. So hat sich Darwin die Weiterentwicklung der Menschheit nicht vorgestellt. Lassen wir ihn nochmals selbst zu Wort kommen: „Es ist begreiflich, daß der Mensch einen gewissen Stolz empfindet darüber, daß er sich, wenn auch nicht durch seine eigenen Anstrengungen, auf den Gipfel der organischen Stufenleiter erhoben hat; und die Tatsache, daß er sich so erhoben hat, anstatt von Anfang an dorthin gestellt zu sein, mag ihm die Hoffnung auf eine noch höhere Stellung in einer fernen Zukunft erwecken."[34]

Aber diese „höhere Stellung" missbraucht der Mensch letztlich nur dazu, andere Kreaturen seines Heimatplaneten auszurotten, die Ressourcen rücksichtslos auszubeuten und in einer zum Wahnsinn gesteigerten Wachstumseuphorie alles zu beseitigen, was ihm auf irgendeine Weise im Wege steht. Seine in der Steinzeit geformten Wahrnehmungs- und Denkmuster erlauben ihm nicht die Weitsicht, derer ein Lebewesen bedürfte, welches sich auf lange Zeit auf seinem Planeten häuslich einrichten will. Seine ebenfalls in grauer Vorzeit entwickelten Affekte und Triebe überlagern nur zu leicht seinen Verstand, der, wie man weiß, in der Trompete bleibt, wenn sich von Demagogen aufgeheizte Massen zusammenrotten. „Es könnte der Humanität dienlich sein, wenn das möglichst viele wissen

---

34 Darwin, Abstammung, S. 274.

und nicht leugnen."[35] Darwins düstere Naturtheorie scheint also, alles in allem, die heutige Situation des Menschen besser zu treffen als seine daraus abgeleitete Sozialromantik, die wir aber, falls uns an der Humanität doch etwas liegt, als Orientierungshilfe benutzen können. Und in der Tat wäre es im Sinne der Menschlichkeit nützlich, über all jene Antriebe unseres Verhaltens und Handelns Bescheid zu wissen, die wir gewöhnlich als „unmenschlich" bezeichnen.

Das 19. Jahrhundert war, trotz des vor allem in den Städten herrschenden Elends, von einer Stimmung des Aufbruchs in vielen Lebensbereichen getragen, wovon Darwin nicht unbeeinflusst war und nicht unbeeinflusst bleiben konnte. Im Sog der Aufklärung wuchs die Überzeugung, dass der Mensch kraft seiner Erkenntnisleistungen und seiner darauf gegründeten Technologie seine Situation verbessern und die Natur beherrschen könne. Dass Naturbeherrschung letztlich Naturzerstörung und mithin die Zerstörung der Lebensgrundlagen des Menschen bedeuten kann, war damals noch nicht das Thema. Heute sollten wir es besser wissen und einsehen: „Durch seine gesteigerte Macht über die Natur und über sich selbst ist der Mensch gezwungen, menschlicher zu werden oder zugrunde zu gehen."[36] Diesem Satz müsste Darwin heute zustimmen.

---

35 Verbeek, Bernhard: Stiefmuttermärchen und kollektive Verbrechen. Evolutionsbiologie eröffnet neue Einblicke in alte Geschichten, in: *Der mathematische und naturwissenschaftliche Unterricht* 62 (1), 2009, S. 10-15 (Zitat S. 15).
36 Oeser, Erhard: *Das Abenteuer der kollektiven Vernunft. Evolution und Involution der Wissenschaft*, Berlin: Paul Parey 1988, S. 199.

Rüdiger Vaas

Die neue Schöpfungsgeschichte Gottes – Herausforderungen einer Evolutionsbiologie der Religiosität

> „Wir haben die entscheidende Phase in der Geschichte der Biologie erreicht, in der die Religion selbst zum Gegenstand von naturwissenschaftlichen Erklärungen wird."
>
> Edward O. Wilson, Mitbegründer der Soziobiologie

> „Die Wissenschaft ist ohne Konkurrenz. Falls wir als Spezies überleben wollen, dann brauchen wir mehr als Beten, Wunschdenken und Glaubensannahmen."
>
> Bruce M. Hood, Kognitionspsychologe

Die Evolutionstheorie, und dabei besonders das Konzept der natürlichen Selektion, ist mit einer Universalsäure verglichen worden, die alles durchdringt. Tatsächlich gibt sie nicht nur die beste, ja einzige Erklärung der Entwicklung und Diversifikation aller irdischen Organismen. Sie liefert darüber hinaus als ein paradigmatisches Beispiel einer Theorie der Selbstorganisation auch Einsichten, die sich auf viele andere Phänomene erstrecken: einerseits anorganische (beispielsweise „molekularer Darwinismus" zur Erklärung der chemischen Evolution sowie komplexer Molekülstrukturen bis hin zur Entstehung des Lebens; „kosmischer Darwinismus" als spekulatives Szenario zur Erklärung der Eigenschaften eines sich wandelnden Multiversums), andererseits soziale und kognitive (beispielsweise Soziobiologie, Evolutionäre Psychologie und Ethik und Ästhetik und Erkenntnistheorie).

Es ist eben nicht nur der Körper des Menschen, der phylogenetische Wurzeln und Prägungen hat, sondern auch sein Verhalten, sein Fühlen und Denken sowie seine Kulturfähigkeit. Dies bedeutet weder einen deskriptiven und praktischen Reduktionismus noch impliziert es einen Totalitarismus, demzufolge keine weiteren Erklärungen und Erklärungsebenen zugelassen wären. Aber es scheint, dass sich charakteristische menschliche Eigenschaften nicht richtig verstehen lassen, wenn dies nicht auch im Licht der Evolution geschieht.

Zu diesen Merkmalen zählt vielleicht die Religiosität. Möglicherweise ist sie nicht nur eine soziokulturelle Erscheinung, sondern teilweise ein Ergebnis der menschlichen Evolution und/oder ein Nebenprodukt von Eigenschaften, die von der natürlichen oder sexuellen Auslese begünstigt wurden. Das Übernatürliche – beziehungsweise der Glaube daran – könnte also natürliche Wurzeln haben und nicht darüber hinaus verweisen. Das Sakrale wäre dann ganz profan und die Schöpfungsgeschichte keine, die von Gott hervorgebracht und erhalten wird, sondern umgekehrt eine, die Gott als menschliches Produkt erklärt.

Grundlegende Fragen

Religiosität ist ein Rätsel. Denn wie kommt es, dass die Mehrzahl der Menschen zu allen Zeiten und in fast allen Kulturen gläubig ist? Und zwar auch heute noch, obwohl es zumindest für kritische Denker und aufgeklärte Gesellschaften keine guten Argumente und Belege für die Existenz transzendenter Mächte gibt. Obwohl die Vergeblichkeit, Vergänglichkeit, das Leid und die schreiende Ungerechtigkeit sogar gegen solche (wohlwollenden) Mächte sprechen. Obwohl die immer bessere Erklärbarkeit von Erde und Weltall, aber auch die sich überall manifestierende Kontingenz nicht nur die Annahme eines Wirkens „übernatürlicher Akteure" jeglicher Notwendigkeit beraubt, sondern die traditionellen Vorstellungen davon sogar glatt widerlegt oder ins Reich von Symbolik und Metaphorik verbannt. Und obwohl religiöses Verhalten oft sehr zeitaufwändig und kostspielig ist, so dass Individuen oder Gruppen, die sich nicht daran beteiligen, Vorteile haben sollten gegenüber anderen, die einer Religion anhaften. Woher also die Hartnäckigkeit des Religiösen in der (menschlichen) Welt?

Neben kultursoziologischen, psychologischen und philosophischen Erklärungsansätzen versuchen nun auch biologische Hypothesen, diese Frage zu beantworten: Religiosität könnte von der Evolution hervorgebracht worden sein – als Erfolgs- oder als Nebenprodukt. Wenn alles, was wir wahrnehmen, denken, fühlen, planen und tun, auf Prozessen im Gehirn beruht, dann trifft dies auch für religiöse Erfahrungen, Überzeugungen und Handlungen zu. Und wenn der Mensch ein Produkt der Evolution ist – einschließlich seiner Fähigkeit, ein Kulturwesen zu sein –, dann hat Religiosität vielleicht Selektionsvorteile oder ist zumindest ein Nebenprodukt von etwas, das sich als Anpassung an die natürliche oder soziale Umwelt stammesgeschichtlich bewährt und kulturell weiterentwickelt hat. Denn der Glaube könnte auch dann nützlich sein, wenn alles Über- und Außerweltliche eine Illusion ist.

Tatsächlich mehren sich in letzter Zeit die Versuche, Religiosität als eine Art evolutionäre Anpassung zu interpretieren und zu erklären. Das ist eine hochinteressante Hypothese, die deshalb auch häufig die Aufmerksamkeit von Massenmedien anzieht. Allerdings muss sie entgegen vielen populären Darstellungen sehr differenziert und kritisch betrachtet werden. Zumindest sollte man beim gegenwärtigen Forschungsstand keineswegs sagen, dass die Hypothese bereits erhärtet ist. Was im Hinblick auf dieses noch junge Thema der Wissenschaft freilich auch nicht verwundert, sondern im Gegenteil dessen faszinierende Dynamik deutlicher werden lässt. Und darin liegt vielleicht der besondere Reiz dieser neuen Forschungsrichtung: dass der Glaube ans Übernatürliche auf natürliche Weise verstanden werden kann.

Um herauszufinden, ob es tatsächlich eine Evolution der Religiosität gab und vielleicht noch gibt, müssen verschiedene zentrale Fragen beantwortet werden. Vor allem:

- Was ist Religiosität eigentlich, und was ist Religion?
- Ist Religiosität eine evolutionäre Anpassung?
- Was sind die Kriterien für eine evolutionsbiologische Erklärung der Religiosität als Anpassung?
- Worin bestehen die Selektionsvorteile der Religiosität, falls diese überhaupt existieren?

Gläubigkeit, Religiosität und Religion

Religiosität ist eine Fähigkeit oder Eigenschaft: das mehr oder weniger ausgeprägte Persönlichkeitsmerkmal, eine Religion im weitesten Sinn zu haben und sich so gläubig auf Transzendentes zu beziehen – im Erleben, Denken, Fühlen und Handeln. Doch wie bestimmt man Religion?

Der Begriff schillert in seiner Bedeutungsvielfalt – eine allgemein akzeptierte Definition gibt es nicht. Die Situation ist verwirrend und unübersichtlich – aber keineswegs einzigartig, denn mit vielen zentralen Begriffen verhält es sich ähnlich. (Man frage beispielsweise einmal Philosophen, was „Philosophie" sei.) Folgende sieben Merkmale (oder „Bündel" von Merkmalen) scheinen für *Religion* jedoch charakteristisch und sogar wesentlich zu sein:

- *Transzendenz:* der Glaube an eine außer- und übernatürliche Macht oder mehrere Mächte
- *Ultimative Bezogenheit:* das Gefühl der Verbundenheit, Abhängigkeit, Verpflichtung und der Glaube an eine Sinngebung und Bestimmung, sowohl für das Individuum als auch für die Gemeinschaft
- *Mystik:* die Erfahrung des „Heiligen" bis zum Erlebnis von Einheitsgefühlen mit dieser Macht
- *Mythos:* die Welterklärung, -legitimation und -bewertung bis hin zur Annahme eines unheilen Zustands und eines Heils- und Erlösungsversprechens
- *Moral:* transzendent begründete Wertordnung aus Geboten und Verboten, die das Verhalten der Individuen zueinander, aber auch für sich selbst leiten sollen
- *Ritus:* symbolisch aufgeladene Handlungen oder Gegenstände beispielsweise zur Verehrung oder Beschwörung der transzendenten Mächte, zur Abweisung des Bösen, zu Heilungsversuchen, zur Reinigung oder für bestimmte Lebensphasen und -übergänge
- *Gemeinschaft:* die soziale Verbundenheit oder Identität im geteilten und tradierten Glauben – in seinem Erleben und Ausdruck, seiner Erziehung und Verbreitung, seiner Interpretation und Bekräftigung bis hin zu seiner Organisation und Institutionalisierung

Diese sieben Merkmale sind stets mit dem Glauben an die Existenz transzendenter Entitäten verbunden. (Das ist selbst in der mehrheitlichen Praktizierung von Religionen wie dem Buddhismus so, in denen „offiziell" eigentlich kein Gott angebetet wird.) Eine solche Annahme transzendenter Wesen ist wichtig für eine Grenzziehung zum Nichtreligiösen. Andernfalls käme es zu irreführenden Vermischungen. Denn es gibt auch säkulare Glaubensdogmen und ultimative Bezogenheiten (etwa in rassistischen Ideologien), ekstatische Erlebnisse (zum Beispiel im Drogenrausch), Riten (wie Fahnen- und Jugendweihen), Gemeinschaften (von Parteien bis zu Fußballclubs) und deren Wertordnungen. Religion ist also nicht mit einem

Naturalismus vereinbar, demzufolge nichts Außer- oder Übernatürliches existiert, auch wenn umgekehrt nicht jeder Antinaturalismus oder Glaube an Übernatürliches schon eine Religion ist.

Mit den genannten Merkmalen braucht kein Anspruch auf Vollständigkeit erhoben zu werden, obschon sie für die meisten praktischen Zwecke genügen dürften. Außerdem müssen nicht alle Merkmale für jede Religion zwingend zutreffen, zumal die jeweilige „Gewichtung" in den verschiedenen Religionen variiert. Dabei sind die Merkmale nicht präskriptiv (eine Bestimmung dessen, was Religion zu sein hat); das würde ohnehin zumindest eine naturwissenschaftliche Erforschung einschränken oder womöglich etwas erst konstruieren, das doch rekonstruiert werden soll. Sie müssen aber deskriptiv, adäquat und hinreichend umfassend sein, um nützlich zu sein.

Religiosität kann also als Fähigkeit definiert werden, Religion zu „haben" und zu praktizieren, das heißt gläubig zu sein. *Spiritualität* ist eine Teilmenge davon, die sich vor allem auf die Merkmale Transzendenz, Ultimative Bezogenheit und Mystik bezieht. Von Religion und Religiosität lässt sich noch die *Gläubigkeit oder Frömmigkeit* abgrenzen, die individuell variierende Manifestation von Religiosität. Ein Unterscheidungskriterium ist die jeweilige Genese: Religiosität entstammt der Naturgeschichte (Phylogenese), Gläubigkeit der Individualgeschichte (Ontogenese) und Religion der Kulturgeschichte. Religiosität, Gläubigkeit und Religion sind also verschieden und müssen daher jeweils auch verschieden erklärt werden. Dies geschieht hauptsächlich durch Evolutions-, Sozio- und Neurobiologie sowie Kognitionspsychologie (für Religiosiät), durch die Psychologie und Psychiatrie (für Gläubigkeit) und durch die Soziologie, Geschichtswissenschaft und Archäologie (für Religion).

Ferner macht die additive Merkmalsbeschreibung von Religion deutlich, dass Religion, Religiosität und Gläubigkeit kein einheitliches, gleichsam monolithisches Phänomen sind. Deshalb ist es denkbar und sogar wahrscheinlich, dass es keine universelle Erklärung mit einem spezifischen wissenschaftlichen Ansatz gibt, etwa im Rahmen einer entweder psychologischen, soziologischen, neuro- oder aber evolutionsbiologischen Perspektive. Das heißt: Die einzelnen Merkmale „sind" verschieden und sie „funktionieren" auch verschieden. Damit ist ihre Realisierung in den Gehirnen verschieden, ebenso ihr bewusstes Erleben und ihre soziale Wirkung.

Für evolutionsbiologische Studien hat dies eine wichtige und viel zu wenig beachtete Konsequenz: Wenn ein Merkmal ein Anpassungsprodukt wäre, bedeutet das nicht, dass es alle anderen Merkmale ebenfalls sind.

Und das gilt entsprechend auch für die Erklärung von Merkmalen als Nebenprodukt anderer, adaptiver Merkmale oder aber als Folge der kulturellen Evolution. Beim gegenwärtigen Stand der Forschung ist es noch unklar, was jeweils zutrifft. Vielleicht müssen die verschiedenen Merkmale unterschiedlich erklärt werden – möglicherweise sind manche rein kulturell, andere evolutionäre Anpassungsprodukte und wieder andere Nebenprodukte. Das ist eine empirisch zu klärende Frage, die nicht durch begriffliche Analysen oder rein spekulativ entschieden werden kann. Daher ist es zu begrüßen, dass sich inzwischen auch Biologen, Anthropologen und Psychologen der Erforschung der Religiosität verstärkt zuwenden und in interdisziplinären Ansätzen der Verschiedenheit und Wechselwirkung der Merkmale Aufmerksamkeit zukommt, aus denen sich Religiosität zusammenzusetzen scheint.

Selbst- und Todesbewusstsein als Ursprünge der Religion

Seit wann der Mensch religiös ist, lässt sich nur schwer rekonstruieren – sicherlich aber bereits seit prähistorischer Zeit, wie neolithische Tempel in vielen Teilen der Welt vermuten lassen. Und schon vorher dürften religiöse Praktiken eine wichtige Rolle im Sozialleben gespielt haben. Das ist noch sichtbar in Höhlenmalereien (die ältesten bekannten entstanden vor 70.000 Jahren in Botswana) und bis zu 35.000 Jahre alten kunstvollen Figuren zum Beispiel aus Elfenbein. Sie gingen vermutlich mit der Entwicklung des symbolischen Denkens spätestens vor 40.000 Jahren einher, mit der die komplexen Sprach- und Kulturfähigkeiten spätestens entstanden sind.

Aber schon früher gab es Bestattungsriten, Schädelkulte und das rituelle Verzehren des Fleisches von Verstorbenen. Diese Bräuche hatten, wie Funde nahelegen, neben unseren Vorfahren auch die Neandertaler und vielleicht noch früher *Homo erectus* praktiziert. Spekulationen über schon vor Jahrmillionen vollzogene „Bärenkulte" gelten inzwischen als widerlegt – die Funde vermeintlich „angeordneter" Schädel sind durch Wassereinwirkung einfacher zu erklären. Dagegen gibt es gute Indizien für Bestattungen und Grabbeigaben sowohl beim *Homo sapiens* als auch beim *Homo neanderthalensis* seit der mittleren Altsteinzeit. Die Neandertaler-Skelette von Shanidar im Irak und der Kebara-Höhle in Israel sind über 60.000 Jahre alt. Die früheste kaum umstrittene Bestattung stammt aus der Skhul-Höhle im israelischen Qafzeh und hat ein Alter von rund 100.000 Jahren: Die menschlichen Überbleibsel wurden zusammen mit rotem Ocker gefunden und einigen Grabbeigaben einschließlich den Hauern eines Wildschweins in den Armen eines der Skelette. Das mag als erster Hinweis auf den Glauben an übernatürliche Existenzen oder eine Art Fortleben der Toten angesehen werden. Freilich könnte auch die Furcht vor toten Körpern oder Gesundheitsrisiken eine Rolle gespielt haben. Doch Begräbnisse allein damit zu erklären, greift wahrscheinlich zu kurz: So könnte es schon früh Sekundärbestattungen gegeben haben (wenn etwa Schädel mitgenommen oder später wieder geholt und woanders beerdigt wurden), die die Furcht vor Krankheit und Tod wohl eher verstärkt als gebannt hätten. Drei in Äthiopien gefundene Schädel des anatomisch modernen Menschen, poliert und mit vermutlich rituellen Markierungen versehen, ähnlich wie bei Totenkulten auf Neuguinea, sind sogar fast 160.000 Jahre alt. Und neben den Totenkulten haben wohl viele andere Faktoren die Entwicklung religiöser Vorstellungen mitgeprägt (etwa Jagd- und Heilungszauber).

Kognitiv betrachtet war eine Voraussetzung für Religiosität und vielleicht sogar der entscheidende Antrieb zu ihrer Ausbildung die Entstehung des Ich- und, später, des Todesbewusstseins. Ich-Bewusstsein ist mehr als primäres (basales, präreflexives) Selbstbewusstsein. Dieses ist implizit, nichtbegrifflich und durch einen phänomenalen Gehalt der Meinigkeit gekennzeichnet: eine Art (Eigen-)Sinn, sich selbst zu gehören, worüber auch viele Tiere verfügen. Höherstufiges oder reflexives Selbstbewusstsein hingegen ist explizit, reflexiv und begrifflich. Dazu gehört mehreres: Selbsterkennen (zum Beispiel im Spiegel, was auch Menschenaffen können), Selbstwahrnehmung oder Selbstbewusstsein im engeren Sinn (also auch die eigenen mentalen Zustände zu kennen: Wahrnehmungen, Empfindungen, Gefühle und Gedanken), Selbstwissen (ein spezifisches Wissen, über das man sich nicht täuschen kann wie beispielsweise über Wahrnehmungen oder über Sachverhalte, die externe Fakten betreffen) und Introspektion. Ich-Bewusstsein ist eine besonders elaborierte Form dieses höherstufigen Selbstbewusstseins. Ich-Bewusstsein ist (notwendig?) verbalisierbar, das heißt an Sprache gebunden, ermöglicht eine Perspektive der ersten Person und somit eine explizite Subjekt-Objekt-Trennung und basiert auf einem Selbstmodell. Dadurch werden autonome Handlungen möglich, das heißt eine Selbstbestimmung, die nicht auf ein bloß Reiz-Reaktion-bedingtes Verhalten reduzierbar ist. Ich-Bewusstsein und Selbstbestimmung können hinreichend dafür sein, dass etwas zu jemandem wird – also zu einer Person. Ich-Bewusstsein ermöglicht eine Vergegenwärtigung der Zeit

(„Entdeckung der Zukunft"), wie sie in der längerfristigen Planung zum Ausdruck kommt, das heißt Vorsorge für spätere Zeiten über die aktuelle Bedürfnisbefriedigung hinaus – etwa in der Anlage von Vorräten und dem Sammeln von Brennholz.

Nach dem Ich-Bewusstsein ist, dieses und die Transzendierung der Gegenwart voraussetzend, das Todesbewusstsein entstanden. Das Todesbewusstsein war wahrscheinlich die schmerzlichste Entdeckung unserer Gattung. Dass andere Menschen sterben, getötet werden, tot sind, hat den Menschen schon vor Jahrtausenden beschäftigt. Und es trug zusammen mit den ersten tastenden Versuchen, die Welt zu beschreiben, zu erklären und eben auch zu manipulieren, dazu bei, dass er Mythen und Religionen schuf. Nicht genug jedoch, dass man den Tod der Mitmenschen erlebte und sich dabei die Frage stellte, was denn nun mit ihnen geschehe, wie bereits aus den Grabbeigaben gefolgert worden ist – jeder konnte nun vom Tod der Anderen auch auf sich selbst schließen. Jäh und furchtbar durchfuhr es den Menschen: „Auch ich selbst werde sterben!" Diese bittere Erkenntnis und die daraus resultierende Angst könnte ein entscheidender Antrieb für die Entstehung des Glaubens an Transzendentes gewesen sein. Nicht nur als Trost oder Hoffnung auf ein eigenes Fortleben, sondern auch bezogen auf das mögliche Schicksal toter, schmerzlich vermisster Angehöriger. Freilich diente die weit verbreitete Entwicklung von Ahnenkulten nicht nur dazu, die Vorfahren und toten Zeitgenossen zu ehren, sondern auch dazu, sie milde zu stimmen und ihre Einflüsse, sofern sie gefürchtet wurden, abzuwehren. Im Todesbezug erschöpft sich Religiosität zwar nicht, zumal es ein rudimentäres Todesbewusstsein ebenfalls bei Menschenaffen und anderen sozialen Tieren geben könnte, und – auch in anderen Kontexten, vor allem der Partnerwerbung – rituelles Verhalten im Tierreich noch sehr viel weiter verbreitet ist. Doch was wären Religionen ohne den Stachel des Todes und das Erlebnis unheilbaren Leids, unüberwindbarer Ungerechtigkeiten sowie der ganzen absurden und brachialen Sinnlosigkeit?

Ist Religiosität eine evolutionäre Anpassung?

Merkmale haben entweder einen direkten evolutionären Selektionsvorteil oder nicht. Dies gilt auch für die Religiosität. Tabelle 1 fasst die wichtigsten Hypothesen zusammen, die gegenwärtig diskutiert werden.

Religiosität ist adaptiv	Religiosität ist nicht adaptiv
Individualselektion: Vorteile für Individuen im Konkurrenzvergleich mit anderen Individuen (derselben Gruppe oder generell)	Nebenprodukt von Merkmalen, die in nichtreligiösen Kontexten adaptiv sind
Verwandtenselektion: Vorteile für genetisch nahe Verwandte im Konkurrenzvergleich zu fernen Verwandten	Keine Anpassung in der modernen Welt, selbst wenn es Selektionsvorteile in prähistorischer Zeit gab
Gruppenselektion: Vorteile für Gruppen im Konkurrenzvergleich mit anderen Gruppen	Neutrale Merkmale, die aber einer kulturellen Evolution unterliegen
Kulturelle Symbiose: Kulturelle Merkmale („Meme") verbreiten sich, indem sie vom Selektionserfolg ihrer Symbionten profitieren	Kultureller Parasitismus: Kulturelle Merkmale („Meme") verbreiten sich, ohne den Individuen oder Gruppen selektive Vorteile zu bringen

Tabelle 1: Konkurrenz der Hypothesen: Religiosität als spezifisches Merkmal oder als Summe verschiedener unabhängiger Merkmale ist entweder ein Anpassungsprodukt (in einem zu spezifizierenden Sinn) oder nicht. Diese tabellarische Zusammenfassung ist stark vereinfacht. Sie berücksichtigt weder die (wahrscheinlich unabhängigen) Komponenten der Religiosität noch unterschiedliche Beschreibungsebenen. Auch könnten sich die einzelnen Aspekte mit der Zeit ändern. Manche der Möglichkeiten schließen sich außerdem nicht notwendig wechselseitig aus. Und die linke Spalte bringt nicht das Gegenteil der rechten zum Ausdruck.

Noch ist unklar, welche dieser Hypothesen die größte Überzeugungskraft hat und wie sich das empirisch ermitteln lässt. Außerdem ist die Einteilung stark vereinfacht. Denn Selektionsvorteile kann man auf verschiedenen Ebenen beschreiben, die sich nicht notwendig gegenseitig ausschließen müssen; aber es ist umstritten, inwiefern höherstufige Beschreibungen die „wirklichen" Vorgänge angemessen abbilden und nicht nur einen heuristisch-pragmatischen Wert haben. Hinzu kommt die evolutionäre Dynamik: Was einst adaptiv war, muss es nicht mehr sein – und umgekehrt. Vor allem aber: „Religiosität" ist, wie ausgeführt, eher als Bündel von Merkmalen denn als ein singuläres Merkmal anzusehen. Und wenn diese Merkmale hinreichend unabhängig voneinander existieren, könnten manche adaptiv, andere ein Nebenprodukt und wieder andere neutral sein.

Unumstritten ist, dass die Religionen selbst und die Religionszugehörigkeit eines Menschen keine direkten Anpassungs- oder Nebenprodukte der Evolution sind, sondern kulturell vermittelt werden. Die Religionszugehörigkeit ist hauptsächlich die Folge sozialer Prägung bis hin zur dogmatischen Indoktrination, meistens schon ab der frühen Kindheit. Dass eine solche Prägung wirkt, beruht freilich auf neuronalen Rahmenbedingungen, die ein Evolutionsprodukt sein könnten. Und dass sich ein Kind an den Anweisungen Älterer orientiert, besonders der Eltern, ist im Hinblick auf deren Erfahrungsvorsprung im Allgemeinen vorteilhaft. Insofern wäre Religiosität als eine Prägung zum Glauben an Transzendentes ein Nebenprodukt dieser neuronalen und kognitiven Basis. Doch das ist nicht alles.

Wenn Religiosität im Allgemeinen einen direkten Anpassungswert besitzt oder wenn wenigstens bestimmte Merkmale der Religiosität einen solchen aufweisen, dann müssen bestimmte Kriterien erfüllt sein: Nötig sind plausible Indizien für eine überdurchschnittliche Reproduktion, für die Erblichkeit und physische Realisierung sowie ein Nachweis, worin der Selektionsvorteil besteht. Im Folgenden werden diese Kriterien erläutert und der aktuelle Forschungsstand sehr kurz skizziert und diskutiert.

Zu den Faktoren, die die differenzielle Reproduktionsrate und längerfristig auch die Genfrequenzen beeinflussen können, gehören Verhaltensweisen sowie die Dispositionen dafür, sofern sie teilweise angeboren und adaptiv sind. Zählt Religiosität dazu? Wenn ja, dann sollte sie weitgehend universell und vererbbar und neuronal realisiert sein sowie zu höheren Fortpflanzungsraten führen und Selektionsvorteile aufweisen. Sind diese Kriterien für eine evolutionsbiologische Erklärung der Religiosität als Anpassung erfüllt?

Gläubige Gehirne

Ein evolutionär erfolgreiches Merkmal muss eine (genetisch mitbedingte) physische Basis haben, sonst wäre es kein Teil der Natur und somit auch nicht mit naturwissenschaftlichen Methoden empirisch zu erforschen. Im Fall von Verhaltensmerkmalen sowie kognitiven Eigenschaften im weitesten Sinn muss das Merkmal also auf Strukturen und Vorgängen des Nervensystems basieren.

Dass der Glaube auf Gehirnprozessen beruht, ist weithin akzeptiert. Und einige neurobiologische und kognitionspsychologische Aspekte wurden bereits entdeckt.

• Menschen sind, zumindest im Kindesalter, aus entwicklungs- und kognitionspsychologischer Sicht intuitive Dualisten, Animisten, Essenzialisten, Vitalisten, Kreationisten, Teleologen und Intentionalisten. Das

mag sie zum Glauben prädisponieren, macht jedenfalls anfällig gegenüber religiösen Prägungen, die dann mitunter lebenslang anhalten
und, weil auch stark emotional konditioniert, rationalen Argumenten
nur eingeschränkt zugänglich sind. Ebenso ist die Neigung zum Aberglauben ein Teil der menschlichen Natur. Das menschliche Gehirn ist
auf Mustererkennung und Schlussfolgerungen spezialisiert, macht Ordnung und Struktur in der Welt ausfindig und erzeugt Erklärungen. Viele
davon schießen über, sind Konfabulationen, Wunschdenken und falsche Verallgemeinerungen beziehungsweise Kausalattributionen oder
suchen Sinn im Übernatürlichen.

- Aberglauben hat eine physiologische Basis: die Leichtgläubigkeit, Akzeptanz vermeintlich paranormaler Phänomene, „Wahrnehmung" von
  Gesichtern in Zufallsmustern und so weiter korrelieren mit erhöhter
  Dopamin-Konzentration im Gehirn oder können durch die Einnahme
  der Dopamin-Vorstufe L-Dopa verstärkt werden. Dopamin nimmt im
  Stirnhirn von Parkinson-Patienten ab und reduziert ihre Religiosität (Selbsteinschätzung, Erinnerungen, Rituale). Dopamin scheint im
  Schläfenlappen auch abergläubisches Verhalten zu vermitteln – eine zufällige assoziative Konditionierung und falsche Kausalzuschreibung –,
  was zu bizarren Handlungen führen kann. Für einen Zusammenhang
  zwischen Überängstlichkeit, Aberglauben, religiösen Ritualen und
  den neurologischen Symptomen einer Zwangsstörung gibt es viele
  Indizien.

- Spirituelle Erfahrungen bei Meditationen (bis hin zur *unio mystica*) gehen mit einer verstärkten Aktivität im präfrontalen Cortex und einer
  reduzierten Aktivität im Objekt-Assoziations-Areal des Scheitellappens einher („zuständig" für die Ich-Nichtich-Unterscheidung) sowie
  mit veränderten Prozessen in anderen Gehirnregionen. Bei einer geringeren Aktivität des rechten Scheitellappens, der normalerweise den
  Selbstbezug sowie die Orientierung in Raum und Zeit vermittelt, steigt
  die Spiritualität an. Diese Reduktion kann sowohl endogen erfolgen als
  auch durch Meditationen oder Verletzungen. Bei der Meditation sind
  bestimmte neuronale Aktivitäten stärker synchronisiert, außerdem kann
  die Empathie intensiviert werden (etwa durch eine Aktivierung der In-
  selrinde).

- Die spirituelle Selbsttranszendenz ist stärker ausgeprägt sowohl kurz
  nach der chirurgischen Entfernung eines Tumors im rechten und linken
  hinteren Scheitellappen, als auch noch viele Monate später. Die Gläubigkeit ist ebenfalls erhöht, sogar schon vor der Operation.

- Selbst ein spirituelles Erlebnis aufgrund eines einmaligen Drogenkonsums kann lang anhaltende Auswirkungen haben und die Weltanschauung prägen. Psychotrope Substanzen kamen für religiöse Zwecke wohl seit prähistorischer Zeit zum Einsatz und werden noch immer in manchen zeremoniellen Praktiken und Sinnsuchen verwendet. Visuelle Halluzinationen sind besonders intensiv und werden mitunter auch durch endogene neurophysiologische Prozesse ausgelöst, etwa bei der zuweilen religiös gedeuteten „Aura", die einer Migräne-Attacke vorangehen kann.
- Stimmenhören, nicht selten als göttliche Botschaften interpretiert, ist ein häufiges Symptom der Schizophrenie. Überhaupt haben fanatisch religiöse Menschen psychiatrischen Studien zufolge Gemeinsamkeiten mit Wahnkranken. Und diese drücken sich umgekehrt häufig auf religiöse Weise aus. Sind die normalen psychischen Prozesse nicht mehr der eigenen Kritik- und Urteilsfähigkeit zugänglich, kommt es zu Erkrankungen – religiöse Wahnformen eingeschlossen.
- Bei einer Schläfenlappenatrophie rechts kommt es häufig zu Hyperreligiosität, Obsessionen, Enthemmungen sowie zu visuellen Halluzinationen, einem sensorischen Crossover und zu Defiziten in der Orientierung und dem Gesichtserkennen. (Ein Defekt des linken Lappens führt hingegen zu Problemen mit der Sprache und der Motorik der rechten Hand.)
- Schläfenlappen-Epilepsien gehen oft mit Hyperreligiosität einher, bis hin zum fundamentalistischen Extremismus. Viele Religionsstifter scheinen solche „Schläfenlappen-Persönlichkeiten" gewesen zu sein.
- Künstlich erzeugte „Mikro-Anfälle" durch transzerebrale Magnetstimulationen können das Gefühl einer Anwesenheit von Gott, einem Engel oder einem Alter Ego erzeugen.
- Geister-Erscheinungen werden durch eine Reizung der temporo-parietalen Übergangsregion hervorgerufen. Außerkörperliche Erfahrungen werden durch eine elektrische Stimulation des Gyrus angularis ausgelöst sowie bei Experimenten mit „virtuelle Realität"-Systemen. Beides beeinträchtigt die neuronale Repräsentation des eigenen Körpers.
- Der anteriore cinguläre Cortex reagiert bei Anhängern von Religionen und Ideologien schwächer auf Fehler als bei Nichtgläubigen. Diese Minderfunktion des neuronalen Warnsystems könnte erklären, warum Glauben beruhigend wirkt und Irrationales leichter durchgehen lässt.
- Zungenreden (Glossolalie), wie in der Pfingstbewegung und in Erweckungskirchen praktiziert, geht mit einer reduzierten Aktivität im

Stirnhirn und Schläfenlappen einher, was auf ein vermindertes Denken, Planen und Verbalisieren (echte Sprache) hindeutet. Außerdem ist die Aktivität im Nucleus caudatus reduziert, was die motorische und emotionale Kontrolle zu vermindern scheint.

- Vokalisierte Schriften werden meistens von links nach rechts geschrieben und gelesen und stärker in der linken Gehirnhälfte verarbeitet – bei vokalarmen Alphabeten, etwa Hebräisch oder Arabisch, ist es umgekehrt. Das könnte erklären, warum letztere mit dem bildlosen Monotheismus einhergehen – die rechte Hirnhälfte wäre durch Musik und Bilder überlastet. Die neuronale Textverarbeitung könnte also eine Ursache der zunehmenden Bilderfeindlichkeit gewesen sein.

- Starke religiöse Überzeugungen und Assoziationen, etwa bei evangelikalen Gläubigen, korrelieren mit erhöhter Aktivität im frontalen und parietalen Cortex.

- Der Präfrontalcortex ist bei Selbstaussagen aktiv, bei Nichtgläubigen mehr im unteren, bei Gläubigen dagegen im stärker für Bewertungen zuständigen hinteren Bereich.

- Vordere Hirnbereiche sind generell bei Entscheidungsfindungen, emotionalen Bewertungen, moralischen Urteilen und altruistischen Verhaltensweisen beteiligt. Kognitionspsychologische Experimente zeigen, dass religiöse Einstellungen darauf einen Einfluss haben.

- Die Gehirne „normaler" Gläubiger arbeiten freilich nicht wesentlich anders als die nichtreligiöser Menschen. Und religiöse Überzeugungen haben auch keine Sonderstellung im Gehirn. Beurteilen religiöse und nichtreligiöse Menschen dieselben religiösen und nichtreligiösen Aussagen mit „wahr" oder „falsch", werden dieselben Hirnregionen aktiv, wenn etwas für wahr gehalten wurde, unabhängig vom Inhalt – also ist hier die persönliche Überzeugung entscheidend. Besonders wichtig sind Teile des mittleren vorderen Stirnhirns (Selbstrepräsentation, positive Gefühle, zielgerichtetes Verhalten). Bei religiösen Aussagen werden außerdem Hirnregionen aktiviert, die mit Emotionen zu tun haben – und zwar egal, ob die Aussagen geglaubt oder zurückgewiesen wurden. Diese Areale sind die vordere Insel, das ventrale Striatum und der vordere cinguläre Cortex (Verarbeitung von Ekel und Schmerz, positiven Gefühlen und inneren Konflikten). Religiöse Aussagen werden, auch von Gläubigen, also wohl eher als Werturteile verarbeitet, nicht als Tatsachen. Nichtreligiöse Aussagen werden dagegen rationaler und auch schneller beurteilt. Sie aktivieren hauptsächlich Systeme, die mit dem Abruf von Gedächtnisinhalten zu tun haben: Hippocampus, parahippocampaler Gyrus und verschiedene Bereiche des Schläfenlappens.

• Im religiösen Kontext sind genau solche neuronalen Verarbeitungswege aktiv, die im normalen zwischenmenschlichen Bereich, bei der emotionalen Verarbeitung und dem abstrakten Denken und Vorstellungsvermögen sowie der Kommunikation wirken (und dafür auch selektiert wurden, nicht für die Religiosität). Gewöhnliche Absichten und Emotionen werden also einfach auf die übernatürlichen Wesen projiziert. Das zeigen Hirnscans von gläubigen Menschen. Stimmen sie Sätzen zu, die ihre eigene religiöse Verbundenheit ausdrücken, werden Bereiche aktiver (beispielsweise im Stirnhirn), die unter gewöhnlichen Umständen das Erkennen und Verständnis von Handlungen, Absichten und Gefühlen anderer repräsentieren. Bei religiösen Emotionen sind Areale aktiv (im linken mittleren Schläfenlappen und im rechten Stirnlappen), die normalerweise bei der Regulierung eigener Gefühle und bei der Einschätzung der Emotionen anderer eine Rolle spielen. Und bei der Beurteilung religiöser Fakten kommen Regionen zum Einsatz (Teile des linken Schläfenlappens), die für die Decodierung metaphorischer und abstrakter Sprache „zuständig" sind. Besteht keine Übereinstimmung mit bestimmten religiösen Aussagen, werden auch Bereiche des Großhirns aktiv (vordere Insel, mittlerer Gyrus cinguli), die negative Gefühle wie Aversion, Schuld und Verlustangst verarbeiten und bei der Integration von Fühlen und Denken mitwirken.

• Auch die Cortex-Dicke, die mit der Zellzahl und dem Gebrauch korreliert, variiert abhängig von der Gläubigkeit. Menschen, die eine enge Beziehung zu Gott fühlen, häufig beten und Gottesdienste besuchen, haben einen größeren mittleren temporalen Gyrus und temporalen Pol (wo doktrinäres Wissen repräsentiert zu sein scheint, was wiederum eine Schläfenlappen-Persönlichkeit kennzeichnet). Diese Regionen spielen bei zwischenmenschlichen Beziehungen eine Rolle (einschließlich der Mutter-Kind- und Partnerbindung sowie vielen Sozialaktivitäten), aber auch dem Selbstbezug. Ein persönlicher Gottesbezug kann somit als erweiterter oder projizierter Menschenbezug interpretiert werden. Menschen, die ein stark stereotypes Verhalten zeigen, bis hin zur Zwangsneurose, haben ein sehr großes Volumen dieser Schläfenlappenregionen, Menschen mit starkem religiösen Verhalten (Rituale eingeschlossen!) ein großes, nicht gläubige Menschen ein mittelgroßes. Nichtreligiöser Pragmatismus geht mit einem vergrößerten rechten Precuneus und calcarinen Gyrus einher, die den Wechsel von Perspektiven vermitteln. Diese Individuen zeichnen sich aus durch Skepsis, einen starken Weltbezug; sie betrachten andere Menschen ambivalent und halten moralische Werte eher für relativ. Menschen, die sich vor Gottes Zorn fürchten, haben ein geringeres Volumen des linken Precuneus und orbitofrontalen Cortex (der bei devot Gläubigen auch aktiver ist). Diese Hirnbereiche haben mit kognitiver Empathie und dem situativen Gedächtnis zu tun. Die Angst wird verspürt, weil das Verhalten Gottes als unberechenbar erscheint. Überwiegt hingegen die Gottesliebe, dann ist das Volumen des linken Precuneus und orbitofrontalen Cortex größer. Auch diese Befunde sprechen dafür, dass es keinen spezifischen „God Spot" gibt, sondern dass die Korrelate der Gläubigkeit ein evolutionäres Nebenprodukt (oder erweitertes Merkmal) der sozialen Kognition und des Sozialverhaltens darstellen.

Dieses Potpourri an Befunden, zuweilen unter dem irreführenden Terminus „Neurotheologie" subsumiert, ist kein Indikator für eine „Hotline zum Himmel" im Kopf, eher schon für „Religion als Hirngespinst". Freilich sind viele dieser neuronalen Korrelate noch umstritten und, wie die kognitiven Eigenschaften, nicht unbedingt spezifisch für Religiosität oder deren verschiedene Einzelmerkmale. Außerdem ist die Existenz spezifischer Hirnvorgänge kein hinreichendes Argument für Adaptivität. Zum Beispiel gibt es auch neuronale Korrelate für das Schreib- und Lesevermögen, die sogar selektiv ausfallen können (bei neurologischen Störungen wie Agraphie und Alexie), ohne dass sie eine evolutionäre Anpassung wären. Vielmehr sind Schreib- und Lesevermögen eine Kulturleistung und ein Nebenprodukt anderer, selektierter kognitiver Fähigkeiten. Und wenn sich die Hirnprozesse von religiösen und nichtreligiösen Menschen qualitativ kaum voneinander unterscheiden, dann spricht das auch gegen einen Selektionsvorteil der Religiosität.

„Werdet fruchtbar und mehret Euch" – Religiosität und Reproduktion

Ein evolutionär angepasstes Merkmal muss seinen Trägern mindestens mittelfristig eine höhere Fortpflanzungsrate bescheren. Die Merkmalsträger müssen im Durchschnitt und über viele Generationen hinweg also mehr Nachkommen haben als die innerartlichen Konkurrenten. Das ist eine notwendige Bedingung für einen Selektionsvorteil, aber sie ist keineswegs hinreichend. Immerhin ist seit längerem gut bekannt: In den letzten Jahrzehnten hatten religiöse Menschen überall auf der Welt im Durchschnitt mehr Nachkommen. Ihre Gläubigkeit wurde dabei bewertet nach Selbstaussagen und Verhaltensdaten wie Gebetsdauer, Zahl der Teilnahme an Ritualen (etwa Gottesdiensten), Mitgliedschaft in einer religiösen Vereinigung, und Engagement dort. Gläubigkeit ist freilich nur ein statistischer Faktor – in der Regel auch nicht der dominante –, denn beispielsweise Bildung, Wohlstand und Gesellschaftsstrukturen beeinflussen die Nachkommenzahl ebenfalls. Wieso sollte also Religiosität evolutionär adaptiv sein, wenn die soziologischen Faktoren es nicht sind?

Immerhin erhellten religionsdemographische und -psychologische Studien folgende Zusammenhänge von Religion und Reproduktion:

- Religiöse Lehren: Wenn eine Religion die Nachkommenschaft „predigt", ist die Wahrscheinlichkeit groß, dass zahlreiche ihrer Anhänger dem folgen. Denn Gläubige stimmen grundsätzlich mit vielen Anschauungen ihrer Religionsgemeinschaft überein – besonders dann, wenn sie Alternativen wählen können. Religiöse Anschauungen werden in gemeinsamen Ritualen und Unterweisungen gefördert. Familie und Kinder stehen in vielen Religionen hoch im Kurs.

- Soziale Einbindung: Glaubensgemeinschaften fungieren als soziale Netzwerke, viele Mitglieder unterstützen sich gegenseitig. Der Kontakt mit kinderreichen Familien beeinflusst die Vorstellung von der idealen Kinderzahl und bewirkt einen Nachahmungseffekt.

- Familiendienste: In modernen Gesellschaften, in denen Kinder nicht mehr Einkommen durch Arbeitskraft und Altersversorgung mit sich bringen, sondern umgekehrt hohe Kosten bedeuten können (Lebensführung, Bildung, entgangene Einnahmen und Karrierechancen durch Unterbrechungen der Arbeitszeiten und so weiter), gewinnen staatliche, private und eben auch religiöse Einrichtungen an Bedeutung, die Eltern entlasten und vor allem Müttern die Vereinbarkeit von Familie und Beruf erleichtern.

- Stressbewältigung: Religiosität kann neue und schwierige Lebenssituationen leichter erträglich machen, beispielsweise Krankheiten, und in einer zunächst fremden Umgebung sozialen Anschluss ermöglichen.

- Partnerwahl: In Religionsgemeinschaften begegnen sich junge Menschen mit oft ähnlichen Familienhintergründen und -vorstellungen. Zugleich werden Eheschließungen innerhalb der Gemeinschaft meist religiös und sozial unterstützt, so dass ein gemeinsamer Glaube auch bei der Partnersuche eine Rolle spielt.

Die durchschnittlich höhere Kinderzahl Religiöser in den letzten Jahrzehnten wurde zuweilen als Indiz dafür interpretiert, dass Religiosität evolutionär adaptiv ist. Das folgt aus den Daten freilich nicht. So lässt sich nicht beweisen, ob die höhere Reproduktionsrate immer existiert hat. Das ist allerdings eine entscheidende Frage, denn wenn Religiosität einen Selektionsvorteil besitzt, dann müsste sich der schon vor einigen 10.000 Jahren ausgebildet haben. Es ist aber fraglich, inwiefern Religiosität damals universell war oder, aus moderner Perspektive, ob es überhaupt viele Nichtreligiöse beziehungsweise starke Inhomogenitäten gegeben hat.

Die fünf oben genannten Aspekte lassen sich also auch anders erklären, nämlich soziokulturell: Demnach sind es die tradierten Glaubensinhalte und Handlungsnormen, nicht die Religiosität per se, die sich hier auswirken und auch für große Nachkommensunterschiede zwischen den Anhängern verschiedener Religionen sorgen. Die nahezu ausgestorbenen Shaker beispielsweise sind sicherlich nicht weniger fromm als die demographisch explodierenden Amish. Ohnehin verschwinden die meisten Religionen nach ihrer Gründung rasch wieder – weil sie ihre Anhänger verlieren. Zuweilen führen religiöse Lehren sogar zum „Aussterben" ihrer Anhängerschaft (direkt bei Selbstmord-Sekten, indirekt bei Enthaltsamkeitsdoktrinen wie bei den Shakern). Und umgekehrt verbreitet sich eine säkulare Weltsicht in vielen europäischen Ländern stark – trotz der (wegen des rasanten globalen Bevölkerungswachstums überdies sehr verantwortungsbewussten) reproduktiven Zurückhaltung. Auch haben die säkularsten Länder, in Nordeuropa gelegen, keineswegs weniger Nachwuchs als das viel stärker religiös geprägte Südeuropa. Und dass moderat Religiöse im Durchschnitt noch etwas mehr Kinder zeugen als säkulare Menschen, hängt wohl überwiegend an ihrer konservativeren Einstellung, so dass sie dem Trend statistisch etwas langsamer folgen. Anders die religiösen Fundamentalisten: Sie verschließen sich mit großem Aufwand vor den gesellschaftlichen Entwicklungen, kapseln sich räumlich und sozial ab und können innerhalb ihrer isolierten Gemeinschaften ihre Mitglieder und besonders die Kinder viel stärker indoktrinieren. Das Gruppenwohl wird den individuellen Interessen in diesen Gemeinschaften stärker übergeordnet als in der offeneren Gesellschaft ringsum, und die Freiheiten der Frauen sind aufgrund der patriarchalischen Dominanz teilweise stark eingeschränkt. Daraus resultiert eine höhere Zahl an Nachkommen, die per se somit keineswegs ein Indiz einer überlegenen adaptiven Fitness ist, sondern das Ergebnis spezifischer sozialer Randbedingungen (Machtverhältnisse). Aus einer höheren Kinderzahl folgt also nicht zwingend eine biologische Anpassung. Zudem spielen heute Faktoren wie Bildung und Einkommen eine entscheidende Rolle – höhere Bildung und ein gerechter verteilter Wohlstand korreliert in der Regel mit weniger Kindern und geringerer Religiosität. Ferner müsste nachgewiesen werden, dass die unterschiedlichen Reproduktionsraten statistisch signifikant mit der Ausbreitung von Genen einhergehen, die eine verstärkte Religiosität – oder einzelne Merkmale von dieser – bewirken. Denn auf einen Selektionsdruck schließen lässt allein, was die Häufigkeitsverteilung von Genen über Generationen hinweg gerichtet verschiebt. Eine durchschnittlich höhere Reproduktionsrate religiöser Menschen heute impliziert für sich genommen also noch gar nichts.

Gene für den Gottesglauben?

Evolutionär vorteilhafte Merkmale müssen genetisch festgelegt sein. Denn nur was vererbt wird, kann ein Gegenstand der Selektion sein. Das heißt freilich nicht, dass die erblichen Merkmale stets unabhängig von Umwelteinflüssen ausgeprägt werden. Im Gegenteil: Gerade Fähigkeiten und Fertigkeiten des Denkens und Verhaltens hängen stark von prägenden Reizen ab. So ist die menschliche Sprachfähigkeit zwar angeboren, kann sich ohne eine „sprachliche Umwelt" aber nicht entwickeln. Überhaupt ist die soziokulturelle Evolution nicht vollkommen abgelöst von der biologischen, sondern kann auf vielfältige Weise mit dieser interagieren. Man spricht deshalb oft von einer Koevolution der menschlichen Natur und Kultur. (Ein bekanntes und besonders eindrucksvolles Beispiel dafür ist die Evolution der Lactose-Toleranz.) Gehört Religiosität dazu?

Es gibt Indizien dafür, dass Aspekte der Religiosität – besonders die Stärke von spirituellen Neigungen und von Autoritätsgläubigkeit – signifikant genetisch mitbedingt sind. Dafür sprechen Zwillingsstudien.

Für die Charakterdisposition der Spiritualität werden sogar bereits einzelne Gene diskutiert. So soll eine Variante des DRD4-Gens für den Dopamin-Rezeptor bei Menschen mit spirituellen Neigungen häufiger sein, ebenso die Variante C des VMAT2-Gens (Vesicular Monoamine Transporter 2). Letzteres kontrolliert indirekt die Menge bestimmter Signalstoffe im Gehirn, die das Bewusstsein beeinflussen, indem sie bei der Assoziation von Objekten und Erfahrungen mit Emotionen und Werten mitwirken.

Freilich macht der Einfluss von VMAT2 weniger als 1 Prozent – wenn überhaupt – auf die gesamte Varianz der vielleicht 50 Prozent Erblichkeit der Spiritualität aus. Insofern müsste es also 50 weitere Gene gleicher Einfluss-Stärke geben.

Diese Befunde bedeuten per se noch keinen Nachweis von Adaptivität. (Selbst genetisch völlig fixierte Merkmale wie Augenfarben können evolutionär neutral sein.) Für Religiosität als strenges Anpassungsmerkmal (wie es etwa der Besitz von Lungen ist) existiert kein Hinweis. Sonst dürften die individuellen genetischen Unterschiede auch kaum variieren, denn die harte Selektion reduziert die Variabilität.

Trotzdem scheint Religiosität kein reines Kulturprodukt zu sein. Denn die menschliche Sozialität besitzt eine erbliche Grundlage und ist von großer evolutionärer Bedeutung. Dabei spielt auch die Autoritätsgläubigkeit eine Rolle. Tatsächlich sind psychologischen Untersuchungen und Zwillingsstudien zufolge Religiosität, Konservatismus und Autoritarismus stark miteinander verbunden, die die Autoritätsgläubigkeit ausmachen.

- Autoritarismus betrifft die Organisation der Familien und besagt beispielsweise, dass man gehorchen soll und dieser Respekt als wichtige Tugend zu lernen sei.
- Konservatismus betrifft die Organisation der Gesellschaft und geht mit politisch eher rechts stehenden Einstellungen einher, oft auch der Ablehnung von Abtreibung und Homosexualität und der Befürwortung der Todesstrafe sowie der Wertschätzung von Institutionen wie politischen Parteien, Kirchen, Regierungen und der Familie.
- Religiosität betrifft unter anderem das Verständnis von der „Organisation" der Natur und wird als Sinngebung erfahren.

Jeder Mensch weist eine mehr oder weniger starke Ausprägung dieser Triade auf – entsprechend seinem Vermögen, mit Unsicherheit umgehen zu können, sie also zu akzeptieren. Autoritätsgläubigere neigen dazu, sie in einen übergreifenden Sinn einzuordnen – sei es in die höhere „Ordnung" von König, Nation, Rasse, Glaubensgemeinschaft oder Gott. Stärkere Neigungen zu Religiosität, Konservatismus und Autoritarismus – die sich etwa in der Zustimmung zu Pietismus, Kreationismus, Monotheismus, Legalismus sowie in der Ablehnung von Naturalismus, Hedonismus, Liberalismus, Existenzialismus, Säkularismus, Atheismus und Pazifismus äußern – korrelieren statistisch mit einer geringeren Intelligenz und geringeren Bildung. (Wer Kinder bekommt, wird aber tendenziell religiöser, konservativer und autoritärer, und zwar auch dann, wenn er eine höhere Bildung hat

– vermutlich ein Streben nach Sicherheit, das Religion, Autoritarismus und Konservatismus eher suggerieren.) Es zeigte sich, dass diese Triade eine beträchtliche erbliche Grundlage aufweist – jede der drei Komponenten besitzt einen genetischen Anteil von 40 bis 60 Prozent. Religiosität könnte also eine Begleiterscheinung der Autoritätsgläubigkeit sein und somit ein evolutionäres Nebenprodukt der menschlichen Sozialität.

Bringt Religiosität Selektionsvorteile?

Auch wenn Religion nicht wahr ist (als „Weltbild" oder „Metaphysik"), könnte sie doch nützlich sein, indem sie ihren Anhängern Vorteile verschafft – individuell, als Gruppierung und vielleicht sogar in der Evolution. Dann wäre Religiosität als Merkmalsbündel – oder als Epiphänomen (Begleiterscheinung) einzelner mit ihr stark korrelierter Merkmale – adaptiv. Wodurch ein Merkmal adaptiv ist, worin also sein Anpassungswert besteht, muss freilich erkenntlich sein. Umstritten ist, was genau an der Religiosität Selektionsvorteile hat – falls es solche gibt. Denn es braucht nicht die Religiosität per se sein, sondern kann eines ihrer Merkmale sein, die eine evolutionäre Anpassung darstellt, aber noch andere Funktionen hat, und diese wurden selektiert. Insofern ist die Frage nach einer Adaptivität der Religiosität vielleicht viel zu einfach oder gar falsch gestellt. In jedem Fall existiert noch keine gesicherte Antwort. Viele weitere Forschungen sind also nötig!

Es gibt zahlreiche Überlegungen, die den religiösen Glauben und den damit verbundenen Aufwand nicht als „überflüssigen Luxus", sondern als nützlich und somit vorteilhaft interpretieren. Besonders im Fokus der Forschung sind die folgenden Hypothesen (die sich nicht unbedingt gegenseitig ausschließen müssen, sondern sich vielmehr ergänzen und verstärken, aber auch situationsabhängig verändern können):

Individuell:
- Orientierung und Welterklärungen: Warum das, was ist, so ist, wie es ist und überhaupt ist.
- Kontingenzbewältigung: Trost und Schutz, Bedeutung und Erhöhung, Ordnung und Sinn angesichts von Leiden, Krankheit und Sterben, Armut, Elend, Ungerechtigkeiten und „dem Bösen", Einsamkeit und Weltangst.

- Glück und Gesundheit: psychisches Placebo, weniger Stress, bessere soziale Einbindung, Verringerung von Risiken.

Individuell und sozial (durch die Beeinflussung anderer):
- Machthaber können damit ihre Macht gewinnen, rechtfertigen und erhalten.
- Moralische Vorschriften werden begründet und durchgesetzt – fast jede Religion verfügt über ein reiches Spektrum von Geboten und Verboten.
- Menschen werden motiviert und manipuliert – bis hin zu „heiligen Kriegen" und dem Märtyrertum.
- Religion macht das Leben in den Gruppen, ja in großen Gesellschaften eventuell sicherer, harmonischer und effizienter.
- Gruppen lassen sich nach innen stabilisieren und nach außen abgrenzen.
- Kooperation – und somit Altruismus und Vertrauen – werden durch gemeinsame Religiosität gefördert, die auch für eine Ausbeutung durch egoistische „Trittbrettfahrer" weniger anfällig macht.

Der wechselseitige Altruismus kann sowohl die natürliche Selektion begünstigen als auch die sexuelle Selektion, wenn die Partnerbindung langfristig gestärkt wird („Treue" und Unterstützung), was wiederum der Reproduktion förderlich ist. Religiosität (beziehungsweise einzelne Merkmale davon) hat unterschiedliche „Funktionen", und darin könnten auch natürliche oder sexuelle Selektionsvorteile bestehen. Tabelle 2 fasst einige der Adaptionshypothesen im Hinblick auf die verschiedenen Merkmale der Religiosität zusammen.

Zum Einfluss von Religiosität auf die Gesundheit gibt es viele Studien. Allerdings sind die Befunde nicht eindeutig. So muss man aufpassen, welche Vergleichsgruppen man jeweils analysiert – bestimmte Risikogruppen sind unter religiösen Menschen seltener vertreten und verzerren somit die Statistik. Außerdem haben religiöse Rituale auch gesundheitsschädliche Wirkungen – etwa durch rituelle Verstümmelungen. Ein weiteres Problem ist der psychische Druck und Stress in manchen Glaubensgemeinschaften, was Depressionen und Zwangserkrankungen verursachen kann. Und generell impliziert eine Korrelation noch keine Kausalität: Religion könnte dazu beitragen, dass es den Gläubigen besser geht, aber es könnte auch umgekehrt sein, dass glücklichere und gesündere Menschen sich eher einer Religion zuwenden oder dass es gemeinsame Ursachen gibt, etwa die soziale Einbindung. In prähistorischer Zeit dürften Schamanismus und Heilungsrituale – wesentliche Vorformen der Religionen und Ausdrucksformen von Religiosität – freilich eine große Rolle gespielt haben, und manches davon hat sich bis heute erhalten.

Religiöse Merkmale	mögliche Funktionen (und evolutionäre Anpassung?)
Transzendenz	Kontingenzbewältigung, Orientierung/Erklärung, Paar- oder Gruppenbindung, Kooperation
Ultimative Bezogenheit	Kontingenzbewältigung, Orientierung, Gesundheit, Paar- oder Gruppenbindung
Mystik	Kontingenzbewältigung, Gesundheit
Mythos	Kontingenzbewältigung, Orientierung/Erklärung
Moral	Orientierung/Erklärung, kostspielige Signale, Paar- oder Gruppenbindung, Kooperation
Ritus	Orientierung, Gesundheit, kostspielige Signale, Paar- oder Gruppenbindung, Kooperation
Gemeinschaft	Orientierung, Paarbindung, kostspielige Signale, Gruppenbindung, Kooperation

Tabelle 2: Funktionen religiöser Merkmale: Besonders im Fokus der Forschung sind der individuelle Nutzen (Kontingenzbewältigung, Orientierung, Gesundheit) und der darüber hinausgehende soziale Nutzen, hier hauptsächlich die Kooperation: in der Partnerwahl beziehungsweise Paarsuche und -bindung im Hinblick auf die Reproduktion („Treue" und Unterstützung), in der Gruppenbindung bezogen auf Kooperation und Altruismus (einschließlich der Bekämpfung von Trittbrettfahrern). Die Funktionen können sich situationsabhängig verändern und vor allem auch gegenseitig stützen. Doch stellen sie auch einen Selektionsvorteil dar?

Besonders für die Verbesserung der Kooperation durch Religionen existieren empirische Hinweise. Dies ist momentan die vielversprechendste evolutionäre Hypothese. Inwiefern die Veranlagung zur Kooperation mit einer genetischen Basis für Religiosität korreliert, und ob das eher ein Indiz für eine direkte Anpassung ist oder sich auch als Nebenprodukt(e) adaptiver Merkmale verstehen lässt, wird allerdings kontrovers diskutiert. Jedenfalls verstärkt Religion unter gewissen Bedingungen die Kooperation (besonders zwischen Gläubigen). Und dabei könnten einige Merkmale der Religionen eine wichtige Rolle gespielt haben – besonders in prähistorischen Zeiten. So wurden vor etwa 35.000 Jahren die Lagerplätze größer, häufiger, stärker benutzt und strukturiert, die Gruppengröße wuchs und die soziale Komplexität und Stratifikation nahm zu; eine stärkere Vernetzung zeigt sich auch in komplexeren Jagdstrategien und intensiveren Tauschbeziehungen.

Zwar hat die Kooperation zwischen Menschen einen großen Nutzen, sie kann aber durch egoistische Schwarzfahrer ausgebeutet werden. Das gilt für die Zusammenarbeit und den gemeinsamen Verbrauch von Ressourcen in sozialen Verbänden, aber auch im Familienleben und besonders zwischen Sexualpartnern. In der Menschheitsgeschichte war und ist die Bedeutung der Kooperation enorm, die in der Summe jedem Einzelnen mehr Nutzen als Kosten bringt – sowohl im Hinblick auf die natürliche als auch auf die sexuelle Selektion. In einem Konflikt zwischen Eigeninteresse und Gemeinwohl siegt ersteres mit größerer Wahrscheinlichkeit, und deshalb kommt es eher zur Verelendung öffentlicher Güter als zu Kooperation mit eventuell beträchtlichen künftigen Gewinnmöglichkeiten. Gelingende Kooperation braucht also Absicherung und Regulation. Doch auch der Schutz gegen Ausbeutung – Kontrollen, Strafen und moralische Erziehung – ist aufwändig und kann unterlaufen oder missbraucht werden. Deshalb wurde spekuliert, dass der Glaube an einen allwissenden, strafenden Gott Zusammenarbeit, Gehorsam und die Einhaltung von Geboten wahrscheinlicher macht, weil er gleichsam eine „höhere Kontrollinstanz" internalisiert und moralischen Druck ausübt, der sich wiederum im Sozialverhalten zeigt. Tabelle 3 fasst einige Aspekte davon zusammen.

Probleme für Kooperationen	mögliche Lösung	Ritual als Ausdruck oder Methode
1. Betrüger, Schwarzfahrer	weltliche Strafe	Ächtung, Gericht
2. Schwarzfahrer zweiter Ordnung, fehlende Kontrolle und Strafverfolgung	weltliche oder übernatürliche Strafe	Ächtung, Gericht, Gottesdienst
3. (heimliches) Nichtglauben	kostspielige Signale	Opfer, Initiation, öffentliche Gebete
4. Heuchelei	emotionale Expression	Ekstase, Furcht, Unterwerfung
5. Selbsttäuschung	Verinnerlichung	Gewissensprüfung, Beichte, Buße

Tabelle 3: Kontrollen für Kooperationen: Die an sich vorteilhafte Zusammenarbeit zwischen Menschen hat langfristig nur Bestand, wenn sie davor geschützt wird, unterlaufen zu werden. Religionen könnten dabei bedeutsam gewesen sein, jedoch auch Randbedingungen erzwungen haben, die manchmal ihrerseits unterlaufen werden.

Auch bei der sexuellen Selektion ist Kooperation – vor allem paternales Investment – ein wichtiger Faktor. Denn Elternschaft hat unmittelbaren Einfluss auf die Reproduktion und somit im weiteren Kontext auch die Evolution: Das väterliche Investment hilft dem Nachwuchs; aber die Asymmetrie zwischen den Geschlechtern – Männer können im Prinzip viel mehr Kinder haben als Frauen, doch sie besitzen keine vergleichbare Sicherheit, dass die Kinder ihrer Partnerin(nen) wirklich ihre eigenen Kinder sind – birgt wiederum die Gefahr des Betrogenwerdens. Religiöse Praxis könnte als „kostspieliges Signal" ein Treue-Indikator sein. Daher mag die „Gretchen-Frage" („Nun sag, wie hast du's mit der Religion?") einem evolutionären Rezept entspringen (und so kommentiert Goethes Mephistopheles gegenüber Faust ja auch: „Ich hab's ausführlich wohl vernommen, / Herr Doktor wurden da katechisiert; / Hoff, es soll Ihnen wohl bekommen. / Die Mädels sind doch sehr interessiert, / Ob einer fromm und schlicht nach altem Brauch. / Sie denken: duckt er da, folgt er uns eben auch"). Allerdings wäre Religiosität dann nur Teil einer „Fortpflanzungsstrategie" unter mehreren (Polyandrie und Polygynie würde sie nicht derart begünstigen). Außerdem rangiert bei Frauen weltweit die Religiosität weit hinten auf der Präferenzliste der Eigenschaften ihrer (potenziellen) Partner. Als sexueller Selektionsfaktor ist Religiosität daher zumindest heute allenfalls von geringer Bedeutung – zumal wenn Empfängnisverhütung weit verbreitet ist. Wo eine große Wertschätzung von Religion mit der einer hohen Kinderzahl korreliert, hat das somit nicht biologische, sondern kulturelle Ursachen.

„Kostspielige Signale", wie von der sexuellen Selektion im Tierreich beispielsweise in Form von werbewirksamen Prachtgefiedern und Balzgesängen begünstigt, könnten auch hinter religiösen Ritualen stecken. Diese sind häufig prunkvoll, verschwenderisch, aufwändig und bizarr – sowie scheinbar ganz irrational, vor allem wenn sonst allenthalben Armut herrscht. Im Tierreich bringen teuere Signale „innere Werte" wie Gesundheit, Kraft und „gute Gene" zum Ausdruck, da sie recht „fälschungssicher" und somit „ehrlich" sind. In der menschlichen Kulturgeschichte hat sich diese Kommunikationsstrategie bewährt, um beispielsweise Zuverlässigkeit oder bestimmte materielle oder kognitive Güter anzuzeigen – über ihren ursprünglichen Bereich der Partnerwahl hinaus. So sind moralische Integrität und andere „innere Werte" ja nicht direkt wahrnehmbar. Daher wird zuweilen argumentiert, dass auch religiöses Verhalten ein solches teueres Signal darstellt (etwa schmerzhafte Rituale, stundenlanges Beten oder der asketische Verzicht auf bestimmte Annehmlichkeiten). Wer das anzeigt und überhaupt auf sich nimmt, meint es ernst und ist zuverlässig in den Augen der Glaubensgenossen, was wiederum Ausbeutung und Schwarzfahrerei unwahrscheinlicher macht, Vertrauen stiftet und die Kooperation verstärkt. Das muss nicht nur für Religionsgemeinschaften gelten, und auch da gibt es viel Heuchelei, aber wenn (reziproker) Altruismus durch die teuren Signale langfristig sicherer, häufiger und effektiver wäre, könnte dies zu einem Vorteil führen und die Signale, scheinbar ein Handicap, wären kein überflüssiger Luxus. Ob dieser Vorteil einen genetisch mitbedingten Selektionsvorteil darstellt, ist freilich eine weiterführende These, die empirisch noch nicht belegt wurde.

Fazit: Auch wenn es verschiedene Hypothesen über mögliche Selektionsvorteile von Religiosität gibt (Tabelle 2), ist keine davon hinreichend belegt. Was wofür evolutionär und somit genetisch selektiert wurde, lässt sich ohnehin oft sehr schwer beurteilen. Das liegt nicht nur an empirischen Problemen, sondern auch an begrifflichen. Jede Unterscheidung und Beschreibungsebene ist nämlich willkürlich und könnte auch anders oder eben nicht getroffen werden. Abstrakte, höherstufige Merkmale sind dabei besonders problematisch. Das gilt auch für „Religiosität": Wenn sie ein Merkmalskomplex ist, dann könnten einige dieser Merkmale ein Selektionsprodukt sein, ohne dass ihre Vorteile genuin mit Religiosität zu tun haben. Umgekehrt lässt sich Religiosität aber auch als Teil oder Begleiterscheinung eines noch umfassenderen Merkmalskomplexes auffassen, etwa Autoritätsgläubigkeit, der vielleicht ein evolutionäres Anpassungsprodukt ist. So oder so könnte der Merkmalskomplex, selbst bei reduktionistischer Betrachtung, als pragmatische Beschreibungsebene nützlich sein; und wenn die Addition der Einzelmerkmale oder gar ihr Zusammenwirken einen insgesamt größeren Selektionsvorteil ergeben als jedes für sich allein, wäre der Merkmalskomplex evolutionär adaptiv. Insofern sind terminologische und empirische Fragen sogar miteinander vermengt. Man muss also aufpassen, sich die Fragestellung oder, viel problematischer, die Art der Antwort nicht bloß zurechtzudefinieren; und wer Religiosität für ein Selektions- oder aber Nebenprodukt hält, sollte sehr genau darlegen, was damit gemeint ist, sonst sind Missverständnisse oder Unschärfen unvermeidlich.

Psychische und soziale Randbedingungen

Dass Religionen auch heute noch prägende Faktoren im Sozialleben sind, bleibt unumstritten (im Gegensatz zur Bewertung dieser Tatsache). Der Glaube an „übernatürliche Akteure" – vermutlich aus der Ahnenverehrung prähistorischer Zeiten übernommen und somit wiederum aufs Ich- und Todesbewusstsein gründend – hat sich, bedingt durch die sozialen Umwälzungen der Sesshaftwerdung, Verstädterung, wachsenden Gruppengröße und deren Folgen, extremisiert bis hin zum Monotheismus. Teleologisches Denken (häufig auch bei „Welterklärungen"), Anthropomorphisierung von Naturerscheinungen (auch im Animismus) und vor allem die intentionale Einstellung (Zuschreibung von Absichten) sind eine Voraussetzung dafür – aber nicht deswegen entstanden oder selektiert, sondern als kognitive Werkzeuge im sozialen Zusammenleben. Insofern sind religiöse Referenzen (auf Ahnen, Geister, Götter, Gott) als kognitive Überschussreaktion und Übersprunghandlung zu betrachten, also als Nebenprodukt der evolutionär adaptiven und schon bei kleinen Kindern ausgeprägten Intentionalität. Diese wiederum machte die komplexen Kooperationen zwischen Menschen erst möglich, die entscheidend waren für die Ausbreitung von *Homo sapiens* – bis hin eben zu Altruismus und Moralität, aber auch kollektiver Kriegsführung und anderer Gräuel.

Heute verhalten sich Gläubige insgesamt nicht altruistischer, wohltätiger oder ethisch besser als Nichtreligiöse. Sie sind aber intoleranter. Ideologien im Allgemeinen führen zu einer höheren Gewaltbereitschaft; Länder mit einem größeren Anteil an Atheisten sind friedlicher. Generell gilt: Ob Menschen religiös sind, hängt hauptsächlich ab von ihrer Ängstlichkeit, Autoritätsgläubigkeit, Intelligenz und der Qualität der Gesellschaft, in der sie leben sowie der Stärke persönlicher Unsicherheit. Das gilt selbstverständlich nur statistisch, aber die Ergebnisse zahlreicher soziologischer und psychologischer Studien sind eindeutig.

Zusammengefasst:

* Je religiöser eine Gesellschaft ist, desto schlechter ist es um sie bestellt – gemessen an vielen teils unabhängigen, teils miteinander zusammenhängenden Indikatoren (etwa die Zahl der Morde, Suizide, Gefängnis-Insassen, Abtreibungen und Geschlechtskrankheiten sowie das Ausmaß von Alkoholabhängigkeit, Arbeitslosigkeit, Armut und verringerter Lebenserwartung). Besonders das Ausmaß der Einkommensungleichheit ist ein guter Gradmesser für diese „Successful Societies Scale". Und je

ungerechter und instabiler es in einer Gesellschaft zugeht, desto stärker ist die Rolle der Religion in ihr. So sind die armen Länder (Durchschnittseinkommen unter 2000 Dollar jährlich) viel religiöser als die reichen (über 25.000 Dollar).

- Auch macht Religiosität in den reichen Ländern nicht glücklicher – religiösere Personen sind sogar eher traurig oder depressiv. Religion wirkt hier vermutlich als eine Art Selbstmedikation oder Fluchtreaktion. In den armen Ländern hingegen korreliert Religiosität häufig mit einer größeren Lebenszufriedenheit. Wem es ökonomisch schlecht geht, dem suggeriert der Glaube zumindest ein Gefühl der Auserwähltheit im Elend, mit dem sich die religiösen Menschen als etwas Besseres und somit besser fühlen können, und er verspricht Hoffnungen. Somit bestätigen und ergänzen die Daten frühere Vermutungen, dass Gott vor allem als eine Art Trostpflaster gegen Schmerz, Leiden und Tod fungiert und die menschlichen Defizite und Beschränkungen kompensieren hilft – bis hin zum „Opium" des Volks oder – von den jeweiligen Machthabern gezielt gefördert – zum „Opium" für das Volk. Auch als „Kontingenzbegegnung" und „Kontingenzbewältigungspraxis" fungieren Religionen. Durch den Glauben an eine höhere Gerechtigkeit oder Erlösung oder an ein ewiges Leben – Skeptikern zufolge reines Wunschdenken oder eine metaphysische Drückebergerei – soll die Absurdität des Daseins überwunden werden.

- Dazu passt, dass Menschen mit einem fundamentalistischeren Glauben tendenziell optimistischer sind. Sie äußern mehr Hoffnung und schreiben sich negative Ereignisse weniger selbst zu. Freilich sagt Optimismus nichts über die wahre Situation aus – Spöttern zufolge ist er eher ein Zeichen von Wirklichkeitsverlust. Aber wer Probleme verdrängt oder schönredet, wird oft auch weniger von ihnen behelligt. Tatsächlich sind große Hoffnungen nichts anderes als die Kehrseite großer Ängste. Und generell sind Menschen mit einer stärker ausgeprägten Autoritätsgläubigkeit ängstlicher.

- Außerdem besteht ein enger Zusammenhang zwischen der Stärke des Gefühls, sein Leben selbst kontrollieren zu können, und der Wertschätzung höherer Autoritäten – etwa Gott, aber auch eine als wohlwollend angesehene Regierung. Menschen, die nicht glauben, ihr Leben weitgehend bestimmen zu können, und daher angstvoller sind als ihre autonomeren Zeitgenossen, suchen äußere Unterstützung, um ihre Angst zu reduzieren: etwa religiöse oder politische Ideologien. Sie tendieren stärker dazu, dass ihre Regierungen mehr Verantwortung übernehmen sollen. (Vertrauen sie ihrer Regierung jedoch weniger, so glauben sie, ihr Leben mehr bestimmen zu können.) Suggeriert man Versuchspersonen in Experimenten einen Kontrollverlust, tendieren sie dazu, gläubiger zu sein – aber nur, wenn sie sich den Gott als sehr mächtig vorstellen, als Lenker der Dinge. Wahrscheinlich ist die Gläubigkeit also eine Folge der Ängstlichkeit und ein Versuch, sie zu bewältigen.

Diese Resultate sprechen nicht für einen Selektionsvorteil der Religiosität. Umgekehrt könnte sie sogar dysfunktional in den komplexen Gesellschaften der modernen Welt sein. Denn Gläubige sind im Allgemeinen wohl weniger intelligent (im Durchschnitt um sechs IQ-Punkte). Das steht im Einklang mit dem Befund, dass der IQ in den westlichen Gesellschaften im 20. Jahrhundert stetig gestiegen ist, was einher geht mit der drastischen Abnahme religiöser Überzeugungen. So sind die Konfessionsfreien in vielen Ländern Nord- und Mitteleuropas inzwischen die größte gesellschaftliche Gruppe, teils sogar die absolute Mehrheit. Länder (und einzelne US-Staaten) mit einer Bevölkerung mit durchschnittlich geringerem IQ haben einen größeren Anteil an Gläubigen und eine höhere Geburtenrate (die Unterschiede betragen bis zu 150 Prozent); die Lebenserwartungen sind hingegen ähnlich. Auch scheinen Demokratie, Bildung, Gerechtigkeit und Wohlstand innerhalb einer Gesellschaft mit dem IQ zu korrelieren. Ein Vergleich des IQs von 14.000 US-amerikanischen Schülern mit ihrer Gläubigkeit und politischen Einstellung acht Jahre später, korrigiert für den Einfluss von Alter, Geschlecht, Bildung, Einkommen und Ethnie, ergab ebenfalls statistisch signifikante Resultate: Nichtreligiöse waren intelligenter als Strenggläubige (IQ 103 versus 97), sehr liberal eingestellte intelligenter als sehr konservative (IQ 106 versus 95). Der Effekt war stärker als der Faktor Bildung.

Wie sich die Intelligenzunterschiede erklären lassen, wenn sie wirklich bestehen, ist noch umstritten, zumal das kontroverse Thema leicht ideologisch oder politisch instrumentalisiert oder fehlinterpretiert wird. Sicherlich sind intelligentere Menschen im Durchschnitt weniger anfällig für irrationale oder unbeweisbare Behauptungen – und dazu gehören eben auch die religiösen Dogmen. Möglicherweise ist das Ausmaß von Armut ursächlich am geringeren IQ beteiligt. Denn schon Kinder mit niedrigem sozioökonomischen Status haben einen weit unterdurchschnittlichen IQ. Die Umwelt prägt die Gehirnentwicklung entscheidend mit. Betroffen sind besonders die linke Großhirnhälfte (Sprachverarbeitung), das Stirnhirn (flexible Reaktionen in komplexen, ungewöhnlichen Situationen) und Teile der Schläfenlappen (Lernen und Gedächtnis). Die Defizite der Hirnentwicklung resultieren überwiegend aus schlechterer Ernährung, häufigerem Drogenmissbrauch, mehr Umweltgiften, mangelnden kognitiven Anregungen, sozialen Deprivationen und mehr Stress. Armut ist also nicht nur ein Defizit menschlicher Lebensqualität, sondern sogar eine Ursache von geistigen Defiziten. Was die Selbstentfaltung individueller Möglichkeiten einschränkt, das beschränkt auch das Hirnpotenzial und generiert einen Teufelskreis „sozial weitervererbter" Armut der Nachkommen.

Eine alternative oder zusätzliche evolutionsbiologische Erklärung ist, dass das komplexe Großstadtleben der technisch und arbeitsteilig hochspezialisierten Gesellschaften, das sich vom einstigen Savannenleben in Kleingruppen als Jäger und Sammler stark unterscheidet, einen höheren IQ selektiert. Denn Intelligenz besteht im Wesentlichen darin, Probleme zu lösen und mit neuen Situationen zurechtzukommen – und somit die Einschränkungen durch das evolutionäre Erbe zu überwinden. Damit einher geht ein erweiterter Altruismus: die Unterstützung nicht nur der nahen Verwandten und engen Freunde, sondern auch eines größeren Umfelds. Dabei könnten Religionen anfänglich sogar geholfen haben, insofern sie enge Beschränkungen aufweichen und mehr Mitglieder einschließen – bis hin zu Stadt- und Staatsreligionen. Allerdings wirken Religionen tendenziell konformistisch nach innen sowie ausgrenzend und sogar diffamierend nach außen und können so, da ihre Anhänger sie ja nie „Privatsache" bleiben lassen wollen, den sozialen Frieden eines freien, toleranten Miteinanders beeinträchtigen. Der Zusammenhang zwischen dem Anstieg von IQ und Säkularisierung könnte deshalb eine Folge davon sein, dass beide insgesamt homogenere, fairere, altruistischere und friedlichere Gesellschaften begünstigen, deren Armutsanteil geringer ist, und somit der durchschnittliche IQ erhöht und die Notwendigkeit vermindert wird, Ungerechtigkeiten und allgemeine Bedrohungen zu kompensieren.

Fragwürdiger Nutzen

Zusammenfassend lässt sich festhalten: Während Religionen selbst reine Kulturprodukte sind, hat die ihnen vorausgehende Religiosität biologische Grundlagen. Die Hypothese, dass Religiosität oder die damit verbundenen Merkmale eine evolutionäre Anpassung darstellen, ist beim gegenwärtigen Forschungsstand allerdings noch nicht zu entscheiden. Es gibt einige Argumente dafür, aber auch viele Probleme. Ähnliches gilt für die Deutung von

Religiosität als – vielleicht unvermeidliches – Nebenprodukt anderweitig selektierter und somit adaptiver Merkmale. Diese Hypothese ist freilich sparsamer und einfacher. Wer eine evolutionäre Angepasstheit der Religiosität vertritt, hat daher die größere Beweislast.

Wenn religiöse Merkmale kein reines Neben- oder Kulturprodukt wären, sondern adaptive Eigenschaften hätten, bliebe immer noch zu klären, ob es eine ausbalancierte Selektion ist („nicht zu viel und nicht zu wenig Religiosität wäre am besten") oder eine einseitig gerichtete („je religiöser, umso besser"). Beispielsweise könnte „ein bisschen" abergläubisch zu sein Vorteile haben (Mustererkennung, Kreativität), aber zu viel schwere Nachteile (bis hin zu pathologischen Psychosen). Und eine gewisse Glaubensfestigkeit mag vor der Absurdität des Daseins schützen (oder ablenken), aber ein fundamentalistischer Wahrheitsanspruch kann Konflikte hervorrufen, die den Glaubenden selbst oder Anders- und Ungläubigen das Leben kosten. Denn selbst wenn etwas in der Vergangenheit nützlich war, kann es heute oder künftig schädlich sein. Und selbst wenn Religionen mit einem evolutionären Nutzen beziehungsweise Selektionsvorteil verbunden waren oder sind, folgt daraus selbstverständlich nicht, dass sie deshalb auch wahr oder ethisch gut sind. Um dies zu zeigen, wären zusätzliche, unabhängige Argumente und Indizien erforderlich.

Selbst wenn Religionen mindestens für manche Individuen oder Gruppen einen psychischen, sozialen und vielleicht sogar evolutionären Nutzen haben, gilt doch, dass evolutionäre Anpassungen immer kontextuell sind: Was einst nützlich war, kann jetzt und künftig schädlich sein. Beispielsweise beeinflusst auch eine hohe Reproduktionsrate ihre eigenen künftigen Randbedingungen und kann auf längere Sicht nachteilig wirken. Genau dies ist durch das exponentielle Wachstum der Weltbevölkerung in der menschlichen Kultur geschehen und hat die gegenwärtige globale Krise überhaupt erst mitverursacht: die Ressourcenausbeutung, Umweltzerstörungen, Klimaveränderungen und viele Kriege.

Wenn es stimmt und im Allgemeinen so bleibt, dass Säkulare am wenigsten Kinder bekommen, moderat Religiöse mehr haben und orthodoxe/ fundamentalistische die meisten, und wenn die Säkularisierung, Aufklärung und gesellschaftliche Diffusion das nicht ausgleichen, dann werden sich die Machtverhältnisse in den westlichen Gesellschaften vielleicht schon in wenigen Jahrzehnten drastisch ändern, selbst ohne Missionierung. Dieser Effekt kann rein sozial erklärt werden, muss also nicht evolutionsbiologisch bedingt sein oder sich so auswirken.

Unabhängig von den Fragen nach der Nützlichkeit des Glaubens gilt: Nützlichkeit ist nicht gleich Wahrheit. Auch nicht eine ethische Auszeichnung – nützlich heißt keineswegs „normativ erlaubt" oder „normativ geboten" oder „normativ gut und wünschenswert". So können zahlreiche, in gewissem Sinn „natürliche" Verhaltensweisen die reproduktive Tauglichkeit von Organismen erhöhen, ohne deshalb moralisch unbedenklich zu sein, zum Beispiel die bei Menschen und anderen Tieren verbreiteten Kindestötungen und Vergewaltigungen sowie Totschlag und Kannibalismus. Wenn Religiosität Selektionsvorteile hätte, würde dies also allenfalls einen irdischen Nutzen implizieren, keine überirdische Wahrheit.

Und obschon solche Selektionsvorteile nicht per se eine theistische Transzendenz ausschließen, machen sie deren Existenz nicht wahrscheinlicher – im Gegenteil, sie führen zu einer zusätzlichen explanatorischen Konkurrenz: Wenn Religion eine partiell „nützliche Illusion" ist, lässt sich ihre Verbreitung besser verstehen – auch wenn oder gerade obwohl ihre Prämissen und Propositionen letztlich unbegründet, irrational oder schlicht falsch sind. Dies gilt nicht nur, aber auch für einen mutmaßlichen evolutionären Nutzen. Insofern ist es für Skeptiker und Religionskritiker ebenfalls wichtig, diese Möglichkeiten und ihre Implikationen ernst zu nehmen. Dabei geht es nicht nur um ein besseres Verständnis psychischer und sozialer Wirklichkeiten, sondern angesichts deren Folgen auch um einen praktischen Umgang – ja um die Möglichkeit und Zukunft freier Gesellschaften. Angesichts des unermesslichen Leids, das auch im Namen von Religionen (und anderen Ideologien) überall auf der Erde verursacht wurde und weiterhin wird, reicht die naturwissenschaftliche Erforschung der Religiosität und des blinden Glaubens über ein reines Erkenntnisinteresse weit hinaus. Denn wenn Religiosität einen Selektionsvorteil hätte, realisiert sich dieser auf Kosten anderer. Und da Religionen stark polarisierend wirken können, indem sie In- und Out-Groups definieren, bergen sie die Gefahr, durch fundamentalistische Dogmatismen ihre Anhänger dazu zu bringen, Andersdenkende zu massakrieren.

Die Quellen des Glaubens

Wie sich Religiosität individuell manifestiert und sozial organisiert, kann nicht durch Evolutionsbiologie vollständig erklärt oder darauf reduziert werden. Hier sind andere Beschreibungsebenen relevant, und das gilt auch für die Fragen nach der Wahrheit, Nützlichkeit und Bewertung von Religionen. Ein pragmatischer Ausgangspunkt ist dabei ein phänomenologisch-epistemischer. Religiöse Überzeugungen stützen sich im Wesentlichen auf drei Quellen, die in mehr oder weniger enger Wechselwirkung miteinander stehen: soziale Prägung, persönliches Erleben, rationale Zugänge.

- Am wichtigsten ist gewöhnlich die *soziale Prägung*, insbesondere durch die Familie (prähistorisch: die jeweilige Gruppe, in der die Menschen lebten), aber auch das engere und weitere Umfeld einschließlich des ganzen eigenen kulturhistorischen Horizonts, kurz: die sogenannte Lebenswelt. Die Religionszugehörigkeit eines Menschen ist mit großer Wahrscheinlichkeit dieselbe wie die (eines Teils) seiner Familie.
- *Persönliches Erleben* im weiten Sinn umfasst selbstverständlich die gesamte bewusste Biographie, im engeren Sinn jedoch vor allem spirituelle Erlebnisse (etwa an „heiligen" Orten, bei ästhetischen oder gemeinschaftlichen oder Meditationserfahrungen), veränderte Bewusstseinszustände (wie Drogen-Trips, Visionen, Nahtoderfahrungen), mystische Zustände und sogenannte Offenbarungen. Tiefe religiöse Erfahrungen können beispielsweise auch beim Studium heiliger Texte gemacht werden (wie Augustinus und Martin Luther berichtet haben) oder als ästhetisches Erlebnis der als Schöpfung aufgefassten Natur.
- *Rationale Zugänge* beruhen zum Beispiel auf hermeneutischen Quellenstudien und philosophischen Argumenten; die strengste Form sind die verschiedenen „Gottesbeweise", etwa aus dem Gottes-Begriff, der Kausalität, der als zielgerichtet und zweckmäßig geplant gedeuteten Ordnung von Welt und Leben (ontologischer, kosmologischer und teleologischer Gottesbeweis).

Persönliches Erleben und rationale Zugänge basieren immer auf gewissen Interpretationen, die notwendig Elemente sozialer Prägung enthalten und in einen kulturhistorischen Kontext eingebettet sind. Kein Mensch ist eine Tabula rasa und würde daher selbst eine göttliche Offenbarung oder einen Gottesbeweis nur im Licht seiner lebensweltlichen Erfahrungen machen, einordnen, deuten und weitervermitteln.

Diese Quellen des Glaubens sind, wie alle Quellen von Für-wahr-Halten, Erkenntnis und Wissen, fehlbar und begrenzt, das heißt weder immun gegen Irrtum noch total und letztbegründbar. Naturgemäß stehen die Quellen des Glaubens vor anderen und größeren Problemen der epistemischen Zuverlässigkeit und Rechtfertigung als beispielsweise Sinneswahrnehmungen. Nimmt man nicht einen spezifischen, nur auf Spiritualität und

Religion bezogenen Erkenntnismodus an, was höchst problematisch wäre, dann sind Empirie und Rationalität, also Erfahrung und Schlussfolgerungen, auch für die Bildung religiöser Überzeugungen wesentlich. Insofern basieren die Quellen des Glaubens auf Sinneswahrnehmungen, Vorstellungen und Logik, auf Lernvorgängen und somit auf dem Gehirn.

Die soziale Prägung allein ist noch kein Garant für die Wahrheit religiöser Aussagen, da die Tradition selbst wieder auf Quellen des Glaubens basiert. Postuliert man nicht die Existenz „angeborener Ideen" für religiöse Gehalte, dann speist sich die sozial prägende kulturelle Tradition letztlich aus persönlichem Erleben und, zunächst meist in viel geringerem Ausmaß, rationalen Zugängen. Letztere stützen sich auf Prämissen, die von subjektiven Erfahrungen beziehungsweise Postulaten und vom kulturellen Kontext stammen. Selbst die – logisch in der Regel ja einwandfreien – „Gottesbeweise" beruhen auf problematischen Annahmen. Deshalb sind alle „Gottesbeweise", im Gegensatz zu vielen Beweisen in der Mathematik, höchst umstritten und nicht allgemein akzeptiert. Die persönlichen Erlebnisse als solche sind allerdings nicht kritisierbar. Kritisierbar ist jedoch ihre Interpretation. Und genau hier beginnen die Kontroversen.

Eine Möglichkeit ist, dass Gott den Menschen wirklich erscheint, dass er das Gehirn als Mittlerinstanz verwendet und geschaffen hat. Insofern menschliches Bewusstsein das zentrale Nervensystem als notwendige Bedingung voraussetzt, kann es auch gar nicht anders sein. Aber selbst wenn es „hard-wired for God" wäre, wie manche Neurotheologen glauben, wenn also Gott gar nicht „verschwinden" kann, weil Spiritualität gleichsam fest in der neuronalen Architektur verdrahtet ist, und selbst wenn das Erleben einer absoluten Einheit des Seins, das ja auch nicht notwendig auf Gott verweisen oder mit ihm identisch sein muss, sich als das Realste überhaupt anfühlen würde, und selbst wenn Menschen angeborenermaßen animistisch, dualistisch und teleologisch denken und (deshalb?) sogar „intuitive Theisten" sind, wie manche Kognitionspsychologen mutmaßen, folgt daraus keineswegs, dass Gott unabhängig vom Gehirn und als dessen Schöpfer existiert. Denn die Frage, warum Menschen an Gott glauben oder überhaupt außergewöhnliche und als religiös interpretierte Erfahrungen haben, darf nicht mit der Frage verwechselt werden, ob Gott existiert.

Religiosität ist zunächst eine Sache des subjektiven Für-wahr-Haltens, nicht der Psychologie, Neurowissenschaft, Genetik oder Evolutionsbiologie. Gene und Gehirneigenschaften können Menschen anscheinend zum Glauben prädisponieren. Doch dies geschieht immer auch im Kontext der lebensweltlichen Interpretation, das heißt der individuellen Biographie und des soziokulturellen Umfelds. Gene und Gehirneigenschaften legen für sich genommen nicht fest, was Menschen glauben und ob das, was Menschen glauben, wahr oder gut ist. Aber dies ist auch gar nicht der Anspruch biologischer Erforschungen der Religiosität und der – missverständlich so genannten – „Neurotheologie". Die Hirnforschung – und generell die Wissenschaft – kann schon aus rein methodischen Gründen nicht zeigen, dass die religiös gedeuteten Erlebnisse beim Meditieren, bei einer Temporallappen-Epilepsie oder einer elektrischen oder magnetischen Reizung bestimmter Hirnbereiche sich wirklich auf Gott oder andere transzendente Kräfte beziehen, dass es im Gehirn eine Hotline zum Himmel gibt, einen Draht zum Nirwana oder einen Transmitter zu Gott. Ebenso wenig lässt sich das Gegenteil erweisen. Insofern kann die Neurowissenschaft bestenfalls entdecken und beschreiben, was im Gehirn vor sich geht, wenn jemand ein spirituelles oder religiöses Erlebnis hat. Dass es ein solches ist, obliegt der Deutungsmacht des Subjekts. Daraus lässt sich jedoch nicht erschließen, dass die Aussagen, mit denen das Subjekt sein Erlebnis interpretiert, die Wahrheit bewusstseinsunabhängiger Tatsachen repräsentiert. Und Interpretationen sind unvermeidlich, falls das Erlebnis eine Religion exemplifizieren, stützen, für wahr halten oder gar begründen soll. Wenn Gott „im" Gehirn existiert (genauer: durch das Gehirn als Erlebnis oder Vorstellung instantiiert wird), dann folgt daraus noch nicht, dass es ihn auch unabhängig vom Gehirn beziehungsweise Bewusstsein gibt, beispielsweise als Schöpfer und Erhalter der Welt. Er könnte schlicht ein Hirngespinst sein.

Impliziert die Evolution der Religiosität den Atheismus?

Insofern sich religiöse oder theologische Aussagen zu „Übernatürlichem" nicht objektiv beziehungsweise intersubjektiv empirisch überprüfen lassen, ist ihr Gehalt wissenschaftlich unzugänglich. In dieser Hinsicht sind auch die evolutions- und neurobiologischen Untersuchungen weltanschaulich „neutral". Psychologische und soziologische Deutungen implizieren für sich genommen ebenfalls nicht die Falschheit religiöser Aussagen. In dieser Hinsicht ist es ebenso irrelevant, ob Religion Kooperationen verstärkt oder bei der Kontingenzbewältigung hilft.

Freilich wird dadurch die Wahrheitsfrage nicht irrational oder obsolet. Will man sie vorurteilsfrei untersuchen, sind die Methoden und Argumentationsformen und Resultate der Philosophie (Anthropologie, Wissenschafts- und Erkenntnistheorie, Ontologie) nötig, denn letztlich ist diese Wahrheitsfrage – sofern nicht rein subjektiv-existenziell verstanden – eine philosophische. Für die philosophischen Untersuchungen sind die naturwissenschaftlichen Erkenntnisse allerdings durchaus von Bedeutung, auch wenn die Frage nach der Transzendenz die Wissenschaften zu transzendieren scheint. Sie kann aber auch nicht von der Theologie beantwortet werden, wenn diese das zu Erweisende bereits voraussetzt. Es ist daher eine philosophische Frage, die sich letztlich angemessen nur mit philosophischen Argumenten diskutieren lässt. In diesem Rahmen können dann neuro- und evolutionsbiologische Befunde durchaus eine Rolle spielen – sie sind also keineswegs irrelevant.

Man mag einwenden, dass Philosophie von Fragen handelt, die sich nicht beantworten lassen – und Religion von Antworten, die niemals zu hinterfragen sind. Aber Letzteres wäre ein normatives Verbot, an das sich nicht jeder hält; und Ersteres ist nicht zwingend, auch nicht im Hinblick auf Glaubenssätze: Zum einen lässt sich ein „eschatologischer Verifikationismus" nicht generell ausschließen (kein Agnostiker und die wenigsten Atheisten würden bestreiten, dass „Offenbarungen" theoretisch beziehungsweise logisch möglich sind, und sei es „nach" dem eigenen Tod, falls das individuelle Bewusstsein diesen transzendieren könnte); zum anderen ist die eigene Daseinsweise bereits eine Art Antwort, jedenfalls in der praktischen Stellung zur Religion. Für viele Menschen mag dies keine bewusste, komplex reflektierte Entscheidung sein – aber wer darüber nachdenkt und sich entsprechend verhält, tut das zumindest implizit auch philosophisch. Von den evolutionsbiologischen Überlegungen zu wissen und sie nicht zu berücksichtigen, wäre dann schlicht ignorant oder naiv.

Andererseits sind Menschen Künstler darin, sich Pseudoerklärungen zusammenzuphantasieren und einander widersprechende Erfahrungen und Theorien mithilfe teils abenteuerlicher intellektueller Klimmzüge zu vereinbaren, die Zweifel als unaufhebbare Glaubensprüfung umzudeuten oder die Widersprüche als „dialektisch" oder „komplementär" stehen zu lassen und gleichsam gegen Kritik zu immunisieren. Und auch das mag evolutionär vorteilhaft sein: Das menschliche Bewusstsein ist in erster Linie ein von der Natur hervorgebrachtes Mittel für Überleben und Fortpflanzung, und die Vernunft ist nur eine der dafür nützlichen Techniken. Im Licht der Rationalität eines objektivierbaren Weltverständnisses ist jedoch nichts von dem zu sehen, was viele Glaubenssätze als metaphysische Wahrheiten auszumachen verkündigen. Und sie sind auch gar nicht nötig, um die Welt zu erklären.

Gläubige könnten hier kontern, dass Evolution als Anpassung immer auch etwas über die Realität aussagt, auf die sich die Anpassung bezieht – so als würde die Hand, die nach einem Ast greift, der Halt verspricht, etwas über diesen Halt verraten. Insofern wäre es denkbar, dass Selektionsvorteile der Religiosität auf eine Realität verweisen, die durch die Religion eröffnet wird. Das könnte dann sogar als ironische Umkehrung der Evolutionären Erkenntnistheorie verstanden werden, die von ihrem Anspruch oder zumindest dem Rahmen ihrer Genese her ja naturalistisch orientiert ist. Doch das hieße, wenn es um religiöse Wahrheitsansprüche geht, nach einem Strohhalm zu greifen. Denn selbst wenn viele Merkmale der Religiosität evolutionär adaptiv wären (das heißt waren und/oder noch sind), muss dies nicht für alle gelten, und schon gar nicht für die epistemisch relevanten. So halten sogar die meisten Adaptionisten speziell die religiöse Kognition, die ja auch die Transzendenz erdenkt, nicht für eine Anpassung, sondern für ein Nebenprodukt anderweitig adaptiver kognitiver Funktionen. Insofern kann auch der Aberglaube angeboren sein oder sich als Folge angeborener Mechanismen der Mustererkennung, des Lernens und Verallgemeinerns entwickelt haben, ohne deswegen wahr zu sein.

Man mag einwenden – entweder, um seinen Glauben zu immunisieren, oder aus epistemologischer Bescheidenheit und intellektueller Redlichkeit –, dass sich die Existenz eines Gottes zwar gegenwärtig nicht beweisen lässt, aber vielleicht in Zukunft, und dass sie immerhin auch nicht widerlegt werden könne oder, stärker noch, dass Nichtexistenz generell nicht beweisbar sei. Allerdings hat, wenn eine Nichtexistenz nicht erweisbar oder eine Existenzbehauptung nicht widerlegbar ist, der Proponent die „Beweispflicht", nicht der Skeptiker. (Selbst strenge Falsifikationisten fordern nicht die Widerlegbarkeit universeller hypothetischer Existenzsätze, sondern deren Verifizierbarkeit, wenn sie eine theoretische Einbettung haben.) Mehr noch: Es gibt viele starke philosophische Argumente dafür, dass keine Götter unabhängig von unseren Vorstellungen existieren, der Atheismus also wahr ist. Dazu gehören auch Widerlegungen spezifischer Gotteshypothesen und Nichtexistenz-Nachweise unter bestimmten Prämissen.

All das hat jedoch nichts mit einer Evolution der Religiosität zu tun oder ist gar eine Implikation davon. Doch wenn es darum geht, den Ursprung der Glaubenssätze zu ergründen, dann können Kognitions-, Neuro- und Evolutionspsychologie sehr wohl weiterhelfen. Wenn Menschen beispielsweise wirklich angeborenermaßen „intuitive Theisten" sind, dann ist es „natürlich", das Universum erst einmal einem absichtsvollen Designer zuzuschreiben.

Der Gottesglaube ist ein erklärungsbedürftiges Phänomen. Wenn es für seine Existenz eine evolutionspsychologische Erklärung gäbe, dann wäre seine Existenz nicht mehr verwunderlich. Er erschiene nicht mehr als „widernatürlicher überflüssiger Luxus", sondern hätte sich in der menschlichen Stammesgeschichte bewährt – beispielsweise als kognitive Waffe, als Kontingenzbewältigungsmittel und/oder als Kooperationsverstärker. Oder er wäre ein Nebenprodukt anderweitig evolvierter kognitiver Kapazitäten ohne direkten Selektionsvorteil, vielleicht sogar eine maladaptive Entgleisung, die sich noch nicht evolutionär eliminiert hat.

Gläubige Menschen könnten jede dieser Erklärungen akzeptieren – aber trotzdem darauf bestehen, dass ihr Glaube „wahr" ist, also ihre Glaubenssätze wahre Aussagen enthalten, etwa zur Existenz des theistischen Gottes. Eine biologische, psychologische oder soziokulturelle Erklärung des Glaubens würden diese theistischen Überzeugungen vielleicht irrational, aber noch nicht falsch erscheinen lassen. Denn die Glaubenssätze könnten unter bestimmten Bedingungen trotzdem wahr sein. Und sie könnten sogar rational – beziehungsweise rationalisierbar – sein, wenn ihr Proponent dafür gute Gründe anführen würde. Genau das versuchen viele Gläubige auch (im Extremfall berufen sie sich auf „Offenbarungen"). Diese Gründe transzendieren in der Regel „irdische" Erklärungen. Daher werden die Glaubenssätze auch nicht als wahr beansprucht, weil sie nützlich sind, sondern weil sie einen (transzendenten) Sachverhalt repräsentieren.

In solchen Fällen besteht eine Doppelerklärung eines Systems von Glaubenssätzen: zum einen durch „irdische", naturalistische Begründungen (evolutionspsychologische vielleicht eingeschlossen), zum anderen durch „übernatürliche". Letztere können mit ersteren in dem Sinn vereinbar sein, dass sie sich nicht wechselseitig ausschließen, so betonen manche Gläubige, während Naturalisten für das Gegenteil argumentieren – wie auch fundamentalistische Gläubige, die „irdische" Erklärungen in diesem Kontext schlicht nicht gelten lassen. Wie in anderen Debatten, etwa zur Willensfreiheit, stehen sich also drei Positionen gegenüber: eine kompatibilistische und zwei inkompatibilistische. Selbst wenn beide Arten von Erklärungen kompatibel wären und ihre jeweilige Berechtigung hätten, ist jedoch noch nicht gerechtfertigt, dass sie auch beide notwendig sind – im Gegenteil: wenn eine ausreicht, ist die andere überflüssig. Und natürliche Erklärungen haben hier den Vorzug, da sie ontologisch sparsamere Annahmen machen und sich bewährt haben sowie sich relativ einfach und restriktiv überprüfen lassen. Für den Wahrheitsgehalt übernatürlicher Erklärungen gibt es hingegen kein einziges Beispiel, das den obligatorischen wissenschafts- und erkenntnistheoretischen Standards genügt.

Freilich kann der Gläubige noch immer entgegnen, dass sein Glaube auf persönlicher Erfahrung und Entscheidung beruht und keiner weiteren Rechtfertigung bedarf. Gegen eine reine Wahnidee würde zudem sprechen, dass sehr viele Menschen gläubig sind, und dass sie viele Offenbarungen und Zeugnisse anführen. Dann sollte der Skeptiker mehr sagen können, als nur auf härtere Indizien zu pochen. Er sollte erklären, *weshalb* der Gläubige sich irrt, wenn er sich irrt, und *warum* so viele Menschen gläubig sind. Auch hier vermag die biologische Erforschung der Religiosität einen philosophischen Beitrag zu leisten – indem sie nämlich die Glaubensquellen des persönlichen Erlebens inspiziert und ihre Ursachen und Interpretation kritisch hinterfragt.

Dies impliziert den Atheismus weder, noch setzt es ihn voraus. Wenn er aber wahr ist beziehungsweise durch philosophische Argumente plausibel gemacht werden kann, dann sind die biologischen Erkenntnisse – egal ob sie die Adaptions- oder die Nebenprodukt-These unterstützen – ein zusätzliches Argument für einen Atheismus, weil sie die Genese des Glaubens verständlich machen helfen. Die weite Verbreitung (oder gar Universalität) der Religionen und der Religiosität ist daher kein Argument für einen Theismus oder Kreationismus, und dies mit zu zeigen ist auch (aber nicht nur!) ein Resultat der biologischen Erkenntnisse der letzten Jahre.

Zusammenfassend lässt sich konstatieren, dass die biologischen Erklärungsversuche von Religiosität zwar Glaubenssätze weder direkt widerlegen können noch wollen, aber dennoch für die erkenntnistheoretische Analyse und Kritik der Quellen des Glaubens relevant sind. Daher sollten sie auch von Philosophen, Theologen und Religionswissenschaftlern rezipiert werden. Biologische Erklärungen erweitern und vertiefen das Verständnis sozialer Prägungen, sie hinterfragen die Deutung persönlicher Erlebnisse, besonders von „Offenbarungen", und sie schwächen rationale Zugänge zur Religion, indem sie zusammen mit philosophischen Argumenten alternative Interpretationen und Begründungen eröffnen oder sogar nahelegen – bis hin zur Deutung als Rationalisierung und Wunschdenken.

Vielleicht gehört es zur Evolution des Menschen und seiner Zukunftsfähigkeit, hartnäckige Illusionen zu überwinden – selbst wenn es schmerzhaft ist und sie „nützlich" waren. Er könnte dann die Welt, in der er lebt, und sich selbst besser verstehen. Geistes- und kulturgeschichtlich ist dies nur konsequent und eigentlich kein großer Schritt, aber vielleicht ein Gebot der intellektuellen Redlichkeit. „Wir sind alle Atheisten bezogen auf die meisten Götter, an die die Menschheit jemals geglaubt hat", schrieb Richard Dawkins einmal. „Einige von uns gehen lediglich einen Gott weiter."

Literatur

Im Folgenden sind lediglich Publikationen des Autors zum Thema angeführt. Vaas 2009a sowie Vaas / Blume 2012 enthalten mehrere hundert weiterführende Literaturangaben zu allen in diesem Artikel angesprochenen Aspekten. Nützliche Informationsquellen sind außerdem: http://epiphenom.fieldofscience.com und http://www.darwin-jahr.de.

Vaas, R.: Masse, Macht und der Verlust der Einheit, in: Krüger, M. (Hrsg.): *Einladung zur Verwandlung,* München: Hanser 1995, S. 219-260.

Vaas, R.: Why Neural Correlates of Consciousness are Fine, but not Enough, in: *Anthropology & Philosophy* 3, 1999, S. 121-141; http://cogprints.org/5810.

Vaas, R.: Der Glaubensstreit, in: *bild der wissenschaft* 12, 1999, S. 42-47.

Vaas, R.: Der Riß durch die Schöpfung, in: *der blaue reiter, Journal für Philosophie* 10, 1999, S. 39-43.

Vaas, R.: Selbstbewusstsein und Gehirn, in: *der blaue reiter, Journal für Philosophie* 15, 2002, S. 18-23.

Vaas, R.: Der Streit um die Willensfreiheit, in: *Universitas* 57, 2002, S. 598-612, 807-819.

Vaas, R.: Der Intelligenzsprung, in: *bild der wissenschaft* 8, 2002, S. 30-39.

Vaas, R.: Ein Universum nach Maß? In: Hübner, J. / Stamatescu, I.-O. / Weber, D. (Hrsg.): *Theologie und Kosmologie*, Tübingen: Mohr Siebeck 2004, S. 375-498.

Vaas, R.: Gott und Gehirn, in: Sahm, P. R. u. a. (Hrsg.): *Der Mensch im Kosmos*, Hamburg: Discorsi 2005, S. 181-208.

Vaas, R.: Hotline zum Himmel, in: *bild der wissenschaft* 7, 2005, S. 30-38.

Vaas, R.: Das Gottes-Gen, in: *bild der wissenschaft* 7, 2005, S. 39-43.

Vaas, R.: Die Evolution der Religiosität, in: *Universitas* 61, 2006, S. 1116-1137.

Vaas, R.: Das Münchhausen-Trilemma in der Erkenntnistheorie, Kosmologie und Metaphysik, in: Hilgendorf, E. (Hrsg.): *Wissenschaft, Religion und Recht*, Berlin: Logos 2006, S. 441-474.

Vaas, R.: Lohnender Luxus, in: *bild der wissenschaft* 2, 2007, S. 34-41.

Vaas, R.: Schutz vor Schmarotzern, in: *bild der wissenschaft* 2, 2007, S. 42-45.

Vaas, R.: *Schöne neue Neuro-Welt.* Stuttgart: Hirzel 2008.

Vaas, R.: Aufrechtstehen im Nichts, in: *Universitas* 63, 2008, S. 1118-1137, 1244-1259.

Vaas, R.: Die Evolution der Evolution, in: *Universitas* 64, 2009, S. 4-29.

Vaas, R.: Gods, Gains, and Genes, in: Voland, E. / Schievenhövel, W. (Hrsg.): *The Evolution of Religious Mind and Behavior,* Heidelberg: Springer 2009, S. 25-49.

Vaas, R.: Götter, Gene und Gehirne, In: *Die Kunde* N.F. 60, 2009, S. 305-322.

Vaas, R.: Warum Menschen glauben, in: *bild der wissenschaft* 1, 2010, S. 52-69.

Vaas, R.: Fear of fanatics, in: *Journal of Cosmology* 7, 2010, S. 1792-1799; http://journalofcosmology.com/Aliens114.html.

Vaas, R.: „Werde der du bist!" – Unterwegs zu sich selbst, in: *Universitas* 65, 2010, S. 478-489, 592-611.

Vaas, R.: „Wohlan! Noch einmal!" – Im Spiel des Lebens, in: *Universitas* 66 (3), 2011, S. 14-33.

Vaas, R.: Vom Nutzen des Glaubens – Evolutionsvorteile durch Religiosität?, in: *Hirschberg* 64, 2011, S. 342-349.

Vaas, R.: Hat Gott den Urknall gezündet?, in: Becker, P. / Diewald, U. (Hrsg.): *Zukunftsperspektiven im theologisch-naturwissenschaftlichen Dialog*, Göttingen: Vandenhoeck & Ruprecht 2011, S. 69-104.

Vaas, R.: Cosmological Artificial Selection: Creation out of Something?, in: *Foundations of Science* 17(1), 2012, S. 25-28.

Vaas, R.: „Ewig rollt das Rad des Seins", in: Heit, H. / Abel, G. / Brusotti, M. (Hrsg.): *Nietzsches Wissenschaftsphilosophie,* Berlin / New York: de Gruyter 2012, S. 371-390.

Vaas, R. / Blume, M.: *Gott, Gene und Gehirn*, Hirzel: Stuttgart, 3. Aufl. 2012.

Sabine Paul

Der Darwin-Code I: Geheimwaffe Kunst und die Entstehung der Religion

Der Darwin-Code

Kann Darwins Evolutionstheorie die Entstehung von Kunst und Religion erklären? Viele Menschen würden dies spontan mit „Nein" beantworten, da es sich um kulturelle Phänomene zu handeln scheint, nicht um biologische Merkmale. Aber ist dies tatsächlich der Fall – sind Kunst- und Religionsfähigkeit *unzweifelhaft keine* biologischen Merkmale, kann man ihre Entstehung und Funktion wirklich nicht evolutionär verstehen? Auch jenseits des Darwin-Jahrs 2009 lohnt eine tiefer gehende Analyse solcher scheinbarer Wahrheiten.

Auf einer großen Vielzahl von Veranstaltungen wurden 2009 die Erkenntnisse Darwins und sein 200. Geburtstag gefeiert. Neben vielen universitären Einrichtungen gehörten zu den Gratulanten auch säkulare Vereinigungen. Aber auch Darwins „gefährliches Erbe" wurde in diesem Jahr diskutiert – vornehmlich durch Geisteswissenschaftler. Warum findet man diese Zweiteilung in der Haltung gegenüber Darwins Theorie? Dass die Erkenntnisse seiner Evolutionstheorie nicht nur das religiöse Weltbild erschüttern, sondern auch das Selbstverständnis der Menschen entscheidend verändern würden, ahnte Darwin bereits 1844, als er an seinen Freund Joseph Dalton Hooker schrieb: „Schließlich kamen Lichtschimmer, und ich bin fast überzeugt (ganz im Gegenteil zu der Ansicht, mit der ich begonnen hatte), dass Arten nicht (es ist wie einen Mord gestehen) unveränderlich sind."[1] Darwins großes Verdienst war zu zeigen, wie die Arten der

---

1   Darwin, C.: *The correspondence of Charles Darwin,* Vol. 3, 1844-1846, Cambridge: Cambridge University Press [1844], S. 2.

Lebewesen, ihre zweckmäßigen Eigenschaften, aber auch ihre Gefühle und geistigen Fähigkeiten auf *natürliche* Weise entstehen. Dies legte er 1859 in seinem Buch *Über den Ursprung der Arten durch natürliche Auslese* ausführlich dar.[2]

Heute gibt es kaum noch Widerspruch zur Erklärung körperlicher Merkmale durch die natürliche Auslese.[3] So kann man mithilfe der Evolutionsbiologie und -theorie sehr gut erklären, warum z. B. der Fuß eines Insekts, eines Vogels oder Säugetiers in einer bestimmten Umwelt eine ganz spezifische Form und Funktion hat, wie beispielsweise die Haftlamellen eines Geckos oder die Zangen eines Hummers, die Tatze eines Löwen oder die pfannkuchenartige Sohle eines Elefantenfußes. Aber nicht nur überlebensförderliche Merkmale lassen sich mit Darwins Theorie erklären, sondern auch schöne und auffällige Merkmale, die häufig hinderlich für das Überleben sind und daher eigentlich durch die natürliche Auslese eliminiert werden müssten. Die Entstehung solcher Merkmale erklärt Darwins zweites Prinzip, die sexuelle Auslese, durch den Kampf sexueller Rivalen oder durch Wahl des Sexualpartners (z. B. Angriffswaffen und Verteidigungsmittel wie das Geweih der Hirsche bzw. eine auffallende Färbung und Form des Pfauenschwanzes, das Gesangsvermögen der Vögel etc.).

Am Ende des *Ursprungs der Arten* äußerte Darwin eine kühne Prognose: „Durch die Evolutionstheorie wird es zu einer bemerkenswerten Revolution in der Naturwissenschaft kommen. [...] Die Psychologie wird auf eine neue Grundlage gestellt."[4] Und so verglich er folgerichtig 1871 in der *Abstammung des Menschen* auf 150 Seiten die geistigen Fähigkeiten der Menschen mit denen anderer Tiere, z. B. Gefühle, Neugierde, Nachahmung, Aufmerksamkeit, Gedächtnis, Vorstellungskraft, Verstand, Werkzeuggebrauch, Abstraktion, Selbstbewusstsein, Sprache, Schönheitssinn, Glauben an Gott und Geister, Aberglauben und moralischen Sinn.[5]

Wenn Darwin recht hat, dann kann man Menschen, ihre Merkmale und Verhaltensweisen nur dann verstehen, wenn man sie als Produkte der Evolution sieht. Dies scheint heute aber immer noch vielen Menschen schwer

2   Darwin, C.: *On the origin of species by means of natural selection, or the preservation of favoured races in the struggle for life,* London 1964 [1859].
3   Eine prominente Ausnahme stellen hier die Kreationisten dar.
4   Darwin, C.: *On the origin of species by means of natural selection, or the preservation of favoured races in the struggle for life,* London 1964 [1859], S. 484, 488.
5   Darwin, C.: *The descent of man, and selection in relation to sex,* 2 vols., London 1981 [1871], S. 34-184.

zu fallen, vor allem wenn es um Verhaltensmerkmale und geistige Eigenschaften geht. Darwins Theorie ist daher ein Code, ein geheimer Schlüssel, der das Verständnis vieler rätselhafter Merkmale und Verhaltensweisen
möglich macht. Dies soll im Folgenden am Beispiel der Kunst veranschaulicht werden.

Die Kunst – ein Darwinisches Rätsel

Oscar Wilde fasste die Haltung vieler Menschen gegenüber der Kunst treffend zusammen mit seiner Feststellung „Alle Kunst ist völlig unnütz".[6] Ein
unnützes Merkmal ist aber weder überlebensförderlich noch bietet es einen
Vorteil bei der Reproduktion – auf den ersten Blick scheint es sich also
nicht um ein biologisches Merkmal zu handeln. Warum aber ist Kunst in
allen Kulturen vertreten und das seit sehr langer Zeit? Warum wird ein be-
trächtlicher Aufwand im Zusammenhang mit der Kunst betrieben, sei es finanziell, zeitlich oder durch die Mühe, die darauf verwandt wird? Auffällig
ist auch, dass Eroberer dazu tendieren, die Kunstwerke der Unterlegenen
zu zerstören – unabhängig davon, ob ihnen die Bedeutung der einzelnen
Objekte bekannt ist. Dies alles spricht dafür, dass Kunst bzw. Kunstwerke
eine wichtigere Funktion haben als häufig vermutet wird. Wenn aber Kunst
ein universelles Merkmal der biologischen Art Mensch wäre, dann müsste
es eine evolutionäre Erklärung für dieses Merkmal geben, Kunst müsste
einen Nutzen haben bzw. einen Zweck erfüllen und einen Selektionsvorteil
bieten. Die Frage ist: Welcher Nutzen oder Vorteil könnte dies sein, für wen
und unter welchen Bedingungen?

Zunächst sollte man jedoch definieren, was man unter „Kunst" versteht.
Auch wenn es keine allgemein anerkannte Definition für „Kunst" gibt, lassen sich doch zentrale Elemente festlegen, die üblicherweise ein Kunstobjekt ausmachen, z. B. ein Bild, eine Plastik, ein Theaterstück, eine Oper,
eine Installation oder ein Konzert:

1. Eine schöne oder anderweitig Interesse weckende Form (Ästhetik)
2. Die Verwendung als Nicht-Gebrauchsgegenstand (Luxus)
3. Eine (symbolische) Bedeutung
4. Ein Element der Phantasie

---

6   Wilde, O.: *The picture of Dorian Gray* [1891] (dt. Ausgabe: Das Bildnis des
    Dorian Gray und andere Werke, hrsg. von Friedmar Apel, Düsseldorf: Albatros
    2003), S. 8.

Die ältesten bislang gefundenen Kunstwerke stammen aus Mittel- und Westeuropa und sind ca. 37.000 Jahre alt: Höhlenmalereien in Südfrankreich und Nordspanien und figürliche Darstellungen, die auf der Schwäbischen Alb gefunden wurden. Das Interesse an Kunst bzw. die Befähigung zur Kunst muss daher deutlich älter sein. Da wir keine Fossilien bzw. Artefakte von Gesang, Körperbemalung etc. finden können, kann der genaue Zeitpunkt nicht datiert werden. Nach derzeitiger wissenschaftlicher Datenlage kann man jedoch davon ausgehen, dass Kunst wahrscheinlich ausschließlich bei den sogenannten modernen Menschen auftritt, d. h. nach der Trennung von den Neandertalern, aber vor der Migration auf die verschiedenen Kontinente, d. h. dieses Merkmal ist ca. 150.000 Jahre alt.

Wie können die Fähigkeit zur und die Anwendung von Kunst entstanden sein? Zwei biologische Mechanismen kommen hier in Frage: Die natürliche Auslese und/oder die sexuelle Auslese. Da ein direkter Überlebensvorteil erst einmal nicht erkennbar ist, lohnt sich der Blick auf die Mechanismen der sexuellen Auslese. In diesem Prozess wird die genetische Qualität eines Individuums einem potentiellen Reproduktionspartner signalisiert – vor allem durch das Erscheinungsbild der körperlichen Merkmale (Phänotyp), z. B. durch einen kräftigen Körperbau, glänzendes Fell bzw. Haare, symmetrische Gesichtsform etc., die die Leistungsfähigkeit bzw. Gesundheit erkennen lassen. Oft werden noch weitere Signale eingesetzt: Alle Gegenstände, Personen etc., die zur direkten Umgebung eines Menschen gehören, demonstrieren ebenfalls seine Eigenschaften, z. B. die Ausstattung der Wohnung, die Art des Autos, die verwendeten Werkzeuge, die Qualität der Kleidung, die Art der Freunde. Dieses Umfeld wird als „Erweiterter Phänotyp" oder „Erweitertes Ich" bezeichnet.[7] Da sie alle, wenn auch in indirekter Form, einem Individuum zugerechnet werden können und so die (genetische) Qualität repräsentieren, wird in der Regel sehr viel Wert darauf gelegt, dass sie möglichst positiv vom Gegenüber aufgenommen werden, d. h. sie unterliegen der Notwendigkeit einer ästhetischen Bearbeitung. So wird man, wenn man Gäste einlädt, eher zu schmackhaften Gerichten und einer ansprechenden Präsentation neigen, als unansehnliche Mahlzeiten auf Papptellern zu servieren.

Die Signale des „Erweiterten Ichs" bergen jedoch eine Gefahr für den Beobachter: Sie könnten gefälscht sein. Man kann sich ja nicht sicher sein, ob die Auskunft, der junge Herr gegenüber sei ein virtuoser Klavierpianist, tatsächlich korrekt ist, bis man sich mit eigenen Ohren und Augen davon überzeugen kann. Um die Fälschungssicherheit eines solchen Signals zu

---

7   Dawkins, R.: *The extended phenotype*, Oxford: W.H. Freeman 1982.

belegen, muss daher ein besonderer Aufwand betrieben werden. Die Handlungen und Darbietungen tendieren daher dazu, aufwändig, kostspielig, riskant, besonders geschickt, „nutzlos" oder schwierig zu sein. Je größer also das Handicap, desto ehrlicher bzw. verlässlicher ist das Signal (Handicap-Prinzip).[8]

Mithilfe der sexuellen Auslese und des Handicap-Prinzips lassen sich die ersten beiden Kunstmerkmale daher sehr gut verstehen:

1. Die schöne bzw. Interesse weckende Form einer Kunstdarbietung ist Ausdruck der handwerklichen und geistigen Fähigkeiten des Künstlers. Sie ist ein Qualitätssignal.
2. Der Luxus bzw. die Unmöglichkeit, ein Kunstobjekt als Gebrauchsgegenstand zu nutzen, verweist darauf, dass mithilfe dieses Handicaps das Qualitätssignal verstärkt wird: Es ist ein Ehrlichkeitssignal.

Die schöne oder interessante Form und ihre Nicht-Gebrauchsfähigkeit entsprechen somit der Qualitätsdemonstration und dem „Erweiterten Ich" des Künstlers und sind vorteilhaft bei der *sexuellen Auslese*.

Wie hängen nun die Ästhetik (schöne/interessante Form) und Luxus mit der symbolischen Bedeutung und den Elementen der Phantasie zusammen? Kunst ist der Austausch von Ideen und Konzepten innerhalb einer Gruppe, d. h. sie ist ein *Kommunikationsmittel*, eine nonverbale Sprache. Ihre Symbolik ist meist ebenso willkürlich wie die Zuschreibung eines Worts zu einem Gegenstand und muss innerhalb der Gruppe erlernt werden, um sie vollständig verstehen zu können. Teilweise ist die Symbolik auch anderen Gruppen zugänglich, oft aber auch nicht.

Kunst drückt mit ihren Mitteln die Welt der Wünsche und der Möglichkeiten aus – jenseits der Realität, die von der Wissenschaft erfasst und beschrieben wird. Der Austausch über eine bestimmte Kunstform ist somit ein *Austausch über Wünsche und Phantasien* der Gruppenmitglieder. So gibt ein monochromes Bild von Yves Klein mit dem Titel *Blau* viel Raum für eine Vielzahl von Interpretationen, über die sich die Gruppenmitglieder austauschen können – und eventuell sogar Einigung erzielen.

Kunst ist also nicht nur ein Signal des Künstlers an seine Umwelt, sondern eine Technik, die von modernen Menschen vor ca. 150.000 Jahren entwickelt wurde, um mit anderen Mitgliedern der sozialen Gruppe über Wünsche und Gefühle zu kommunizieren – und sich auch von anderen

---

8   Zahavi, A.: Mate selection – A selection for a handicap, in: *Journal of Theoretical Biology* 53, 1975, S. 205-214.

Gruppen abzugrenzen. Oscar Wilde fasste diese Bedeutung der Kunst wie folgt zusammen: „Es gibt nichts, was die Kunst nicht ausdrücken könnte."[9]

Warum ist dies notwendig – und wo liegt der Selektionsvorteil dieses Austauschs über Wünsche und Gefühle in einer sozialen Gruppe? Der Schlüssel zum Verständnis liegt in der Ambivalenz sozialer Tiere: In Gruppen lebende Tiere konkurrieren immer innerhalb der Gruppe um Ressourcen, Fortpflanzungspartner und Rang. Es entstehen dadurch divergierende Interessen der Individuen innerhalb einer Gruppe und von Individuen gegenüber dem Rest der Gruppe – so kommt es zu Konflikten, Täuschungsmanövern, Betrug etc. Andererseits ist die Gruppe insgesamt auf eine möglichst gute Kooperation angewiesen und dies setzt Vertrauen und Wohlwollen der Gruppenmitglieder untereinander voraus. Es ist also ein ständiger Interessenabgleich notwendig, die Synchronisation unterschiedlicher individueller und Gruppeninteressen, ganz verschiedener Wünsche und Ziele. Dies kann mithilfe der Kunst gelingen, wenn sich die Mitglieder einer Gruppe mit einem Kunstwerk identifizieren und darüber gemeinsame Phantasien und Wünsche finden, ausdrücken und stärken.

Wenn man diese evolutionsbiologischen Überlegungen zugrunde legt, dann kann der Selektionsvorteil der Kunst für die frühen Gruppen des *Homo sapiens* in der Möglichkeit gelegen haben, divergierende Interessen zu bündeln, Einigung zu erzielen und eine intensivere Zusammenarbeit auch in kritischen Situationen zu erreichen und so eine Stärke gegen andere rivalisierende Gruppen oder Tiere zu entwickeln. Die Kunst machte diese Gruppen zu einer Art „Superorganismus", der nun auch durch die *natürliche Auslese* gefördert wurde. Die Kraft der Kunst bestand und besteht also darin, divergierende Wünsche und Ziele einer sozialen Gruppe zu synchronisieren und sie damit erfolgreicher zu machen.

Religion: Die jüngere, unsympathischere Schwester

Es gibt neben der Kunst noch weitere gemeinschaftsbildende Aktivitäten, z. B. Sportveranstaltungen, Rituale, Sprache und sexuelle bzw. körperliche Kontakte (z. B. Fellpflege). Besonders auffällig sind aber die Gemeinsamkeiten von Kunst und Religion:

---

9   Wilde, The picture of Dorian Gray [1891], S. 18.

1. Eine schöne oder Interesse weckende Form findet man häufig bei Sakralbauten, kirchlichen Gemälden und Musik.
2. Auch Aufwand bzw. Luxus und Nicht-Nützlichkeit sind ein zentrales Element von Religionen: Gebete, Ornamente, Gewänder, Opfer sind hier typische Beispiele.
3. Symbolik findet sich ebenfalls immer, sei es als Kreuz, in Form einer Hostie etc.
4. Ebenso wie die Kunst beziehen sich Religionen auf das Reich der Phantasie, z. B. mit Schöpfungsgeschichten und den Eigenschaften übernatürlicher Götter.

Es liegt daher nahe, dass Kunst und Religion eine ähnliche oder gleiche Funktion haben. Wie sieht es aber mit den Unterschieden zwischen den beiden „Schwestern" aus?

Während bei der Kunst Schönheit, Aufwand und Besonderheit als Qualitätssignal dienen, mit denen sich die Individuen der Gruppe freiwillig identifizieren können – aber nicht müssen, tritt bei den Religionen an die Stelle der Freiwilligkeit psychischer Zwang, der durch Drohungen (Hölle), Vorschriften, Gebote und Verbote ausgeübt wird. Auch bei Luxus und Aufwand zeigen sich deutliche Unterschiede: Sie dienen in erster Linie als Qualitätssignal für die Vertreter der Religionen (Prachtgewänder, Schmuck, Insignien etc.) – die Gläubigen werden oft mit eher billigen Signalen abgespeist, z. B. einer dünnen Teigplatte, die das Fleisch eines Gottes darstellen soll.

Und im Gegensatz zur Kunst, die für ihre Werke gerade keinen Realitätsanspruch einfordert, sondern mit den Wünschen und Phantasien spielt, beharren Religionen auf ihrem Realitäts- und Wahrheitsanspruch, etwa bei den Erzählungen zur Entstehung der Welt.

Kunst und Religion lassen sich also als unterschiedliche Strategien verstehen, mit deren Hilfe, abhängig von den jeweiligen Umweltbedingungen, ein übereinstimmendes Ziel verfolgt wird: Gemeinschaftsbildung. Die entscheidende Frage ist nun, worin die unterschiedlichen Umweltbedingungen liegen können.

Belege für den Glauben an übernatürliche und übermächtige Götter findet man in der Altsteinzeit nicht – im Gegensatz zur Kunst. Auch die Begräbnisse der Neandertaler mit den typischen Grabbeigaben lassen keinen Schluss auf den Glauben an ein übernatürliches Wesen oder Unsterblichkeit zu. Alle heutigen größeren Religionen entstanden nach der Neolithischen

Revolution, erst vor ca. 4.000 Jahren, als es zur Bildung von Städten und Staaten kam, zu Arbeitsteilungen und einem enormen Machtgefälle.

Divergierende Wünsche und Gefühle lassen sich in einem hierarchischen System nur schwer in einem Kunstwerk verbinden – an die Stelle des freiwilligen Interesses tritt der Zwang der Mächtigen gegenüber den Untergebenen. Man könnte daher die Religionen als „Zwangskunst hierarchischer Systeme" bezeichnen, die zur Absicherung der asymmetrischen Machtverhältnisse genutzt und missbraucht werden kann.

Der entscheidende Unterschied lässt sich plakativ so formulieren: Kunst dient der Gemeinschaftsbildung vor allem in egalitären Gruppen, in denen individuelle Interessen gewahrt werden; Religion dient der Gemeinschaftsbildung vor allem in hierarchischen Systemen, die besonders dem Machterhalt Weniger und nicht so sehr den individuellen Interessen der Mehrheit dienen. Dass diese Entwicklung prinzipiell umkehrbar ist, hat Friedrich Nietzsche formuliert: „Die Kunst erhebt ihr Haupt, wo die Religionen nachlassen." So lassen sich die Freiheitsgrade der Individuen einer Gemeinschaft gut daran messen, welchen Raum die Kunst im Verhältnis zur Religion einnimmt.

In diesem Zusammenhang löst sich auch der Dualismus, der gerne zwischen Wissenschaft und Religion aufgebaut und vehement diskutiert wird, auf. Kenntnis über die Realität und das Reich der Phantasie gehören zum Wesen der Menschen. Die Frage lautet daher nicht, ob Wissenschaft und Religion miteinander vereinbar sind oder nicht. Stattdessen kann man die Schlussfolgerung ziehen: Wer Wissenschaft und Kunst hat, braucht keine Religion.

Literatur

Darwin, C.: *The correspondence of Charles Darwin,* Vol. 3, 1844-1846, Cambridge: Cambridge University Press [1844].

Darwin, C.: *On the origin of species by means of natural selection, or the preservation of favoured races in the struggle for life,* London: Murray; A Facsimile of the First Edition with an Introduction by Ernst Mayr, Harvard University Press 1964 [1859].

Darwin, C.: *The descent of man, and selection in relation to sex,* 2 vols, London: Murray; Facsimile in der Ausgabe von Princeton University Press, 1981 [1871].

Dawkins, R.: *The extended phenotype: The long reach of the gene,* Oxford: Oxford Univ. Press 1982.

Junker, T. / Paul, S.: *Der Darwin Code – Die Evolution erklärt unser Leben*, 2. Aufl., München: C.H. Beck 2009.

Wilde, O.: *The picture of Dorian Gray* [1891] (dt. Ausgabe: Das Bildnis des Dorian Gray und andere Werke, hrsg. von Friedmar Apel, Düsseldorf: Albatros 2003).

Zahavi, A.: Mate selection – A selection for a handicap, in: *Journal of Theoretical Biology* 53, 1975, S. 205-214.

Dieser Vortragstext umfasst den Inhalt der Kapitel „Die Biologie der Kunst" und „Von der Magie der Höhlen zur Religion" des Buchs *Der Darwin-Code: Die Evolution erklärt unser Leben* von Thomas Junker und Sabine Paul (München: C.H. Beck 2009).

Thomas Junker

Der Darwin-Code II: Helden und Terroristen

Die evolutionäre Logik der Selbstmordattentate

Auf den ersten Blick scheinen Selbstmordattentäter in ihrer Rücksichts-
losigkeit und Brutalität aus einer fremden Welt zu stammen. Entsprechend
weit verbreitet ist die Überzeugung, dass es sich um psychopathologische,
kriminelle oder irrationale Aktionen handelt, die Ausdruck eines nur für andere Religionen charakteristischen Fanatismus sind. Auch das in den Medien gerne verwendete Schlagwort vom „islamistischen Terror" suggeriert
diese Sichtweise. Die Tatsachen sprechen aber eine andere Sprache. Die
Attentäter stammen meist aus wohlhabenderen Mittelklassefamilien, haben oft eine bessere Ausbildung als die Mehrheit der Altersgenossen ihres
Heimatlandes und sie sind nicht von bitterer Armut bedroht, sondern stehen höchstens vor dem Problem, eine sozial respektierte und angemessen
bezahlte Stelle zu finden. Vor den Anschlägen sind sie weder durch kriminelle Aktivitäten aufgefallen, noch durch psychische Erkrankungen oder
suizidale Tendenzen. Sie zeichnen sich auch nur zum Teil durch religiösen
Fanatismus aus.[1]

Der Kontrast zwischen der Ungeheuerlichkeit der Aktionen und der
Normalität der Akteure ist zweifellos irritierend und schockierend. Umso
wichtiger ist es, ihre Motive und Handlungen wissenschaftlich zu untersuchen, zu verstehen und auf diese Weise zu entmystifizieren. Damit ergeben sich zum einen verbesserte Möglichkeiten, zukünftige Anschläge zu
verhindern. Zum anderen wirkt es dem angestrebten terroristischen Effekt
entgegen, der darauf abzielt, maximale Angst zu erzeugen. Denn auch real

---

1   National Commission on Terrorist Attacks upon the United States. The 9/11
    Commission Report, 21. August 2004.

begründete Angst erfährt eine inadäquate Verstärkung, wenn unberechen-
bare Situationen und scheinbar irrationales Verhalten ein Gefühl von Hilf-
losigkeit und Lähmung hinterlassen.

Warum gibt es Selbstmordattentate?

Unter einem Selbstmordattentat versteht man einen gewaltsamen Angriff,
bei dem der Attentäter den eigenen Tod bewusst herbeiführt. In der Wahl
der feindlichen Ziele unterscheidet es sich nicht grundlegend von anderen
militärischen Aktionen. Entweder sollen gegnerische Soldaten, Politiker,
Polizisten oder Zivilisten getötet werden, oder es werden symbolträchti-
ge bzw. militärisch oder anderweitig wichtige Objekte wie Militäranlagen,
Botschaften, Flugzeuge, Busse oder Märkte angegriffen.

Selbstmordattentate haben eine lange Tradition und eine neuere Geschichte, die ihren Anfang im Libanon der 1980er Jahre nahm. In einer Serie von mehr als dreißig Anschlägen wurden hier zwischen 1982 und 1986
mehr als 700 Menschen getötet. Allein den zwei verheerenden Anschlägen
der Hisbollah vom Oktober 1983 fielen fast 300 amerikanische und fran-
zösische Soldaten zum Opfer, was beide Länder zum Abzug ihrer Truppen
aus dem Libanon veranlasste. Dieser Erfolg inspirierte andere Guerilla-
Organisationen wie die *Tamil Tigers*, die im Norden von Sri Lanka für
einen eigenen Staat kämpften. In den 1990er Jahren verübten sie rund
die Hälfte aller weltweit bekanntgewordenen Selbstmordattentate. Nach
der dauerhaften Stationierung amerikanischer Truppen in Saudi-Arabien
und in anderen Ländern der Golf-Region im Zuge des ersten Irak-Krieges
(1990-1991) griffen Attentäter aus den Reihen der al-Qaida verschiedene
US-amerikanische Ziele an, u. a. im September 2001 das *World Trade Cen-
ter* und das Pentagon. Nach der Besetzung Afghanistans (2001) und der
Invasion im Irak (2003) kam es zu zahlreichen Anschlägen auf die fremden
Truppen und auch Zivilisten aus den beteiligten Staaten gerieten ins Visier
der Aufständischen (Bali 2002, Madrid 2004, London 2005). Seit dem Jahr
2000 verübten zudem tschetschenische Rebellen Attentate auf russische
Ziele. Diese Aufzählung soll nur einen ersten groben Überblick ermöglichen und erhebt keinen Anspruch auf Vollständigkeit.[2]

---

2 Eine detaillierte Liste findet sich in Pape, R. A.: *Dying to Win: The Strategic
    Logic of Suicide Terrorism*, New York 2006, S. 265-281; vgl. auch Merari, A.:
    Statement, in: *Terrorism and Threats to U.S. Interests in the Middle East ...*

Bis auf wenige Ausnahmen werden Selbstmordattentate nicht von isolierten Einzeltätern begangen, sondern sie stellen eine militärische Option
dar, die in längerfristigen Guerillakriegen zum Einsatz kommt. Und sie
werden nur von der jeweils schwächeren Seite verübt. Der extreme persönliche Einsatz soll dabei den Mangel an moderner Waffentechnik ausgleichen. Bei den Konflikten, in denen Selbstmordattentate als Waffe dienen,
handelt es sich ohne Ausnahme um nationale Befreiungsbewegungen gegen eine fremde militärische Besatzung und/oder gegen die eigene Regierung, wenn in der Bevölkerung der Eindruck besteht, dass diese fremden
Interessen dient.

Im Gegensatz zum klassischen Selbstmord sehen Selbstmordattentäter
ihre Tat nicht als Flucht, sondern als Pflicht. Es geht gerade nicht um die
Interessen des Individuums, das in auswegloser Situation oder bei Schmer-
zen ein unerträglich gewordenes Leben beendet. Der eigene Tod wird vielmehr als notwendiges Mittel in Kauf genommen, weil das übergeordnete
Ziel, die Verteidigung der eigenen Gruppe, nur so möglich erscheint. Während der „egoistische" Selbstmord in vielen Kulturen und Religionen unter
Strafe steht, wird der „altruistische" Selbstmord im Dienst einer gemeinsamen Sache in denselben Kulturen und Religionen verehrt.[3] Es besteht also
eine ähnliche Ambivalenz wie beim Mord, der dem Einzelnen innerhalb
der Gruppe untersagt ist, in kriegerischen Auseinandersetzungen aber gefordert wird. Insofern hat ein Selbstmordattentat ebenso viel und ebenso
wenig mit einem normalen Selbstmord gemeinsam wie ein gewöhnlicher
Mord mit der Tötung eines feindlichen Soldaten im Krieg.

Nationale Befreiungsbewegungen greifen aber in der Regel nur dann zu
dem extremen Mittel des Selbstmordattentats, wenn große kulturelle, vor
allem religiöse Unterschiede zu den Besatzungstruppen bestehen. Der entscheidende Faktor ist also nicht die spezielle Religion an sich – beispielsweise der Islam –, sondern *unterschiedliche religiöse Traditionen zwischen
den Konfliktparteien.* Offensichtlich lassen historische oder aktuelle religiöse Unterschiede eine fremde Militärmacht als besonders unerträglich
erscheinen. Die Selbstmordattentate entstehen also nicht in erster Linie aus
religiösem Fundamentalismus, sondern sie sind ein Ausdruck der asymmetrischen Kolonialkriege der Gegenwart.

[hasc no. 106-59], Washington, DC: U.S. Congress, 13 July 2000; Atran, S.:
Genesis of Suicide Terrorism, in: *Science* 299, 2003, S. 1534-1539.

3   Durkheim, É.: *Der Selbstmord* [Le suicide, 1897], Frankfurt a. M. 2006.

Soldaten und Märtyrer

Wenn diese allgemeinen Überlegungen zutreffen, dann kann es sich nicht um ein neues Phänomen handeln, sondern ähnliche Ereignisse müssen in der Geschichte der Menschheit häufiger vorgekommen sein. Dies ist auch der Fall. Das bekannteste Beispiel aus der jüngeren Vergangenheit sind die japanischen Kamikaze-Spezialtruppen im Zweiten Weltkrieg. Nachdem sich die militärische Situation rapide verschlechtert hatte, begann die japanische Armee im Juli 1944 amerikanische Schiffe im Pazifik mit speziellen Flugzeugen und bemannten Torpedos anzugreifen. Dabei brachten die Piloten die eigene Maschine beim Aufprall zur Detonation. Innerhalb des folgenden Jahres kamen fast 4000 Selbstmord-Piloten zum Einsatz, versenkten 375 Schiffe und töteten mehr als 12.000 amerikanische Soldaten. Aber auch diese Ereignisse liegen nur wenige Jahrzehnte zurück und sie spielten sich im fernen Asien ab, in einer uns fremden Kultur, wie man einwenden könnte. Schon ein oberflächlicher Blick auf die Geschichte des Abendlandes belehrt hier eines Besseren. Lässt man nur einige berühmte historische Mythen und Legenden Revue passieren, so wird schnell deutlich, dass auch in unserer eigenen Kultur Taten, die den modernen Selbstmordattentaten analog sind, eine enorme Bedeutung zugeschrieben wurde und wird.

Das vielleicht früheste überlieferte Selbstmordattentat wird aus der Zeit von vor 3000 Jahren aus Gaza berichtet. Zu dieser Zeit befanden sich die Israeliten in einem langwierigen Kampf mit fremden Seevölkern, den Philistern, die an der Küste Palästinas siedelten und den Gott Dagon anbeteten. Das Kriegsglück schwankte hin und her, aber für eine Weile schienen die Israeliten dank ihres Anführers Samson die Oberhand zu gewinnen. Unglücklicherweise verliebte sich dieser in die Philisterin Delila, die ihm das entscheidende militärische Geheimnis, den Grund seiner Stärke, entlockte: „Und sie ließ ihn einschlafen in ihrem Schoß und rief einen, der ihm die sieben Locken seines Hauptes abschnitt." Mit den Haaren verlor Samson auch seine Stärke. Er wurde überwältigt, man stach ihm die Augen aus und warf ihn in einen Kerker.

Als die Philister einige Zeit später ein großes Fest veranstalteten, wurde Samson als Siegestrophäe vorgeführt. Inzwischen waren seine Haare (und damit seine Stärke) wieder nachgewachsen, geblendet wie er war, konnte er aber nur noch zu einer Verzweiflungstat greifen: „Er umfasste die zwei Mittelsäulen, auf denen das Haus ruhte, […] stemmte sich gegen sie und sprach: 'Ich will sterben mit den Philistern!' und er neigte sich mit aller Kraft. Da fiel das Haus auf die Fürsten und auf alles Volk, das darin war, *so dass es mehr Tote waren, die er durch seinen Tod tötete, als die er zu seinen Lebzeiten getötet hatte"* (Richter 16,4-30). Noch im heutigen Israel steht Samsons heroische Tat für die nationale Selbstbehauptung. So wird der Einsatz der (offiziell nicht zugegebenen) Atomwaffen Israels im Falle einer drohenden Vernichtung als „Samson-Option" bezeichnet.

Auch am Anfang der humanistischen Tradition des Abendlandes steht eine legendäre militärische Selbstaufopferung. In den Jahren 480 und 479 v.u.Z. gelang es den Griechen, das zahlenmäßig weit überlegene Heer des Perserkönigs Xerxes in den siegreichen Schlachten von Salamis und Plataiai zurückzuschlagen und ihre Unabhängigkeit zu verteidigen. Bis heute wird der Sieg der Griechen in den Perserkriegen von Historikern „als eines der großen Wunder der Weltgeschichte" bezeichnet.[4] Als wichtige Voraussetzung für diese Siege gilt die Schlacht an den Thermopylen vom August 480 v.u.Z. Der Überlieferung zufolge verteidigte der Spartanerkönig Leonidas diesen Engpass zusammen mit 300 Spartanern und weiteren griechischen Soldaten, um den Abzug des Haupttheeres zu decken, obwohl dies ihren sicheren Tod bedeutete.

Und schließlich gibt es enge historische Verbindungen zwischen der vielleicht frühesten *Serie von Selbstmordattentaten* und der Entstehung des Christentums. Im ersten Jahrhundert v.u.Z. dehnten die Römer ihre Herrschaft auf die östlichen Mittelmeerländer aus. In Palästina leisteten die Juden daraufhin jahrzehntelang hartnäckigen Widerstand gegen die Fremdherrschaft. Treibende Kraft waren die Zeloten, die die Römer in einem zermürbenden Guerillakrieg aus dem Land zu vertreiben suchten.[5] Eine ihrer Strategien war es, römische Besatzer und jüdische Kollaborateure in aller Öffentlichkeit zu ermorden, was einem Selbstmordattentat gleichkam, da sie mit großer Wahrscheinlichkeit gefasst und hingerichtet wurden. Der Aufstand der Zeloten mündete schließlich in den Jüdischen Krieg (66 bis 70 u.Z.), der mit der Niederlage der Juden und der Zerstörung von Jerusalem endete. Einige Zeloten konnten sich nach dem Fall der Stadt in die Bergfestung Masada zurückziehen, wo sie sich noch drei Jahre der römischen Belagerung widersetzten.

In dieser historischen Situation entstand auch das Christentum. Immerhin fünf der zwölf Apostel von Jesus kamen aus den Reihen der Zeloten.

---

4   Bengtson, H. (Hrsg.): *Griechen und Perser* (Die Mittelmeerwelt im Altertum I), Fischer Weltgeschichte Bd. 5, Frankfurt a. M. 1965, S. 68-69; vgl. auch Albertz, A.: *Exemplarisches Heldentum*, München 2006.

5   Maccoby, H.: *Revolution in Judaea: Jesus and the Jewish Resistance*, London 1973 (deutsche Ausg.: Jesus und der jüdische Freiheitskampf, 1996).

Wie diese strebten die Jesus-Anhänger ein Ende der römischen Herrschaft an, sie glaubten aber nicht an eine militärische Lösung, sondern richteten ihre Hoffnungen auf ein wunderbares Ereignis. Und sie waren ähnlich opferbereit wie die Zeloten. Der Überlieferung zufolge nahm ihr Religionsstifter im Jahr 30 u.Z. seine Hinrichtung bewusst in Kauf, um die Menschheit zu erlösen. Im Zentrum des christlichen Glaubens steht seither die Selbstaufopferung des Individuums, versinnbildlicht durch den selbstgewählten Tod ihres Messias. Noch heute sieht die katholische Kirche den „eigentlichen und tiefsten Sinn des Lebens" der Menschen darin, den Religionsstifter nachzuahmen und ihr „Leben für die Brüder hinzugeben".[6] Von den beiden Elementen eines Selbstmordattentats – der Aufopferung des Individuums für die Gruppe und der nach außen gerichteten Aggression – wird im zentralen Mythos des Christentums nur ersteres betont. Dass auch der zweite, aggressive Aspekt mobilisierbar ist, haben die Kreuzzüge und andere Kriege im Zeichen des Kreuzes gezeigt.

Lässt man diese historischen Beispiele Revue passieren, so finden sich alle oben genannten Kriterien: Selbstmordattentate werden von der militärisch schwächeren Seite in nationalen Verteidigungs- oder Befreiungskriegen eingesetzt, in denen es große kulturelle und religiöse Unterschiede zu den Angreifern bzw. Besatzern gibt. In dieser Situation opfern einige Individuen ihr Leben für die soziale Gruppe auf und werden von ihr dafür als Helden erinnert und verehrt. Zu einem Massenphänomen kann dies werden, wenn es einen hohen Prozentsatz männlicher Jugendlicher in einer Bevölkerung gibt, die kaum Chancen auf einen angemessenen Beruf haben.[7] Wenn dieses Verhalten aber zu unterschiedlichen Zeiten und in verschiedenen Kulturen auftritt, dann ist es nicht unplausibel anzunehmen, dass ihm eine biologische Anlage zugrunde liegt.

Die evolutionsbiologische Perspektive

Inwiefern kann nun die Evolutionsbiologie etwas zum Verständnis der modernen Selbstmordattentate beitragen? Wie bei jeder anderen Verhaltensweise kommt es darauf an, zum einen die Umweltbedingungen zu beachten, unter denen sie auftritt. Ebenso wichtig aber ist es, die ererb-

---

6   Johannes Paul II. [Wojtyła, K.]: *Evangelium vitae*. Enzyklika vom 25. März 1995, Rom 1995, S. 49, 51.

7   Heinsohn, G.: *Söhne und Weltmacht*, Zürich 2003.

ten Anlagen in Betracht zu ziehen, die wesentlich mitbestimmen, wie ein Mensch seine Erfahrungen verarbeitet und in Handlungen umsetzt. Nach der Darwinschen Selektionstheorie existieren Lebewesen letztlich nur, um das Überleben und die Verbreitung ihrer Gene sicherzustellen, was normalerweise durch die Fortpflanzung erreicht wird. Auf den ersten Blick sind Selbstmordattentate also nicht mit der natürlichen Auslese erklärbar. Denn dies würde ja bedeuten, dass ein Individuum seine Fortpflanzungschancen dadurch verbessert, *dass es sich nicht fortpflanzt*. Entsprechende Gene dürfte es – von seltenen Neumutationen abgesehen – also gar nicht geben. Tatsächlich handelt es sich aber um einen *scheinbaren* Widerspruch und um einen biologisch bedingten Denkfehler. Wie die meisten Säugetiere sind Menschen in erster Linie darauf programmiert, eigene Kinder zu bekommen, und so übersieht man leicht, dass dies nur *eine* von verschiedenen Möglichkeiten ist, wie ein Organismus seine Gene verbreiten kann.

Wie sorgt beispielsweise eine sterile Arbeiterin bei den Ameisen für die Verbreitung ihrer Gene? Die Antwort ist, dass der reproduktive Erfolg eines Individuums sowohl davon abhängt, wie viel Nachwuchs es selbst produziert, als auch davon, wie viel seine Verwandten hervorbringen. Der entscheidende Punkt ist, dass ein Mensch nicht selbst Kinder zeugen oder austragen muss, da seine Gene auch in seinen Verwandten vorhanden sind und zwar umso mehr, je enger die Verwandtschaft ist. Im Prinzip ist diese indirekte Form der Fortpflanzung *eine mögliche Strategie aller Lebewesen*, sie führt aber nur dann zur Selbstaufopferung, wenn die Individuen in sozialen Verbänden mit ihren engsten Verwandten zusammenleben und diese als solche erkennen. Und sie führt zu Begleiterscheinungen, die auch für menschliche Selbstmordattentäter charakteristisch sind: zur Aufopferung der (sterilen) Individuen für die Gruppe und zu erhöhter Aggressivität nach außen.[8]

Die biologische Erklärung von Altruismus und Selbstaufopferung ist in sich schlüssig und wird durch eine ganze Reihe von Beobachtungen bestätigt. Und doch scheint sie für das Verständnis der modernen Selbstmordattentate kaum geeignet. Die Strategie der indirekten Fortpflanzung beruht ja darauf, dass ein Individuum *seine Verwandten* bei deren Reproduktion unterstützt. Die Selbstmordattentäter opfern sich aber nach ihrem Selbstverständnis für Nationen, für religiöse und politische Organisationen oder für die ganze Menschheit auf. Bedeutet dies, dass die evolutionäre Erklä-

---

8   Hölldobler, B. / Wilson, E. O.: *Ameisen. Die Entdeckung einer faszinierenden Welt* [Journey to the Ants, 1994], München / Zürich 2001.

rung an ihre Grenzen stößt? – Nicht unbedingt, aber zwei wichtige Punkte müssen noch geklärt werden.

1. Inwiefern profitieren die Familien der Attentäter von deren Tod? Aus dem palästinensisch-israelischen Konflikt ist bekannt, dass die Familien von den ausführenden Organisationen und aus Spenden ganz beträchtliche Zuwendungen erhalten. Auf der anderen Seite zerstört die israelische Armee systematisch ihre Häuser. Beide Konfliktparteien erkennen also dadurch, dass sie die Familien in positive oder negative „Sippenhaft" nehmen, die biologische Logik an.

2. Woran erkennt ein Individuum seine Verwandten? Der biologischen Forschung zufolge gehen Menschen instinktiv von genetischer Übereinstimmung aus, wenn sie folgende Situationen bzw. Merkmale antreffen: a) räumliche Nähe und persönliche Vertrautheit, b) Ähnlichkeit, c) an die Familie erinnernde Gruppenstrukturen und d) vielfältige Zeichen, die Verwandtschaft symbolisieren. Wenn eine Organisation ihre Mitglieder also zur Selbstaufopferung bewegen will, wird sie versuchen, diese Hinweise zu imitieren. Auf diese Weise wird es möglich, das nur im engsten Verwandtschaftskreis biologisch sinnvolle Verhalten auch in Gruppen aus nicht-verwandten Individuen abzurufen.

Wie gut dieser Mechanismus funktioniert und wie vergleichsweise leicht es ist, Menschen auf diese Weise zur Identifikation mit einer Gruppe zu bewegen, kann man an Sportvereinen, Armeen, Firmen, Parteien, Staaten („Landesvater") und Religionsgemeinschaften sehen. In diesen Verbänden werden dem Einzelnen oft beträchtliche Opfer für eine Gruppe aus nicht-verwandten Personen abverlangt, was durch die Herstellung einer Pseudofamilie erreicht wird. Darwins Selektionstheorie ist also nicht nur in der Lage zu erklären, warum und unter welchen Bedingungen sich Individuen als Selbstmordattentäter oder Märtyrer für ihre Verwandten aufopfern, sondern sie zeigt auch, wie es zu biologisch kontraproduktivem Verhalten kommen kann – durch Manipulation der Verwandtenerkennung in Pseudofamilien.[9]

In der Literatur stößt man häufig auf die These, dass Menschen durch individuelle Belohnungen zu diesen Aktionen motiviert werden. Besonderer Beliebtheit erfreuen sich in diesem Zusammenhang die blumigen Ausführungen im Koran. Die Märtyrer für den Islam, so heißt es dort, gehen unmittelbar nach ihrem Tod ins Paradies ein: Sie werden in „won-

---

9   Hepper, P. G. (Hrsg.): *Kin Recognition*, Cambridge 1991; Qirko, H. N.: 'Fictive Kin' and Suicide Terrorism, in: *Science* 304, 2004, S. 49-50.

nevollen Gärten" wohnen „und Jungfrauen mit großen schwarzen Augen, gleich Perlen, die noch in ihren Muscheln verborgen sind, bekommen sie als Lohn ihres Tuns" (Sure 56, Verse 12-25). Meist werden diese reichlich phantastischen Vorstellungen im Westen mit Spott bedacht, aber analoge Versprechungen finden sich auch in den christlichen Religionen und sollen auch hier die Gläubigen mit der Selbstaufopferung versöhnen. Die Wahrscheinlichkeit, dass diese Versprechungen tatsächlich eintreffen, mag eher gering einzuschätzen sein, aus Sicht eines Gläubigen ist sie aber wohl größer als Null. Insofern kann man ihr Verhalten als Hochrisiko-Strategie beschreiben.

Welchen Vorteil hat ein Lebewesen davon, hohe Risiken einzugehen? Auf den ersten Blick sollte man vermuten, dass es sinnvoller ist, unnötige Risiken möglichst zu vermeiden und in den meisten Situationen tun Tiere dies auch. Es gibt aber interessante Ausnahmen von dieser Regel – die sexuellen Signale. So locken die Männchen vieler Tierarten mit lautem Gesang, bunten Farben oder auffälligen Präsentationen nicht nur die Weibchen, sondern auch Raubtiere an. Psychologische Untersuchungen haben gezeigt, dass sowohl Männer als auch Frauen Personen als Sexualpartner und als Freunde bevorzugen, die bereit sind, größere Risiken einzugehen. Dies gilt vor allem, wenn ihr Mut und ihre Risikofreude anderen zugute kommen, d. h. einem sozialen Ziel dienen. Aber auch wenn das nicht der Fall ist, bei riskanten Sportarten beispielsweise, fördert entsprechendes Verhalten das Ansehen in einer Gruppe gleichgeschlechtlicher Freunde.[10]

Unter den Bedingungen der Zivilisation laufen die biologischen Tendenzen zur Selbstaufopferung für Verwandte und zu Hochrisiko-Verhalten nun vielfach ins Leere und werden von religiösen oder anderen Organisationen ausgenutzt. Indem diese sich als Pseudofamilien präsentieren, ist es möglich, Individuen zu einem Verhalten zu bewegen, das ihren Überlebens- und Fortpflanzungsinteressen objektiv schadet. Dies gilt aber nicht für die ausführenden Organisationen; für diese kann es sich um eine Erfolg versprechende und rationale Kriegsstrategie handeln. Wie auch immer man Selbstmordattentate bewertet, eines ist deutlich: Es handelt sich um eine Verhaltensweise, die in der biologischen Natur der Menschen angelegt ist. Es erfordert aber außergewöhnliche Umstände, damit die psychische Disposition aller Menschen zu sozialem Verhalten sich bis zu diesem Ausmaß an Selbstaufopferung und Aggression steigert.

---

10 Farthing, G. W.: Attitudes Toward Heroic and Nonheroic Physical Risk Takers as Mates and as Friends, in: *Evolution and Human Behavior* 26, 2005, S. 171-185.

Gegenmaßnahmen: Was sagt die Biologie?

Wir betrachten Selbstmordattentate heute meist mit einer eigenartigen Ambivalenz aus Grauen und Faszination. Der Sinneswandel der letzten Jahrzehnte, weg von der Bewunderung der Helden, hin zur Verdammung der Terroristen, hat viel damit zu tun, dass wir in den modernen asymmetrischen Kriegen die potentiellen Opfer dieser Täter sind und nicht von ihrem Einsatz profitieren. Die Ambivalenz hat aber auch eine biologische Basis: Menschen ähneln in vielen Aspekten ihres Soziallebens den Ameisen und anderen sozialen Insekten. Wie jene führen sie Kriege, versklaven fremde Völker, domestizieren andere Tiere und gehen bei der Verteidigung ihrer Verwandten bis zum Selbstmord. Nichtsdestoweniger sind Menschen in erster Linie Säugetiere und dieses evolutionäre Erbe hat zur Folge, dass sie die *eigene Fortpflanzung* und damit das *persönliche Überleben und Wohlergehen* bevorzugen. Dies erklärt, warum wir bei bedingungslosen Akten der Aufopferung für die Familie und ihre modernen Surrogate mit instinktivem Grauen und Abscheu auf die damit einhergehende Auslöschung des Individuums reagieren.

Menschen sind altruistisch genug, um von militärischem Heldenmut, von Selbstmordattentaten und Märtyrertoden fasziniert zu sein, aber sie sind egoistisch genug, um die Schattenseiten dieser Aktionen zu sehen und sie tolerieren sie nur unter außergewöhnlichen Umständen. Die Religionen erzeugen dieses Verhalten mit ihren Paradies-Versprechungen nicht, aber sie nutzen die Macht der Phantasie und des Wunschdenkens und sie vertrauen auf die Unmöglichkeit, sich den eigenen Tod vorzustellen. Auf der anderen Seite verringern Aufklärung und eine attraktive säkulare Alternative die Bereitschaft zur Selbstzerstörung. Der Effekt lässt sich in Europa beobachten, wo die Religion viel von ihrem Einfluss auf die Menschen verloren hat; nicht weil ihre Versprechungen und Drohungen geringer geworden sind, sondern weil sie nicht mehr geglaubt werden. Dieser kulturelle Fortschritt ist in erster Linie eine Folge der verbesserten Lebensqualität (und kann mit ihr wieder verschwinden). Steigen die Chancen auf ein erfülltes Leben im Diesseits, dann verliert die extreme Hochrisiko-Strategie der Selbstmordattentäter und Märtyrer viel von ihrer Attraktivität. Ihr instinktiver, biologischer Anteil lässt sich in den immer noch gefährlichen, aber in ihren gesellschaftlichen Kosten akzeptablen Risikosportarten ausleben.

All dies kann aber nur zum Erfolg führen, wenn die betroffenen Volksgruppen die Unterstützung der Selbstmordattentäter und ihrer Organisationen einstellen. Zwei Möglichkeiten werden in diesem Zusammenhang diskutiert: Zum einen wäre es denkbar, die ökonomischen, sozialen und politischen Strukturen dieser Länder so weitgehend zu beschädigen, dass jeder Widerstand zusammenbricht. Ein historisches Beispiel ist Japan, das die Kamikaze-Aktionen nach der atomaren Zerstörung von Hiroshima und Nagasaki beendete und kapitulierte. In Anbetracht der in die Hunderte von Millionen gehenden Bevölkerungen, aus denen sich gegenwärtig die Selbstmordattentäter rekrutieren, die zudem über viele mit dem Westen verbündete Länder verteilt sind, sei dies aber nicht durchführbar.[11] Zum anderen wäre es aber auch möglich, den ökonomischen und nationalen Interessen der betroffenen Volksgruppen Rechnung zu tragen. Auch dann sollte der grausige Spuk menschlicher Bomben in absehbarer Zeit eine Sache der Vergangenheit sein.

Literatur

Albertz, A.: *Exemplarisches Heldentum. Die Rezeptionsgeschichte der Schlacht an den Thermopylen von der Antike bis zur Gegenwart*, München: Oldenbourg 2006.

Atran, S.: Genesis of Suicide Terrorism, in: *Science* 299, 2003, S. 1534-1539.

Bengtson, H. (Hrsg.): *Griechen und Perser* (Die Mittelmeerwelt im Altertum I), Fischer Weltgeschichte Bd. 5, Frankfurt a. M.: S. Fischer 1965.

Durkheim, É.: *Der Selbstmord* [Le suicide, 1897], Frankfurt a.M.: Suhrkamp 2006.

Farthing, G. W.: Attitudes Toward Heroic and Nonheroic Physical Risk Takers as Mates and as Friends, in: *Evolution and Human Behavior* 26, 2005, S. 171-185.

Heinsohn, G.: *Söhne und Weltmacht: Terror im Aufstieg und Fall der Nationen*, Zürich: Orell Füssli 2003.

Hepper, P. G. (Hrsg.): *Kin Recognition*, Cambridge: Cambridge Univ. Press 1991.

Hölldobler, B. / Wilson, E. O.: *Ameisen. Die Entdeckung einer faszinierenden Welt* [Journey to the Ants, 1994], München / Zürich: Piper 2001.

Johannes Paul II [Wojtyla, K.]: *Evangelium vitae*. Enzyklika vom 25. März 1995, Rom: Libreria Editrice Vaticana 1995.

Junker, T. / Paul, S.: *Der Darwin-Code: Die Evolution erklärt unser Leben*, München: C.H. Beck 2009.

Maccoby, H.: *Revolution in Judaea: Jesus and the Jewish Resistance*, London: Orbach & Chambers 1973 (deutsche Ausg.: Jesus und der jüdische Freiheitskampf, 1996).

---

11 Atran, S.: Genesis of Suicide Terrorism, in: *Science* 299, 2003, S. 1534-1539.

Merari, A.: Statement, in: *Terrorism and Threats to U.S. Interests in the Middle East* ... [hasc no. 106-59], Washington, DC: U.S. Congress, 13 July 2000 (http://tinyurl.com/g10v).

National Commission on Terrorist Attacks upon the United States. The 9/11 Commission Report, 21. August 2004 (http://www.9-11commission.gov/report/index.htm).

Pape, R. A.: *Dying to Win: The Strategic Logic of Suicide Terrorism*, New York: Random House 2006.

Qirko, H. N.: 'Fictive Kin' and Suicide Terrorism, in: *Science* 304, 2004, S. 49-50.

Dieser Beitrag ist verändert und gekürzt nach dem Kapitel „Helden und Terroristen" des Buchs *Der Darwin-Code: Die Evolution erklärt unser Leben* von Thomas Junker und Sabine Paul (München: C.H. Beck 2009).

Rainer Prätorius

Von Amerikanern und Affen

Die schwierige Positionierung des Säkularismus in den USA

Der „Affenprozess" ist heute noch Legende. Kommt die Sprache auf die Darwin'sche Evolutionslehre, auf religiöse Widerstände gegen diese, auf den Streit um Fundamentalismus und Säkularismus, dann haben viele US-Amerikaner rasch ein berühmtes Bild vor Augen: William Jennings Bryan und Clarence Darrow als Prozessvertreter im Scopes Trial von 1925, in einem überhitzten Gerichtsraum in Dayton, Tennessee.[1] Darrow verteidigte den Schullehrer Scopes, der wegen des Unterrichtens der Evolutionslehre angeklagt war, und nutzte die Gelegenheit für Auftritte von nationaler, ja internationaler Resonanz. Eingegraben in das öffentliche Bewusstsein haben sich dabei kaum Argumente *für* die Darwin'sche Theorie als die ätzenden Polemiken *gegen* bigotte Hinterwäldler, die der Schöpfungslehre anhingen, und den populistischen Politiker Bryan, der sie juristisch vertrat. Verbreitet vor allem über die Berichterstattung durch den Journalisten Henry Louis Mencken wurden diese Polemiken zu einem Fanal des säkularen, wissenschaftsorientierten Zeitgeistes erkoren und nährten so die Legendenbildung, Dayton 1925 sei eine siegreiche Schlacht für die Kräfte des Fortschritts über die dumpfe Religiosität gewesen. Die spätere Dramatisierung in einem Broadway-Stück und einem Hollywood-Film (*Inherit the Wind*) trug das Ihre dazu bei. Dabei war der Scopes-Trial ein Triumph nur im Bewusstsein derer, die ohnehin die Überlegenheit der naturalistischen Weltsicht voraussetzten. Immerhin war das juristische Ergebnis ein Schuldspruch (der später wegen Verfahrensfehlern aufgehoben wurde); das Staatsgesetz gegen die Evolutionslehre an Schulen, das ihm zugrunde lag,

---

1 Vgl. z. B. in Balmer, Randall / Winner, Lauren F.: *Protestantism in America*, New York / Chichester, West Sussex: Columbia Univ. Press 2002, S. 21.

bestand fort und wurde in den 30er Jahren durch entsprechende Gesetze anderer Staaten ergänzt (z. B. Arkansas, Louisiana), die noch zwei Jahrzehnte lang fortbestanden.

Liberale, urbane Intellektuelle sahen mit Darrow und Mencken in solchen Gesetzen eine provinzielle Rückständigkeit der Südstaaten, einen Mief, in dem der aufgeklärten Minderheit in Personen wie dem bedauernswerten Lehrer Scopes die Atemluft zu sichern sei. Andererseits sah sich die wissenschaftsgeprägte, säkulare Elite perspektivisch in der Mehrheitsposition: kennzeichnend für prominente Atheisten und Humanisten des frühen 20. Jahrhunderts war eine optimistische Deutung über den Lauf der Geschichte hin zu immer mehr Aufklärung und Wissenschaftlichkeit.[2]

In gewisser Weise nahmen die Sieger von Dayton, die konservativen Christen insbesondere des ländlichen Südens, diesen Ball auf. In ihrer Eigeninterpretation verteidigten sie nur ihre Rechte auf dezentrale Selbstbestimmung: Sie wollten keine Steuergelder dafür ausgeben, dass ihren Kindern eine Weltanschauung gelehrt werde, die sie selbst ablehnten. Mit einiger Berechtigung, so legte es damals Walter Lippmann[3] dar, betätigten sie sich dabei als konsequente jeffersonische Demokraten.

Hier offenbarte sich bereits in Keimform ein grundsätzliches Dilemma des säkularen Projektes in den USA. In einer durch weitverbreitete Glaubenshaltungen geprägten Gesellschaft tritt es auf als Schutzbedürftiger, der Minderheitenrechte reklamiert, Offenheit der Debatte gegen doktrinäre Vorurteile verteidigt, Pluralität der Lebensgestaltung sowie Gehör für die eigene Stimme im Vielklang der Weltanschauungen fordert. Damit entstehen aber zwei Probleme: Erstens kann genau diese Haltung auch legitimerweise von religiösen Dissidenten eingenommen werden, die dann vielleicht noch radikalere Positionen vertreten als der christlich-jüdische „Mainstream", zum anderen verträgt sich die Pose der schutzbedürftigen Minderheit nicht so recht mit dem universalistischen Anspruch im atheistischen und humanistischen Spektrum. Wenn man nur einen Weg zur Erkenntnisgewissheit über (natur-)wissenschaftliche Methoden führend definiert, dann wird eine Fortschreibung dieser Gewissheiten Institutionen erfordern, die Menschen diese und nur diese Erkenntniswege eröffnen. Werden Menschen hingegen zu Scheingewissheiten erzogen, die sich wissenschaftlichen Prüfkriterien

---

2   Vgl. Cimino, Richard / Smith, Christopher: Secular Humanism and Atheism beyond Progressive Secularism, in: *Sociology of Religion,* Vol. 68, No. 4, 2007, S. 407-424.

3   Lippmann, Walter: *American Inquisitors*, New Brunswick, N.J.: Transaction 1928/1993, S. 36ff.

entziehen, dann zerfällt die Zivilisation für viele Humanisten in einen unerträglichen Parochialismus. Nicht zufällig wurde der öffentliche Erziehungsauftrag somit für die säkularistischen Bestrebungen in den USA zum zentralen Kampffeld,[4] während für die Gegenseite stets der viel bequemere Weg in den Parochialismus und die Beliebigkeit offenstand.

Auch in dieser Hinsicht war der Scopes-Trial keineswegs ein Wendepunkt, sondern nur ein Zwischenschritt auf einem langen und windungsreichen Weg. Die Kolportierung als „Affenprozess" lieferte für die eher passive Bevölkerungsmehrheit Ansatzpunkte für eine wohlfeile Veralberung des Streitgegenstandes. Die religiösen Widersacher, die Anhänger der Schöpfungslehre also, zogen sich aus der öffentlichen Debatte der dreißiger bis siebziger Jahre zurück und wählten somit die parochiale Minderheitenstrategie. Es konnte der Eindruck entstehen, als habe das evangelikale und fundamentalistische Christentum in dieser Zeit das politische Verfechten seiner Ziele ganz aufgegeben, doch die neuere Geschichtsschreibung deutet diese Phase eher als Regeneration und Neuformierung.[5] Während liberale Konfessionen sich für alle erdenklichen Herausforderungen des politischen und sozialen Wandels öffneten und dabei auch die damit verbundenen Konflikte importierten, bewahrten konservativere, strenggläubige Ausrichtungen eine stärkere Konzentration auf das innere Gemeindeleben, auf die Vermittlung von Glaubensgewissheiten und auf die emotionale Bindung des Einzelnen und der Familien. Sie lieferten somit eine Gegenwelt zur disparaten, verwirrenden Moderne, ohne die Teilhabe an dieser (z. B. im Wirtschaftlichen) zu hintertreiben. Dies begründete ihr stetiges, relatives Wachstum innerhalb des christlichen Spektrums und legte die Fundamente dafür, dass sie ab den siebziger Jahren manche vergessen geglaubte Themen wieder auf die politische Agenda setzen konnten.[6]

Die Jahrzehnte davor schienen eher dem Säkularismus gewogen, was mit ursächlich dafür war, dass der Scopes-Prozess überschätzt wurde – nämlich in der Weise, dass Atheisten und Humanisten das Echo in den Medien ihrer Wahl mit der Sache selbst verwechselten. In Wahrheit war im Jahre 1925 die hohe Zeit des Säkularismus in den USA bereits vorbei.

---

4 Vgl. Fraser, James W.: *Between Church and State,* Houndmills, Basingstoke / London: Macmillan 1999, S. 131ff.

5 Vgl. Williams, Peter W.: *America's Religions,* Urbana / Chicago: Univ. of Illinois Press 2002, S. 376f.

6 Vgl. Prätorius, Rainer: *In God We Trust,* München: C.H. Beck 2003, S. 83ff.; Allitt, Patrick: *Religion in America Since 1945: A History*, New York / Chichester, West Sussex: Columbia University Press 2003.

Diese Glanzzeit ist die zweite Hälfte des neunzehnten Jahrhunderts, und sie ist untrennbar verbunden mit dem Namen Robert Green Ingersolls, eines Publizisten, Kampagnenorganisators und Politikers, der z. B. einen großen Einfluss auf die nationalen Eliten der Republikanischen Partei ausübte. Sozialer Hintergrund seines Erfolges war ein breites kleinbürgerliches Debattiermilieu, das sich besonders aus deutschen Immigranten speiste und in den rasch wachsenden Städten des Mittleren Westens florierte. Eine ausgefächerte eigene Medien- und Vereinslandschaft sowie erste Brückenköpfe an den neuen Forschungsuniversitäten waren ebenfalls begünstigend. Noch wichtiger waren jedoch die *Themen*, mit denen Freidenker wie Ingersoll die öffentlichen Diskurse durchdringen konnten: Seit der Jahrhundertmitte engagierten sie sich für das Ende der Sklaverei, für Bürgerrechte, gegen Zensur, lediglich bei der Frage des Frauenwahlrechts verhielten sie sich zunächst zwiespältig. Insgesamt besetzten die Säkularen Themen, die in der Strömungsrichtung des Zeitgeistes lagen, und sie konnten sich in dem Engagement für die Evolutionslehre nach der Jahrhundertwende in eben dieser Kontinuität sehen. Die Selbstisolation der Evangelikalen schien diese Deutung zu bestärken, obwohl in manchen Einschätzungen das Ende der Prohibition dafür als wichtigerer Grund als die Evolutionsdebatte herangezogen wurde. Dass das Einstehen für Darwin's Lehren ab den 1930er Jahren einen besseren Widerhall fand, ist ohnehin nicht primär der Auseinandersetzung mit konservativen Christen zuschreibbar, sondern dem allgemeinen politischen Umfeld. Die Auseinandersetzung zunächst mit Japan und Deutschland sowie danach der Kalte Krieg gegen die Sowjetunion erzeugten eine politische Disposition bei den Eliten zugunsten von Technologie und Naturwissenschaft als einer Dimension des systemischen Wettrüstens.

Diese Grundorientierung kann auch in der Judikatur des *Supreme Court* zu Religionsfragen aufgefunden werden. Für die Stellung der Evolutionslehre an öffentlichen Schulen war beispielsweise die Entscheidung „Everson v. Board of Education" des Jahres 1947 maßgeblich, denn sie dehnte den 1. Zusatzartikel der Bundesverfassung auf die Gesetzgebung der Staaten aus. Dieser Artikel untersagt mit der „establishment clause" den Einsatz von staatlicher Autorität zur Begünstigung von Glaubensinhalten und Konfessionen, eine Trennwand, auf die in den damaligen Beratungen auch religiöse Gruppen insistierten,[7] da sie die Gefahr von gut vernetzten Dominanzreligionen fürchteten. Im Übrigen waren traditionell die Befür-

---

7   Hamburger, Philip: *Separation of Church and State,* Cambridge, Mass. / London: Harvard Univ. Press 2002, S. 458.

worter des Trennungsgebotes auch bei Protestanten mit stark anti-katholi-
schen Ressentiments zu finden, denn die römische Kirche hatte stets eine
stärkere Infrastruktur an Schulen, Universitäten und Sozialeinrichtungen
aufzuweisen.

War die richtungsweisende Entscheidung des *Supreme Court* 1947 also
kaum ein Verdienst des organisierten Säkularismus, sondern eher ein Tribut
an den wissenschaftsfreundlichen Zeitgeist und die heterogenen Unterstüt-
zer des Trennungsgebotes, so wirkte sie doch zugunsten säkularer Anlie-
gen und der Evolutionslehre. Der *Supreme Court* zog die entsprechenden
Konsequenzen allerdings erst in einer Entscheidung des Jahres 1968 („Ep-
person v. Arkansas"), als er ein Staatsgesetz, das die Evolutionslehre von
öffentlichen Schulen verbannte, als religiöses „Establishment" kassierte.
Im Jahr 1987 ging das Gericht noch einen Schritt weiter. In „Edwards v.
Aquillard" befand es, dass Staaten nicht nur dann eine religiöse Weltsicht
beförderten, wenn sie die Evolutionslehre gezielt ächteten, sondern auch
dann, wenn sie religiöse Deutung mit wissenschaftlicher Theorie gleich-
setzten, also wenn Curricula den Kreativismus und die Evolutionslehre als
gleichberechtigten Unterrichtsstoff auf eine Stufe stellten.

Also ein Sieg der naturalistischen Weltsicht auf der ganzen Linie?
Vorsicht bleibt geboten – in doppelter Hinsicht. Einerseits ist die rechtspolitische Entwicklung mit dem zuletzt erwähnten Urteil keineswegs ab-
geschlossen. Andererseits sind die Entscheidungen nicht das Resultat des
organisierten Wirkens von Atheisten und Agnostikern. Diese haben zwar
immer wieder individuell durch Klagen bedeutsame, rechtspolitische
Weichenstellungen initiiert, doch als kollektive Kraft sind Atheismus,
Agnostizismus, Humanismus und Freidenkertum in der genannten Epoche
schwerlich so aufgetreten, dass sie zu den Helden des Stückes taugen. Im
Gegenteil: Die meisten Versuche, diesen Einstellungen eine organisierte
Heimat und ein koordiniertes Auftreten zu ermöglichen, führten in Phänomene hinein, die manchmal an Eigenheiten der Gegenseite, nämlich an
sektiererische Glaubensgemeinschaften, erinnerten.

Am Ausgang des 19. Jahrhunderts bestand zwar bereits ein recht bunt-
scheckiges Organisationsspektrum, das sich jedoch einem gemeinsamen
Oberbegriff zuordnen konnte, dem auch Ingersoll zuvor verpflichtet war:
„Freethought". Dieses Etikett blieb zwar vage, aber gerade darin tauglich,
da es an Menschen aus sehr unterschiedlichen Herkunftsbiographien ap-
pellierte: Prägungen der kontinentaleuropäischen Arbeiterbewegung, deren
Religionskritik teils im Materialismus, teils in der Autoritätsfeindschaft des
Anarchismus wurzelte, daneben aber auch gutbürgerlicher Skeptizismus

und Agnostizismus gediegen angelsächsischer Herkunft, sowie als Neu-
england-Spezialität eine amorphe, deistische Spiritualität, die dem Unita-
rismus und Universalismus verbunden war und im Denken R.W. Emersons
sich radikalisierte.

Dass auf einem so gemischten Nährboden reichhaltig Blumen blühten,
nimmt nicht Wunder. Eine Spezialität atheistischer Gruppierungen (insbesondere an der Ostküste) war das Eintreten für sexuelle Libertinage, für
Geburtenkontrolle, aber auch für heute befremdende Vorstellungen der Eugenik. Das Praktizieren gerade der erstgenannten Präferenz rückte Persön-
lichkeiten ins Rampenlicht, die dem Seriositätsanspruch des atheistischen
Anliegens abträglich waren.[8] Manche Protagonisten, die mit den christlichen und jüdischen Glaubensinhalten gleich auch wesentliche Moralkodi-
zes oder die sie umgebende Gesellschaft negieren wollten, spiegelten in
ihrem individualzentrierten Radikalismus zudem die Randexistenzen im
religiösen Fundamentalismus – eine bequeme Offerte an all jene, die Atheismus selbst als einen Glauben unter anderen eintüten wollten. Wir werden
auf diese Neigung zurückkommen.

Eine andere Neigung ist ebenfalls im genannten Zeitraum bereits zu
markieren: die Suche nach Respektabilität und Konsensfähigkeit außerhalb
des Milieus der Feuerköpfe und Exzentriker. Dieses Suchen charakterisiert
die zweite dauerhafte Hauptrichtung, die sich aus dem „Freethought"-
Lager des ausgehenden 19. Jahrhunderts heraus entwickelte: den säkularen
Humanismus. Er war einerseits akademischer, andererseits pluralistischer
angelegt als der zu Sektierertum neigende Atheismus seiner Zeit. Außerdem war er zu Beginn nicht auf einen völligen Abriss aller Brücken ins
Spirituelle und Religiöse hinein bedacht.

Um dies zu verstehen, muss man sich eine Besonderheit der nordame-
rikanischen Religionsgeschichte in Erinnerung rufen. In Neuengland und
angrenzenden Gebieten entwickelte sich in der zweiten Hälfte des neunzehnten Jahrhunderts eine Abwandlung des liberalen Protestantismus, die
immer stärker das glaubende Subjekt und sein religiöses Erleben über die
zu glaubende Lehre stellte. In einer eher sektiererischen Richtung beschrit-
ten die *Christian Scientists* diesen Weg, die sich zugunsten der Heilung
durch den Glauben von schulmedizinischem Denken abwandten. Andere
Variationen waren verträglicher mit der modernen Naturwissenschaft und
hatten dennoch mit *Christian Science* die oberflächliche Gemeinsamkeit,
dass sie das Heilsgeschehen in das Wohlbefinden des Individuums hinein-

---

8   Vgl. Kirkley, Evelyn A.: *Rational Mothers and Infidel Gentlemen*, Syracuse,
    N.Y.: Syracuse Univ. Press 2000, S. 90-96.

verlagerten. Einen Weg dorthin eröffnete die Emerson'sche Radikalisierung des Universalismus: ihr galt das Göttliche als gleich mit der Natur; ohne einen in dieser Natur wirkenden Schöpfer offenbarte sich diese Identifikation in der Erfahrung ihrer selbst durch den Menschen als Teil des Ganzen. Dieser Stimulus kann in pantheistische und mystische Gefilde treiben[9]; er kann aber auch die Glaubens*lehren* zugunsten des Glaubensempfindens relativieren. Im Grunde hat William James mit seinem religionspsychologischen Ansatz diesem Bestreben zeitgemäßen Ausdruck verliehen: Religion ist, was dem Subjekt ermöglicht, Bedeutung auf die Dinge des Lebens zu projizieren, und ihm eine „Konversion" aus der „melancholischen" Erfahrung der Beziehungslosigkeit eröffnet.[10] Im Sinne von Sakramenten, Dogmen und kollektiven Riten wird Religion dagegen nebensächlich. Die verschiedenen Ausprägungen werden vielmehr äquivalent in dem, was sie für den Weg des Subjekts zum bedeutsamen und guten Leben leisten. Ein so gestimmtes Individuum kann einerseits tolerant sein (Religionen sind verschiedene, nicht vorab zur Wahrheit erkorene Wege) und andererseits kognitiv „pragmatisch": Wissenschaft und Religiosität sind unterschiedliche Erfahrungsweisen, die sich nicht anfechten, sondern als Bedeutungsträger koexistieren.

„Humanism" bestand demgemäß am Beginn des 20. Jahrhunderts variantenreich: Liberale, protestantische Theologie, die sich durch die Evolutionslehre nicht angefochten sah und die im aktiven Leben nach christlichen Geboten den primär angebrachten Wahrheitserweis sah, gehörte mit dazu. Ebenso muss die jüdische Komponente mitbedacht werden: die von Felix Adler gegründete „Ethical Culture" sammelte säkulare Juden, die dennoch die philanthropischen und karitativen Gebote ihres Glaubens weiterpraktizieren wollten und so durch gemeinsames Engagement eine kollektive Identität finden wollten. Dieser Ansatz appellierte nicht nur an sehr glaubensferne Juden, sondern später auch an die „rekonstruktionistische" Richtung des Mordecai Kaplan, indem eine deistische Distanzierung von den schriftzentrierten Glaubenslehren einherging mit einer hohen Wertschätzung der gemeinschaftsbildenden und kulturtradierenden Elemente des Judentums: Feste, Artefakte, Gebräuche, ethische Gebote usw.[11]

---

9 Vgl. Hurth, Elisabeth: *Between Faith and Unbelief,* Leiden / Boston: Brill 2007, S. 157ff.

10 Vgl. auch Taylor, Charles: *Varieties of Religion Today,* Cambridge, Mass. / London: Harvard Univ. Press 2002, S. 36-41.

11 Vgl. Raphael, Marc Lee: *Judaism in America*, New York / Chichester, West Sussex: Columbia Univ. Press 2003, S. 68f. u. 140f.

Der jüdische Einfluss war für die „Humanists" der USA in mehrfacher Hinsicht bedeutsam. Er lehrte einerseits, dass soziales Engagement und Mildtätigkeit nicht den Religiösen überlassen werden muss, ja, dass die Strenggläubigen darin auch manchmal übertroffen werden können. Er demonstrierte weiterhin, dass man diesen auch kein Monopol auf Riten, Brauchtum, lebensbegleitende und sinnstiftende Praxen usw. zubilligen muss. Und schließlich teilten liberales Judentum und „Humanists" ein bevorzugtes Milieu: das akademische. Im Klima toleranter College-Gemeinden und weltoffener Ostküstenmetropolen gedieh das Zutrauen in die langfristige Überlegenheit vernunftgeleiteter Argumente. Übereinkunft über *lösbare* Probleme finden und diesen Konsens dann dem praktischen Bewährungstest aussetzen, das war ein zentraler gesellschaftspolitischer Ansatz des amerikanischen Pragmatismus – und konsequenterweise war dieser auch eine wichtige Strömung, aus der sich der säkulare Humanismus speiste.[12] *Free Inquiry* ist bis heute das wichtigste Publikationsorgan dieser Richtung – es signalisiert schon im Titel die Orientierung am idealisierten, akademischen Diskurs. John Dewey, sichtbarste Verkörperung dieses Geistes, gehörte zu den Initiatoren und Mitverfassern des *Humanist Manifesto* des Jahres 1928, ein Text, der noch durch das Zusammenwirken von säkularen und religiösen Humanisten geprägt war (Dewey war in beiden Kontexten aktiv). Letztere Strömung war vor allem durch Unitarier/Universalisten getragen, also von jener Konfession, die sich während des gesamten 20. Jahrhunderts als eine Durchgangsstation für Biographien erwies, die in agnostische und atheistische Positionen hineinführten. Religiöse Humanisten waren selbst schattierungsreich, aber einig dennoch zumindest in einem non-theistischen Glauben, im Insistieren auf der Bewährung religiöser Prinzipien im Diesseits und in der Bereitschaft, wertvolle religiöse Chiffren in allen Glaubenssystemen zu entdecken. Bestrebungen in der Unitarischen Kirche, die gerade die innerweltliche, ethische Ausrichtung und den Austausch mit anderen Überzeugungen pflegten, besetzten den Begriff „humanism" in den zwanziger Jahren positiv und machten ihn so zum Markenzeichen des nachfolgenden Manifestes.

Danach aber setzte ein Distanzierungsprozess ein: 1941 wurde die *American Humanist Association* zwar noch von einem Unitarier (Ed Wilson) gegründet, die publizistische Außendarstellung über das Organ *Humanist* oblag aber einem dezidiert Säkularen, Paul Kurtz. Er profilierte sich über Jahrzehnte als einflussreiche Stimme, die auch Andersgesonnene erreichte, weil er und seine Mitstreiter in einem wahren Drahtseilakt erfolgreich

---

12 Smith, John E.: *Quasi-Religions,* New York: Transaction 1994, S. 17f. u. 25f.

bestanden. Einerseits ging es nämlich darum, die säkularen und naturalistischen Botschaften wirksam in die Öffentlichkeit zu tragen (und somit von der geschilderten, der Naturwissenschaft gewogenen Zeitstimmung zu profitieren). Andererseits war es in der Ära eines kämpferischen Antikommunismus aber auch wichtig, die Distanz zu der damals prominentesten Version des Atheismus zu betonen – zum historischen Materialismus der „Realsozialisten" also. Dem diente die stetige Betonung des freien, demokratischen Gedankenwettbewerbs, aber auch die Pflege eines Erbes, das die säkularen Humanisten aus der früheren Koexistenz mit den religiösen Humanisten bewahrt hatten. Anders als viele selbstbenannte Atheisten verstehen sie sich nämlich nicht in einer primär „negativen" Rolle, nämlich als Streiter gegen religiöse Inhalte und Künder der Nicht-Existenz Gottes. Sie suchen auch nach einer „positiven" Rolle in jenem Feld, in dem organisierte Religionen meist ihre gesellschaftliche Verankerung befestigen können: in der Begleitung von Lebenspassagen, in der Unterstützung von Erziehung und persönlicher Krisenbewältigung, in der Gemeinschaftsstiftung und in der weihevollen Erhebung aus dem Alltag. Paul Kurtz grenzte diese Lebensorientierung klar gegen jeden Rekurs auf höhere Wesen, Transzendenz und religiöse Überlieferung ab: Sein Begriffsvorschlag „eupraxsophy" steht für moralische Prinzipien, verwurzelt in einer guten, praktischen Lebensführung und gegründet in naturalistischem Wissen über die Stellung des Menschen im Universum.[13] Der philosophische Anspruch ist hoch: Anleitend sollen nur Ideen sein, die in dieser Hinsicht sich schärfster, rationaler Kritik stellen. Bequemes konventionelles „Für-Wahr-Halten" ist diesem Ansatz ebenso zuwider wie wortreiche, „postmoderne" Beliebigkeit. Das erzeugt eine anstrengende Kopflastigkeit, die eigentümlich kontrastiert mit dem Anspruch, auch so etwas wie Geborgenheit und Gemeinschaft zu erzeugen.

Respektabilität erzeugt der säkular-humanistische Ansatz allemal, wenn auch konzentriert auf entsprechend gehobene, intellektuelle Milieus. Darin unterscheidet er sich von dem bisweilen schrillen Auftreten des Atheismus nach 1945. Dessen Image-Probleme sind eng verknüpft mit der Person von Madalyn Murray O'Hair, einer sehr selbstbezogenen und wohl auch unstabilen Persönlichkeit, die immer wieder Kampagnen startete, öffentliche Erregung erzeugte, Organisationen gründete, abspaltete und neu formierte. Ihre turbulenten Aktivitäten endeten grausig: Bei dem Versuch, Zugriff auf die Finanzen eines anderen atheistischen Verbandes zu erlangen, geriet sie

---

13 Kurtz, Paul: *Skepticism and Humanism,* New Brunswick / London: Transaction 2002, S. 159.

in ein Netz von Intrigen und Gegenintrigen und wurde schließlich im Jahr 1995 unter Beteiligung eigener Mitarbeiter entführt und gemeinsam mit ihrem Sohn und ihrer Adoptivtochter ermordet. Der Staat Texas, Ort des Verbrechens, spielte unter seinem Gouverneur George W. Bush eine eigentümliche, verschleppende Rolle bei den Ermittlungen: Erst im Januar 2001 wurden die zerstückelten Leichen aufgefunden, zu einer Mordanklage kam es in der Angelegenheit nie.[14]

American Atheists, O'Hairs Stammorganisation, zerfiel parallel in Fraktionierungen und Streitigkeiten. Doch das bizarre Ende und das oft befremdliche Auftreten sollten nicht darüber hinwegtäuschen, dass O'Hair eine durchaus wirksame, öffentliche Persönlichkeit war – nämlich besonders auf dem Wege der gerichtlichen Klagen. Ihre Beschwerde gegen das Schulgebet in Baltimore führte zur *Supreme Court*-Entscheidung „Murray v. Curlett", die 1963 das Beten aus steuerlich finanzierten Schulen insgesamt verbannte. Ebenso erfolgreich war ihre Klage, die in der Entscheidung „O'Hair v. Hill" den *Supreme Court* 1984 noch bestehende Bundesstaatsgesetze gegen Atheisten in öffentlichen Ämtern als unwirksam erklären ließ. Die Beispiele stehen für eine Spezialität im Agieren von besonders engagierten, individuellen Atheisten. Ein neueres Beispiel ist der Kalifornier Michael Newdow, der im Jahr 2002 ein kleines politisches Erdbeben durch eine vorerst erfolgreiche Klage gegen die Formel „under god" in der öffentlichen Verfassungstreuebekundung „Pledge of Allegiance" auslöste[15] und der auch in den Folgejahren immer wieder gegen die Einfärbung öffentlicher Handlungen und Institutionen mit religiösen Versatzstücken zu Felde zog.

Solche Aktionen illustrieren gleichzeitig die Stärke *und* die Schwäche der US-Atheisten. Mit ihrem streitbaren, individuelle Rechtspositionen verteidigenden und illegitimen Konformitätsdruck angreifenden Politikstil klinken sie sich einerseits gut in die „adversiale" Rechtskultur der USA ein. Aus der starken Tradition der gerichtlichen Fortbildung heraus hat sich auch das öffentliche Recht immer um Einzelfälle gerade des individuellen Rechtsschutzes herum gruppiert; die besondere Verankerung von Abwehrrechten über die konstitutionellen Zusatzartikel hat weiteres dazu beigetragen. Kulturell ist spätestens seit den Bürgerrechtsbewegungen des 20. Jahrhunderts die Einnahme einer benachteiligten Minderheitsposition dabei mit einer zusätzlichen Schubkraft ausgestattet. Freilich folgt daraus

---

14 LeBeau, Bryan F.: *The Atheist. Madalyn Murray O'Hair*, New York / London: New York Univ. Press 2003, S. 305-315.

15 Prätorius, Rainer: *In God We Trust*, München: C.H. Beck 2003, S. 12-16.

bereits das „andererseits": Solches Erstreiten erfordert keine Organisation, sondern kann ebenso gut, manchmal besser aus der Verteidigung der *individuellen* Freiheitssphäre heraus vorgetragen werden. Zudem liegt die Vermutung nahe, dass solche prozessfreudigen Persönlichkeitstypen kaum zum Rohmaterial für homogene Vereinigungen taugen.

Die Atheisten hatten ihre Erfolge, aber dabei haben sie sich oft gleichzeitig als *Kollektiv* kompromittiert oder entbehrlich gemacht. Die säkularen Humanisten suchten einen anderen Weg: Entsprechend ihrer Affinität zu akademischen Gesprächszirkeln war für sie die Assoziation stets wichtig. Dem entspringen Angebote, die Keimformen eines „Gemeindelebens" enthalten: regelmäßige Versammlungen, Weihehandlungen zu Lebenszäsuren, gemeinsames soziales Engagement usw. Diese Neigung, sich als funktionale Alternative zu Kirchen und Synagogen zu präsentieren, hat die säkularen Humanisten allerdings auch in eine für sie gefährliche Sackgasse geführt. Da sie z. B. die Position der Wehrdienstverweigerer aus ihren Reihen stärken wollten und da sie Steuerbegünstigungen und öffentliche Anerkennung erstrebten, reklamierten sie in Gestalt der *American Humanist Association* 1968 den Status einer registrierten, religiösen Organisation.[16] Zwar wurde diese Einstufung durch eigenen Antrag 2002 wieder rückgängig gemacht, doch der Schaden war nicht mehr zu beseitigen: Mit dieser Selbsteinordnung hatten die Humanisten eindeutig ihre schärfsten Gegner munitioniert. Es ist ein lang eingeübter Argumentationstopos bei religiösen Vertretern, die einen stärkeren Einfluss auf öffentliche Institutionen suchen, dass diese bereits unter der Kontrolle einer Religion stünden – nämlich der des säkularen Humanismus. Nach dieser Ansicht *glauben* die Säkularen an ein rein naturalistisches Weltbild und an die Prämissen einer bloß innerweltlichen Normbegründung; sie nutzen öffentliche Institutionen (wie Universitäten oder sozialpolitische Einrichtungen) dafür, diesen Glauben als staatlich sanktionierte Doktrin zu praktizieren.

Man könnte über diese Anschauung achselzuckend hinwegsehen, hätte sie nicht durch Gerichtssprüche einen gewissen Anschein der Respektabilität erlangt. Diese Entscheidungen waren meist von wohlmeinenden Absichten getragen.[17] Der *Supreme Court* beispielsweise hat sich 1965 in

---

16 Flynn, Tom: United States, Unbelief in. In: ders. (Hrsg.): *The New Encyclopedia of Unbelief.* Foreword by Richard Dawkins. Publisher: Paul Kurtz, Amherst, N.Y. 2007, S. 789.

17 Vgl. Davis, Derek H.: Is Atheism a Religion? Perspectives on the Constitutional Meaning of „Religion", in: *Journal of Church and State*, Vol. 47, No. 4, 2005, S. 709-723.

seiner „US v. Seeger"-Entscheidung an eine Formel Paul Tillichs ange-
hängt: „ultimate concern" als Grundlage für den Schutz von Gewissensent-
scheidungen z. B. beim Wehrdienst. Wesentlich für ein schützenswertes,
frei praktizierbares Überzeugungssystem sei nicht seine Orientierung auf
Transzendenz oder gar einen theistischen Gott, sondern allein die Tiefe und
Intensität seiner Verwurzelung. Wenn diese über pragmatische und „politische" Präferenzen hinausgeht und dauerhafte Lebensorientierung leistet,
dann ist die Gleichbehandlung mit tradierten und organisierten Religionsgemeinschaften gerechtfertigt. In der Gewährung z. B. von Steuerbegünstigungen fanden sich die säkularen Humanisten sodann durch Gerichte
in peinliche Nachbarschaft gerückt – etwa neben nicht-theistischen Glau-
bensgruppierungen wie Scientology und den Krishna-Jüngern.[18]

Der Elan, der aus dem wohlmeinenden Schutzanliegen zugunsten non-
konformer Minderheiten entspringt, hat somit – ganz im Gegensatz zum
säkularistischen Bestreben – rechtspolitisch *nicht* dazu geführt, dass öffentliche Institutionen vor religiöser Beimischung bewahrt wurden. Eher
ist das Gegenteil der Fall: Eine lange Kette von Gerichtsentscheidungen
hat z. B. dem Praktizieren von religiösen Minderheitspositionen in öffentlichen Institutionen Schutzräume gewährt, die den genuin säkularen Auftrag
solcher Institutionen (wie z. B. Militär und Strafvollzug[19]) auch schon mal
beeinträchtigen können. Diese Entscheidungen schaffen ein schwieriges
Umfeld für ein Hauptanliegen der Säkularen in den gegenwärtigen öffentlichen Debatten in den USA – für die Verankerung der Evolutionslehre
als der wissenschaftlich gebotenen Sicht auf Naturgeschichte und für diese
Sicht als öffentlichen Erziehungsauftrag. Andere Beiträge dieses Bandes
thematisieren die Versuche der „Intelligent Design"-Lehre, dem die Behauptung einer noch unentschiedenen Hypothesen-Konkurrenz entgegen-
zusetzen. Das ist dann der Anspruch der Darwin-Gegner, gleichberechtigt
einen Platz im Streit der Fakultäten einzunehmen; die Selbstregulierung
eines Wissenschaftssystems, das sich auch dem internationalen Reputati-
onswettbewerb stellen muss, mag dem wohl entgegenwirken.

Schleichender, aber langfristig vielleicht wirkungsträchtiger erscheinen
die Einflüsse, die zuletzt hier angedeutet wurden. Diese rücken den Konflikt zwischen Evolutionslehre und Glaubensinhalten nicht primär in den
Kontext wissenschaftlicher Hypothesenprüfung, sondern in den Deutungs-

---

18 Davis, Is Atheism a Religion?, S. 715.
19 Hamilton, Marci A.: *God vs. The Gavel. Religion and the Rule of Law*. Fore-
    word by the Hon. Edward R. Becker, New York: Cambridge Univ. Press 2005,
    S. 141ff.

zusammenhang von weltanschaulicher Pluralität und von Minderheiten-
schutz. Die Aussage, öffentliche Institutionen dienten der Umsetzung einer
quasi-religiösen Weltanschauung, nämlich des säkularen Humanismus, ist
längst kein Privileg des fundamentalistischen Randes mehr. Sie ist z. B. in
die offizielle Begründung einzelner Politiken der letzten Bush-Regierung
eingedrungen: die sogenannte „Faith-Based-Initiative" öffnete mit diesem
Argumentationsmuster die staatlichen Fördertöpfe für religiöse Anbieter in
der Sozial- und Bildungspolitik.[20] Was wie Bevorzugung erscheint, wird in
erst dadurch geschaffene Chancengleichheit umgedeutet: Die staatlichen
Einrichtungen und die an öffentlichen Hochschulen erzogenen Lehrer und
Sozialarbeiter hätten demnach auch nur ihrer „Religion" in der Berufspra-
xis gefrönt: nämlich, wir ahnen es, dem säkularen Humanismus und dem
Naturalismus. Gelegentlich taucht auch der „Soziologismus" in der Liste
der gottlosen Feindbilder auf.

In der Fortsetzung dieser Rhetorik geben sich die Gegner der Evolutionstheorie jüngst eher bescheiden und pluralistisch. Nachdem Versuche,
Bücher mit evolutionsbiologischem Inhalt ganz aus der schulischen Ver-
wendung zu verbannen, grandios gescheitert sind (z. B. selbst in Texas im
November 2003), wird eher der Platz *neben* der ungeliebten Theorie beansprucht. Noch im Jahr 2008 vertrat diese Position Sarah Palin, republi-
kanische Bewerberin um die Vize-Präsidentschaft, in ihrem Wahlkampf:
Schulen sollten den jungen Menschen erlauben, sich vorurteilsfrei über
Evolution, Kreationismus *und* „Intelligent Design" informieren zu können.
Das Wahlergebnis kann nicht zur Antwort auf diese Vorschläge stilisiert
werden und Hochmut ist demgemäß voreilig. Einerseits drehen hier die
christlichen Konservativen die Muster der Pluralitätssicherung und des
Minderheitenschutzes, welche die Säkularen einst wirkungsvoll für sich
einsetzten, mit Raffinesse um. Andererseits sind sie nicht zwingend auf
einen Erfolg ihrer Forderungen angewiesen, da sie parallel viele Alternativen zum etablierten, öffentlichen Unterricht (z. B. Netzwerke und Materialien des „home schooling") unterhalten. Einstweilen ist die Debatte selbst
bereits der Erfolg. Wenn dauerhaft der Zweifel an scheinbar mit staatlicher
Macht sanktionierten Doktrinen in der Diskussion präsent gehalten wird,
kann sich dieser Dissens auch mit der Aura des Nonkonformen und Eigen-
ständigen, ja mit der „Rebellion des Gewissens" schmücken. Außerhalb
der Forschungsuniversitäten könnte sich so eine Umwertung festsetzen, für
die hochgebildete „Eggheads" wie die säkularen Humanisten der USA erst
einmal die angemessenen Antworten entwickeln müssen.

---

20 Prätorius, Rainer: *In God We Trust,* München: C.H. Beck 2003, S. 173-181.

Literaturverzeichnis

Allitt, Patrick: *Religion in America Since 1945: A History*, New York / Chichester, West Sussex: Columbia Univ. Press 2003.

Balmer, Randall / Winner, Lauren F.: *Protestantism in America*, New York / Chichester, West Sussex: Columbia Univ. Press 2002.

Cimino, Richard / Smith, Christopher: Secular Humanism and Atheism beyond Progressive Secularism, in: *Sociology of Religion,* Vol. 68, No. 4, 2007, S. 407-424.

Davis, Derek H.: Is Atheism a Religion? Perspectives on the Constitutional Meaning of „Religion", in: *Journal of Church and State*, Vol. 47, No. 4, 2005, S. 709-723.

Flynn, Tom: United States, Unbelief in. In: ders. (Hrsg.): *The New Encyclopedia of Unbelief.* Foreword by Richard Dawkins. Publisher: Paul Kurtz, Amherst, N.Y. 2007, S. 784-791.

Fraser, James W.: *Between Church and State. Religion and Public Education in a Multicultural America*, Houndmills, Basingstoke / London: Macmillan 1999.

Hamburger, Philip: *Separation of Church and State,* Cambridge, Mass. / London: Harvard Univ. Press 2002.

Hamilton, Marci A.: *God vs. The Gavel. Religion and the Rule of Law*. Foreword by the Hon. Edward R. Becker, New York: Cambridge Univ. Press 2005.

Hurth, Elisabeth: *Between Faith and Unbelief. American Transcendentalists and the Challenge of Atheism,* Leiden / Boston: Brill 2007.

Kirkley, Evelyn A.: *Rational Mothers and Infidel Gentlemen. Gender and American Atheism, 1865-1915*, Syracuse, N.Y.: Syracuse Univ. Press 2000.

Kurtz, Paul: *Skepticism and Humanism. The New Paradigm,* New Brunswick / London: Transaction 2002.

LeBeau, Bryan F.: *The Atheist. Madalyn Murray O'Hair*, New York / London: New York Univ. Press 2003.

Lippmann, Walter: *American Inquisitors. With a New Introduction by Ron Christenson,* New Brunswick, N.J.: Transaction 1928/1993.

Prätorius, Rainer: *In God We Trust. Religion und Politik in den U.S.A.*, München: C. H. Beck 2003.

Raphael, Marc Lee: *Judaism in America*, New York / Chichester, West Sussex: Columbia Univ. Press 2003.

Smith, John E.: *Quasi-Religions. Humanism, Marxism and Nationalism*, New York: St. Martin's Press 1994.

Taylor, Charles: *Varieties of Religion Today. William James Revisited,* Cambridge, Mass. / London: Harvard Univ. Press 2002.

Williams, Peter W.: *America's Religions. From Their Origins to the Twenty-First Century*, Urbana / Chicago: Univ. of Illinois Press 2002

Dittmar Graf

Darwin macht Schule – Evolutionsbiologie im Unterricht

Einführung

Das Thema „Evolution" ist heutzutage in Deutschland im Rahmen des Biologieunterrichts allgemein als wichtig anerkannt[1] und wird in allen Bundesländern in der Oberstufe ausführlich behandelt. Es entspricht insofern der zentralen Bedeutung, die das Evolutionskonzept für die Wissenschaft Biologie hat. Allerdings wird dem integrativen Charakter des Themas für die biologischen Subdisziplinen sowie sein entscheidender Einfluss auf das Selbst- und Menschenbild[2] im Unterricht nur bedingt Rechnung getragen.

Bis heute akzeptieren in Deutschland 20% der Bevölkerung die Evolution nicht als Tatsache. Aber auch bei zukünftigen Lehrern in Deutschland ist die Evolution umstritten. In einer eigenen Untersuchung wurden 2006 an der TU Dortmund über 1200 Studienanfänger mit Berufsziel „Lehramt" befragt. Von den Studierenden, die nicht Biologie als Fach gewählt haben, haben mehr als 10% Vorbehalte gegenüber der Wissenschaftlichkeit der Evolutionstheorie, bei den Studierenden der Biologie waren es immerhin

---

1 So ist beispielsweise der Entwicklungsbegriff (individuelle und evolutionäre) eines von drei Basiskonzepten in den Bildungsstandards der Kultusminister-konferenz im Biologieunterricht für den mittleren Bildungsabschluss. Hierbei muss allerdings erwähnt werden, dass die Subsumierung von evolutionärer und individueller Entwicklung zu einem Konzept nicht glücklich ist, da beide Prozesse völlig unterschiedlich verlaufen und unterrichtlich klar voneinander abgegrenzt werden müssen.

2 Hierzu findet sich Näheres z. B. in Vollmer, G.: *Biophilosophie*, Stuttgart: Re-clam 1995.

auch 7%.[3] Sogar bei denjenigen, die in der Oberstufe Biologie-Leistungs-kurse besuchten, liegt die Ablehnung bei fast 8%.[4] Diese verbreitete Nicht-akzeptanz kann dazu führen, dass von der entsprechenden Personengrup-pe das Unterrichten des Themas in der Schule kritisch gesehen wird und versucht wird, es zu verhindern oder die Aussagekraft durch ergänzendes Unterrichten von Schöpfungsmythen aufzuweichen.

Glaubt man Presseberichten, so scheint es, dass Ablehnung oder Miss-brauch der Evolutionstheorie im schulischen Kontext eine Entwicklung der letzten Jahre sei. Nachfolgend soll deutlich gemacht werden, dass dies keineswegs so ist, sondern den gesamten Zeitraum seit Darwins Veröffent-lichung seines Artenbuchs im Jahr 1859 bis zum heutigen Tag durchzieht. Die Zurückweisung des Evolutionsgedankens wird aus verschiedenen Quellen gespeist, darunter religiöse, politische, ideologische, wissenschaft-liche – eine weitere wichtige Ursache ist schlichtes Miss- oder Falschver-stehen der zentralen Aussagen und Begriffe.

Der vorliegende Text kann keine vollständige historische Analyse die-ses Komplexes liefern.[5] Es sollen aber anhand markanter Ereignisse einige Schlaglichter geworfen werden. Besonders ausführlich wird auf die Ereig-nisse in den 1870er und 1880er Jahren in Preußen eingegangen, weil deren Konsequenzen so weitreichend waren, sie gleichzeitig heute aber fast in Vergessenheit geraten sind. Um einen möglichst authentischen Blick zu ermöglichen, werden viele Originalzitate präsentiert. Anschließend soll wenigstens kurz auch die missbräuchliche Verwendung des Evolutions-konzepts im Biologieunterricht in der nationalsozialistischen Zeit thema-tisiert werden. Schließlich folgt eine Darstellung der religiös motivierten Ablehnungstendenzen der letzten Jahre sowie ein Überblick über die ak-tuelle Situation.

Die Virchow-Haeckel-Kontroverse und der Lippstädter Fall

Erst fast 20 Jahre nach Veröffentlichung von Darwins *Entstehung der Arten* und der unmittelbar danach einsetzenden öffentlichen Diskussionen sind in Deutschland Überlegungen unternommen bzw. Forderungen gestellt worden, das Thema „Evolution" bzw. Abstammungslehre im

---

3   Graf, D.: Alle Biologie ist Evolutionsbiologie, in: MNU 60, 2007, S. 195.

4   Graf, D.: Kreationismus vor den Toren des Biologieunterrichts? – Einstellun-gen und Vorstellungen zur „Evolution", in: Antweiler, Ch. / Lammers, Ch. / Thies, N.: (Hrsg.): *Die unerschöpfte Theorie*, Aschaffenburg: Alibri 2008.

5   Eine wissenschaftliche historische Aufarbeitung fehlt bis heute, wäre aber drin-gend notwendig.

Biologieunterricht (damals hieß das Fach noch Naturgeschichte) zu unterrichten.

So forderte der Zoologe Ernst Haeckel (1834-1919) in einem Vortrag im Jahr 1877 im Rahmen der Versammlung Deutscher Naturforscher und Ärzte (VDNÄ) eine weitgreifende Reform des schulischen Unterrichts. Er äußerte seine Überzeugung, dass das Thema „Evolution" (von ihm als Entwicklungslehre bezeichnet), „sich auf allen diesen Gebieten [theoretische und angewandte Wissenschaften] als der bedeutendste Hebel ebenso der fortschreitenden Erkenntnis, wie der veredelten Bildung überhaupt bewähren wird. Da nun der wichtigste Angriffspunkt der letzteren die Erziehung der Jugend ist, so wird die Entwickelungslehre als das wichtigste Bildungsmittel auch in der Schule ihren berechtigten Einfluss geltend machen müssen; sie wird hier nicht bloss geduldet, sondern massgebend und leitend werden."[6] Der Arzt, Pathologe und liberale Politiker Rudolf Virchow[7] (1821-1902) bezog noch auf der gleichen Tagung gegen die Ausführungen Haeckels vehement Stellung[8]: Er sah eine große Gefahr für die Stellung der Wissenschaft, wenn im Unterricht die kirchlichen Dogmen durch eine „Descendenzreligion"[9] ersetzt würden. Für Virchow war die Evolutionstheorie reine Spekulation, wobei er in seinem Vortrag konkret eigentlich nur gegen Aussagen zur Entstehung des Lebens aus anorganischer Materie Stellung bezogen hat. Der eigentliche Hintergrund für Virchows Haltung gegenüber der Evolutionstheorie (von ihm als Descendenztheorie bezeichnet) wird aus einem anderen Teil seiner Rede deutlich: „… es ist sehr ernst, und ich will hoffen, dass die Descendenztheorie für uns nicht alle die

6   E. Haeckel: „Die heutige Entwickelungslehre im Verhätnisse zur Gesammtwissenschaft, 1877. http://www.archive.org/stream/dieheutigeentwi00haecgoog/ dieheutigeentwi00haecgoog_djvu.txt (Zugriff am 15.9.2012)
     Dieser Prognose ist als Forderung durchaus zuzustimmen. Sie hat sich bis heute nicht erfüllt.
7   Virchow hat auch im Zusammenhang mit der Evolution des Menschen durch eine wissenschaftliche Fehlleistung Aufsehen erregt: 1872 verschaffte er sich Zutritt in das Haus des Entdeckers des namengebenden Neandertaler-Fundes – Johann Carl Fuhlrott – und untersuchte das gefundene Schädeldach. Er kam zu der Überzeugung, dass es sich bei dem Fund um eine pathologische Deformation eines Jetztmenschen handelt und nicht um eine Frühform des Menschen.
8   Die Rede wurde in Heftform publiziert: Virchow, R.: *Die Freiheit der Wissenschaft im modernen Staat*, Berlin: Wiegandt, Hempel & Parey 1877. Siehe auch: http://caliban.mpiz-koeln.mpg.de/virchow/freiheit/icon_page_00000. html (15.9.2012)
9   Virchow, Freiheit der Wissenschaft, S. 29.

Schrecken bringen möge, die ähnliche Theorien wirklich im Nachbarlande
[gemeint ist Frankreich und dort die Pariser Kommune 1871] angerichtet
haben. Immerhin hat auch diese Theorie, wenn sie consequent durchgeführt wird, eine ungemein bedenkliche Seite, und dass der Socialismus mit
ihr Fühlung gewonnen hat, wird Ihnen hoffentlich nicht entgangen sein.
Wir müssen uns das ganz klar machen."[10] Hierdurch wird klar, dass hinter
Virchows Ablehnung – zumindest auch – politische Gründe stehen. Zur
wissenschaftlichen Absicherung führt er den spekulativen Charakter der
Hypothesen zur Lebensentstehung auf und kommt zu dem Schluss, dass
die gesamte Descendenztheorie[11] abzulehnen sei. Ein religiöser Hintergrund für seine Ablehnung der Evolution kann bei ihm ausgeschlossen
werden, da er Atheist war.[12]

Von Virchow und seinen Parteifreunden der liberalen Deutschen Fort-
schrittspartei sowie von Konservativen wurde die Evolutionstheorie seinerzeit deswegen hart angegangen, weil befürchtet wurde, dass sie eine
wissenschaftliche Grundlage für den Sozialismus liefern könnte.[13] Tatsächlich sah z. B. August Bebel (1840-1913), führender Sozialdemokrat und
Gründer der sozialdemokratischen Arbeiterpartei, den Darwinismus als für
den Sozialismus förderlich an. Er schrieb, indem er auf die oben ausgeführ-
te Auseinandersetzung Bezug nahm: „Virchow versuchte den Darwinismus
zu diskreditieren, weil Haeckel die Aufnahme der Entwicklungslehre in

---

10 Virchow, Freiheit der Wissenschaft, S. 12.

11 Zum Verständnis ist wichtig, dass man weiß, dass die Termini „Evolutionstheo-
    rie", „Abstammungslehre" oder „Descendenztheorie" damals dafür standen,
    dass Lebewesen nicht in ihrer heutigen Form erschaffen worden sind, sondern
    sich im Lauf längerer Zeiträume aus anderen, ausgestorbenen Organismen ent-
    wickelt haben. Es ging also nicht um Evolutionsmechanismen, sondern um das,
    was man heute als Tatsache ansieht und als Evolution bezeichnet.

12 Berühmt ist die ihm zugeschriebene Aussage: „Ich habe Tausende von Leichen
    seziert, aber keine Seele darin gefunden".

13 Darwin kam sogar in der Grabrede für Karl Marx vor, die Friedrich Engels ge-
    halten hat: „Charles Darwin entdeckte das Gesetz der Entwicklung der organi-
    schen Natur auf unserem Planeten. Marx ist der Entdecker jenes grundlegenden
    Gesetzes, das den Gang und die Entwicklung der menschlichen Geschichte be-
    stimmt...". Marx/Engels-Werke: http://www.mlwerke.de/me/me19/me19_333.
    htm (Zugriff am 15.9.2012).
    Dies ist aus heutiger Sicht ein wenig verwunderlich, weil der Sozialismus ja auf
    die Gleichheit aller Menschen fokussiert, wohingegen die Unterschiedlichkeit
    der Individuen eine zentrale Voraussetzung dafür ist, dass Evolution überhaupt
    stattfinden kann.

den Schulplan verlangte. Die Naturwissenschaft im Sinne Darwins und der neueren Naturforschung in der Schule zu lehren, dagegen kämpft alles, was an der gegenwärtigen Ordnung der Dinge festhalten will. Man kennt die revolutionäre Wirkung dieser Lehren, deshalb das Verlangen, sie nur im Kreise der Auserwählten gelehrt zu sehen. Wir denken aber: Führen die Darwinschen Theorien zum Sozialismus, wie Virchow behauptet, so beweist das nichts gegen diese Theorien, sondern für den Sozialismus. Männer der Wissenschaft dürfen nicht danach fragen, ob die Konsequenzen einer Wissenschaft zu dieser oder jener Staatseinrichtung, zu diesem oder jenem Sozialzustand führen oder ihn rechtfertigen, sie haben zu prüfen, ob die Theorien richtig sind, und sind sie das, so sind sie mit allen Konsequenzen anzunehmen. Wer anders handelt, sei es aus persönlichem Vorteil, sei es wegen Gunst von oben, oder aus Klassen- oder Parteiinteresse, handelt verächtlich und macht der Wissenschaft keine Ehre."[14] Bebel macht damit auch deutlich, dass sich Tatsachen nicht nach Ideologien richten (siehe auch den Abschnitt zum ideologischen Missbrauch), und Evolution nicht deswegen nicht gelehrt werden darf, weil sie Interessenlagen widerspricht.

Im gleichen Jahr wie die Reden von Haeckel und Virchow erregte ein Unterrichtsversuch von Heinrich Ludwig Hermann Müller Aufsehen, der den „Lippstädter Fall"[15] auslöste. Müller (1829-1883) war als Blütenbiologe bekannt und als Biologielehrer an der Realschule 1. Ordnung[16] in Lippstadt tätig. Die Schule existiert noch heute unter dem Namen Ostendorf-Gymnasium. In den 1870er Jahren begann Müller im Rahmen öffentlicher Vorträge, die Aussagen von Charles Darwin zur Evolution vorzustellen. Gleichzeitig war er mitverantwortlich für einen naturgeschichtlichen Reform-Lehrplan mit deutlich evolutionsbiologischer Orientierung. Müller gilt aufgrund dessen heute als erster deutscher Lehrer, der die Themenauswahl und -abfolge im Biologieunterricht konsequent von der Evolutionslehre her durchdacht und entwickelt hat.[17] Er bestimmte als Unterrichtsstoff für die Obersekunda anstatt des vorher vorgesehenen Themas „Floristik und Systematik" den

---

14 Bebel, A.: *Die Frau und der Sozialismus*, Leipzig 1879. Siehe auch: http://www.mlwerke.de/beb/beaa/beaa_000.htm (Zugriff am 15.9.2012)

15 Vgl. die sorgfältige und ausführliche Aufarbeitung der Vorkommnisse von M. Morkramer: http://www.ostendorf-gymnasium.de/mueller/download/Lippstaedter_Streit.pdf (Zugriff am 15.9.2012)

16 Realschulen I. Ordnung wurden später zu Realgymnasien, also Gymnasien mit Schwerpunktorientierung an den Realien, den naturwissenschaftlichen Fächern.

17 Trommer, G.: *Natur im Kopf*, Weinheim: Deutscher Studien Verlag 1990.

Inhalt „Die Hauptstufen der Entwicklung des organischen Lebens".[18] Die Stammesgeschichte des Menschen sollte nach Haeckels Buch *Anthropogenie – oder Entwicklungsgeschichte des Menschen* erfolgen.[19] Die Behandlung des Themas „Evolution" in Müllers Lehrplänen wurde 1876 in der Regionalzeitung *Westfälischer Merkur* heftig kritisiert: „Die aller Religion und Philosophie Hohn sprechenden Leistungen Haeckels und Darwins, die sich als höchst unwissenschaftliche Hypothesen charakterisieren, werden Realschülern als bare Münze vorgelegt."[20] In der Folge wurde Müller von der vorgesetzten Behörde, dem Königlichen Provinzial-Schulkollegium in Münster, aufgefordert, das Thema Abstammung im Unterricht nicht mehr zu behandeln.[21]

Im Januar 1877 ließ Müller in einer Vertretungsstunde einen Text von Carus Sterne aus dem Jahr 1876 verlesen, in dem eine natürliche Lebensentstehung und -entwicklung ohne göttliche Schöpfungs- und Gestaltungsakte ins Auge gefasst wird: „Kein anderes chemisches Element kommt ihm [dem Kohlenstoff] in dieser Fähigkeit, welche die Möglichkeiten von Milliarden verschiedener Verbindungen in sich schließt, gleich, und wir müssen erkennen, daß in dieser besonderen Eigenschaft des C die Möglichkeit einer organischen Schöpfung vorzugsweise schlummerte. Ein moderner Chemiker, welcher die Geschichte der Schöpfung in seine geliebte chemische Zeichensprache übersetzen wollte, dürfte nicht wie Faust beginnen: Im Anfang war das Wort, oder der Sinn oder die Kraft – er kann die Kraft allein so hoch unmöglich schätzen – und mit einem Male Licht erblickend würde er ausrufen: Am Anfang war der Kohlenstoff mit seinen merkwürdigen inneren Kräften! Nur wo Kohlenstoff in einer geeigneten Form und in hinreichender Menge auf einem Weltkörper vorhanden war, konnte ein organisches Leben... beginnen."[22]

Ein Religionslehrer der gleichen Schule erfuhr von Müllers Aktivitäten und machte dessen Vorgehen öffentlich, indem er ihm Angriffe auf die christlichen Lehren und Gotteslästerei vorwarf. Es kam zu heftigen Disputen in der Lippstädter Lokalpresse, die sich bis in den Herbst 1877 hinzo-

---

18 Zit. nach Depdolla, Ph.: Hermann Müller-Lippstadt (1829-1883) und die Entwicklung des biologischen Unterrichts, in: *Sudhoffs Archiv für Geschichte der Medizin und der Naturwissenschaften* 34, 1941, S. 261-334.

19 Depdolla, Müller-Lippstadt.

20 Depdolla, Müller-Lippstadt, S. 283.

21 Depdolla, Müller-Lippstadt.

22 Zitiert aus einem Brief von Müller an Darwin in: Kresse, H.: *Prof. Dr. Hermann Müller. Briefwechsel mit Charles Darwin,* Lippstadt o. J., S. 51.

gen. Aber auch in überregionalen Blättern wurde das Thema aufgegriffen. So erschien in der *Berliner Zeitung* ein Aufsatz eines evangelischen Pastors: „Nehmt eure Kinder in Acht! … An der Realschule zu Lippstadt besteht ein geistlicher Notstand, wie er nicht größer gedacht werden kann. Ohne sich selbst die Schranken der Vorsicht aufzuerlegen, … lehrt dort einer der Herren in den oberen Klassen die Darwin-Haeckelsche Entwicklungstheorie mit offen ausgesprochener Verachtung des christlichen Glaubens.“[23]

Im Januar 1879 schließlich wurden die Vorkommnisse in Lippstadt im Preußischen Abgeordnetenhaus im Rahmen einer bildungspolitischen Debatte von ultramontanen Politikern[24] als Beispiel für eine zu liberale Bildungspolitik des damaligen preußischen Kultusministers Adalbert Falk (1827-1900) aufgegriffen. Man entrüstete sich über die Behandlung der Evolution an Schulen. Müller berichtet darüber in einem Brief an Charles Darwin: „Geschützt durch Vorrecht als Abgeordnete überschütteten mich einige Abgeordnete … mit heftigen Beschuldigungen, ich hätte meine Schüler Gotteslästerung, Atheismus, Nihilismus, Sozialismus etc. gelehrt“.[25] Letztlich ging Müller allerdings vollständig rehabilitiert aus der Auseinandersetzung hervor, wie im Schlussbericht von Falk deutlich wurde.[26] In der Debatte meldete sich auch Virchow – Müller verteidigend – zu Wort: „wenn die Deszendenz wirklich stattgefunden hat, so wird Ihnen alle Ihre Vorstellung von Adam nichts helfen, die müssen Sie dann aufgeben“.[27] Diese Aussage ist insofern erstaunlich, da Virchow ja – wie oben erörtert – entschiedener Gegner des Unterrichtens der Abstammungslehre war.

Mitte 1879 trat Kultusminister Falk zurück. In der Folgezeit wurden neue Lehrpläne entwickelt. Diese wurden 1882 verabschiedet und enthielten in der Oberstufe keinen Biologieunterricht mehr. Es wird bis heute kontrovers diskutiert, ob der Evolutionsunterricht von Hermann Müller dafür hauptsächliche Verantwortung trägt. Im Verkündungserlass der neuen Lehrpläne steht: „Andererseits hat die Ausdehnung des naturbeschreibenden Unterrichts bis in die obersten Klassen den kaum zu vermeidenden Anlass gegeben, die der Schule gestellte Aufgabe zu überschreiten und in theoretische Hypothesen einzugehen, deren Erwägung einem Fachstudium

---

23 Depdolla, Müller-Lippstadt, S. 288.
24 Ultramontanismus war diejenige Auffassung im Katholizismus, die die gesamten Entscheidungen zur Kurie nach Rom, also jenseits der Berge (ultra montes), verlegen wollte.
25 Kresse, Briefwechsel, S. 49.
26 Morkramer, Lippstädter Streit, S. 6.
27 Zitiert nach Morkramer, Lippstädter Streit, S. 6-7.

an einer Hochschule überlassen bleiben muss".[28] Ein Jahr später wurde in einer Präzisierung der Lehrpläne die Behandlung der Gedanken von Darwin in Schulen (also nicht nur in Oberstufen) explizit verboten: „Die Vermittlung der Bekanntschaft mit den neuen Hypothesen von Darwin usw. gehört nicht zu den Aufgaben der Schule und ist darum vom Unterrichte durchaus fernzuhalten."[29] Der Biologieunterricht in der Oberstufe blieb mehr als ein Vierteljahrhundert verboten, erst 1908 wurde er per Erlass auf Wahlbasis wieder zugelassen. Das Thema „Evolution" wurde in diesem Erlass mit keinem Wort erwähnt. 1925 wurde Biologie wieder zum Pflichtfach in der Oberstufe, allerdings mit geringer Stundenzahl.[30]

Es sollte deutlich geworden sein, dass man im Zuge des Bekanntwerdens der Überlegungen von Darwin zur Evolution vonseiten politischer Gegner auf radikalste Weise reagiert hat: mit dem Verbot, das Thema „Evolution" bzw. das Fach, in dem dieses zentral ist, zu unterrichten. Die damalige Ablehnung der Evolutionskonzepte speiste sich aus zwei unterschiedlichen Quellen: Nichtsozialistische Parteien lehnten sie ab, weil man durch sie einen Aufschwung des Sozialismus befürchtete. Klerikale Kreise lehnten sie ab, weil sie einen direkten Angriff auf Schöpfungsvorstellungen darstellen. Die ergriffenen Maßnahmen gehen weit über das hinaus, was Mitte der 1920er Jahre in einigen Bundesstaaten der USA zur Zurückdrängung der Evolutionstheorie unternommen wurde. Auch in Deutschland sind heute die damit verbundenen Vorgänge aus Nordamerika[31] wesentlich bekannter als der Lippstädter Fall.

Ideologischer Missbrauch

Seit den 1920er Jahren verbreiteten sich pseudowissenschaftliche Theorien, die auf Charles Darwin Bezug nahmen und seine Gedanken pervertierten: Der Sozialdarwinismus, der im Nationalsozialismus als Rechtfertigungsgrundlage rassistischer Ideologien diente und den Evolutions-

---

28 Depdolla, Müller-Lippstadt, S. 220.
29 Zit. nach Keckstein, R.: *Die Geschichte des biologischen Schulunterrichts in Deutschland*, Bad Salzdetfurth: Franzbecker 1980, S. 38.
30 Keckstein, Geschichte des biologischen Schulunterrichts.
31 Vor allem der Gerichtsprozess gegen John Scopes, einen Lehrer in Tennessee, der 1925 gegen ein frisch verabschiedetes Gesetz verstieß, wonach nicht unterrichtet werden darf, dass der Mensch von anderen Tieren abstammt und nicht unmittelbar von Gott geschaffen worden ist.

unterricht dominierte, begann seine Wirkung zu entfalten.[32] Sozialdarwinismus ist die Anwendung der Evolutionstheorie auf menschliche Gesellschaften, wobei das gesamte Zusammenleben von Organismen fälschlich als direkter Kampf ums Dasein aufgefasst wird. Hieraus wird unzulässigerweise abgeleitet, dass zur Förderung des allgemeinen Wohlergehens einer Gesellschaft nur die Tüchtigsten zur Fortpflanzung kommen sollten.[33] Die Anwendung sozialdarwinistischer Überlegungen als angewandte Abstammungslehre auf Bevölkerungs- und Gesundheitspolitik wird Eugenik genannt. Im Nationalsozialismus war dafür der Terminus „Rassenhygiene" gebräuchlich. Das Thema „Evolution" wurde in der Schule systematisch mit Weltanschauungsfragen verquickt. Im Jahr 1926 schrieb der dem Nationalsozialismus nahestehende Biologiedidaktiker und Naturschützer Walther Schoenichen (1876-1956), dass „unserem Volke ein rassehygienischer Niedergang droht ... Es gilt ..., einen möglichst hochwertigen Nachwuchs zu erziehen. Aus solcher Erkenntnis wird sich auch ein Verständnis

---

32 Sozialdarwinistische Überlegungen gab es schon weit früher. So hat der Philosoph Christian von Ehrenfels 1904 gefordert, durch Polygynie auserlesener Männer in aufsteigender Entwicklung den neuen Menschen zu schaffen. Im gleichen Jahr regte der Haeckel-Schüler Willibald Hentschel an, die Erneuerung der germanischen Rasse durch Menschenzucht in „ländlichen Gehegen" zu befördern. Diese und viele weitere Beispiele finden sich in Becker, P. E.: *Sozialdarwinismus, Rassismus, Antisemitismus und Völkischer Gedanke*, Stuttgart: Thieme 1990.

33 Das Sozialdarwinismus-Konzept ist in vielerlei Hinsicht problematisch. Zum einen ist es unrichtig, dass man Selektionsvorteile nur durch direkten Kampf erwirbt. Schon Darwin verstand den Begriff „Kampf ums Dasein" zu Recht in einem weiten, metaphorischen Sinn: „...man kann auch sagen, eine Pflanze kämpfe am Rande der Wüste um ihr Dasein gegen die Trocknis..." http://www.zeno.org/Philosophie/M/Darwin,+Charles/%C3%9Cber+die+Entstehung+der+Arten/3.+Der+Kampf+um%27s+Dasein (Zugriff am 13.9.2012)
Also ist bereits die Voraussetzung falsch, auf deren Grundlage auf im Text erwähnte normative Vorstellungen geschlossen wird. Fakten und Normen sind unabhängig voneinander, letztere folgen nicht aus ersteren. Wer diesen Schluss trotzdem vollzieht, begeht – wie im vorliegenden Fall – einen sogenannten naturalistischen Fehlschluss. Darüber hinaus lässt sich die biologische Tauglichkeit, die sich im Fortpflanzungserfolg ausdrückt, nur *a posteriori* bestimmen. Diese ist außerdem keine feste Größe, sondern von sich möglicherweise ändernden Umweltbedingungen abhängig. Darüber hinaus ist es wahrscheinlicher, dass Individuen aus einer Population bei schnellen und massiven Umweltänderungen überleben, wenn die Population über ein besonders hohes Maß an genetischer Vielfalt verfügt, als wenn dies nicht der Fall ist.

anbahnen lassen für jene Richtlinien, die darauf hinauslaufen, degenerierte Elemente ... von der Fortpflanzung auszuschließen, die Erlaubnis der Ehe von einem Nachweis der Gesundheit abhängig zu machen, die sozialen Bedingungen so umzugestalten, dass nicht wie heute eine Unzahl gerade der rassenhygienisch wertvollsten Frauen der Mutterschaft nicht teilhaftig werden können usf."[34] Im Biologieunterricht bekam das Thema „Rassenhygiene" – mit dieser Argumentation – in den 1930er Jahren zentrale Bedeutung: Dem ideologisierten Evolutionsunterricht kam – neben anderen Propagandamaßnahmen – die Aufgabe zu, die durchgeführten unmenschlichen eugenischen Schritte zu begründen und für Akzeptanz unter Jugendlichen zu sorgen. Biologie-Schulbücher, die sich konsequent an der nationalsozialistischen Rassenideologie orientierten, kamen Anfang der 40er Jahre auf den Markt.[35] Nach 1945 verschwanden diese wieder und man knüpfte an die Richtlinien aus der Weimarer Zeit an. Das Thema „Eugenik" wurde allgemein tabuisiert und nicht aufgearbeitet.

Noch heute werden Evolutionsbiologen gelegentlich – mit Verweis auf den Nationalsozialismus – mit dem Vorwurf konfrontiert, die Evolutionstheorie würde rassistischen Ideologien Tür und Tor öffnen und sei deshalb abzulehnen. Dem ist zu entgegnen, dass eine naturwissenschaftliche Theorie per Definition wertfrei ist und demnach ihre Gültigkeit nicht von Normen abhängig gemacht werden kann – genauso wenig wie aus ihr Wertentscheidungen abgeleitet werden dürfen. Ein ideologischer Missbrauch einer Theorie lässt also keinesfalls Rückschlüsse auf ihre Anerkennung zu. Die Evolutionstheorie wurde (und wird zum Teil noch immer) also in zweifacher Hinsicht falsch ausgelegt: zum einen wurden in Form naturalistischer Fehlschlüsse Normen aus Fakten abgeleitet (s.o.), zum anderen wurden aber auch umgekehrt in Form idealistischer Fehlschlüsse[36] nicht gewollte Fakten bestritten.

---

34 Schoenichen, W.: *Methodik und Technik des naturgeschichtlichen Unterrichts,* Leipzig: Quelle und Meyer 1926, S. 215-216.

35 Eine sorgfältige und ausführliche Aufarbeitung des Themas findet sich in: Bäumer-Schleinkofer, Ä.: *NS-Biologie und Schule,* Frankfurt: Peter Lang 1992.

36 Der stets ungerechtfertigte Schluss von Normen auf Tatsachen kann als „idealistischer Fehlschluss" bezeichnet werden. Ein solcher Fehlschluss wird trefflich von Christan Morgenstern karikiert: „ ... Weil, so schließt er messerscharf, nicht sein kann, was nicht sein darf".

Biblische Schöpfungslehre in Deutschland –
Die *Studiengemeinschaft Wort und Wissen*

Kreationistisches[37] Ideengut gewann in Deutschland in den 1980er Jahren in der Folge der Gründung der *Studiengemeinschaft Wort und Wissen* (WuW) 1979 an Einfluss. Bei den meist akademisch gebildeten Menschen, die sich dort engagieren, handelt es sich um Junge-Erde-Kreationisten. Diese sind davon überzeugt, dass die Bibel aus wörtlichen Botschaften Gottes besteht und entsprechend die Erde in sechs Tagen erschaffen wurde und insgesamt weniger als 10.000 Jahre alt ist. In den Zielen des Glaubenswerks WuW heißt es: „Die Studiengemeinschaft Wort und Wissen vertritt eine biblische Schöpfungslehre. In der kritischen Auseinandersetzung mit säkularen Denkvorstellungen soll gezeigt werden, wie die wissenschaftlichen Daten aus der biblischen Perspektive gedeutet werden können."[38]

Offensichtlich soll hier der Versuch unternommen werden, wissenschaftliche Erkenntnisse mit den mythischen Erzählungen der Bibel zu harmonisieren, wobei die Bibel als Referenz genommen wird: Lässt sich eine wissenschaftliche Aussage nicht mit den Inhalten der Bibel in Übereinstimmung bringen, so muss erstere falsch sein. Ähnlich wie in den USA richten auch in Deutschland kreationistische Gruppen einen Großteil ihrer Aktivitäten auf den Biologieunterricht.[39] Es gibt Gruppen, die im Biologieunterricht das Thema „Evolution" durch die Schöpfungsgeschichte verdrängen möchten,[40] andere hingegen setzen auf gleichberechtigtes Unter-

---

37 Kreationismus ist die Auffassung, der zufolge das Universum bzw. das Leben auf der Erde von einem übernatürlichen Wesen erschaffen wurde. Grundlage kreationistischer Vorstellungen sind meist religiöse Schöpfungsmythen, wie z. B. im biblischen Buch Genesis; vgl. Hüsgen, I. / Graf, D.: http://www.gwup. org/infos/themen-nach-gebiet/84-Kreationismus/57-kreationismus (Zugriff am 15.9.2012).

38 www.wort-und-wissen.de/ueber.html(Zugriff am 15.9.2012: Zitat offline), abrufbar unter: http://web.archive.org/web/20090525014711/http://www.wort-und-wissen.de/ueber.html.

39 Im Unterschied zu den USA können in Deutschland Schöpfungsgeschichten durchaus zum Unterrichtsgegenstand werden, und zwar im Religionsunterricht. Diesen gibt es in den USA aufgrund des 1. Zusatzartikels der amerikanischen Verfassung nicht, in dem die Einrichtung einer Staatsreligion untersagt wird. Dies hat zur Konsequenz, dass religiöse Unterweisungen in staatlichen Schulen nicht gestattet sind.

40 In Deutschland existieren christlich-fundamentalistische Gruppen, in denen Eltern organisiert sind, die ihre Kinder trotz Schulpflicht zu Hause unterrichten

richten von Evolutionsbiologie und Schöpfungsvorstellungen. Die Position der Studiengemeinschaft „Wort und Wissen" ist vergleichsweise moderat. Zum schulischen Biologieunterricht fordert sie, „dass der Evolutionstheorie widersprechende Befunde angemessen unterrichtet werden und dass die Evolutionstheorie nicht als alleinige Deutungsmöglichkeit biologischer Daten in Ursprungsfragen präsentiert wird".[41]

WuW gibt zahlreiche Materialien für die Schülerhand heraus, darunter auch ein Buch, das als Schulbuch für die gymnasiale Oberstufe konzipiert ist. Es besitzt aber in keinem Bundesland eine Zulassung für die Schule.[42] Das Buch ist aufwändig gestaltet und liegt mittlerweile in sechster Auflage vor.[43] Die Inhalte des Buches stellen darüber hinaus eine Art Argumentationsleitfaden für Kreationisten dar. Es enthält – dem oben zitierten Leitgedanken entsprechend – im Wesentlichen Evolutionskritik. Explizit kreationistische Positionen werden weitgehend versteckt. Diese treten bei WuW eher in für die eigenen Mitglieder verfassten Papieren deutlich zutage. Das Buch erhielt 2002 einen Schulbuchpreis, obwohl es gar kein Schulbuch ist. Der Preis wird seit 1990 vom christlich orientierten *Kuratorium Deutscher Schulbuchpreis* verliehen. Die Festansprache bei der Preisverleihung hielt der spätere Thüringische Ministerpräsident Dieter Althaus und pries dabei das Buch als „sehr gutes Beispiel für wertorientierte Bildung und Erziehung". Und weiter hoffte er, „dass Ihr Buch nicht nur von Biologielehrern für den Unterricht verwendet wird, sondern auf eine weit darüber hinaus gehende Leserschaft trifft".[44] Mittlerweile hat sich Althaus von den damaligen Äußerungen distanziert. Dass Althaus eine gewisse Affinität zu WuW hat, wurde spätestens deutlich, als er 2005 den Koautor des Lehrbuches Siegfried Scherer zu einer Diskussionsveranstaltung zum Thema „Evolution und Schöpfung" in die Thüringer Staatskanzlei einladen wollte.

– insbesondere weil die Eltern nicht wollen, dass ihre Kinder mit den Themen „Sexualerziehung" und „Evolution" konfrontiert werden. Siehe z. B. Lambrecht, O. / Baars, C.: *Mission Gottesreich*, Berlin: Ch. Links 2009.

41 http://www.wort-und-wissen.de/index2.php?artikel=presse/main.php&n=Presse.P05-2 (Zugriff am 15.9.2012)

42 Im Unterschied zu anderen Unterrichtsmaterialien dürfen Schulbücher erst dann im Unterricht verwendet werden, wenn sie von den Kultusministerien eine Zulassung erhalten haben.

43 Junker, R. / Scherer, S.: *Evolution – ein kritisches Lehrbuch*, Gießen: Weyel 2006.

44 http://www.schulbuchpreis.de/preis2002.html (Zugriff am 15.9.2012, verfügbar über: http://web.archive.org/web/20071014064040/http://www.schulbuchpreis.de/preis2002.html).

Aufgrund vielfältiger öffentlicher Proteste wurde dieser dann wieder ausgeladen.

Inzwischen ist in Deutschland ein zweites evolutionskritisches Buch erschienen, das in Stil und Machart einem Schulbuch ähnelt.[45] Das Buch wendet sich an Schülerinnen und Schüler der Sekundarstufe I. Hier wird wesentlich offener aus der Sicht der Bibel argumentiert als in dem Buch von Junker und Scherer. Auch dieses Buch ist in keinem Bundesland für die Verwendung an Schulen zugelassen.

2006 und erneut 2007 hat sich mit der damaligen hessischen Kultusministerin Karin Wolff zum ersten Mal eine für Schule verantwortliche Politikerin für eine Behandlung der Schöpfungsgeschichte im Biologieunterricht ausgesprochen. Sie glaubte seinerzeit, große Übereinstimmungen zwischen der mythischen Erzählung einer Schöpfung in sieben Tagen und der wissenschaftlichen Evolutionstheorie erkennen zu können.[46] Auch wenn man Frau Wolff sicher nicht als Kreationistin bezeichnen kann, hat sie offensichtlich wenige Kenntnisse über den Verlauf der Stammesgeschichte und besitzt keine angemessenen Vorstellungen von Wissenschaft – und dies ist natürlich für eine Kultusministerin nicht akzeptabel.

Aktuelle Situation

Das Thema „Evolution" ist im Biologieunterricht in deutschen Schulen ein typisches Abschlussthema. Begründet wird dies vielfach mit dem abstrakten Charakter des Inhalts und den vielen Wissensvoraussetzungen, die zum Verständnis der Evolution notwendig seien. Das Thema wird in der Sekundarstufe I in der Regel in der 9. oder 10. Klasse (oft ohne dass auf Evolutionsmechanismen eingegangen wird) behandelt, in der Oberstufe oft in Klasse 13.[47] Da Evolution und Evolutionstheorie die anderen biologischen Teildisziplinen zu einem schlüssigen Gesamtbild integrieren und im Grunde erst verstehbar machen, ist eine Behandlung gegen Ende der

45 vom Stein, A.: *Creatio – Biblische Schöpfungslehre*, Lychen: Daniel 2005.

46 Vgl. Euler, Ralf: Wolff will Schöpfungslehre im Biologieunterricht, in: FAZ vom 29.6.2007.

47 Da jedes Bundesland seine eigenen Lehrpläne entwirft, die sich zudem noch vielfach zwischen den Schultypen deutlich unterscheiden, und zurzeit in der Curriculumgestaltung vieles im Umbruch ist, lassen sich nur bedingt allgemeingültige Aussagen machen.

Schulzeit eigentlich zu spät und daher problematisch. Hier steht für die Zukunft dringend die Entwicklung neuer Unterrichtskonzepte an.[48]

Bei Schülerinnen und Schülern ist das Thema im Rahmen des Biologieunterrichts der Sekundarstufe II aktuell von mittlerem Interesse. Themen wie „Entwicklungsbiologie" (Individualentwicklung) und „Immunbiologie" sind beliebter, „Cytologie" und „Stoffwechsel" weniger beliebt. Allerdings ist das Interesse an allen biologischen Themen recht hoch.[49] Dieses allgemein recht ausgeprägte Interesse führt aber zumindest beim Thema „Evolution" nicht zu gutem Wissen oder Verständnis. Beides ist vielmehr eher gering, wie unten noch kurz belegt werden soll. Folgende – durchaus reflektierte – Bemerkung einer Biologiestudentin aus Siegen, die in der Schule Biologie als Leistungskurs gewählt hatte und an einer unserer Befragungen teilnahm, ist nicht untypisch für den Wissensstand von Studienanfängern: „Anscheinend habe ich nie die Evolutionstheorie im Unterricht durchgenommen, da ich erschreckend wenig weiß. Alles sind eigentlich nur Vermutungen. Dabei habe ich gedacht, es wäre bestimmt vorgekommen und ich hätte es nur vergessen. Aber das, was ich weiß oder glaube zu wissen, ist Alltagswissen bzw. -denken!"

Neben schlichtem Unwissen sind auch Missverständnisse über die Evolutionsmechanismen weit verbreitet. In einer eigenen Untersuchung zeigte sich, dass zahlreiche Lehramtsstudierende lamarckistische und finalistische Vorstellungen zur evolutionären Entwicklung besitzen. Dies gilt sogar für Studierende, die in der Schule Biologie als Leistungskurs besucht haben.[50] Eine Übersicht über weitere, verbreitete Verständnisprobleme geben Graf und Hamdorf.[51] Im Folgenden soll auf ein Beispiel eingegangen werden, das zeigt, dass Vorstellungen zur Evolution trotz korrekten Antwortver-

48 Van Dijk und Kattmann machen interessante Vorschläge, Evolution früher zu unterrichten und als durchgehendes Konzept für den Biologieunterricht zu entwickeln: van Dijk, E. / Kattmann, U.: Biologieunterricht in naturgeschichtlicher Perspektive, MNU 2008, S. 12-15, 107-114. Siehe auch Dreesmann, D. / Graf, D. / Witte, K. (Hrsg.): *Evolutionsbiologie. Moderne Themen für den Unterricht*, Heidelberg: Spektrum 2011.

49 Dietze, J.: *Untersuchungen zum Entwicklungsstand von Biologieinteressen von Schülerinnen und Schülern der Sekundarstufe II*, Hamburg: Kovac 2007.

50 Näheres s. Graf, D.: Kreationismus vor den Toren des Biologieunterrichts? – Einstellungen und Vorstellungen zur „Evolution", In: Antweiler, Chr. / Lammers, Chr. / Thies, N. (Hrsg.): *Die unerschöpfte Theorie*, Aschaffenburg: Alibri 2008.

51 Graf, D. / Hamdorf, E.: Evolution: Verbreitete Fehlvorstellungen zu einem zentralen Thema, in: Dreesmann / Graf / Witte, *Evolutionsbiologie*, S. 25-42.

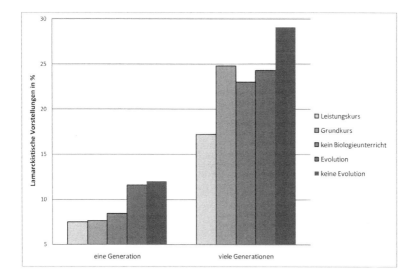

Abb. 1: Vergleich lamarckistischer Vorstellungen. Es wurde eine Aufgabe zu dem klassischen Versuch von August Weismann (1834-1914) gestellt. Dieser entfernte in den Jahren 1887 und 1888 bei Mäusen über Generationen die Schwänze und prüfte damit, wie sich dieses auf die Schwanzlänge der Filialgenerationen auswirkte. Er stellte zum ersten Mal experimentell fest, dass sich diese erworbene Eigenschaft (Schwanzlosigkeit) nicht vererbte, dass das lamarckistische Vererbungsprinzip also falsch ist. Der Versuch wurde in Fragebögen vorgestellt und gefragt, wie sich das Abtrennen nach einer Generation (links) und nach vielen Generationen (rechts) auswirkt. Auf der Ordinate ist der Prozentsatz der Befragten abgetragen, die eine Schwanzverkürzung annehmen. Die drei oberen Angaben in der Legende beziehen sich auf Studierende, die in ihrer Schulzeit entweder einen Leistungskurs oder einen Grundkurs in Biologie besucht oder gar keinen Biologieunterricht hatten.[52] Die beiden unteren Angaben entstammen einer Untersuchung mit Schülerinnen und Schülern der Sekundarstufe I, die Evolutionsunterricht hatten oder nicht.[53]

---

52 Graf, D. / Richter, T. / Witte, K.: Einstellungen und Vorstellungen von Lehramtsstudierenden zur Evolution, in: Harms, U. u. a. (Hrsg.): *Heterogenität erfassen – individuell fördern im Biologieunterricht*, Kiel: IPN 2009.

53 Hölscher, I.: *Wissen und Einstellung von Schülerinnen und Schülern zur Evolution – empirische Analysen*, Dortmund: unveröffentlichte Staatsexamensarbeit 2008.

haltens im Grunde unverstanden geblieben sind. In verschiedenen eigenen Untersuchungen stellte sich regelmäßig heraus, dass bei vielen Studierenden und Schülern hinter sachgerechten Vorstellungen latent lamarckistische Ansichten weiter existieren. In Abbildung 1 sind die Untersuchungsergebnisse zusammengefasst. Anscheinend generieren viele der Befragten das nicht zutreffende Konzept, dass erworbene Eigenschaften nicht über eine einzige Generation, wohl aber über zahlreiche Generationen, bei denen sich im Laufe des Lebens immer wieder gleichgerichtete Veränderungen ereignen, vererbbar sind.

Zusammenfassend muss festgestellt werden, dass sowohl Wissen über Evolution als auch Verständnis von Evolution bei Jugendlichen, die unser Bildungssystem durchlaufen haben oder gerade durchlaufen, erschreckend gering sind.

Fazit

Die Evolutionstheorie ist in ihren Grundzügen 150 Jahre alt. Ihre Veröffentlichung durch Darwin hatte damals Kontoversen ausgelöst, die bis heute nicht überwunden sind. Auch bezüglich der Behandlung des Themas im Unterricht zeigten sich von Anfang an Widerstände und Probleme. Zunächst durfte das Thema (zumindest in Preußen) gar nicht unterrichtet werden, dann wurde es ideologisch missbraucht und schließlich durch Kreationisten attackiert. Es zeigt sich weiterhin, dass die unterrichtliche Aufarbeitung des Themas „Evolution" offensichtlich schwierig ist. Auch zum Ende der Schulzeit bleiben die zentralen Aussagen vielfach unverstanden. Da das Evolutionskonzept Voraussetzung für das Verständnis der gesamten Biologie sowie zentral für unser Selbst- und Weltverständnis ist, kann dies nicht hingenommen werden.

Es müssen neue Unterrichtskonzepte entwickelt werden. Das Thema muss deutlich früher im Unterricht aufgegriffen werden und als didaktisches Prinzip wie ein roter Faden den Biologieunterricht durchziehen.

Rudolf Kötter

Das Forschungsprogramm
der Evolutionstheorie

Erklärungsansprüche und Erklärungsformen

1. Einleitung

Die Evolutionstheorie genießt in der deutschen Öffentlichkeit ein hohes
Maß an prinzipieller Zustimmung. Gelegentliche Vorbehalte aus dem religiösen Umfeld fallen in Deutschland kaum ins Gewicht und die auch unter
Biologie-Lehrern verbreitete Ansicht, im Schulunterricht sollten neben der
Evolutionstheorie auch andere Vorstellungen zur Entwicklung des Lebens
zur Sprache gebracht werden, hat ihre Gründe weniger in Vorbehalten gegen die Evolutionstheorie als vielmehr in einem problematischen Verständnis von weltanschaulicher Toleranz.

Erstaunlicherweise entspricht diese weitverbreitete Wertschätzung der
Evolutionstheorie nicht der Position, die sie im Verbund der biologischen
Disziplinen einnimmt. Von der fundamentalen Rolle, die die Evolutionstheorie nach Meinung ihrer Vertreter für die Biologie insgesamt spielen
soll, ist oft nur wenig zu spüren, ja an vielen Departments und Instituten
ist sie institutionell schon nicht mehr vertreten. So besitzen z. B. in Bayern die großen biologischen Abteilungen an den Universitäten in Erlangen,
Würzburg, Bayreuth sowie an der TU München keine Lehrstühle für Evolutionsbiologie, zum Teil taucht sie nicht einmal als Teilgebiet auf, und in
der Lehre ist die Evolutionstheorie beschränkt auf ein Teilmodul im BA-
Grundstudium, das nach Abprüfung getrost vergessen werden kann.

Auffällig ist auch, dass viele Biologen im Gespräch den konkreten
Ansprüchen der Evolutionstheorie unsicher oder reserviert gegenüber stehen. Bedenkt man allerdings, dass die meisten Biologen heute ihre wis-

senschaftliche Sozialisation in der Welt der Labors erfahren, in welcher die Aufgabe einer historischen Rekonstruktion nicht vorkommt, dann wird zumindest verständlich, warum entsprechende Aussagen der Evolutionstheorie als spekulativ angesehen werden.

Dass die Verhältnisse so sind, wie sie sind, daran sind die Vertreter der Evolutionstheorie sicher nicht ganz unschuldig. Die großmundigen Ansprüche auf die Weltbild stiftende Funktion der Evolutionstheorie stehen in auffälligem Kontrast zu den bescheidenen Ausführungen bezüglich der methodologischen Besonderheiten der Evolutionstheorie: Was macht sie überhaupt zu einer „Theorie" und wie lässt sich ihr besonderer Anspruch auf ein methodologisches Fundament zurückführen? Wie verhalten sich Beschreibungen zu Erklärungen, wie der Anspruch auf naturwissenschaftliche Universalität zum Anspruch auf korrekte naturgeschichtliche Rekonstruktion? Zu solchen Fragen werden die Leser der Lehrbücher bestenfalls mit Bekenntnissen oder nichtssagenden Allgemeinplätzen abgespeist.[1] Es lohnt sich also durchaus, die methodologische Seite der Evolutionstheorie einer näheren Betrachtung zu unterziehen, nicht zuletzt deshalb, um diese Flanke sicherer gegen Angriffe aus dem kreationistischen Lager zu machen.[2]

2. Die „Hausphilosophie" der Biologen

Der Grund aller Unsicherheiten um Anspruch und Leistung der Evolutionstheorie liegt in dem recht schlichten methodologischen Selbstverständnis, das die Biologen von ihren Disziplinen haben. Demnach ist eine naturwissenschaftliche Theorie ein widerspruchsfreies System von wissenschaft-

---

1   In den Lehrbüchern der Evolutionsbiologie umfassen die Ausführungen zur Methodologie selten mehr als nur ein paar Zeilen, solche zur weltanschaulichen Einordnung der Evolutionstheorie dagegen ganze Abschnitte oder Kapitel, vgl. Futuyma (2007), Kutschera (2006), Mayr (2003), Ridley (2004), Stearns (2005), Storch / Welsch / Wink (2007) oder Zrzavý (2009).

2   So wird in dem kreationistisch orientierten Lehrbuch von Junker / Scherer (2006) mit wissenschaftstheoretischen Mitteln der Nachweis versucht, dass die Evolutionstheorie eben keine „richtige" naturwissenschaftliche Theorie sei, sondern nur eine „Lehre" und damit vergleichbar mit anderen „Lehren", insbesondere der christlichen Schöpfungslehre. Der Nachweis ist missglückt und muss missglücken (dazu später), aber in den Lehrbüchern der Evolutionsbiologen finden sich zu diesem Thema nur Bekenntnisse, keine Argumente.

lich begründeten Aussagen (Hypothesen), die sich auf einen bestimmten Gegenstandsbereich beziehen. Alle Aussagen einer Theorie bzw. ihre logischen Schlussfolgerungen müssen unmittelbar empirisch überprüft werden können, wobei die Überprüfung durch Experiment bzw. durch kontrollierte und reproduzierbare Beobachtung erfolgt.[3]

Nähert man sich auf dem Boden dieser Wissenschaftsphilosophie der Evolutionstheorie, so ergeben sich sofort zwei altbekannte Probleme: Zum einen sind die Sachverhalte, auf die sich die historischen Aussagen der Evolutionstheorie beziehen, weder reproduzierbar noch im Experiment nachzustellen. Zum anderen gibt es zwar empirische Befunde für vergangene Ereignisse („historische Zeugnisse"), aber diese lassen nur vorläufige Schlüsse auf die ihnen zugrunde liegenden historischen Prozesse zu. Diesen Einwänden versucht man zu entgehen, indem man die Evolution zur „Tatsache" erklärt, die nicht geleugnet werden könne und das „Theoretische" an der Evolutionstheorie an die Erklärungen bindet, die für diese „Tatsachen" gegeben werden.[4]

Nun ist diese hausgemachte Wissenschaftsphilosophie sicher nicht einfach falsch. Sie ist nur sehr eng auf die Vollzugsergebnisse wissenschaftlichen Handelns fokussiert und aus dieser Perspektive erscheinen Theorien lediglich als die Sammlung bestätigter, zumindest bestätigungsfähiger Hypothesen. Bei dieser Sichtweise werden aber Aspekte ausgeblendet, die man verstanden haben muss, um den Leistungen wissenschaftlicher Arbeit umfassend gerecht zu werden. Das beginnt schon damit, dass man Regelmäßigkeiten nicht einfach „sehen" oder sonst wie „wahrnehmen" kann, sondern sie feststellen muss (wissenschaftliche Beobachtungen sind nicht elementar, sondern immer „theoriegeleitet"). In diesem Sinne ist „Evolution" eben kein Sachverhalt, der sich durch bloßes Hinschauen problemlos erfassen ließe, sondern die Feststellung von komplexen Vorgängen; und zu deren Erfassung braucht man zumindest standardisierte Beschreibungen, aus denen durch Abstraktion generelle Merkmale oder Sachverhalte gewonnen werden können.

---

3   So etwa in dem bekannten Lehrbuch Campbell (2009). Dass die Biologie mit diesem Wissenschaftsverständnis nicht allein auf weiter Flur steht, zeigt Blachowicz (2009).

4   Zum Beispiel stellt Futuyma einfach fest, dass Evolution eine Tatsache sei und keine Theorie, wobei er unter einer „Tatsache" eine Aussage versteht, die ein kluger und vorurteilsfreier Mensch nicht leugnen kann, Futuyama (2007), S. 17f.; ähnlich auch Kutschera (2006) und Ridley (2004).

Jede Wissenschaft braucht vor der Hypothesenbildung einen begrifflich methodologischen Rahmen, mit dessen Hilfe zu entscheiden ist, was überhaupt als Hypothese formuliert werden kann. Das „Wissenschaftliche" an einer Theorie erschöpft sich also nicht in ihren empirischen Ergebnissen, entscheidend sind die methodologischen Verfahren, mit deren Hilfe sie gewonnen und kritisch diskutiert werden. *Sie* muss man sich in erster Linie ansehen, wenn man nach den Möglichkeiten und Grenzen von „Theorien" sucht.

3. Die Methodologie des Forschungsprogramms

Es mag zwar sein, dass der faktische (historische) Anstoß zur Entwicklung einer naturwissenschaftlichen Theorie aus der Erfahrung gekommen ist: Man entdeckt Phänomene, die man mit den zur Verfügung stehenden Mitteln weder richtig beschreiben noch erklären kann. In logischer Hinsicht liegt der Anstoß zur Entwicklung einer naturwissenschaftlichen Theorie jedoch in der Aufgabe, eine geeignete *Beschreibungssprache* zu konzipieren, mit deren Hilfe die fraglichen Phänomene so beschrieben werden können, dass daraus klare Problemstellungen (und -lösungen) erwachsen. Eine solche Beschreibungssprache umfasst *Grundbegriffe* und *Beschreibungsschemata.*

In der Biologie sind klassische Beispiele für solche Beschreibungsschemata die Regeln, nach denen die biologische Systematik aufgebaut wird (also nicht die Kladogramme selbst, sondern die Regeln, nach denen sie erstellt werden) oder nach denen in der Morphologie die Baupläne der Lebewesen konstruiert werden. Mit Hilfe der Beschreibungen (die einem Beschreibungsschema folgen) lassen sich Probleme formulieren, die einer *Erklärung* bedürfen. Wie eine solche Erklärung aussehen muss, lässt sich ebenfalls der Form nach, also schematisch, festlegen. Dieser abstrakte Zusammenhang sei, bevor wir zur Biologie kommen, an einem einfachen Beispiel aus der Physik erläutert.

Die Newtonschen Mechanik umfasst in ihrem *beschreibenden* Teil die klassische Kinematik, die im Wesentlichen schon Galileo Galilei entwickelt hatte: Dazu gehören die Grundgrößen Weg, Zeit, Geschwindigkeit, Beschleunigung. Zusammen mit dem Begriff des Bezugssystems und dem dazugehörigen (galileischen) Relativitätsprinzip kann man mit diesen Grundgrößen die Bahnen von Körpern beschreiben. Den *erklärenden* Teil der Mechanik hat Isaac Newton mit seinen Gesetzen hinzugefügt (wobei mit der „Masse" eine weitere Grundgröße hinzugekommen ist):

1. Jede Masse verharrt im Zustand der Ruhe oder der geradlinig gleichförmigen Bewegung, wenn sie nicht durch einwirkende Kräfte gezwungen wird, ihren Zustand zu ändern (Trägheitsgesetz; es legt fest, was weder erklärungsfähig noch -bedürftig ist).

2. Die Änderung der Bewegungsgröße ist der bewegenden Kraft proportional und verläuft geradlinig in der Richtung, in der die Kraft wirkt: $K = m\, d^2x/dt^2$ (Aktionsgesetz).[5]

Mit diesen Gesetzen hat Newton das Musterbeispiel für eine *kausal erklärende* Theorie schlechthin geschaffen; Kausalerklärungen werden in der Physik immer durch die Angabe von Kraftgesetzen gegeben. Zu beachten ist dabei, dass mit „Kraft" kein neuer Gegenstand eingeführt und durch eine eigene Grundgröße (wie Weg, Zeit, Masse oder Ladung) repräsentiert wird, welcher dann die Eigenschaft besäße, „Ursache" für „Wirkungen" zu sein. Die Rede von „Kräften" taucht nur im Zusammenhang mit *Kraftgesetzen* auf, durch die z. B. Bahnverläufe generiert werden können und die es insbesondere erlauben, Störungen einer gegebenen Bahnform auf weitere, bislang unbeachtet gebliebene Masseträger oder auf besondere Zwangsbedingungen zurückzuführen.

Die Newtonsche Mechanik ist aber noch in anderer Hinsicht von paradigmatischer Bedeutung. Jede mechanische Hypothese (etwa über den Bahnverlauf eines Planeten) muss sich nicht nur durch Beobachtung und Messung empirisch überprüfen lassen, sie muss sich zugleich als Modell der theoretischen Struktur der Mechanik, also der Newtonschen Gesetze ausweisen lassen. Erst mit dem gelungenen „Einbau" einer Hypothese in die theoretische Struktur ist die eigentliche Erklärungsaufgabe der Theorie gelöst. Kann man also einen Sachverhalt zwar mit den Mitteln der Mechanik beschreiben, lässt er sich aber auch nach längeren Versuchen nicht in die Struktur der Mechanik einfügen (und damit auch nicht erklären), dann befindet sich die Theorie in einer ernsthaften Krise. Und ein Letztes: Sind einmal die Kraftgesetze *experimentell überprüft*, dann steht deren *Anwendung* zur Erklärung von Phänomenen außerhalb der Welt des Labors nichts im Wege. Niemand kommt hier auf den Gedanken, eine solche Anwendung

---

5   Zu beachten ist, dass „K" keine *physikalische Größe*, sondern einen *Term* bezeichnet, d. h. einen Ausdruck für ein Kraftgesetz bzw. eine Verknüpfung von Kraftgesetzen, z. B. $K = -x$, $K = const.$ oder $K = m_1 m_2/r^2$. Zum Trägheits- und Aktionsgesetz kommen noch das „actio=reactio-Gesetz" sowie die Vorschrift, dass Kraftgesetze sich vektoriell addieren lassen müssen, hinzu.

selbst wieder zum Fall einer experimentellen Überprüfung zu machen. Wir werden auf diesen Punkt noch zurückkommen.

Diese grundlegenden Prinzipien, nach denen in einer Wissenschaft die Beschreibungen und Erklärungen organisiert sind (und die in der Physik als „Grundgleichungen" oder „Axiome" einer Theorie bezeichnet werden), werden in der Wissenschaftstheorie nach einem Vorschlag des ungarisch-englischen Wissenschaftstheoretikers Imre Lakatos „Forschungsprogramm" genannt.[6] Ein Forschungsprogramm gibt also Antwort auf die Fragen: Wie werden meine Probleme beschrieben (Terminologie, Beschreibungsschemata)? Was *kann* erklärt werden (Erklärungsfähigkeit)? Was *soll* erklärt werden (Erklärungswürdigkeit)? Wie sieht das Erklärungsschema aus?

4. Das Forschungsprogramm der Evolutionsbiologie

Die Frage, ob die Evolutionstheorie eine Theorie in dem eben skizzierten Sinn ist oder nicht, entscheidet sich also daran, ob wir ein ihr zugehöriges Forschungsprogramm angeben können. Die Suche nach einem solchen Forschungsprogramm gestaltet sich allerdings nicht ganz so einfach wie im Falle der Physik. Dies hat im Wesentlichen zwei Gründe.

(a) Zunächst finden wir generell für biologische Disziplinen kaum Darstellungen, bei denen die *Strukturen*, durch welche die Zulässigkeit von Beschreibungsmitteln und der Umfang des Erklärungsanspruchs festgelegt würde, deutlich und explizit benannt wären, d. h. es gibt keine Darstellungen von Theorien der Genetik, der Physiologie oder Anatomie in dem Sinn, wie es eben Darstellungen von Theorien der Mechanik, der Elektrodynamik oder Quantenmechanik gibt. In den biologischen Disziplinen wird der wissenschaftliche Ertrag meist auf der Ebene der Gesetze und Hypothesen ausgebreitet; ein abstraktes Schema, das es erlauben würde, diese Ergebnisse als Vollzug eines fachspezifischen Forschungsprogramms zu erkennen, wird in der Regel nicht explizit dargestellt. Dies bedeutet, dass man auch das Forschungsprogramm der Evolutionstheorie aus dem Material zur Evolutionstheorie heraus präparieren muss; man muss es gewissermaßen *rekonstruieren*.

(b) Diese Rekonstruktion wird nun dadurch erschwert, dass der Stoff der Evolutionstheorie in der Literatur auf höchst unterschiedliche Weise dargestellt wird, so dass ein von allen Evolutionstheoretikern geteilter Be-

---

6   Lakatos (1982).

stand an Aussagen, ein *Theoriekern*, nur undeutlich auszumachen ist, man vergleiche hierzu nur einmal die Inhaltsverzeichnisse der in Anmerkung 1 aufgezählten Lehrbücher.

Als Ausgangspunkt für die Rekonstruktion des Forschungsprogramms der Evolutionstheorie müssen wir die Frage beantworten, was die zentrale Aufgabe der Evolutionstheorie eigentlich sei. In einer ersten vorsichtigen Annäherung schlage ich vor, die Evolutionstheorie als einen Versuch anzusehen, *vorfindliche* Lebensformen jeweils als Ergebnisse von Entwicklungen darzustellen, die von *früheren* Lebensformen ihren Ausgang nahmen und deren Entwicklungspfad von den Lebensumständen geprägt wird. „Entwicklung" bedeutet in diesem Kontext, dass die im Ablauf der Generationen tatsächlich eingetretenen bzw. hypothetisch anzunehmenden Veränderungen allein mit Hilfe von naturwissenschaftlichen Theorien und deren Ergebnissen beschrieben und erklärt werden können. Unter dieser Prämisse kann man jetzt ein Forschungsprogramm für eine einfache Version der Evolutionstheorie Darwinscher Prägung aufstellen:

1. In jeder Population, deren Mitglieder durch eine über Generationen hinweg stabile Gruppe von Merkmalen charakterisiert sind, gibt es eine *Variabilität* der Merkmals*ausprägungen*; Abweichungen von der (statistischen) Norm (Mutationen) treten *spontan* auf und können durch Vererbung *weitergegeben* werden. (Variationsprinzip)

2. Die durch die Umwelt gegebenen Überlebensressourcen sind für jede Population *knapp*. Deshalb haben solche Individuen einer Population relativ zu den Lebensbedingungen einen *Vermehrungsvorteil*, die über Eigenschaften verfügen, durch die sie die Ressourcen *besser* nutzen können als ihre Artgenossen. Die hierzu duale Formulierung lautet: Deshalb haben solche Individuen einer Population relativ zu den Lebensbedingungen einen *Vermehrungsnachteil*, die über Eigenschaften verfügen, durch die sie die Ressourcen *schlechter* nutzen können als ihre Artgenossen. (Selektionsprinzip)

3. Sind die vorteilhaften Eigenschaften *erblich*, so wird im Laufe der Zeit unter gleich bleibenden Umweltbedingungen der *Anteil* von Populationsmitgliedern mit günstigen Merkmalen relativ zu den anderen zunehmen. (Anpassungsprinzip)

4. Evolutionäre Entwicklungen verlaufen *graduell* von einfacheren zu komplexeren Strukturen.[7]

---

7 Es gibt in der Literatur ähnliche Schemata, so z. B. bei Mayr (1994), Mayr (2003) oder im Kommentar von Hoßfeld / Olsson (2009). Diese Autoren verstehen aber jedes dieser Prinzipien als eigene „Theorie" und begründen dies

Wie die Grundgesetze der Mechanik, so sind auch die Grundprinzipien der Evolutionstheorie nicht *unmittelbar* empirisch zu überprüfen. Wir haben gesehen, dass man zu empirischen Aussagen in der Mechanik nur kommt, wenn man in das 2. Newtonsche Gesetz für „K" ein bestimmtes Kraftgesetz einsetzt. Und so ähnlich liegen auch die Verhältnisse für die Grundannahmen der Evolutionstheorie: Empirisch überprüfbar sind erst die Modelle, die man durch Konkretisierung der theoretischen Begriffe wie Variabilität, Vermehrungsvorteil, -nachteil oder Knappheit erhält.

Die Darstellung der Evolutions*theorie* durch diese vier Grundsätze lässt erkennen, dass die Evolutionstheorie auf allen Beschreibungsebenen, die die Biologie überhaupt kennt, operiert. Auf der *Makro-Ebene* ist die Rede von Populationen, von Änderungen in Populationen, von der systematischen Klassifizierung der Populationen sowie davon, welche Gruppe sich in einer Population längerfristig durchsetzt; auf der *Meso-Ebene* ist die Rede von Individuen, ihren anatomischen und physiologischen Merkmalen und Merkmalsausprägungen sowie deren erblichen Änderungen. Daran schließt sich die *Mikro-Ebene I* an, auf der die genetischen Bedingungen dargelegt werden, die die anatomischen und physiologischen Merkmale bestimmen. Und schließlich kommen wir zur *Mikro-Ebene II*, auf der die chemisch-physikalischen Mechanismen aufgezeigt werden, die die genetischen Funktionen ermöglichen und Störungen (Mutationen) bewirken.

5. Die Erklärungsschemata der Evolutionstheorie

Zu jeder dieser Beschreibungsebenen gehören spezifische Theorien und die mit ihnen verbundenen Erklärungsschemata. So spielen auf der Mikro-Ebene II vor allem chemische Beschreibungen und letztlich physikalische, d. h. kausale Erklärungen eine Rolle. Kausale Erklärungen spielen aber auch auf der Makro-Ebene dort eine Rolle, wo es um einen Wandel des Klimas oder der geologischen Verhältnisse und deren Auswirkungen

---

damit, dass diese Prinzipien logisch unabhängig voneinander sind und auf ganz unterschiedliche biologische und geologische Prozesse Bezug nehmen. Unabhängigkeit im logischen Sinne impliziert aber nicht, dass es damit auch keinen thematischen Zusammenhang gäbe. Und auf letzteren sieht man, wenn man die Prinzipien als Ausdruck *eines* Forschungsprogramms begreift: Als *evolutionäre* Entwicklung soll nur das verstanden werden, was sich durch Beizug *aller* der aufgeführten Prinzipien beschreiben und erklären lässt.

auf die Umwelt der Lebewesen geht. Ein für die Disziplinen Anatomie, Physiologie und Genetik typisches Erklärungsschema kommt auf der Meso-Ebene sowie auf der Mikro-Ebene zum Einsatz: Die *Funktional-Erklärung*. Sie sei kurz erläutert.

5.1 Funktional-Erklärungen in der Biologie

In der Biologie (wie in der Medizin) trifft man häufig auf Aussagen von der Art: „Eine fehlerhafte Hormonproduktion ist die Ursache dafür, dass Person p von der Krankheit k befallen wird", d. h. hier wird offensichtlich ein *Defekt* als Ursache für bestimmte Sachverhalte angenommen. Diese Redeweise gibt es in Physik oder Chemie nicht, was zeigt, dass man hier mehr fordern muss als nur eine schlichte Kausalerklärung. Einen „Defekt" kann man nämlich nur erkennen, wenn man eine Vorstellung über die „normale" (im Sinne von „funktionsgerechte") Funktionsweise gewonnen hat.

Funktionalerklärungen antworten auf Fragen, wie ein „Objekt" funktioniere bzw. welche Aufgabe es in einem größeren Zusammenhang zu erfüllen habe, z. B.: Welche Rolle spielt im menschlichen Organismus die Bauchspeicheldrüse? Gibt es in dieser Hinsicht Unterschiede zwischen der Bauchspeicheldrüse des Menschen und der des Hundes? Welche Aufgaben kommen den von der Bauchspeicheldrüse produzierten Sekreten bei der Verdauung zu? Mit der Angabe einer Funktion wird also eine Relation hergestellt zwischen einem Objekt (dem Funktionsträger) und einem beschriebenen Zustand oder Vorgang. In der Biologie können solche „Objekte" z. B. Organe, Zellen, Zellverbände oder auch chemische Verbindungen sein, und die Aufgaben oder Funktionen, deren Angabe als erklärend angesehen werden, müssen eine „Bedeutung" für das Individuum oder System haben, dem sie zugeschrieben werden, d. h. sie müssen sich als *Bedingungen* für den Ablauf weiterer Lebensprozesse bestimmen lassen.

So ist es z. B. erste und wesentliche Aufgabe der Physiologie, den in einem Organismus vorfindlichen Organen, Zellen und chemischen Verbindungen *Funktionen* (d. h. Aufgaben) zuzuordnen, die diese wahrnehmen bzw. erfüllen müssen. In der Genetik werden Abschnitten auf der DNA Funktionen als „Gene" zugewiesen, andere Moleküle haben die Aufgabe, diese Gen-Abschnitte abzulesen, Informationen zu übermitteln oder als Werkzeuge (Enzyme) zu dienen usw.

Die bloße Zuschreibung von Funktionen erschöpft aber noch nicht das Forschungsprogramm biologischer Disziplinen. In einem zweiten Schritt muss nämlich immer gezeigt werden, *wie* diese Funktionen chemisch oder physikalisch realisiert werden, d. h. es muss gezeigt werden, welche chemischen und physikalischen Prozesse ablaufen müssen, damit ein bestimmter, funktional ausgezeichneter Zustand sich *kausal vermittelt* einstellt. Dieses Zusammenspiel von funktionalen und kausalen Erklärungen macht den „harten Kern" der Forschungsprogramme von Physiologie und Genetik aus, um zwei Beispiele zu nennen.

Zu diesen theoretischen Forschungsprogrammen gehört nun auch eine eigene Experimentalpraxis. Eine Hypothese, die die Funktion eines Organs (z. B. der Bauchspeicheldrüse) betrifft, wird in einem ersten Schritt durch den Nachweis bestätigt, dass bei einer Zerstörung des Funktionsträgers der als „Funktion" angenommene Effekt nicht eintritt. Jeder Versuch, der die Folgen des Ausfalls eines Organs demonstriert, muss anschließend durch einen Vergleichsversuch abgesichert werden, bei dem alle Operationsschritte identisch durchgeführt werden bis auf den einen entscheidenden, der den Organausfall zur Folge hat. Dadurch wird sichergestellt, dass die ins Auge gefassten Folgen tatsächlich nur dem Organausfall und nicht etwa dem operativen Vorgehen überhaupt ursächlich zuzurechnen sind. Und schließlich muss neben dem Vergleichsversuch stets auch noch ein Gegenversuch durchgeführt werden, der demonstrieren soll, dass die ins Auge gefasste Funktion nur (und nicht nur *auch*) dem fraglichen Organ (der Zelle oder chemischen Verbindung) zukommt. Diese „Logik des Experimentierens" hat Claude Bernard als erster Wissenschaftler für die Physiologie ausführlich dargelegt und an vielen Beispielen aus seiner eigenen Forschung demonstriert.[8]

Funktional-Erklärungen sind ihrem Wesen nach der Technik entnommen, d. h. sie behandeln organische oder chemische Entitäten so, *als ob* es sich um technische Gebilde handeln würde, die bestimmten (technischen) Aufgabestellungen gehorchen. Es ist deshalb nicht verwunderlich, dass in der Physiologie und der Genetik in großem Maße auf technische Erklärungsmuster aus Systemtheorie, Kybernetik, Elektrotechnik oder Informatik zurückgegriffen wird.[9]

Wir können also sehen, dass die Evolutionstheorie eine recht komplexe Theorie ist, die auf verschiedenen Beschreibungsebenen unterschiedliche biologische Disziplinen mit ihren spezifischen Erklärungsschemata beizieht. Wo von Vererbung und Mutation gesprochen wird, da wird auf jeden Fall die funktionale Erklärungsform der Genetik bemüht; sollte dar-

---

8   Bernard (1961); Kötter (2003).
9   Ausführlich in Kötter (2003).

über hinaus das Zustandekommen von Mutationen noch erklärt werden, ist man im Bereich der Chemie und dann letztlich bei kausalen Erklärungen der Physik der Atome und Moleküle gelandet. Es gibt aber auch Passagen, die nicht in diese Schemata passen. Dort ist die Rede von *Knappheit*, von Vermehrungs*vorteilen* bzw. *-nachteilen*, von *schlechterer* bzw. *besserer* Nutzung, von Selektion und Anpassung. Diese Begriffe verweisen auf *Optimierungsprozesse*, bei denen nicht wie bei funktionalen Abläufen feste Zielgrößen vorgegeben sind, sondern relativ zu bestimmten Randbedingungen unter Einsatz geeigneter Mittel ein Optimum erreicht werden soll. Diese Redeweise ist nun spezifisch für die Evolutionstheorie, d. h. darin unterscheidet sie sich von allen anderen biologischen Theorien, was allerdings nicht besagt, dass hier ein Erklärungsmuster vorliegt, das genuin für die Evolutionstheorie erfunden worden wäre. Vielmehr ist festzuhalten, dass die Behandlung solcher Optimierungsprozesse zunächst einmal zum klassischen Aufgabenfeld der *Ökonomie* gehört und dort auch schon vor der Evolutionstheorie etabliert war. D. h. so wie sich Physiologie und Genetik *technischer* Erklärungsmuster bedienen, benutzt die Evolutionstheorie zusätzlich noch *ökonomische* Erklärungsmuster.

5.2 Ökonomische Erklärungen in der Evolutionstheorie

Dass die Evolutionstheorie sich solcher Betrachtungsweisen bedient, ist nicht verwunderlich, wurden doch ihre „Erfinder", Darwin und Wallace gleichermaßen durch die Lektüre von Thomas R. Malthus' *Essay on the Principle of Population*[10] auf die richtige Spur gebracht und dieses Werk war die erste ökonomische Analyse demographischer Entwicklungen. In diesem Essay wird aber nicht nur ein Gesetz des Bevölkerungswachstums aufgestellt, sondern es werden auch die ökonomischen *Gründe* dafür genannt. Da letzterer Umstand meist übersehen wird, möchte ich ihn etwas ausführlicher darstellen.

Wachstum im Rahmen der so genannten „klassischen Theorie" (insbesondere bei D. Ricardo) bedeutet zunächst, dass die Produktion in einem durch die Technik bestimmten Verhältnis von Kapital und Arbeit zunimmt, wobei sich der Reallohn der Arbeit auf Dauer *nicht* erhöht. Wenn nun der vorhandene Boden erschöpft ist oder sich die Einbeziehung weiterer Böden zur landwirtschaftlichen Nutzung wegen ihrer schlechten Qualität nicht lohnt, dann lassen sich auch nicht mehr Arbeitskräfte in den Pro-

---

10 Malthus (1989b).

duktionsprozess einfügen, d. h. wenn dieser Zustand erreicht ist, schwenkt die Volkswirtschaft von einem Wachstumspfad auf einen *stationären Pfad* ein: Wachstum ist dann nur noch möglich, wenn durch technischen Fortschritt die Arbeitsproduktivität erhöht wird; dies hat aber zur Folge, dass langfristig der Marktpreis der Industrieprodukte relativ zu den Preisen der Agrarprodukte fällt, bei gleichzeitig steigenden Arbeitskosten (Agrarprodukte werden teurer, da im Agrarsektor der Grenzertrag sinkt) und das bedeutet wiederum, dass die Gewinne und damit auch die Investitionen zurückgehen, die Wirtschaft also stagniert. Diese Phase ließe sich nur überwinden, wenn auch im landwirtschaftlichen Sektor technischer Fortschritt greifen würde (was aber Malthus nicht für möglich hielt, weshalb er zur Formulierung seines Bevölkerungsgesetzes kam[11]).

Auch in der Darwinschen Evolutionstheorie unterliegt das natürliche Wachstum einer Population den Beschränkungen durch die verfügbaren Ressourcen. Ich möchte die Funktionsweise der ökonomischen Erklärung mit Hilfe eines ganz simplen Modells demonstrieren, bei dem man trotz seiner Einfachheit schon eine ganze Reihe von Aussagen erhält, die üblicherweise mit der Evolutionstheorie verbunden werden (in der Literatur werden natürlich kompliziertere Modelle der Evolutionstheorie diskutiert,[12] aber ein paar ganz wesentliche Merkmale der ökonomischen Erklärungsstruktur lassen sich schon an diesem Beispiel erkennen).

Dazu modelliert man die Mitglieder einer Population als Umsatzmaximierer, die auf einem Markt mit vollständiger Konkurrenz agieren. D. h. man nimmt für die Angebotsseite an, dass die generativen Gruppen in einer Population möglichst viele *überlebensfähige* Nachkommen in die Welt entlassen wollen, wofür sie einen bestimmten Aufwand auf sich nehmen müssen. Für die Nachfrageseite sei angenommen, dass die „Natur" durch ihre Bedingungen festsetzt, wie viele Nachkommen aufgenommen werden können; diese Bedingungen können mehr oder weniger günstig sein. „Vollständige Konkurrenz" heißt, dass die Anbieter keinen Zutrittsbeschränkungen zum „Markt" unterliegen und unabhängig voneinander agieren. Wir können jetzt das Modell formulieren:

b: die nach der biologischen Ausstattung eines Lebewesens maximal mögliche Anzahl an Nachkommen in einer bestimmten Periode.

11 Malthus (1989a), vol 2, book III; nähere Erläuterungen bei Pullen (2008) und Roumasset (2008).
12 Siehe z. B. Maynard Smith (1978); Maynard Smith (1982); Parker / Maynard Smith (1990).

q: die Zahl der faktisch zur Welt gekommenen Nachkommen in dieser Periode.

a: ein Parameter, in dem symbolisch die für die Fortpflanzung und das Überleben relevanten Umweltfaktoren in ihrer Wirkung auf die Überlebensfähigkeit der Individuen zusammengefasst sind (dazu gehören Wetter, Klima, Nahrungsangebot, Verfügbarkeit der Sexualpartner, Bedrohung durch Feinde usw.); a ist gewissermaßen ein Maß dafür, wie die Individuen mit ihrer Umwelt zurechtkommen. In diesem Sinne ist die Anzahl der *überlebensfähigen* Nachkommen q^* ein Bruchteil der zur Welt gekommenen Nachkommen, $q^* = aq$, mit $1 \geq a \geq 0$.

p: als „Preis des Überlebens" sei nun die Differenz zwischen dem biologisch möglichen Nachwuchs (also b) und dem überlebensfähigen Nachwuchs (also $q^* = aq$) definiert. Man erhält als Preisfunktion $p = b - aq$.

Der „Preis des Überlebens" ist umso höher, je schlechter die Umweltbedingungen sind bzw. je schlechter die Individuen auf die Umweltbedingungen reagieren können. Ist a = 0, dann ist eine Fortpflanzung nicht mehr möglich, ist a = 1, herrschen paradiesische Zustände, alles, was geboren wird, überlebt auch.

Wenn wir jetzt davon ausgehen, dass die Lebewesen nicht einfach möglichst viele, sondern möglichst viele *überlebensfähige* Nachkommen in die Welt setzen wollen, dann heißt dies, dass die Lebewesen den *Wert* der Nachkommenschaft, ökonomisch gesprochen: den Umsatz, optimieren wollen: Je höher der Preis des Überlebens, desto „wertvoller" die faktische Nachkommenschaft.

U: als Umsatz wird das Produkt von Menge und Preis definiert: pq.

Es gilt dann mit $p = b - aq$:

$U = bq - aq^2$.

Als entscheidende Frage stellt sich nun: Für welche Menge an Nachkommen q ist der Umsatz optimal? Nach den Regeln der Differentialrechnung ergibt sich die Antwort mit:

$U_{max} = dU/dq = 0$, d. h. $q_{opt} = b/2a$ (für $a \neq 0$).

Es gibt also eine Zahl an Nachkommen, die unter gegebenen Bedingungen den höchsten „Überlebenswert" erzielen, d. h. bleibt q unterhalb dieses Wertes, so werden die vorhandenen Potentiale nicht ausgeschöpft, ist q größer, liegt „Verschwendung" vor. Man sieht, dass q_{opt} steigen muss, wenn b steigen würde und abnimmt, wenn sich die Umweltbedingungen verbessern würden bzw. wenn die Individuen in der Lage wären, die Umweltbedingungen effizienter zu nutzen (d. h. q_{opt} nimmt von a = 0,5 ausgehend mit wachsendem a ab; bei a = 0,5 ist $q_{opt} = b$ und für kleinere Werte von a ändert sich nichts mehr, da sich die dann erforderlichen q biologisch nicht realisieren lassen).

Unter diesen Modellannahmen lassen sich nun schon etliche aus der Verhaltensbiologie bekannte Verhaltensweisen deuten, z. B. dass Vögel bei günstigen Witterungsbedingungen und hohem Nahrungsangebot zweimal statt einmal im Jahr brüten oder dass sie bei ungünstigen Bedingungen ihre Brut oder Teile davon aufgeben, um Ressourcen für einen zweiten Versuch aufzusparen. Das Verhalten der Tiere wird in solchen Fällen so gedeutet, als ob sie strategisch den für sie optimalen Umsatz realisieren wollten. Ähnliche Interpretationen kommen auch bei vielen anderen Fragen, z. B. des Sozialverhaltens, zum Zuge.

Aus dem Modell „Umsatzmaximierung" wird insbesondere deutlich, dass bei einer Verschlechterung der Absatzbedingungen (a wird *ceteris paribus* kleiner) die Akteure nur ihren Umsatz anpassen können, es sei denn, sie sind in der Lage, ihre Produktionsfunktion durch technischen Fortschritt zu ändern. Dazu bietet das Modell zwei Möglichkeiten: entweder wächst b oder die externen Vorgänge, die *ceteris paribus* zu einer Abnahme von a führen, werden durch interne Reaktionen in den Organismen kompensiert, so dass a trotz einer veränderten Umwelt wieder auf seinen alten Wert zurückkehrt (beide Möglichkeiten können auch kombiniert auftreten).

Die Rolle des technischen Fortschritts in den Modellen der Ökonomen wird in der Evolutionstheorie von den *positiven Mutationen* übernommen. Eine solche positive Mutation kann z. B. dazu führen, dass ihre Träger ein gegebenes Futterangebot energetisch besser nützen, sich gegen Konkurrenten besser behaupten oder ihr angestammtes Gebiet verlassen und neue Lebensbereiche erobern können. Kurz: positive Mutationen erlauben relativ zur Konkurrenz einen höheren Umsatz.

Diesem kleinen Modell seien noch zwei Bemerkungen nachgeschoben.

(1) Zunächst ist das Modell „Umsatzmaximierung" ein äußerst primitives Modell, in der Ökonomie gibt es jede Menge raffiniertere Modelle, mit denen sich auch komplexere Verhaltensweisen interpretieren lassen. Insbesondere ist ein ökonomischer Erklärungsansatz keineswegs zwangsläufig mit der Annahme der vollständigen Konkurrenz, die das evolutionsbiologische Denken geradezu beherrscht, verbunden. Selbstverständlich lassen sich auch alle nur denkbaren Formen kooperativen Handelns ökonomisch erklären, insbesondere lässt sich die Frage klären, unter welchen Bedingungen überhaupt Konkurrenz oder Kooperation angesagt ist. Reduziert man Darwin nicht darauf, das Modell der vollständigen Konkurrenz in die

Biologie eingeführt zu haben, sondern sieht man seine Leistung eher darin, überhaupt den Gedanken einer ökonomischen Modellierung nutzbar gemacht zu haben, dann bedeutet die „Entdeckung" von Ausdrucksformen des Lebens, die sich als „kooperativ" deuten lassen,[13] nicht den Wechsel zu einer neuen, nicht-darwinistischen Theorie, sondern lediglich den Ausbau bestehender Theoriestrukturen.[14]

(2) Auf keinen Fall darf man auf die Idee kommen, durch die Verwendung von funktionalen und ökonomischen Erklärungen würde behauptet, dass ein Organismus eine Maschine bzw. die Natur ein Markt mit vollständiger Konkurrenz sei. Vielmehr verstehen wir die Vorgänge in der Natur nur dann, wenn wir sie so deuten, *als ob* sie wie ein Computer funktionieren bzw. wie am Markt ablaufen würden. Diesen Gedanken hatte übrigens schon vor über 200 Jahren Immanuel Kant, der in seiner Kritik der Urteilskraft dargelegt hatte, dass wir bei den Erklärungen im Bereich des Lebendigen immer auf solche Übertragungen (Kant spricht von „regulativen Ideen") angewiesen sind.[15]

Dass die tiefe Integration ökonomischer Erklärungsansätze in die Evolutionstheorie so oft übersehen wird,[16] liegt vermutlich an dem schillernden

---

13 So in jüngster Zeit bei Bauer (2008).

14 Die Blindheit für die Übertragung aus dem Bereich der Ökonomie hat in der Biologie eine lange Tradition, schon der erste Übersetzer Darwins hat dessen Ausdruck „struggle for existence" mit dem martialischen „Kampf ums Dasein" übersetzt, obwohl aus dem Kontext deutlich wird, dass „Konkurrieren" gemeint ist und nicht „Kämpfen" im Sinne von „fight". Darauf hat Kutschera (2009) überzeugend hingewiesen und gleichzeitig klargemacht, dass auch mit der Entdeckung der Kooperation kein theoretisches Neuland betreten wird. Mit der unglücklichen Metapher vom „Kampf" wurde übrigens nicht nur der Blick auf die wesentlichen Erklärungsleistungen der Evolutionstheorie verstellt, es wurde zugleich der Weg frei gemacht für die missbräuchliche Verwendung der Evolutionstheorie im sog. „Sozial-Darwinismus", vgl. Bayertz (2009). – An dieser Stelle kann auf die raffinierteren ökonomischen Ansätze zur Erklärung evolutionärer Entwicklungen nur hingewiesen werden, zu nennen wären z. B. Maynard Smith (1982), Hofbauer / Sigmund (1998) und jüngst Dercole / Rinaldi (2008) oder Sigmund (2010).

15 Kant (2006); für Kant war u. a. die Feststellung wichtig, dass mit dem Einsatz einer regulativen Idee der Natur gerade *keine* metaphysische Naturteleologie unterschoben wird.

16 In keinem der eingangs genannten Lehrbücher wird darauf eingegangen und selbst Philip Kitcher, der in Kitcher (1993) eine subtile wissenschaftstheoretische Analyse der Evolutionstheorie unternommen und insbesondere den Übergang von der „klassischen" Darwinschen Theorie zur modernen „synthe-

Begriff der „Adaption". „Adaption" *beschreibt* in formal immer ähnlicher Weise einen Vorgang, bei dem ein bestimmter Gleichgewichtspunkt oder -pfad erreicht wird: Ein Satellit schwenkt auf seine Umlaufbahn ein, eine Volkswirtschaft schwenkt auf ihren Wachstumspfad ein, Preisschwankungen am Markt adaptieren zum Gleichgewichtspreis, Lebewesen passen sich über Generationen hinweg an Umweltbedingungen an. Auch wenn diese Anpassungsprozesse in formaler (mathematischer) Hinsicht ähnlich sind,[17] die dahinter stehenden Erklärungsmuster sind fundamental verschieden. Im einen Fall sind es physikalische Kraftgesetze, die die Adaption erzwingen, im anderen Fall sind es Optimierungsentscheidungen auf der Mikroebene, die zu einer Adaption auf der Makroebene führen.[18]

Inzwischen wird in der Biologie die Rolle, die ökonomische Erklärungsmuster für die Evolutionstheorie, aber auch für die Entwicklungsbiologie spielen, immer deutlicher gesehen. So wurde 1999 das *Journal of Bioeconomics* ins Leben gerufen, das sich zum Ziel setzt, die Biologen dazu zu bewegen, ihr ökonomisches Erbe zu pflegen, und E.L. Khalil und A. Marciano konnten jüngst zu dieser Entwicklung festhalten:

> „Bioeconomics reverses the neo-Darwinian perspective adopted by sociobiology. […] Bioeconomics consists in applying the standard economic tools to analyze biological problems, and in particular, applying these tools to the study of the behavior of nonhuman organisms as if they behave like human beings – they all make choices when confronted with constraints."[19]

Die wesentliche Leistung ökonomischer Theorien liegt darin, dass sie zu erklären vermögen, wie das zielgerichtete Handeln der wirtschaftlichen Akteure unter bestimmten externen Bedingungen einen gesamtwirtschaft-

---

tischen" Evolutionstheorie herausgearbeitet hat, ist auf diesen Umstand nicht eingegangen. Eine geradezu kuriose Folge der Geschichte des Vergessens oder Übersehens in der Biologie zeigt sich übrigens bei manchen soziobiologischen „Erklärungen": Nicht erkennend, dass in der Evolutionstheorie ökonomische Erklärungsansätze eingebaut sind, wendet man hier gelegentlich die Evolutionstheorie an, um ökonomische und soziale Phänomene als quasi-natürlich verständlich zu machen. Dass diese „Rückanwendung" gelingen kann, ist kein Wunder und trägt jedenfalls zur Stützung einer naturalistischen Weltanschauung nichts bei.

17 Eine ausführliche und umfassende Analyse findet sich bei Dercole / Rinaldi (2008).

18 Dies zeigt Huttegger (2010) sehr deutlich.

19 Khalil / Marciano (2010).

lichen Zustand erzeugt, der als solcher gar nicht angestrebt war. So lassen sich der Wandel der Produktionstechnologie und der damit verbundene irreversible technische Fortschritt aus Handlungsstrategien erklären, die ganz andere Ziele verfolgt haben: Der Erfinder einer neuen Produktions-technik wollte zunächst und vor allem sich selbst einen Vorteil verschaffen und nicht einen Beitrag zum allgemeinen technischen Fortschritt liefern. Entsprechend verfährt die Evolutionstheorie, d. h. beide Theorien erklären bestimmte Phänomene des Wachstums und der qualitativen Veränderung, die nur auf der Ebene eines *Kollektivs* (Volkswirtschaft bzw. Population) erfasst werden können, dadurch, dass sie diese mit Optimierungsprozessen auf der individuellen Ebene verknüpfen: Ausgehend von dem *Faktum*, dass die natürlichen Ressourcen und sonstigen Umweltbedingungen einen limi-tierenden Faktor für das Fortkommen und die Vermehrung der Mitglieder einer Population darstellen und der *Annahme*, dass sich das Verhalten der Mitglieder einer Population so interpretieren lässt, als ob sie an einer maxi-malen Vermehrung interessiert seien, ergeben sich die im Anpassungsprin-zip strukturell charakterisierten Sachverhalte als gleichsam „natürliche" Folgen.

Etwas vereinfacht kann man also sagen, dass die internen Vorgänge eines Organismus *funktional* erklärt werden, die externe Dynamik, der die Organismen unterworfen sind, *ökonomisch* erklärt wird. Das Wesentliche am Forschungsprogramm der Evolutionstheorie ist die Verknüpfung dieser beiden Erklärungsschemata.[20]

6. Die Evolutionstheorie und ihre Anwendung

Wie bei jeder „echten" Theorie, so sind auch bei der Evolutionstheorie die Grundannahmen nicht *unmittelbar* empirisch überprüfbar. Das liegt, wie weiter oben schon ausgeführt, daran, dass solche Begriffe wie „Knappheit" oder „Vermehrungsvorteil" keine unmittelbare empirische Bedeutung haben, sondern schematische Begriffe sind (in dieser Hinsicht vergleichbar dem „Kraftbegriff" aus der Physik). Sie markieren die Stelle in der Argumentation, an der ein empirisches Modell „einzuhängen" ist.

---

20 In jüngerer Zeit mehren sich die Versuche, in die „klassischen" funktionalen Theorien wie Physiologie oder Genetik evolutionstheoretische (insbesondere ökonomische) Argumentationsmuster einzubauen, für die Immunologie siehe z. B. Read / Allen (2000); einen Überblick gibt Morange (2010).

Wie also „Selektion" wirkt, d. h. wie sich Mutationen in einer Population in Abhängigkeit von der Reproduktionsrate und externen Parametern in eine Gendrift umsetzen und welche Konsequenzen dies für die Entwicklung der Population hat, das wird durch zum Teil mathematisch recht anspruchsvolle Modelle dargelegt. Erst diese Modelle sind dann empirisch durch Experiment oder Beobachtung überprüfbar. Solche sind z. B. für Modellorganismen mit rascher Generationenfolge (z. B. Fruchtfliegen und Zebrafischchen) experimentell untersucht und bestätigt worden. Außerdem gibt es jede Menge aktualer Befunde: Evolutionäre Vorgänge finden vor unseren Augen in der Tier- und Pflanzenwelt statt und man kann sie in großen Simulationsversuchen („Biosphärenprojekt") hervorrufen und studieren. Deshalb kann man mit Recht davon sprechen, dass die Evolutionstheorie eine fruchtbare, gut bestätigte und erfolgreiche Theorie ist.

Diese Erfolge können auch von Kreationisten nicht bestritten werden. Sie nennen die durch Experiment und Beobachtung gesicherten Ergebnisse der Evolutionstheorie „mikroevolutionär" und sehen eine so genannte „Grenzüberschreitung" dort, wo solche mikroevolutionären Prozesse verknüpft werden, um säkulare, von den Kreationisten „makroevolutionär" genannte, Entwicklungen zu erklären. Letztere würden sich eben den für naturwissenschaftliche Theorien vorgeschriebenen Überprüfungsverfahren entziehen.[21] Das klingt auf den ersten Blick bedenkenswert, ist es bei näherem Hinsehen dann allerdings doch nicht. Was hier übersehen oder übergangen wird, ist die Unterscheidung zwischen der *Begründung* eines theoriegebundenen naturwissenschaftlichen Modells („Naturgesetz") und seiner *Anwendung*.

Natürlich ist es richtig, dass Naturgesetze (auf welcher Abstraktionsebene auch immer) experimentell bzw. durch reproduzierbare Beobachtung überprüfbar sein müssen. Aber: die Naturwissenschaften heißen *Natur*wissenschaften und nicht *Labor*wissenschaften, weil sie den Anspruch tragen, die im Labor gesicherten Ergebnisse über die Brücke der abstrakten Theorien hinaus in die Welt zu tragen: Wenn man etwas in der „Natur" vorfindet, das sich in der Sprache einer naturwissenschaftlichen Theorie darstellen lässt, dann kann man darauf die im Labor gesicherten Gesetze der Theorie übertragen. Bei dieser Übertragung werden dann Idealisierungen, die im theoretischen Fall vorgenommen wurden, schrittweise zurückgenommen und, wenn erforderlich, verschiedene theoretische Modelle miteinander verknüpft. Dies ist keine Grenzüberschreitung, sondern bildet

---

21 Junker / Scherer (2006). Eine ausführliche Kritik dieser Position findet sich in
    Kötter (2013).

die ureigenste Aufgabe der Naturwissenschaften. Dazu wurden sie letzten Endes erfunden.

Wenn also Geologen und Geophysiker mit Hilfe physikalischer und chemischer Modelle erklären, wie ein Erdbeben oder ein Vulkanausbruch verläuft, dann sind diese Erklärungen nicht defizitär, nur weil diese Ereignisse singulär und nicht im Labor nachbildbar sind. Das Gleiche gilt für die Erklärung des Ozonloches in der Stratosphäre oder des Auftretens von Sommer-Smog in unseren Städten. In jedem Fall werden physikalische Gesetze und chemische Reaktionsgleichungen, die für sich genommen im Labor ihre Bestätigungstests bestanden haben, dazu benutzt, um im Verbund „Makrophänomene" zu beschreiben und zu erklären. Das Ozonloch ist ein singuläres Phänomen, aber die zu seiner Erklärung benutzten Gesetze sind generell und universell. Niemand kommt auf den Gedanken, dass die Erklärung des Ozonloches erst dann naturwissenschaftlichen Anspruch erheben dürfe, wenn es gelänge, das Ozonloch zu einem im Labor reproduzierbaren Vorgang zu machen.

Diese Überlegungen gelten entsprechend für die Evolutionstheorie. Wird die Evolutionstheorie zur Erklärung von Entwicklungsvorgängen in der Vergangenheit angewandt, dann genau in dem Umfang, in dem experimentell gesicherte Ergebnisse der Naturwissenschaften vorliegen. Dies wird explizit durch ein eigenes methodologisches Prinzip festgeschrieben (Aktualitätsprinzip):

Evolutionstheoretische Erklärungen müssen dort, wo sie auf vergangene Ereignisse angewandt werden, im Einklang mit den bekannten Naturgesetzen stehen und einer allgemeinen Konsistenzforderung genügen.[22]

Passt also eine neue Erklärung nicht zu bislang akzeptierten Erklärungen aus anderen Bereichen, so ist nach diskriminierenden Daten zu suchen, aus denen sich ergibt, welche der Erklärungen revidiert werden muss. Finden sich solche empirische Daten nicht, zumindest nicht sofort, so hat man ein neues Problem, das wiederum mit Hilfe bewährter Theorien zu lösen ist.

Zweifellos werden Anwendungen immer schwieriger, je entfernter räumlich oder zeitlich der Fall liegt, den man erklären möchte. Das Da-

---

22 Zu Einzelheiten vgl. Kötter (2001). Im Falle der Physik gibt es eine disziplinäre Unterscheidung zwischen *der* Physik und ihren Anwendungen z. B. in Geo-Physik, Astro-Physik oder Kosmologie; entsprechend könnte man auch zwischen „Evolutionstheorie" und „Evolutionsgeschichtsschreibung" unterscheiden. Letzteres hat sich historisch so nicht ergeben, woraus allerdings auch kein größeres Problem erwächst.

tenmaterial ist spärlich, offenbart sich oft nur durch Zufallsfunde und ist nicht immer für alle Untersuchungsmethoden gleichermaßen gut geeignet. Nicht zu vergessen ist außerdem, dass eine evolutionstheoretische Erklärung nur so gut sein kann wie die beigezogenen Basistheorien. Gerade dieser Punkt macht auch die ungeheure Dynamik deutlich, mit der sich die Evolutionstheorie entwickelt. Spielten früher für die historische Anwendung der Evolutionstheorie paläontologische Befunde und morphologische Entwicklungsreihen eine entscheidende Rolle, so kommen heute die entscheidenden Argumente für die Entwicklung und Ausdifferenzierung des Lebens aus der Genetik und der Entwicklungsbiologie:[23] Müssen sich genetische Veränderungen immer nur punktuell und unabhängig voneinander ergeben oder ist es auch möglich, dass eine bestimmte Änderung eine ganze Kaskade von weiteren genetischen Modifikationen nach sich zieht? Wie ist das Verhältnis von Umwelt und dem epigenetischen Apparat in den Zellen des Organismus?

Dies sind Fragen, die früher rätselhaft erscheinen mussten und für die sich heute zwar noch keine klaren Antworten geben lassen, die aber zur Front genetischer Forschung gehören. Aus diesen Forschungsergebnissen wird man z. B. Rückwirkungen auf unsere Grundannahme (4) erwarten dürfen (insbesondere auf die Frage, was unter einer „graduellen" Entwicklung zu verstehen ist). Und dass solche Rückwirkungen aus der Empirie über die Genetik, die Entwicklungsbiologie und Physiologie auf die Grundannahmen der Evolutionstheorie möglich sind, zeigt, dass es sich bei der Evolutionstheorie um eine naturwissenschaftliche Theorie im besten Sinne handelt, die auch in keinerlei Konkurrenz zu einer „Schöpfungslehre" steht. Denn „Konkurrenz" würde bedeuten, dass es (a) ein gemeinsames Ziel gäbe, welches (b) mit alternativen Erklärungsansprüchen verfolgt würde, wozu es (c) Kriterien gäbe, nach denen die Ansprüche hinsichtlich ihrer Einlösung verglichen werden könnten. Da die Evolutionstheorie nicht das Ziel verfolgt, irgendeine Vorstellung von der Entstehung und Entwicklung des Lebens in die Welt zu setzen, sondern die wissenschaftlich rekonstruierte Geschichte des Lebens zu schreiben, gibt es schon bei der Zielformulierung einen Dissens mit den Vertretern einer Schöpfungslehre, der von diesen auch anerkannt wird. Wie eingangs erklärt, versuchen sie gerade deshalb, der Evolutionstheorie den Anspruch auf Wissenschaftlichkeit zu

---

23 Ich möchte hier nur das Stichwort „Evo Devo" erwähnen, unter dem in den letzten Jahren die Zusammenhänge zwischen Entwicklungsbiologie, Genetik und Evolution erörtert werden, Näheres hierzu z. B. bei Carroll (2008), Haeseler / Liebers (2003), Knoop / Müller (2009) oder Lewin (1998).

nehmen, um sie damit zur Lehre unter anderen Lehren zu machen. Es sollte jetzt klar sein, dass solche Versuche keine Aussichten auf Erfolg haben.

Literatur

Bauer, Joachim: *Das kooperative Gen. Abschied vom Darwinismus,* Hamburg: Hoffmann und Campe 2008.

Bayertz, Kurt: Sozialdarwinismus in Deutschland 1860-1900, in: Engels, Eve-Marie (Hrsg.): *Charles Darwin und seine Wirkung*, Frankfurt a. M.: Suhrkamp 2009, S. 178-202.

Bernard, Claude: *Einführung in das Studium der experimentellen Medizin*, Leipzig: J. A. Barth 1961 (orig.: Introduction á l'étude de la médecine expérimentale, Paris 1865).

Blachowicz, James: How Science Textbooks Treat Scientific Method: A Philosopher's Perspective, in: *British Journal for Philosophy of Science* 60, 2009, S. 303-344.

Campbell, Neil A.: *Biologie.* 8. Aufl., München: Pearson 2009.

Carroll, Sean B.: *Evo Devo. Das neue Bild der Evolution*, Berlin: Berlin Univ. Press 2008.

Dercole, Fabio / Rinaldi, Sergio: *Analysis of Evolutionary Processes: The Adaptive Dynamics Approach and its Applications*, Princeton: Princeton Univ. Press 2008.

Futuyma, Douglas J. / Held, Andreas: *Evolution. Das Original mit Übersetzungshilfen,* München: Spektrum Akad. Verlag 2007.

Haeseler, Arndt v. / Liebers, Dorit: *Molekulare Evolution*, Frankfurt a. M.: Fischer 2003.

Hofbauer, Josef / Sigmund, Karl: *Evolutionary Games and Population Dynamics*, Cambridge / New York: Cambridge Univ. Press 1998.

Hoßfeld, Uwe / Olsson, Lennart: Kommentar, in: Hoßfeld, Uwe / Olsson, Lennart (Hrsg.): *Charles Darwin: Zur Evolution der Arten und zur Entwicklung der Erde. Frühe Schriften zur Evolutionstheorie,* Frankfurt a. M.: Suhrkamp 2009, S. 141-282.

Huttegger, Simon M.: Generic Properties of Evolutionary Games and Adaptationism, in: *The Journal of Philosophy* 107, 2010, S. 80-107.

Junker, Reinhard / Scherer, Siegfried: *Evolution. Ein kritisches Lehrbuch,* 6. Aufl., Gießen: Weyel 2006.

Kant, Immanuel: *Kritik der Urteilskraft,* 2. Aufl., Hamburg: Meiner 2006 (orig. Riga 1793).

Khalil, Elias / Marciano, Alain: The equivalence of neo-Darwinism and Walrasian equilibrium: in defense of *Organismus economicus,* in: *Biology and Philosophy* 25, 2010, S. 229-248.

Kitcher, Philip: *Advancement of Science. Science without Legend, Objectivity without Illusions*, New York: Oxford Univ. Press 1993.

Knoop, Volker / Müller, Kai: *Gene und Stammbäume*, 2. Aufl., München: Spektrum Akad. Verlag 2009.

Kötter, Rudolf: Zur methodologischen Struktur des Aktualismusprinzips, in: *Zeitschrift der deutschen geologischen Gesellschaft* 152, 2001, S. 129-141.

Kötter, Rudolf: Wachstum, Evolution und Entwicklung. Wissenschaftstheoretische Überlegungen, in: Karafyllis, Nicole C. (Hrsg.): *Biofakte. Versuch über den Menschen zwischen Artefakt und Lebewesen,* Paderborn: mentis 2003, S. 100-120.

Kötter, Rudolf: Claude Bernard und die Logik des Experiments in der modernen Physiologie, in: Bernhard, Peter / Peckhaus, Volker (Hrsg.): *Methodisches Denken im Kontext. Festschrift für Christian Thiel,* Paderborn: mentis 2008, S. 283-302.

Kötter, Rudolf: Die kreationistische Schöpfungslehre: keine Alternative zur Evolutionstheorie. Erscheint in *ARCHE: Journal of Philosophy* 14 (2013).

Kutschera, Ulrich: *Evolutionsbiologie*, 2. Aufl., Stuttgart: Ulmer 2006.

Kutschera, Ulrich: Struggle to translate Darwin's view of concurrency, in: *Nature* 458, 2009, S. 967.

Lakatos, Imre: *Die Methodologie der wissenschaftlichen Forschungsprogramme*, Braunschweig: Vieweg 1982.

Lewin, Roger: *Die molekulare Uhr der Evolution. Gene und Stammbäume*, Heidelberg: Spektrum Akad. Verlag 1998.

Malthus, Thomas R.: *An Essay on the Principle of Population*, 2 vols., ed. by Patricia James, Cambridge: Cambridge Univ. Press 1989a (orig. London 1798).

Malthus, Thomas R.: *Principles of Political Economy*, 2 vols., ed. by John M. Pullen, Cambridge: Cambridge Univ. Press 1989b (orig. London 1836).

Maynard Smith, John: Optimization Theory in Evolution, in: *Annual Review of Ecological Systems* 9, 1978, S. 31-56.

Maynard Smith, John: *Evolution and the Theory of Games,* New York: Cambridge Univ. Press 1982.

Mayr, Ernst: *...und Darwin hatte doch recht. Charles Darwin, seine Lehre und die moderne Entwicklungsbiologie*, München: Piper 1994.

Mayr, Ernst / Diamond, Jared: *Das ist Evolution*, 3. Aufl., München: Bertelsmann 2003.

Morange, Michel: How Evolutionary Biology Presently Pervades Cell and Molecular Biology, in: *Journal for General Philosophy of Science* 41, 2010, S. 113-120.

Parker, G. A. / Maynard Smith, John: Optimality Theory in Evolutionary Biology, in: *Nature* 348, 1990, S. 27-33.

Pullen, John M.: Art. „Malthus, Thomas Robert (1766-1834)", in: *The New Palgrave Dictionary of Economics*, 2nd ed., Houndmills: Palgrave Macmillan 2008.

Read, Andrew F. / Allen, Judith E.: Evolution and Immunology: The Economics of Immunity, in: *Science* 290, 2000, S. 1104-1106.

Ridley, Mark: *Evolution,* 3rd ed., Oxford: Blackwell 2004.

Roumasset, James: Art. „Population and agricultural growth", in: *The New Palgrave Dictionary of Economics*, 2nd ed., Houndmills: Palgrave Macmillan 2008.

Sigmund, Karl: *The Calculus of Selfishness*, Princeton: Princeton Univ. Press 2010.

Stearns, Stephen C. / Hoekstra, Rolf F.: *Evolution. An introduction,* 2nd ed., Oxford: Oxford Univ. Press 2005.

Storch, Volker / Welsch, Ulrich / Wink, Michael: *Evolutionsbiologie*, 2. Aufl., Berlin: Springer 2007.

Zrzavý, Jan / Storch, David / Mihulka, Stanislav: *Evolution. Ein Lese-Lehrbuch,* Heidelberg: Spektrum Akad. Verlag 2009.

Gerhard Engel

Alles wird gut?

Evolutionärer Humanismus als skeptische Theorie kulturellen Fortschritts

> Heute ... bezweifeln wir häufig die Existenz des Fortschritts. Aber auch wenn es manchmal keinen Fortschritt zu geben scheint und es zu einem Stillstand oder zu Rückschritten kommen kann, so müssen wir dafür sorgen, dass es sich dabei nur um Zwischenfälle handelt. Europa muss seinen Weg des Fortschritts wieder aufnehmen, den es als erstes verwirklicht, mit Inhalt gefüllt und den Menschen in aller Welt gewiesen hat.
>
> Jacques Le Goff[1]

In diesem Aufsatz versuche ich, folgende Behauptungen plausibel zu machen:

1. Es gibt Fortschritt, obwohl es kein Gesetz des Fortschritts gibt und jede menschliche Errungenschaft verloren gehen kann.
2. Auch die Auffassung, es gebe überhaupt keinen Fortschritt, verdient eine skeptische Prüfung.
3. Wir können Fortschritt nicht erzwingen, aber wir können ihn durch geeignete institutionelle Maßnahmen begünstigen.

---

1 Goff (2000). Zum Fortschrittsbegriff seit der Aufklärung vgl. auch Rapp (1997).

4. Wir können auch intellektuellen Fortschritt nicht erzwingen, aber wir können ihn durch geeignete institutionelle Maßnahmen *und* durch eine angemessene humanistische Heuristik begünstigen.

5. Intellektueller Fortschritt ist die wichtigste Voraussetzung sowohl des technischen als auch des gesellschaftlichen Fortschritts.[2]

Daraus ergibt sich folgendes Vorgehen. Zunächst ist der Fortschritts*begriff* zu klären: Was bedeutet „Fortschritt"? In einem zweiten Schritt wollen wir untersuchen, auf welche Weise wir in Natur, Wissenschaft und Gesellschaft von Fortschritt sprechen (können). Und schließlich geht es um die Konsequenzen, die wir aus unseren Überlegungen für den Begriff des kulturellen Fortschritts und damit auch für die Konzeption eines Evolutionären Humanismus ziehen können.

1. Fortschrittsbegriffe

Begrifflich gesehen setzt „Fortschritt" voraus, dass (a) die Welt sich ändert, (b) dies dauerhaft und in einer bestimmbaren Richtung geschieht, und (c) die späteren Zustände des betreffenden Systems in einem bestimmten Sinne „besser" sind als die früheren. Wir definieren:

Fortschritt $=_{def}$ systematischer, also nicht zufälliger Wandel mindestens eines Merkmals aller Glieder einer historischen Reihenfolge derart, dass spätere Glieder eine wertsteigernde Ergänzung dieses Merkmals zeigen.

Fortschritt ist also mehr als ein bloßer Zustandswechsel des betreffenden Systems: Zwar ist jeder Fortschritt notwendig mit einem Zustandswechsel verbunden, aber nicht jeder Zustandswechsel ist schon ein Fortschritt. Fortschritt findet auch nicht immer auf die gleiche Weise statt: Er kann nur bestimmte Teile eines Systems betreffen, und er kann von Brüchen und temporären Rückschritten begleitet sein. Wir können den Fortschrittsbegriff demnach folgendermaßen differenzieren (vgl. *Tabelle 1*):

---

2   Vgl. dazu Mittelstraß (1995), S. 664-666.

Gleichförmiger Fortschritt	Durchschnittlicher Fortschritt
Die historische Reihenfolge entspricht einer fortschrittlichen Reihenfolge. (Beispiel: Standarddeutung der Abfolge wissenschaftlicher Theorien; technischer Fortschritt)	Wir können eine durchschnittliche Zunahme des Fortschrittsmerkmals beobachten. (Beispiel: Durchschnittliche Zunahme demokratisch legitimierter Rechtsstaaten)
Allgemeiner Fortschritt	Periodischer Fortschritt
Es gibt einen gerichteten und allgemeinen Fortschritt. (Beispiel: Genetische Information, Neuronenanzahl und Differenzierung der Säugetiergehirne)	Es gibt nur in einigen Perioden Fortschritt, in anderen Stagnation oder gar Rückschritt. (Beispiel: Die technische und ökonomische Entwicklung im antiken Rom)

Tabelle 1: Arten des Fortschritts[3]

In der Tabelle kommen Beispiele aus Natur und Kultur, aber auch aus Natur- und Kultur*wissenschaften* vor. Und in der Tat verwenden wir den Fortschrittsbegriff in vielfältiger Weise – nämlich sowohl dann, wenn wir uns mit den *Objektbereichen* der Natur-, Sozial- und Geisteswissenschaften befassen, als auch dann, wenn wir auf den „Fortschritt" hinweisen wollen, den wir *in diesen Disziplinen selbst* beobachten zu können meinen. Um unnötige Abstraktheit zu vermeiden, empfiehlt es sich allerdings, das Fortschrittsproblem am Beispiel konkreter Probleme zu studieren. Wenden wir uns zunächst einigen Überlegungen zu, in denen der Fortschrittsbegriff *naturwissenschaftlich* zu präzisieren versucht wird.

---

3   Mit einigen Änderungen nach Ayala (1974), S. 340-349.

2. Biologische Fortschrittsvermutungen

Wenn wir uns mit der „Geschichte der Natur"[4] befassen, also mit der Geschichte des Universums, wie sie von Astrophysik und Astrochemie rekonstruiert wird, haben wir auf den ersten Blick kaum Anlass, von „Fortschritt" zu sprechen. Warum sollten die Zusammenballung von Gasmassen zu Sternen und Sternsystemen und das anschließende „Erbrüten" schwerer Elemente in ausbrennenden Sonnen als „Fortschritt" bezeichnet werden dürfen? Wir könnten das höchstens tun, wenn wir eine anthropozentrische oder wenigstens biozentrische Sichtweise einnähmen: Weil die Entstehung schwererer Elemente eine notwendige chemische Bedingung für die Existenz biologischer Strukturen ist, werden wir als Lebewesen natürlich dazu neigen, die entsprechenden astrophysikalischen Vorgänge als „Fortschritt" zu bezeichnen. Aber diese Redeweise hat sich nicht eingebürgert: Wir sprechen zwar in neutraler Weise von der „Entwicklung" oder der „Evolution" des Kosmos, aber nicht von „kosmischem Fortschritt".[5]

Anders liegen die Dinge, wenn wir uns lebenden Strukturen und damit der Biologie zuwenden. Schon für Aristoteles bilden die Lebewesen nicht einfach eine *Menge* verschiedener Klassen, sondern eine *Rangfolge*: Die Tiere stehen über den Pflanzen (denn sie benutzen diese als Nahrung), und der Mensch steht über den Tieren (denn er benutzt beide als Nahrung). Darüber hinaus verfügt der Mensch mit Sprache und Geist über Fähigkeiten und Eigenschaften, die ihn in besonderer und augenfälliger Weise über das Tierreich hinausheben. Und wer in einem Lehrbuch der Biologie einen Stammbaum der Lebewesen studiert, kann sich dem Eindruck nur schwer entziehen, dass die Ausdifferenzierung der Lebewesen und die Entstehung immer komplexerer und leistungsfähigerer Organismen so etwas wie einen „Fortschritt" darstellt.

Aber wie können wir dieses intuitive Urteil rechtfertigen? Zunächst liegt es nahe, den biologischen Fortschrittsbegriff *quantitativ* zu fassen. *Biologischer Fortschritt* kann sich etwa äußern in einer
- Zunahme der Individuenzahl innerhalb einer Art,
- Zunahme der Artenzahl innerhalb eines Biotops,
- Zunahme der Biomasse auf der Erde insgesamt,

---

4   Vgl. dazu Weizsäcker (1948/1979) und Smolin (1999).
5   Eine Ausnahme ist Teilhard de Chardin (1959), für den die Entwicklung der Welt *insgesamt* in Fortschrittsbegriffen beschrieben werden kann.

– Zunahme des Umsatzes an Masse und Energie durch Lebewesen insgesamt.

Man mag sich allerdings fragen, warum bereits die *quantitative* Zunahme lebender Organismen unbedingt als Fortschritt qualifiziert werden sollte. Liegen unserer Intuition, es habe in der Evolution auch Fortschritt gegeben, nicht eher *qualitative* Überlegungen zugrunde? Das ist richtig, und wir können sie versuchsweise durch folgende Fortschrittskriterien präzisieren:[6]

1. Zunehmende *Komplexität* (sie betrifft sowohl die Zellen als Bausteine der Organismen als auch die Organismen selbst),
2. zunehmende *Unabhängigkeit* von Umweltfaktoren (Warmblüter verfügen über Regulationsmechanismen, um Abweichungen der Außentemperatur von der Körpertemperatur in *beide* Richtungen ausgleichen zu können),
3. zunehmende *Akkomodationsfähigkeit* (das Auge kann stark unterschiedliche Lichtstärken bewältigen; die Farbkonstanz des Wahrnehmungsapparats lässt Farben auch bei unterschiedlicher Beleuchtung konstant erscheinen),
4. zunehmende *Beweglichkeit* (viele Organismen können tauchen, schwimmen, laufen, klettern, fliegen – und der Mensch kann all dies zusammengenommen und noch mehr),
5. zunehmende Gehirn*größe* (bezogen auf das Körpergewicht müssen wir uns in diesem Punkt wohl nur dem Neandertaler geschlagen geben),
6. zunehmende Gehirn*differenzierung* (sie erweitert das Spektrum unserer Wahrnehmungs- und Handlungsmöglichkeiten; hier sind wir wohl sogar dem Neandertaler überlegen),
7. zunehmende *Verschaltungsdichte* der Neuronen (sie ist Voraussetzung für höhere geistige Leistungen).

Gewiss – aus all diesen deskriptiven Befunden können wir noch immer kein Wert*urteil* ableiten; aber überraschenderweise ist unser durchschnittliches Wert*empfinden* an dieser Tendenz zunehmender Komplexität ausgerichtet. Konrad Lorenz hat darin sogar „das einzig wirklich a priori gültige Werturteil"[7] sehen wollen, das für ihn daher auch eine angeborene Grundlage hat:

---

6 Vgl. dazu auch Rensch (1977/1991), Kap. 9.
7 Lorenz (1943), Abschnitt IV. Hier rekonstruiert er das Kantische Apriori systematisch mit biologischen Mitteln.

„... als gut bewerten wir alle Vorgänge, die der allem Leben inhärenten Ent-
wicklungsrichtung zu Ordnungen höheren Grades hin entsprechen ... [...] ...
überall dort, wo Entwicklungsvorgänge in der Richtung vom Ungeordneten
zum harmonisch Geordneten verlaufen, antworten wir mit positiven Werturteilen, im umgekehrten Fall mit negativen."[8]

In der Regel bewerten wir also komplexere Organismen höher als einfache-
re. Wir sind eher bereit, eine Stubenfliege zu erschlagen (vor allem dann,
wenn sie uns beim Verfassen eines Aufsatzes stört) als, sagen wir, eine
zugelaufene Katze (wir schonen sie selbst dann, wenn sie uns beim Verfassen des Aufsatzes stört). Noch überraschender ist, dass sich das komplexi-
tätsorientierte Grundmuster dieser Wertungen auch in sozialen und geistigen Zusammenhängen zeigt: Der Zusammenbruch eines hochkomplexen
Staates wird nicht nur von den betroffenen Menschen, sondern auch von
Außenstehenden als Tragödie angesehen; und wir empfinden die Zerstörung einer großen Bibliothek oder eines bedeutenden Museums als schlim-
meren Verlust als, sagen wir, die Zerstörung eines Redaktionsarchivs der
BILD-Zeitung. In beiden Fällen orientieren sich unsere Werturteile an der
Komplexität des Zerstörten und damit an der Unwahrscheinlichkeit oder an
den Schwierigkeiten, diese Verluste adäquat ersetzen zu können.[9] Wir sprechen also insofern von „Fortschritt", als die Evolution mit einer gegen die
Entropie gerichteten (negentropischen) Komplexitätszunahme *bestimmter
Subsysteme* verbunden ist.[10] Genauer: Dieses Konzept kann uns helfen, unsere Intuition, es gebe Fortschritt, zu rekonstruieren, zu präzisieren – und
vielleicht sogar zu erklären.

Was für die Lebensvorgänge auf der Erde gilt, gilt erst recht für das
Leben insgesamt: Gemessen daran, wie selten Leben im Kosmos zu sein
scheint; gemessen daran, dass wir immer noch und mit ständig verbesserten Instrumenten vergeblich nach extraterrestrischem Leben suchen,
obwohl man in den Sechziger Jahren des vergangenen Jahrhunderts im
Geiste Giordano Brunos fest davon überzeugt war, dass es sich nur noch
um wenige Jahre handeln werde, bis man außerirdisches Leben nachweisen könne; und gemessen an unseren erstaunlichen Misserfolgen bei

---

8   Ebd., S. 392 und 391.
9   Die unerwarteten und erstaunlichen Misserfolge bei *State-Building*-Versuchen
    zeigen: Der Aufbau staatlicher Strukturen gestaltet sich als unerwartet schwie-
    rig; auch ihr Zerfall lässt sich daher nur schwer wieder rückgängig machen.
    Vgl. dazu Fukuyama (2004) und Ignatieff (2003).
10 Diese auf Ilya Prigogine zurückgehende Annahme wird bei Weizsäcker (1974)
    diskutiert. Vgl. auch die zusammenfassende Darstellung bei Prigogine (1988).

dieser Suche kann man die Entfaltung des Lebens auf der Erde durchaus als außergewöhnliches Ereignis, als Fortschritt, ja geradezu als „Wunder" bezeichnen – auch wenn man als Wissenschaftler oder als wissenschaftsorientierter Philosoph mit diesem Begriff natürlich keine religiösen Konnotationen verbinden kann.[11]

Betrachten wir nun den „Garten des Menschlichen"[12] etwas genauer und untersuchen an einigen Beispielen, auf welche Weise wir im *sozialen* Leben, also in Geschichte und Gesellschaft, von Fortschritt sprechen (können).

3. Soziologische Fortschrittsvermutungen

> Dass etwas eine Errungenschaft darstellt, ist eine Vermutung, und sie kann eine vertretbare Vermutung sein.
>
> Karl R. Popper[13]

In der ersten Hälfte des 19. Jahrhundert erlebte England erbitterte Auseinandersetzungen um die sogenannten „corn laws". In diesem Klassenkampf von oben versuchten die adligen Großgrundbesitzer, ihr 1815 (also nach dem Ende der Napoleonischen Kriege) durchgesetztes Weizenmonopol

---

11 Innerhalb der Wissenschaft sprechen wir von Wundern allenfalls dann, wenn ein Geschehen eigentlich (also nach allem bisherigen Wissen) nicht zu erwarten war, (daher) zutiefst rätselhaft ist und uns genau deshalb reizt, es zu erforschen. Das gilt etwa vom „Wunder Europa" (Jones 1981/1991), das wir hoffen, einmal umfassend wissenschaftlich erklären zu können. Diese „Wunder" sind also eigentlich *Rätsel*: Man geht davon aus, sie auf übliche Weise lösen zu können. „Wunder" im theologischen Sinne dagegen gehören nicht zur Klasse der wissenschaftlich erklärbaren Vorgänge bzw. der lösbaren Rätsel (Boden 1969). Zwischen beiden Gebrauchsweisen des Ausdrucks „Wunder" hat erstmals David Hume unterschieden (Streminger 2003).

12 Dieser Ausdruck stammt von Carl Friedrich von Weizsäcker (1977). Er ist insofern glücklich gewählt, als er uns daran erinnert, dass wir in einer *historischen* Anthropologie über den Menschen weit mehr lernen können, als aus lediglich *biologischen* Untersuchungen je zu erwarten ist. Meine Erfahrung ist: Es gibt im Garten des Menschlichen eine unübersehbare Arten-Vielfalt zu entdecken. Gerade Humanisten sollten sich um sie kümmern.

13 Popper (1974), S. 111 (meine Übersetzung).

aufrechtzuerhalten. Dieses Vorrecht stützte sich auf zwei Bestimmungen: Zum einen durfte aus dem Ausland kein Weizen eingeführt werden, zum anderen war es nicht erlaubt, auf den heimischen Anbauflächen Fabriken zu errichten. Für die adligen Getreideproduzenten hatte diese Regelungen zwei Vorteile: Die erste sicherte das Preisniveau, die zweite dessen Nachhaltigkeit – schließlich wollte man seine Monopolrenten nicht nur heute, sondern auch übermorgen genießen können.

Aus der Perspektive der Konsumenten, also aller übrigen Menschen, sah die Rechnung freilich ganz anders aus. Das Importverbot führte zu höheren Brotpreisen, denn die Bäcker konnten nur den vergleichsweise teuren heimischen Weizen kaufen, und die Vorschrift, Äcker nur landwirtschaftlich zu nutzen, bremste die Industrialisierung und damit den Aufbau eines Kapitalstocks, der für die Versorgung der rasch wachsenden Bevölkerung unerlässlich war.

Nach heftigen Auseinandersetzungen, in deren Verlauf es nicht nur zu erregten Parlamentsdebatten, sondern auch zu Demonstrationen mit zahlreichen Toten und Verletzten[14] kam, wurden die Korngesetze im Jahre 1846 abgeschafft. Die liberale Wirtschaftslehre errang damit einen bedeutenden und für das 19. Jahrhundert wegweisenden Sieg. Die Publizistik hatte zu diesem Sieg allerdings nicht unerheblich beigetragen: 1843 wurde die Zeitschrift *Economist* gegründet, die sich – der Titel verrät es schon – aus ökonomischen Gründen für die Abschaffung der volkswirtschaftlich schädlichen Getreidegesetze einsetzte. Seitdem steht im Impressum jeder Ausgabe des heute noch existierenden Journals: „Zuerst im September 1843 erschienen, um an dem heftigen Kampf teilzunehmen zwischen progressiver Intelligenz und unwürdigem, furchtsamem Unwissen, das den Fortschritt behindert."[15]

In der Tat: Für die allermeisten Menschen stellte die Abschaffung der englischen Getreidegesetze tatsächlich einen Fortschritt dar. Das lässt sich unter Rückgriff auf budgettheoretische Überlegungen leicht zeigen: Wer weniger Geld für Nahrungsmittel ausgeben muss, hat mehr Mittel für an-

---

14 Ein Beispiel bildet das sogenannte „Peterloo-Massaker" am 16. August 1819, das nach dem *St. Peter's Field* bei Manchester benannt ist. Dabei wurden im Laufe einer Kavallerieattacke auf eine Protestkundgebung gegen die Korngesetze elf Menschen getötet und über 400 verletzt, davon zahlreiche Frauen und Kinder.

15 Der Text wird zitiert in Ederer und Ederer (1997), S. 383f. (meine Übersetzung).

dere Zwecke zur Verfügung.[16] Aus humanistischer Sicht kann man hinzusetzen: Der Vorgang bildet ein gelungenes Beispiel für die Ausrichtung des kollektiven Lebens an wissenschaftlichen Erkenntnissen, denn der Zusammenhang zwischen erleichtertem Außenhandel und zunehmendem Wohlstand gehört seit Ricardo zu den wohl gefestigtsten Einsichten der Volkswirtschaftslehre.[17]

Das Beispiel zeigt: Wir können auch in sozialwissenschaftlichen und geschichtlichen Zusammenhängen in einem sehr konkreten Sinne von Fortschritt sprechen. Im genannten Beispiel besteht er im Abbau von Sondervorteilen, im Wachstum der Entscheidungsfreiheit der Konsumenten und im wachsenden Pro-Kopf-Einkommen. Als Philosoph, der zur Frage Stellung nehmen soll, „ob es in der Geschichte Fortschritt gibt", ist man also nicht von vornherein in einer aussichtslosen Position: Wir können, wie es die Philosophie der normalen Sprache[18] empfohlen hat, an den bereits existierenden Sprachgebrauch anknüpfen, den wir *vor*finden – den wir also nicht erst *er*finden müssen. Und vermutlich würden die meisten Menschen dem Historiker Ferdinand Seibt zustimmen, der bekennt:

> „Ich möchte nicht im Mittelalter gelebt haben. Ich bin froh, dass ich nicht mit dem ersten Tageslicht zu harter Arbeit aufstehen muss; ich freue mich des warmen Wassers aus der Wand oder auch schon des kalten, meiner Schuhe und meiner Kleider, eines Stückchens Papier, des behaglichen Zimmers und der Gewissheit, von einem Weg durch den Wald auch wieder lebendig zurückzukommen."[19]

Es fällt leicht, weitere Gebiete zu nennen, in denen wir auf ganz selbstverständliche Weise Fortschritt feststellen. Niemand möchte heutzutage nach den Standards der Medizin des 19. Jahrhunderts behandelt werden; also bewerten wir offensichtlich die Entwicklung der Medizin seit 1900 als „Fortschritt". Mit Recht: Diagnose- und Therapiemöglichkeiten sind in

---

16 Wer diese Ausdrucksweise als „ökonomistisch" ablehnt, kann den zugrunde liegenden Tatbestand auch so ausdrücken: Der Betreffende hat das *Recht*, nach eigenem Ermessen ein größeres Güterbündel zusammenzustellen. Oder noch anders formuliert: Er hat einen größeren *Freiheit*sspielraum – denn Geld ist (nach Dostojewski) *geprägte* Freiheit.

17 Zu den ökonomischen Vorteilen des Außenhandels aus der Sicht der Wirtschaftswissenschaft vgl. Mankiw (2001), Kap. 9. Vgl. auch Friedman (2006), Kap. 5.

18 Eine immer noch maßgebende Publikation ist Savigny (1974). Vgl. neuerdings auch Kanterian (2004).

19 Seibt (2002), S. 13.

frappierendem Ausmaß gewachsen – schneller, als wir sie für alle bereit-
stellen können. Auch politisch gesehen haben Fortschrittsskeptiker einen
schweren Stand: Die nach dem Zweiten Weltkrieg zunehmende europäische Integration wird von fast allen Beteiligten als Fortschritt wahrgenommen: Grenzkontrollen wurden abgeschafft, die Einführung einer ein-
heitlichen Währung ließ beim Grenzübertritt den Geldwechsel überflüssig
werden, und der Europäische Binnenmarkt stellt Konsumenten und Bürger
in vieler Hinsicht besser. Sogar die jüngste Euro-Schwäche zeigt nur, dass
Errungenschaften (also erreichte Fortschritte) immer gefährdet sind. Dennoch geben wir sie nicht einfach auf und kehren angesichts der Schwierigkeiten nicht achselzuckend zu den nationalen Währungen zurück, sondern
versuchen, beispielsweise durch die (ohnehin überfällige) Korrektur staatlicher Schuldenpolitik die Errungenschaft einer gemeinsamen Währung
zu bewahren. Weiter: Wir sprechen von einem „Fortschritt durch Recht"[20]
und meinen damit den schon Jahrtausende währenden, zeitweise allerdings
äußerst schmerzhaften institutionellen Lernprozess, der uns eine immer
friedlichere und geregeltere Austragung von Interessenkonflikten ermöglicht hat.[21]

Der vielleicht bedeutsamste Fortschritt ist jedoch politischer Natur:
Innerhalb der Europäischen Union ist ein Krieg zwischen ihren Vertrags-
staaten nach menschlichem Ermessen äußerst unwahrscheinlich geworden. Wer über Krieg und Frieden in der heutigen Welt nachdenkt, wird
zwar zahlreiche außereuropäische Konfliktfelder nennen können; aber ein
Krieg beispielsweise zwischen Dänemark und Deutschland um Schleswig-
Holstein oder mit dem hochverschuldeten Griechenland um einige seiner
Inseln gehört, soweit ich sehe, weder in der Politik- noch in der Militärwis-
senschaft zu den diskutierten Szenarien.

Schließlich und endlich: Auch in der *Wissenschaftstheorie* sprechen wir
von Fortschritt – nämlich vom „Erkenntnisfortschritt".[22] In gewisser Hinsicht besitzt der Erkenntnisfortschritt sogar eine Schlüsselfunktion für *alle*
Fortschritte in der modernen Welt. Zugespitzt und im Sinne einer humanistischen Heuristik formuliert: *Es gibt keinen Fortschritt ohne Erkenntnisfortschritt*. Das wird klar, wenn wir uns vergegenwärtigen, auf welche
Weise die bisher erörterten Fortschritte möglich wurden. Der politische
Widerstand gegen die Korngesetze beispielsweise speiste sich eben nicht

---

20 Vgl. dazu den Titel von Kreft, Mielenz, Trauernicht und Jordan (2004).
21 Ich stimme in dieser Einschätzung mit Norbert Walter (2001) überein, für den
     der Prozess der Globalisierung gesellschaftlichen Netto-Fortschritt erzeugt.
22 Vgl. dazu etwa Lakatos und Musgrave (1974).

nur (und vielleicht am allerwenigsten) aus dem Widerstand der negativ betroffenen Bürger; ihn kann man ignorieren oder zur Not niederkartätschen – was ja auch nicht selten getan wurde.[23] Zusätzlich aber gab es auch noch *gute Argumente* für die Entscheidung, die Korngesetze abzuschaffen: Die Wirtschaftswissenschaft konnte nachweisen, dass und warum (und wann und wo) Handelshemmnisse einen Wohlstandsverlust mit sich bringen (und gebracht haben). Mit diesen Kenntnissen konnte man systematisch an die Interessen der Mehrheit (also hier: der Konsumenten) appellieren und so auch auf rationale und demokratische Weise zur Abschaffung der Korngesetze beitragen.

Dieser *Vorrang der Ideen* gilt bis heute: Wer Handys, Computer oder das Globale Navigationssystem benutzt, kann das nur tun, weil Relativitäts- und Quantentheorie, Festkörperphysik und Chemie die naturwissenschaftlichen Grundlagen für entsprechende technologische Anwendungen gelegt haben, weil Ökonomik und besonders die Betriebswirtschaftslehre ihre Produktion zu erschwinglichen Preisen ermöglichen, und weil internationaler Handel und Gebrauch dieser Güter rechtlich geregelt sind. Kurz: *Ideas matter* – und zwar auf sämtlichen Gebieten unseres Lebens. Zwar ist die *Existenz* bestimmter Ideen nur eine notwendige und keine hinreichende Bedingung dafür, dass die Dinge sich zum Besseren wenden; aber *ohne* neue Ideen gäbe es überhaupt keinen Fortschritt.[24]

Wird also alles gut? Können wir einen „immerwährenden Fortschritt zum Besseren" erwarten, um mit Immanuel Kant zu sprechen?[25] Auf diese Frage sollten wir vielleicht doch in typisch philosophischer Weise antworten – also weder mit *Ja* noch mit *Nein*, sondern mit: „Es kommt darauf an."

4. Fortschrittsskepsis

Der *erste Einwand* gegen die Annahme, Fortschritt gebe es überall und sei auch künftig zu erwarten, hebt die *ungewollten Nebenwirkungen*

---

23 Vgl. oben, Anm. 14.

24 Vgl. dazu Engel (2010), S. 122; Popper (1979/1992), S. 37 sowie neuerdings Ridley (2011), der auf hochinteressante Weise den Zusammenhang zwischen Ideenaustausch und Fortschritt herausarbeitet.

25 Vgl. dazu schon Kants Aufsatz *Über den Gemeinspruch: Das mag für die Theorie richtig sein, taugt aber nicht für die Praxis*, in: Werke, Band 6, S. 169.

hervor, die offenbar mit jedem Fortschritt in einem bestimmten Bereich verbunden sind. Der Kritiker eines naiven Fortschrittsoptimismus würde folgendermaßen argumentieren: Selbst wenn wir auf vielen Gebieten Fortschritte (!) erzielen können, ergeben sich daraus fast immer auf anderen Gebieten Rückschritte; es verbietet sich daher, ohne nähere Bestimmung von „Fortschritt" zu sprechen. Ein eindrückliches Beispiel bildet für den Kritiker die nach seiner Auffassung „explosive" Bevölkerungszunahme: Einerseits gebe es immer mehr Menschen und damit immer mehr potentielle Tausch- und Sexualpartner, immer mehr neue Ideen, immer buntere Lebensstile, eine zunehmende „Mannigfaltigkeit der Situationen",[26] eine zunehmende Arbeitsteilung und dadurch immer mehr Wohlstand. Andererseits erkaufen wir nach Ansicht der Skeptiker diesen „Fortschritt" mit der Unregierbarkeit von Ballungsräumen, sozialen Spannungen, Kapitalmangel und einer Übernutzung der natürlichen Ressourcen, die ein Ausmaß angenommen habe, das um die Nachhaltigkeit aller genannten Fortschritte fürchten lasse.

Daraus gewinnt unser Kritiker seinen *zweiten Einwand*. Er lautet: *Es gibt kein Fortschrittsgesetz*. Zwar können wir die Entwicklung seit der neolithischen Revolution kaum anders denn als „Fortschritt" bezeichnen. Aber diese Entwicklung sei weder unausweichlich gewesen noch habe sie sich ohne erhebliche Rückschläge vollzogen; und vielleicht seien wir nur mit einer gehörigen Portion Glück an endgültigen zivilisatorischen Zusammenbrüchen vorbeigeschrammt.[27] Nehmen wir als Beispiel den Untergang des Weströmischen Reiches. Der unselige Einfluss des Fortschrittsglaubens, so wendet unser Skeptiker ein, zeige sich daran, dass die Fachwelt sich lange Zeit geweigert habe, die damaligen Geschehnisse überhaupt als „Untergang" zu *bezeichnen*.[28] Man habe hier eher von der „Integration" der Germanen in das Römische Reich gesprochen oder von der „Meta-morphose" des Römischen Staates, statt einfach anzuerkennen, dass es im

---

26 So lautet der schon im späten 18. Jahrhundert geprägte Ausdruck des Neu-humanisten Wilhelm von Humboldt (1792/1967, S. 15f.) für die schon damals erkennbar werdenden Globalisierungstendenzen.

27 Vgl. dazu die interessante, aber in ihrer aktuellen Bedeutung wohl überschätzte Studie von Diamond (2005).

28 Nach dem britischen Historiker Bryan Ward-Perkins (2007, S. 50) sind nicht allein die germanischen Invasionen oder andere gewaltsame Machtwechsel für den Untergang des Römischen Reiches verantwortlich, sondern letztlich die Römer selbst – indem sie nämlich die ökonomische Grundlage ihrer Berufs-armee erodieren ließen. „It's the economy, stupid!" – dieser Bill Clinton zuge-schriebene Ausspruch ist von beeindruckender historischer Relevanz.

5. und 6. Jahrhundert n.u.Z. einen dramatischen Einbruch des zivilisatorischen Niveaus gegeben habe – ablesbar etwa am Fehlen von Münzfunden aus späterer Zeit (was einen Rückfall in den Tauschhandel signalisiert), an der zunehmenden Primitivität der Haushaltsgeräte, am Bevölkerungsrückgang und am lokalen Verschwinden der Schriftkultur. Der Historiker Bryan Ward-Perkins schreibt:

> „Das Ende des römischen Westens erlebte Schrecken und Verwerfungen einer Art, von der ich ehrlich hoffe, sie nie durchleben zu müssen; und es zerstörte eine komplexe Zivilisation, wobei die Bewohner des Westens auf einen Lebensstandard, der typisch für die prähistorische Zeit war, zurückgeworfen wurden. Die Römer waren vor dem Untergang genau so wie wir heute sicher, dass ihre Welt für immer im Wesentlichen unverändert bleiben würde. Sie lagen falsch. Wir wären gut beraten, nicht genauso selbstgefällig zu sein."[29]

Über 700 Jahre, so könnte der Kritiker seine Philippika schließen, hätten die Römer ihr Reich mit gewissem Recht als unbezwingbaren Vorreiter der Zivilisation wahrgenommen. Doch alle einzelnen Fortschritte zusammengenommen konnten offensichtlich nicht verhindern, dass diese Errungenschaften auch wieder verloren gingen – so dass, drastisch formuliert, auf dem *Forum Romanum*, dem einstigen Mittelpunkt der antiken Zivilisation, wieder Ziegen weideten. Wer kann sich, so der Kritiker weiter, wirklich sicher sein, dass die westliche Industriezivilisation nicht den gleichen Weg geht?[30]

Aber stellt dieser spätantike Zivilisationsbruch nicht eher nur eine kleine Delle in der allgemeinen Fortschrittsentwicklung dar? Westrom mag untergegangen sein – doch blieb Ostrom nicht für etwa 1.000 weitere Jahre ein Zentrum der Kultur und Zivilisation und führte den Westen an die Schwelle der Renaissance? Aus diesen Gegenfragen gewinnt der Kritiker des Fortschrittskonzepts seinen *dritten Einwand*. Er lautet: Die Voraussetzungen, auf denen die von uns als fortschrittlich bewerteten Entwicklungen beruhen, können von uns weder beliebig hergestellt noch verlässlich gesichert werden. Gerade darin bestehe nämlich die Pointe einer evolutionären Weltsicht: *Die Zukunft ist offen.*[31] Da die Welt keinem *telos*, keinem Ziel zustrebt, können wir weder hoffen, der Fortschritt werde sich schon von selbst einstellen, noch darauf vertrauen, dass wir einen als „Fortschritt" be-

29 Ward-Perkins (2007), S. 190.
30 Diese Frage stellt Diamond (2005), S. 40.
31 Popper und Lorenz (1985/1994).

werteten Zustand herbeiführen können – und das gilt auch für weitgehend konsensfähige Ziele wie etwa einen weltweiten demokratischen Frieden oder ein weiterhin wachsendes Wohlstandsniveau. Wie überall gelte auch hier: „Unser Unwissen ist grenzenlos und ernüchternd."[32] Selten entwickeln sich die Dinge so, wie wir es uns wünschen; wäre es anders, benötigten wir keine systematische sozialwissenschaftliche Untersuchung der unbeabsichtigten Nebenfolgen unseres Handelns. Und nur sehr selten können wir die Umstände voraussehen, unter denen wir künftig handeln müssen. Kurz: Nur sehr wenige Randbedingungen unseres künftigen Handelns können verlässlich prognostiziert werden. Nichts spricht also nach Ansicht unseres Kritikers dafür, in sozialen Zusammenhängen so etwas wie ein Gesetz des Fortschritts für erwiesen zu halten. Das gelte offenbar sogar für den Fortschritt der Wissenschaft:

> „Mit jedem Schritt, den wir vorwärts machen, mit jedem Problem, das wir lösen, entdecken wir nicht nur neue und ungelöste Probleme, sondern wir entdecken auch, dass dort, wo wir auf festem und sicherem Boden zu stehen glaubten, in Wahrheit alles unsicher und im Schwanken begriffen ist."

Popper gehört zwar zu den Philosophen, die (m.E. mit Recht) von einem Erkenntnis*fortschritt* sprechen; aber dieser „Fortschritt" verringert nach Ansicht unseres Skeptikers weder die Zahl der offenen Fragen noch die der intellektuellen Probleme – doch er erhöht die Risiken, etwas fundamental falsch zu machen.

Der *vierte Einwand* gegen den Fortschrittsoptimismus ist logischer Natur. Wenn wir über Mensch und Welt auf *wissenschaftliche* Weise nachdenken wollen, dann verbieten sich schon aus grundsätzlichen Erwägungen heraus jegliche Wertungen. Seit Max Weber das Prinzip der Wertfreiheit in den Sozialwissenschaften[33] erörtert hat, sind wir mit der Formulierung von Werturteilen *innerhalb* der Wissenschaft vorsichtig geworden. Der Begriff „Fortschritt", so der Einwand, impliziere jedoch ein solches Werturteil – schließlich *bewerte* man einen bestimmten Zustand oder eine besondere Entwicklung und zeichne sie so vor anderen, alternativen oder früheren Zuständen oder Entwicklungen als „besser" aus. Damit habe man den Bereich des objektiv Feststellbaren verlassen. Wenn wir über die Dinge jedoch *wissenschaftlich* sprechen wollen, so müssen wir uns nach Ansicht unseres Kritikers offenbar jeglicher Wertungen enthalten.

---

32 Popper (1969/1987), S. 103. Dort auch das folgende Zitat.
33 Weber (1922/1988). Vgl. auch Albert (1965/1976) sowie Albert und Topitsch (1979).

Der *fünfte* und letzte *Einwand*, den unser Skeptiker vorbringt, ist (zumindest vordergründig) humanistischer Natur. Wenn Wertungen lediglich subjektiv sind, wie der vierte Einwand nahelegt, dann fördern sie eine sozial desintegrative Tendenz, die aus humanistischer Sicht unerwünscht ist: Werturteile urteilen nämlich nicht nur, sondern sie teilen auch – nämlich in diejenigen Gruppen, die mit bestimmten Werturteilen übereinstimmen, und in solche, die das nicht tun. Während man aber wenigstens im Prinzip weiß, was man tun muss, um einen Streit über *Tatsachen* beizulegen, wissen wir das bei einem Streit über *Wertungen* bei weitem nicht so genau – wenn überhaupt.

5. Metaskepsis: Einige Gegeneinwände

Doch trotz aller skeptischen Argumente hält sich in auffallend hartnäckiger Weise die Einschätzung, dass es insgesamt gesehen dennoch Fortschritt gibt.[34] Eine sich als humanistisch verstehende Wissenschaft[35] sollte diese Intuition nicht ignorieren, sondern ihren Geltungsbereich untersuchen. Zwei Strategien können uns dabei helfen. Zum einen beziehen sich Wertungen immer auch auf behauptete Fakten und Wirkungszusammenhänge – und die können wissenschaftlich überprüft werden. Das bedeutet nicht, dass wir nach einer solchen Prüfung der unterstellten Tatsachen bestimmte Werturteile beweisen oder widerlegen können; das ist ja schon aus logischen Gründen unmöglich. Wir können jedoch durch den Hinweis auf ihre Tatsachenbasis dazu beitragen, dass sie an Zustimmung gewinnen (oder verlieren). Zum anderen sind Wertungen auf unterschiedliche Weise heuristisch produktiv: Wer den Menschen als Betriebsunfall der Natur oder gar als „Naturkatastrophe"[36] ansieht, stellt andere Fragen, denkt, fühlt und handelt anders als jemand, der ihn als „Volltreffer"[37] oder gar als „Krone der Evolution"[38] ansieht – eine Ansicht, die gerade Humanisten nicht vor-

---

34 Vgl. dazu schon die Beiträge in Burck (1963); für den Bereich Recht vgl. Kreft et al. (2004); aus chaostheoretischer Sicht Lewin (1993), Kap. 7 („Komplexität und die Realität [!] des Fortschritts").

35 Zu diesem Konzept vgl. Engel (2006a und b) sowie Engel (2010).

36 Vgl. dazu den Titel von Wuketits (1998): *Naturkatastrophe Mensch. Evolution ohne Fortschritt.*

37 Diesen schönen Ausdruck verwendet Markl (1986), S. 12.

38 So drückte es Gerhard Neuweiler (2008) aus: *Und wir sind es doch – die Krone der Evolution.*

schnell zu den Akten legen sollten. Immerhin wissen wir aus der Sozial-
psychologie: Die Selbstkonzeptualisierung des Menschen ist von wesentli-
cher Bedeutung für sein Denken und Handeln.[39] Und daher ist es auch für
unser Handeln nicht irrelevant, ob wir uns als „nackte Affen"[40] verstehen
– oder als Menschen.

Wer seine skeptische Haltung also nicht nur als vornehme Bemäntelung
seiner misanthropischen Grundstimmung[41] benutzt, sondern sich im *antiken* Sinne „skeptisch" verhält, also „sich umschaut" und *alle* Argumente
prüft,[42] stößt in zahlreichen gesellschaftlichen und kulturellen Bereichen
auf die fast schon selbstverständliche Rede vom „Fortschritt". Auch wenn
wir manchmal um Kriterien streiten oder sogar in besonderen Fällen un-
einig sind, ob wir etwas als „Fortschritt" bewerten sollen, ist doch unser
Fortschrittsbegriff noch immer von der Konzeption der Aufklärung geprägt.
Er besagt: In Wissenschaft und Technik, in Kunst und Musik, in Recht und
Wirtschaft, Medizin und Politik wird eben nicht nur alles lediglich *anders*,
sondern (trotz aller Rückschläge und Schwierigkeiten) in vielen Teilberei-
chen und im Großen und Ganzen auch *besser* – und zwar deshalb, weil wir
unsere Vernunft, also kritisches Denken und systematische Erfahrung, dafür einsetzen (wollen und können), eine bessere Welt zu schaffen, weil wir
außerdem damit auch nicht selten Erfolg haben – und weil wir nicht selten
sogar darin Erfolg haben, uns darüber einig zu werden, was wir als Fortschritt bewerten sollen. Und das gilt auch und erst recht für den Fortschritt
der Wissenschaft: Wir stehen eben „auf den Schultern von Riesen"[43] – und
können daher mehr sehen und weiter schauen als unsere Vorfahren.

Wie könnten wir also auf die oben genannten Einwände des Fort-
schrittsskeptikers reagieren? Einige metaskeptische Einwände seien hier
zusammengestellt.

1. Der Einwand, jeder „angebliche Fortschritt" zeitige *Nebenwirkungen*,
   ist ebenso richtig wie irrelevant: Ganze Zweige der Wissenschaften be-

39 Vgl. dazu Goffman (1974), der den hier relevanten Begriff des „framing" (des
    Deutungsrahmens) eingeführt hat.
40 So drückt es Desmond Morris (1968) aus. Vgl. auch Morris (1994).
41 Antihumanistische Positionen vertreten Löbsack (1974); Wuketits (1998);
    Horstmann (2004).
42 Zu den verschiedenen Formen der Skepsis vgl. Gabriel (2008).
43 Vgl. dazu Merton (1965/1983). Das gilt übrigens nicht nur für die Wissenschaft,
    für die Merton sein Diktum formulierte, sondern auch für die Kunstmusik. Mo-
    zarts Spätwerk beispielsweise ist nicht ohne Johann Sebastian Bach, Gustav
    Mahlers symphonisches Werk nicht ohne beide Komponisten vorstellbar.

fassen sich mit ungewollten Nebenwirkungen unseres Handelns – und sie sind durchaus erfolgreich darin, diese Wirkungen immer besser zu durchschauen und zu verringern.

2. Der zweite Einwand, es gebe *kein Fortschrittsgesetz*, ist sicher nicht von der Hand zu weisen. Aber er trägt nicht: Er hindert uns nicht daran, einen Fortschritt „Fortschritt" zu nennen, *wenn* er denn vorliegt.

3. Der Einwand *mangelnder Steuerbarkeit* der kulturellen Evolution trifft nur eingeschränkt zu: Moderne Gesellschaftstheorie berücksichtigt längst die Einsicht, dass wir, um gesellschaftlich erwünschte Ziele erreichen zu können, manche Subsysteme am besten ohne zentrale Steuerung evolvieren lassen, in anderen Subsystemen dagegen sorgfältig planen müssen.[44] Es kommt eben darauf an!

4. Die philosophische Aufgabe angesichts der *Unableitbarkeit* von Werturteilen aus Tatsachenaussagen besteht nicht darin, auf Wertungen völlig zu verzichten, sondern ihren Beliebigkeitsspielraum einzuschränken – also beispielsweise informierte von uninformierten Werturteilen abzugrenzen[45] oder sie sogar produktiv zu überwinden.[46]

5. Und schließlich: Nachvollziehbare Begründungen von Werturteilen wirken ihrer ansonsten sozial *desintegrativen* Tendenz entgegen.

Obwohl also die Welt kein *telos* hat, und obwohl wir zukünftige Entwicklungen kaum voraussehen und erst recht nicht vollständig bestimmen können, sind wir dennoch nicht grundsätzlich hilflos, wenn es darum geht, komplexere Systeme und damit Fortschritt in einem von uns gewünschten Sinne zu schaffen. Wenn wir beispielsweise einen Garten anlegen, können wir uns bei Planung, Anlage und Pflege über die Gesetze des Lebens und der Evolution nicht hinwegsetzen; aber wir können evolutionäre Prozesse *in Dienst nehmen*, um einen von uns gewünschten Zustand herbeizuführen. Ein solches Vorgehen ist immer ein *Versuch*, der scheitern kann: Misserfolge zeigen, dass wir bestimmte Randbedingungen (in unserem Beispiel etwa Wetter, Bodenbeschaffenheit, Tierbesiedelung oder die geeignete Art der Bepflanzung) nicht genügend berücksichtigt haben. Aber wir können aus entsprechenden Misserfolgen lernen und ein neues, funktionierendes Biotop schaffen, das nicht selten sogar eine größere Artenvielfalt hervor-

---

44 Vgl. dazu etwa Leschke (2000); Engel (2001); Pies und Leschke (2003).
45 Vgl. dazu schon Dahlhaus (1970).
46 Vgl. dazu Abschnitt 7 unten.

bringt als im ursprünglichen Zustand beobachtbar war.[47] Kurz: Auch in einer evolutionären Welt, in der wir vor Überraschungen nie sicher sein können und erwünschte Zustände nicht einfach planvoll herbeiführen können, ist Fortschritt in einem von uns gewünschten Sinne möglich. Das wollen wir nun an einigen Beispielen aus der Sozialtheorie untersuchen.

6. Elemente einer Theorie sozialen Fortschritts

Knüpfen wir an Ferdinand Seibts oben zitierte Bemerkung an, der moderne Mensch könne heutzutage mit größter Sicherheit davon ausgehen, von seinem Weg durch den Wald auch wieder lebendig zurückzukommen. Sie zeigt, wie unbefangen wir auch in den verschiedenen Wissenschaften von gesellschaftlichem Fortschritt sprechen; in diesem Fall besteht er einfach in einem Rückgang und schließlich dem völligen Verschwinden der „Strauchdiebe", die uns früher dort aufzulauern pflegten. Auch Ökonomen verwenden die Kategorie des Fortschritts ganz selbstverständlich: Nach John Hicks sollten wir nicht vergessen, dass die „ständige Verkürzung der Arbeitszeit während des letzten Jahrhunderts [gemeint ist das 19. Jahrhundert] ... für die Arbeiter ein großer Gewinn war. Er darf nicht übergangen werden, wenn man die Bilanz des erreichten wirtschaftlichen Fortschritts zieht."[48]

Die Sozialwissenschaften haben inzwischen zahlreiche weitere Fortschrittsindikatoren erarbeitet – beispielsweise abnehmende Säuglingssterblichkeit, zunehmendes Pro-Kopf-Einkommen, wachsendes Bruttosozialprodukt, weniger Streiktage, ein schrumpfender Gini-Koeffizient,[49]

---

47 Die Artenvielfalt wird übrigens weniger durch Verstädterung als durch monokulturelle Landwirtschaft gefährdet. Vgl. dazu etwa Maxeiner und Miersch (1998), S. 176-196; Reichholf (1996), Kap. 9.

48 Hicks (1942/1962), S. 87. Hier findet sich auch eine ebenso klare wie anthropozentrische Definition wirtschaftlichen Fortschritts: „... wenn eine bestimmte Gütermenge mit kleinerem Aufwand an unerwünschter Anstrengung hergestellt werden kann, dann geht es den Menschen im Durchschnitt besser." Auch afrikanische Autoren benutzen ganz selbstverständlich einen entsprechenden Fortschrittsbegriff – etwa Kabou (1995), S. 29-32. Sie spricht sogar von der „Verweigerung des Fortschritts" (S. 42), den man bei afrikanischen Eliten feststellen könne.

49 Der nach dem italienischen Statistiker Corrado Gini benannte Koeffizient wird in der Ökonomik als Maß für die Ungleichheit der Einkommens- und Vermö-

abnehmende Arbeitslosigkeit, weniger Morde und Vergewaltigungen auf 100.000 Einwohner, wachsende Rechtssicherheit, höherer Demokratisierungsgrad, größere Mobilität, Meinungs- und Pressefreiheit, gerechtere Steuergesetzgebung oder ein geringerer Verschuldungsgrad. Nach solchen Indikatoren teilen wir die Gesellschaften auf der Erde in „fortgeschrittene" Länder, Schwellenländer (bei ihnen ist ein entsprechender Fortschritt teilweise zu sehen oder bald zu erwarten) und Entwicklungsländer ein. Natürlich sind die Bewertungen, die dieser Einteilung zugrunde liegen, unaufhebbar anthropozentrisch (Fortschritt für den Menschen bedeutet eben nur für den Menschen Fortschritt!), und die Einteilung der Länder selbst ist sogar „eurozentrisch", weil er die in Europa entwickelten Maßstäbe für die Beurteilung (auch) anderer Länder heranzieht. Aber diese lediglich theoretischen Übel können Humanisten in politischen Zusammenhängen getrost vernachlässigen: Politik ist nun einmal *für Menschen* da; es sind daher *deren* Bedürfnisse und Ansichten, die für einen ernst zu nehmenden Humanismus konzeptionell zählen.[50] Abgesehen davon: *Faktisch* orientiert sich die Weltgesellschaft ohnehin seit langem an europäischen Standards.[51]

Jedes derartige Beispiel, mit dem wir unsere These vom „gesellschaftlichen Fortschritt" belegen wollen, zeigt allerdings nachdrücklich zwei Schwierigkeiten auf, vor denen wir stehen. Zum einen kann man als Skeptiker ohne Weiteres zustimmen, dass die Zahl der Strauchdiebe abgenommen habe. Aber das bedeute nur, dass sie ihre Methoden geändert hätten: Moderne Strauchdiebe wendeten eben den „Enkeltrick" an oder benutzten das Internet, um an das heranzukommen, was ihnen nach ihrer Auffassung zusteht. Wo gebe es da „Fortschritt"? Und was für die Strauchdiebe gilt, gelte beispielsweise auch für das wachsende Bruttosozialprodukt (es werde

---

gensverteilung verwendet. Ein Koeffizient von 0 bedeutet maximale Gleichheit (alle haben und verdienen das Gleiche), ein Koeffizient von 1 maximale Ungleichheit (Einkommen und Vermögen sind auf eine Person konzentriert). Für Deutschland betrug der Gini-Koeffizient im Jahre 1995 0,3; das Land gehörte damals also zu den eher egalitären Ländern.

50 Zu einer ausgezeichneten Metakritik am Vorwurf des Eurozentrismus vgl. Lewis (1994).

51 Vgl. dazu die aufschlussreiche Studie von Roberts (1986) zur weltweiten Durchsetzung europäischer Standards – von der Mode bis hin zu Wissenschaft, Wirtschaft und Recht. Die philosophische Möglichkeit eines eurozentrischen Rationalitätsbegriffs erörtert Nordenbo (1992); zur interkulturellen Kommunizierbarkeit des europäischen Fortschrittsbegriffs vgl. Donner (2004). Der weltweite Fortschritt wird inzwischen sogar auf einer Internetseite diskutiert (http://www.fortschritt-weltweit.de/).

erkauft durch höhere ökologische Schäden und soziale Verwüstungen) und sogar für die allmähliche weltweite Durchsetzung der repräsentativen Demokratie (sie fördere Unregierbarkeit und kollektive Selbstschädigungen).[52] Ganz allgemein würden die zweifellos wachsenden Leistungen der Industriegesellschaften mit wachsenden Risiken erkauft; wieso dürfe man da einfach von „Fortschritt" sprechen?

Diese Einwände operieren mit Argumenten deskriptiver Natur, die sich nur mit widersprechenden deskriptiven Befunden widerlegen lassen. Wollen wir als unverbesserliche Optimisten also weiterhin von „Fortschritt" sprechen, sollten wir uns so gut wie möglich mit entsprechenden deskriptiven Argumenten wappnen – indem wir etwa vergleichende Risikostudien vorlegen (oder anfertigen), die auf eine abnehmende Wahrscheinlichkeit hindeuten, überfallen oder auf andere Weise zum Kriminalitätsopfer zu werden; oder indem wir Behauptungen über soziale und ökologische Verwüstungen sowie über die Nachteile der Demokratie nicht hinnehmen, sondern kritisch prüfen und mit realmöglichen Alternativen konfrontieren.[53]

Was auch immer das Ergebnis solcher Untersuchungen sein mag: Die Frage, ob es in der geschichtlichen und gesellschaftlichen Entwicklung „Fortschritt" gegeben hat, kann offenbar nicht unabhängig von *Entscheidungen* beantwortet werden. Denn da wir prinzipiell aus Tatsachen keine Werturteile ableiten können, so lassen sich natürlich auch aus historischen oder sozialen Tatsachen keine Werturteile ableiten.[54] Wir müssen uns vielmehr *entscheiden*, was wir als Fortschritt gelten lassen wollen und was nicht. Doch wer entscheidet? Für die Demokratie gilt: Jedermann.[55] Und

---

52 Zu den Problemen moderner Demokratien vgl. Zakaria (2003/2007).

53 Vgl. dazu etwa Engel (1994); (1998); (2004). Zur allmählich abnehmenden Rolle der Gewalt in menschlichen Beziehungen vgl. Pinker (2011).

54 Hans Albert (1968/1980, Kap. III) hat mit Recht darauf hingewiesen, dass auch wissenschaftliche Erkenntnis von Entscheidungen abhängt – etwa von der Entscheidung, deskriptive, also nicht-wertende Aussagen anzustreben. Diese Entscheidung können wir ihrerseits nicht wieder *wissenschaftlich* begründen, sondern allenfalls mit dem Hinweis auf die Vorteile, die eine derartige Entscheidung mit sich bringt: Wer wertet, riskiert die Errungenschaften, die eine unvoreingenommene Betrachtung der Dinge mit sich bringt. Die Diskussion um den gesellschaftlichen Fortschritt ist also in keiner prinzipiell schlechteren Lage als die Diskussion um den Erkenntnisfortschritt.

55 Die Individuen sind die letzte Quelle von Werten. Zu diesem „normativen Individualismus" moderner demokratischer Gesellschaften vgl. Pies (1995), S. 3; Brennan und Buchanan (1985/1993), S. 28-30; zu den geschichtlichen Wurzeln dieser Idee bei Thomas Hobbes vgl. Kersting (1992), S. 160 und 191. Mir

das aggregierte Ergebnis der zahlreichen individuellen Entscheidungen ist von Intellektuellen zunächst einmal zu *respektieren* – ehe man es kritisiert oder gar diskreditiert.

Doch es sind nicht nur Entscheidungen, von denen die Antwort auf die Frage abhängt, ob es in der geschichtlichen Entwicklung Fortschritt gegeben hat. Wir können die scheinbare Beliebigkeit unserer Urteile vielmehr auch durch *Theorien* verringern. Sie sagen uns, welche Beobachtungen für eine Entscheidung in dieser Frage überhaupt relevant sind, und sie strukturieren unsere Wahrnehmung der Wirklichkeit. So wird es möglich, den Spielraum von Werturteilen einzuengen und Entscheidungen zu informieren.

Eine Möglichkeit, auf diesem Wege voranzukommen, ist die *Spieltheorie*. Sie modelliert Kooperationsprobleme und zeigt Lösungsstrategien für Interessenkonflikte auf. Auf diese Weise können wir zeigen, wie sich „Fortschritte" bei der Lösung von Kooperationsproblemen ergeben können – und damit gesellschaftlicher Fortschritt. Folgendes Gedankenexperiment mag in die Problematik einführen.

Wir denken uns zwei Untersuchungshäftlinge. Sie werden vom Staatsanwalt eines größeren Verbrechens beschuldigt, das sie gemeinsam begangen haben. Die Mindeststrafe für dieses Verbrechen beträgt 10 Jahre. Aber die Beweislage, mit der die Ermittler aufwarten können, ist sehr dürftig: Sie können den beiden Häftlingen nur ein Bagatellverbrechen nachweisen (sagen wir: unerlaubten Waffenbesitz im Wiederholungsfall), das nach der geltenden Rechtslage nur mit einem Jahr Gefängnis geahndet werden kann. Weil der Staatsanwalt jedoch endlich einen Fahndungserfolg braucht (die Presse sitzt ihm schon wochenlang im Nacken), bietet er den Häftlingen in getrennten Gesprächen eine *Kronzeugenregelung* an:

„Wenn Sie zugeben, dass Sie beide das Verbrechen begangen haben und damit gegen ihren Mittäter aussagen, kommen Sie frei." (Der andere bekommt dann, verstockt, wie er ist, nicht nur 10, sondern sogar 15 Jahre Haft, die gesetzlich zulässige Höchststrafe.)

Diese Modellsituation ist in der Spieltheorie[56] unter der Bezeichnung „Gefangenendilemma" bekannt (vgl. *Abb. 1*):

---

scheint, dass im gegenwärtigen organisierten Humanismus diese Einsicht noch nicht genügend berücksichtigt wird.

56 Die Spieltheorie untersucht Situationstypen daraufhin, wie Akteure unter bestimmten Anreizbedingungen handeln und wie sie auf die möglichen Aktionen ihrer Spielpartner (oder Spielgegner) reagieren. Der *mathematische* Zweig der

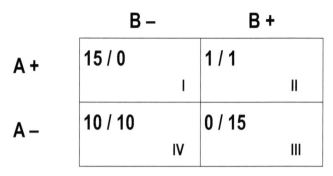

Abb. 1: Eine Auszahlungsmatrix für das Gefangenendilemma. Die Zahlen entsprechen der zu erwartenden Gefängnisstrafe in Jahren. „+" bedeutet: Die Person kooperiert (schweigt im Sinne der Verabredung); „–" bedeutet: Die Person kooperiert nicht (gesteht).

Das Interaktionsspiel vom Typ des Gefangenendilemmas ist von mehreren Bedingungen abhängig, die erst *zusammengenommen* die selbstschädigenden Anreizstrukturen definieren, unter denen die Akteure handeln:

1. Die Spieler können Zusammenarbeit weder durch Drohungen noch durch Sanktionen erzwingen. Ihnen ist also gerade *keine* Instanz (auch kein „Staat") übergeordnet, die gemeinsames Wohlverhalten im Interesse einer geringeren Freiheitsstrafe erzwingen könnte.
2. Der einzelne Spieler hat keine Möglichkeit zu wissen, was der andere tun wird. Das gilt selbst dann, wenn beide Spieler in *einer* Zelle untergebracht sind und sich gegenseitig schwören, einander nicht im Stich zu lassen. Denn wie kann man sicher sein, dass der andere Gefangene, der als erster zum Staatsanwalt gerufen wird, sich auch an diesen Schwur halten wird?
3. Man kann die Interaktion nicht verlassen oder den anderen Spieler beseitigen oder ersetzen.
4. Weder die „Auszahlungen" noch die gesetzten Regeln können verändert werden.

Spieltheorie modelliert Interaktions*typen*, um an ihnen *rationale* Strategien der Bewältigung von Konfliktsituationen zu studieren. Die *empirische* Spieltheorie dagegen untersucht, wie sich die Interaktionspartner in Dilemmasituationen *tatsächlich* verhalten. Eine ausgezeichnete, auch für Nichtmathematiker lesbare Einführung in die Spieltheorie liefert Rieck (2007). Vgl. auch Mérö (2000).

5. Die Spieler haben eine eindeutige Präferenzordnung: Jeder zieht die Freiheit einem Jahr Gefängnisstrafe vor; eine Strafe von einem Jahr zieht jeder einer Strafe von 10 oder gar 15 Jahren Haft vor. Für die Präferenzen P von Akteur A gilt also:

$$P_A: 0/15 > 1/1 > 10/10 > 15/0. \text{ (},>\text{“ = zieht vor)}$$

Wir definieren: Beide Spieler *kooperieren* (A+ und B+), wenn sie sich an ihre getroffene Vereinbarung halten und das Kronzeugenangebot des Staatsanwalts *nicht* in Anspruch nehmen. Wenn die Gefangenen in diesem Sinne kooperieren, dann kommen beide mit jeweils einem Jahr Gefängnis davon (1/1). Dieses Interaktionsergebnis ist in Quadrant II festgehalten.

Wie werden sich die Gefangenen in unserer Modellwelt nun verhalten? Jeder wünscht sich natürlich, völlig straflos davonzukommen: Das *individuell beste* Ergebnis wäre, wenn der Partner kooperierte, man selbst aber gestände. Dann griffe die Kronzeugenregelung und man käme sofort frei. Die zweitbeste Alternative wäre, ein Jahr Haftstrafe verbüßen zu müssen. Beide könnten dies durch Kooperation erreichen – indem nämlich beide die Tat leugnen und nach den definierenden Voraussetzungen dann nur zu jeweils einem Jahr Gefängnis verurteilt werden könnten. So würden sie das *kollektiv beste* Ergebnis erreichen (zusammen nur zwei Jahre Gefängnis).

Aber könnten die Gefangenen sich subjektiv sicher sein, dass der jeweils andere auch tatsächlich im angegebenen Sinne kooperieren, also schweigen würde? Denn *noch* lieber wäre es jedem Gefangenen natürlich, *überhaupt* nicht ins Gefängnis zu müssen. Und bestünde damit nicht die Gefahr, dass der jeweils Andere gestehen wird und man selbst dann als „Belohnung" für die Schweige-Kooperation sogar 15 Jahre hinter Gittern verbringen müsste? Jeder Gefangene wird sich unter diesen Umständen daher rationalerweise auf die Kronzeugenregelung berufen und dem Staatsanwalt gestehen, dass die Tat gemeinsam begangen wurde – schließlich wollen beide die *individuell schlechteste* Situation vermeiden, dass sie für 15 Jahre ins Gefängnis müssen und der Partner freikommt.[57] Aber sobald sie das individuell Rationale tun, finden sie sich nach Abschluss des Interaktionsspiels im *kollektiv schlechtesten* Quadranten IV wieder: Beide müssen für 10 Jahre ins Gefängnis (also zusammen immerhin 20 Jahre!).

Die Gefangenen befinden sich also in einer typischen Dilemmasituation. Sie können das *kollektiv beste* Ergebnis (Quadrant II) nicht erreichen,

---

57 Dieses Kalkül gilt selbst dann, wenn beide die ihnen zur Last gelegte Tat gar nicht begangen haben.

weil die Anreize in diesem Spiel so gesetzt sind, dass *beide* rationalerweise eine Strategie wählen, die sowohl den maximalen Verlust verringert (10 statt 15 Jahre) als auch den maximalen Gewinn ermöglicht – nämlich die Entlassung. Ein Geständnis und damit die Wahl der nicht-kooperativen Alternative IV ist damit die *dominante Strategie.*

Als mathematisches Modell sagt das Modell des Gefangenendilemmas nichts darüber aus, ob die Regeln oder gar das ganze Spiel wünschenswert sind oder nicht. Das Gefangenendilemma modelliert vielmehr einen bestimmten *Typus* von Situationen, in denen die Anreizbedingungen für die Akteure so gesetzt sind, dass sich beide nach erfolgter Interaktion schlechter stehen als sie es wünschen. Damit stellen sich zwei Fragen:

1. Wie müssen die Anreize gesetzt werden, damit die Gefangenen kooperieren? Und:

2. Gibt es gesellschaftlich relevante Situationen, in denen Menschen sich häufig befinden und die von ihrer Struktur her dem Gefangenendilemma gleichen?

Wir können Frage (a) auch so formulieren: Wie können wir es erreichen, dass die Akteure Anreize sehen, ihr Verhalten so zu ändern, dass sie sich in Quadrant II wiederfinden? Dafür müssen wir mindestens eine der oben genannten Bedingungen 1-5 aufgeben, unter denen die Logik des Gefangenendilemmas greift. Wenn etwa Spieler B die Angehörigen des Interaktionspartners bedrohen lässt, würde die Auszahlungsmatrix für Spieler A so geändert, dass er sehr wahrscheinlich kooperieren wird. Das Gleiche gilt, wenn der Staatsanwalt mit der Zahl der angedrohten Gefängnisjahre auch die Auszahlungsmatrix für die Spieler änderte. Kurz: Die Akteure kooperieren, wenn wir die Rahmenbedingungen, unter denen Akteure handeln, auf eine Weise verändern, dass Kooperation auch *individuell* rational wird (vgl. *Abb. 2*):

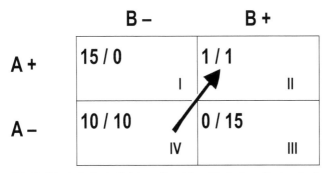

Abb. 2: Die Aufgabe kollektiven Handelns: Verändere die Anreize im Gefangenen-dilemma so, dass es für die Akteure rational ist, die kooperative Alternative zu wählen!

Die Antwort auf Frage (b), ob es gesellschaftlich relevante Situationen gibt, in denen Menschen sich häufig befinden und die strukturell dem Gefangenendilemma entsprechen, fällt leicht. Alle wirtschaftlichen Austauschbeziehungen weisen einen dilemmatischen Charakter auf: Wenn Käufer A ein Auto kauft – kann Verkäufer B dann sicher sein, dass er das Geld erhalten wird? Kann man sich auf das Versprechen „Ich überweise übermorgen!" wirklich verlassen? Das Problem verschärft sich noch, wenn der Kunde in Raten zahlen möchte: Kann Verkäufer B sicher sein, dass die Raten auch noch in drei Jahren bezahlt werden? Und umgekehrt: Kann der Käufer A sicher sein, dass das verkaufte Produkt keine verborgenen Qualitätsmängel aufweist, die ihn, wären sie ihm bekannt gewesen, vom Kauf abgehalten hätten?[58]

Die Lösung des Problems kennt jeder Teilnehmer an modernen Wirt-schaftsvorgängen. Auf der einen Seite nimmt eine Bank dem Verkäufer das Risiko ab, sein Geld nicht zu bekommen, indem sie ihn sofort bezahlt, und der Staat nimmt der Hausbank das Risiko ab, dass der Käufer seine Raten an die Bank nicht zahlt, indem er ihr die rechtlichen Instrumente von Klage und Gehaltspfändung zur Verfügung stellt, um Käufer A zur Zahlung zu zwingen. Umgekehrt erleichtert der Staat auch dem Käufer mit Hilfe von gesetzlichen Garantiebedingungen und Gewährleistungsfristen seine Kauf-entscheidung: Wenn etwas nicht funktioniert, muss der Verkäufer (mit Hil-fe der sichtbaren Hand des Rechtsstaates) nachbessern oder austauschen.

---

58 Vgl. dazu die ausführliche Diskussion dieses Beispiels bei Homann und Sucha-nek (2000), S. 6-22.

In modernen Gesellschaften weisen viele wirtschaftliche Austauschvor-
gänge sogar noch einen deutlich längeren Zeithorizont auf als ein Autokauf.
Dazu gehören vor allem komplexe Tauschvorgänge wie die Sozialversiche-
rungen oder das Bildungswesen. Ihre Funktionsfähigkeit hängt von einer
allen Akteuren übergeordneten Instanz ab – also dem Staat. Er vermindert
die Risiken, die potentielle Kooperationspartner davon abhalten könnten,
gegenseitige Verpflichtungen einzugehen. Erst so wird Kooperation individuell rational – und lässt Kooperationsgewinne zustande kommen, ohne
die wir uns erheblich schlechter stehen würden.[59]

Dilemmatisch strukturierte Vorgänge begegnen uns auch in der Um-
weltpolitik oder in den Internationalen Beziehungen. Wer etwa freiwillig
einen Katalysator in sein Auto einbauen lässt, wendet erhebliche Ressourcen auf, ohne dass seine einsame Entscheidung einen nennenswerten Einfluss auf die Luftqualität hätte. Daher ist es ohne kollektiv gesetzte Anreize
(„Kein Auto ohne Katalysator") nicht rational, individuell in das kollektive
Gut „Saubere Luft" zu investieren. Oder: Können wir dem Versprechen der
Gegenseite wirklich trauen, mit der Abrüstung zu beginnen? Solange es
keine Garantien gibt, dass die Gegenseite nicht doch heimlich weiter rüstet,
ist es nicht rational, einseitig mit der Abrüstung zu beginnen. Kurz: Das
moderne gesellschaftliche Leben ist durchsetzt von Dilemmastrukturen.

Historisch gesehen hat Thomas Hobbes als erster Philosoph die di-
lemmatische Struktur gesellschaftlichen Handelns erkannt. Er schreibt in
Kapitel 14 des *Leviathan*, der philosophischen Gründungsurkunde[60] der
modernen Gesellschaft:

> „Wird ein Vertrag abgeschlossen, bei dem keine der Parteien sofort erfüllt,
> sondern nur im gegenseitigen Vertrauen, so ist dieser Vertrag im reinen Na-
> turzustand – also im Zustand des Kriegs eines jeden gegen jeden – bei je-
> dem vernünftigen Verdacht unwirksam. Denn wer zuerst erfüllt, kann nicht
> sicher sein, dass der andere daraufhin erfüllen wird, da das Band der Worte
> viel zu schwach ist, um den Ehrgeiz, die Habgier, den Zorn und die ande-
> ren menschlichen Leidenschaften ohne die Furcht vor einer Zwangsgewalt
> zu zügeln. [...] In einem bürgerlichen Staat aber, wo eine Gewalt zu dem
> Zweck errichtet wurde, diejenigen zu zwingen, die andernfalls ihre Treue-

---

59 Natürlich soll hier nicht suggeriert werden, dass der Staat dieser Aufgabe immer
    zufriedenstellend nachkommt. Aber wenn man den Ausdruck „Staatsversagen"
    nicht nur als Schimpfwort gebrauchen, sondern genau spezifizieren möchte,
    wobei der Staat versagt, kommt man um eine entsprechende Theoriebildung
    nicht herum. Vgl. dazu Brennan und Buchanan (1985/1993); einführend auch
    Molitor (1982) und Jänicke (1986).

60 Vgl. zu dieser Einschätzung Kersting (1992), S. 28.

pflicht verletzen würden, ist eine solche Furcht nicht länger vernünftig, und deshalb ist derjenige, welcher auf Grund des Vertrages vorzuleisten hat, dazu verpflichtet."[61]

Unter dieser Perspektive können wir nun den theoretischen Beitrag des Gefangenendilemmas für die Definition des Fortschrittsbegriffs folgendermaßen bestimmen: *Fortschritt besteht in der wachsenden Zahl rechtlicher Entschärfungen von Dilemmasituationen* und damit in der Erleichterung der Kooperation aller Menschen zum gegenseitigen Vorteil.[62] Und wenn wir uns unter dieser Perspektive die Geschichte der letzten 200 Jahre anschauen, fällt das Urteil leicht: Der Fortschritt ist trotz aller lokalen und temporären Rückschritte unübersehbar.

7. Elemente einer Theorie kulturellen Fortschritts

> Probleme können nur durch neue Ideen gelöst werden.
>
> Karl R. Popper[63]

Was können wir aus der erläuterten Präzisierung der Idee des sozialen Fortschritts für die Idee des *kulturellen* Fortschritts lernen? Gibt es hier analoge Problemstellungen?

Wir haben gesehen, auf welche Weise sich soziale Dilemmasituationen entschärfen lassen. Das gelingt uns durch die Einführung von *Institutionen*, die empirische Anreizstrukturen so ändern, dass Kooperation rational und damit realmöglich wird. Natürlich fallen diese Institutionen nicht vom Himmel: Sie sind Ergebnis eines (oft sehr schmerzhaften) Lernprozesses, in deren Verlauf wir auf die *Idee* kommen, eine solche Institution einzuführen. Praktische Probleme können also durch neue Ideen gelöst werden – und für Karl Popper war es evident, dass sie sogar *nur* durch neue Ideen gelöst werden können.

---

61 Hobbes (1651/1992), S. 104f.

62 Zur Bedeutung der Spieltheorie für die Strukturierung und Lösung ordnungstheoretischer und ordnungspolitischer Probleme vgl. Wentzel (2000).

63 Popper (1979/1992), S. 37.

Was für soziale Dilemmata gilt, gilt nun auch für *theoretische* Dilemmata.[64] Beginnen wir auch hier wieder mit einem Beispiel. Ich entnehme es aus Kants Metaphysik der Erfahrung.

Die zentrale Frage der klassischen Erkenntnistheorie lautet: „Wie können wir unser Wissen begründen?" Sie wurde von den Rationalisten und Empiristen vor Kant (also etwa von Christian Wolff und David Hume) auf gegensätzliche Weise beantwortet. Rationalisten wie Wolff betonten die Rolle des *Verstandes* beim Aufbau unseres Wissens von der Welt: Wir schlussfolgern, wir vermuten, begründen, benutzen Begriffe, die nicht aus der Erfahrung abgeleitet sind, ja, wir können nach rationalistischer Auffassung sogar Sätze über die Welt beweisen, ohne uns dabei auf Erfahrung berufen zu müssen – etwa Sätze über die Unendlichkeit der Welt oder über die Unsterblichkeit der Seele. Empiristen wie Hume dagegen wiesen darauf hin, dass Denken allein oft genug in die Irre führt und der Rationalismus eher einer Einladung zu verantwortungsloser Spekulation gleicht. Sein Rat lautete: Man kann die Rolle der *Erfahrung* beim Aufbau unseres Wissens kaum überschätzen.

Wie kann man nun diesen theoretischen Konflikt zwischen Rationalismus und Empirismus lösen? Jede Seite versucht natürlich, überzeugende Argumente für ihren Standpunkt beizubringen. Aber da es für die Diskutanten nicht feststeht, was „überzeugend" heißen soll, und weil jede Seite glaubt, die besseren Argumente auf ihrer Seite zu haben oder sie zu einem späteren Zeitpunkt noch beibringen zu können, befindet man sich nach einiger Zeit in einer Sackgasse. Der Konflikt kann dann vielleicht aus der Mode kommen, aber nicht gelöst werden.

Kants Metaphysik der Erfahrung stellt hier die Weichen für einen entscheidenden kulturellen Fortschritt. Er sah, dass beide erkenntnistheoretischen Richtungen scheitern, wenn es um eine befriedigende Rekonstruktion des damals fortgeschrittensten Wissens der Zeit ging, nämlich um Newtons Dynamik und Gravitationstheorie. Kants Erkenntnistheorie bietet dagegen einen konstruktiven Ausweg aus dem erkenntnistheoretischen Dilemma, in das Rationalisten und Empiristen geraten waren: Nach seiner Auffassung kann Newtons Physik weder ein bloßes Produkt der „Gewöhnung" an Erfahrungen sein, wie Humes empiristische Erkenntnistheorie nahelegte, noch ein Ergebnis „vernünftelnder" Spekulation. Sein berühmter Lösungsvorschlag für dieses Problem lautete: Die Newtonsche Physik bezieht ihre Gültigkeit aus den *Formen* unseres Denkens und unserer Anschauung. Sie muss sich daher bei empirischen Beobachtungen bewähren, obwohl sie

---

64 Vgl. zum folgenden Text auch Engel (2000), Abschnitt 1.

selbst nicht das Resultat von Beobachtungen ist. Er fasste seinen Lösungsvorschlag in einem Kommentar zu seinem Hauptwerk folgendermaßen zusammen: „[D]er Verstand schöpft seine Gesetze ... nicht aus der Natur, sondern schreibt sie dieser vor."[65]

Das Beispiel zeigt: (Meta-)Theoretische Probleme lassen sich durch Innovation, durch die Einführung neuer Ideen, lösen. Mit Recht gilt Kants Unterscheidung zwischen den apriorischen (nicht auf Erfahrung beruhenden) und aposteriorischen (erfahrungsbezogenen) Bestandteilen unseres Wissens daher als epochemachend: Nur *beide gemeinsam* können die Gültigkeit unseres Wissens begründen. Doch auch diese Leistung ließ sich überbieten: Es bedeutete einen weiteren kulturellen Fortschritt, dass der Biologe und Nobelpreisträger Konrad Lorenz in seiner evolutionären Erkenntnistheorie[66] das Kantische Apriori als *stammesgeschichtliches Aposteriori* deutete: Unsere Grundstrukturen der Weltauffassung sind zwar für das *Individuum* vorgegeben und nicht durch Erfahrung erworben (also *a priori*), nicht jedoch für die *Art*: Sie hat diese Grundstrukturen durch stammesgeschichtliche Erfahrung erworben. Um ein Beispiel zu geben: Ein entfernter Vorfahr des Menschen, der ohne realistische Raumwahrnehmung durch die Bäume turnte, wird kaum zu unseren Vorfahren zählen.

Was können wir aus diesem Beispiel lernen? Folgendes: Streitigkeiten zwischen theoretischen Positionen können auf zweierlei Weise entschieden werden. Zum einen können wir sie dadurch beilegen, dass wir den strittigen Punkt auf eine Weise ausräumen, die sogar die Gegenseite überzeugt. Wer meint, der Mond bestehe aus gelbem Käse, kann sehr wahrscheinlich durch eine Probe Mondstaub oder durch Filmaufnahmen überzeugt werden. Notfalls könnten wir, wenn Geld keine Rolle spielte, mit ihm hinfliegen und ihn die Sache selbst in Augenschein nehmen lassen. Wir können hier von einer *Kritik erster Ordnung* sprechen: Eine Auffassung wird als falsch, die gegenteilige Behauptung als wahr anerkannt.

Aber viele und sogar die interessantesten Streitigkeiten sind nicht von dieser Art. Sie werden nicht dadurch beigelegt, dass eine Seite sich schließlich durchsetzt (auch wenn die Protagonisten nichts mehr wünschen als das), sondern dadurch, dass eine *neue Fragestellung* generiert wird. Hier handelt es sich um eine „konstruktive Kritik zweiter Ordnung".[67] Um das Beispiel Kants wieder aufzunehmen: Seine Argumentation zielte nicht darauf ab, den Streit zwischen Rationalismus und Empirismus zugunsten einer

---

65 Kant (1783/1975), S. 189; A 113 der Akademieausgabe.

66 Vgl. dazu vor allem Lorenz (1943) und (1977).

67 Pies (1999), S. 25, Anm. 48; vgl. auch Pies (2000a).

der beiden Positionen zu entscheiden, sondern darauf, ihn durch eine neue Fragestellung und durch neuartige Lösungen zu überwinden.

Formal befinden wir uns bei diesem Streit in einer ganz ähnlichen Situation wie im Gefangenendilemma. Dort ging es darum, einen Ausweg aus selbstschädigenden Anreizmechanismen zu finden. Die Lösung lautete: Die Interaktion zwischen beiden Partnern muss durch eine *externe Instanz* stabilisiert werden. In *theoretischen* Dilemmata dagegen geht es darum, durch *neue Ideen* einen Ausweg aus einer als unbefriedigend empfundenen Situation zu weisen. In beiden Fällen müssen wir uns gegenüber der Ausgangssituation „orthogonal positionieren", um einen Ausdruck von Ingo Pies zu verwenden: Eine orthogonale Positionierung weist einen Ausweg (vgl. *Abb. 3*).[68]

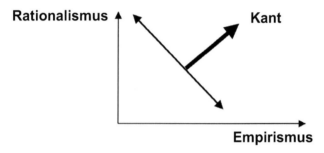

Abb. 3: Orthogonale Positionierung in der Philosophie am Beispiel Immanuel Kants

Das Konzept der orthogonalen Positionierung ist für die Bewältigung *theoretischer* Dilemmata nun von ähnlicher heuristischer Bedeutung wie das Konzept des Gefangenendilemmas für die Bewältigung *praktischer* Probleme. Um eine oben verwendete Formulierung wieder aufzugreifen: Das geistige Leben ist geradezu durchsetzt von (teilweise sogar realisierten) Möglichkeiten zur orthogonalen Positionierung. Zwei weitere Belege für diese Behauptung seien hier genannt.

1. Das 20. Jahrhundert war über weite Strecken von der *Auseinandersetzung zwischen den sozialen Grundwerten „Freiheit" und „Gleichheit"* geprägt. Liberale argumentierten für die *Freiheit*, indem sie auf die Ineffizienz sozialistischer ordnungspolitischer Modelle hinwiesen sowie auf die

---

68 Zum *terminus technicus* „Orthogonale Positionierung" vgl. insbesondere Pies (2000b), S. 34.

moralphilosophische Problematik, die sich aus „staatlichen Zwangsabgaben" und der Regulierung wirtschaftlicher Tätigkeit ergeben. „Freiheit statt Sozialismus" – so lautete folgerichtig ein Wahlwerbeslogan des bürgerlichen Lagers in der Bundestagswahl 1976.

Umgekehrt wiesen sozialdemokratisch und sozialistisch orientierte politische Kräfte darauf hin, dass die Freiheit wirtschaftlicher Betätigung zur Verschärfung sozialer Ungleichheit führe und daher durch staatliche „Umverteilungsmaßnahmen" konterkariert werden müsse. Sie plädierten für eine stärkere Gewichtung des Grundwertes der *Gleichheit*.

Jede politische Diskussion droht unter diesen Umständen zu einem politischen Kräftemessen zwischen zwei Lagern zu werden, die sich konzeptionell an zwei Extrempunkten orientieren: an einer staatsfreien Wirtschaft auf liberaler Seite und an einer Staatswirtschaft auf sozialistischer Seite. Politik bestünde dann darin, einen (immer nur vorläufigen!) Kompromiss zwischen den beiden Positionen zu finden, mit dem beide Seiten leben können: Gesucht wird eine Wirtschaftspolitik, die aus Effizienzgründen zwar ein gewisses Maß an Freiheit zugesteht, aber aus Gerechtigkeitsgründen die entstehenden Ungleichheiten korrigiert.[69] Und so wie sich an einem bayerischen Biertisch beim Armdrücken der kräftigere Arm durchsetzt, wird auch im politischen Kräftespiel sich je nach politischem Gewicht der Arm der Waage zugunsten des einen oder des anderen Wertes neigen – bis zum nächsten Versuch.

Doch dieser Instabilitäten erzeugende Wertekonflikt kann durch neue Ideen entschärft werden. Sie bieten nicht etwa neue Argumente für den einen *oder* den anderen Standpunkt, sondern sind theoriestrategisch grundsätzlich anders angelegt:

„Die undifferenzierte Gegenüberstellung von staatsfreier Wirtschaft und Wirtschaftsstaat verdeckt die relevante Alternative eines konstitutionellen (Ordo-)Liberalismus, die ... sowohl der klassisch liberalen als auch der orthodox sozialistischen Position eindeutig überlegen ist, und zwar sowohl in wirtschaftspolitischer als auch in gesellschaftspolitischer Hinsicht. [Sie] ... besagt, dass sowohl eine staatsfreie Wirtschaft als auch ein Wirtschaftsstaat unnötigerweise darauf verzichten, den Wettbewerb als Koordinationsmechanismus gezielt so einzusetzen, dass die Funktionsfähigkeit der

---

69 Ein Beispiel für die extreme Standpunkte akzentuierende Konzeptualisierung der Diskussion stellt Nawroth dar (1961/1962, S. 76), der (ausgerechnet!) Walter Eucken vorwirft, die Freiheit als „personalen Höchstwert" konzeptualisiert zu haben. Zu Nawroths mehrdimensionaler Fehlinterpretation der Position Euckens vgl. Engel (2000), S. 288, Anm. 19 und Text.

wirtschaftlichen Ordnung gefördert und dadurch wünschenswerte Eigenschaften der gesellschaftlichen Ordnung erhalten und ausgebaut werden können."[70]

Auch diese orthogonale Positionierung, wie sie in den Arbeiten von Walter Eucken und Friedrich August von Hayek vorliegt, sei hier grafisch veranschaulicht (vgl. *Abb. 4*):

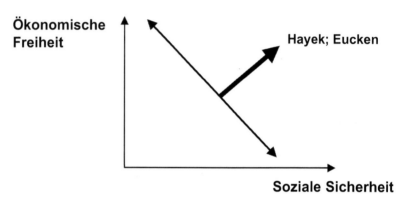

Abb. 4: Orthogonale Positionierung in der Sozialwissenschaft am Beispiel von Friedrich August von Hayek und Walter Eucken

2. Auch *ästhetische Wertkonflikte* lassen sich mit Hilfe des Modells der orthogonalen Positionierung analysieren. Ein Beispiel bildet der ästhetische Konflikt um den „Wagnerianismus" im 19. Jahrhundert.[71] Das Problem, das zwischen den Anhängern Richard Wagners auf der einen und von Johannes Brahms auf der anderen Seite diskutiert wurde, lautete: Soll die künftig zu komponierende Musik ausschließlich ihren Eigengesetzlichkeiten von Kontrapunktik, Harmonik und Melodielehre sowie der symphonischen Formtradition verpflichtet sein und nichts als „tönend bewegte Formen"[72]

---

70 Pies (2000a), S. 351f.; vgl. auch Pies (2000b), S. 34 und passim.
71 Zu dieser Auseinandersetzung zwischen „Konservativen" und „Neudeutschen" vgl. Kabisch (1988).
72 So lautete die berühmte Formel Eduard Hanslicks, eines Protagonisten in diesem Streit (1854/1976, S. 32). Hanslick begründete seine formalästhetische, an Brahms orientierte Position u. a. so: „In den äußerlichsten Claviersächelchen, worin nichts steckt, ... ist man alsbald geneigt, 'Sehnsucht nach dem Meere', 'Abend vor der Schlacht', 'Sommertag in Norwegen' und was des Unsinns mehr ist, zu erkennen, wenn nur das Titelblatt die Kühnheit besitzt, seinen In-

hervorbringen, oder sollte Musik der Darstellung außermusikalischer Inhalte dienen? Und wenn ja: Ist sie dafür überhaupt geeignet?

Johannes Brahms und Richard Wagner bilden in diesem Streit die beiden Extrempunkte. Brahms' Erste Symphonie, die er nach langer Auseinandersetzung mit der symphonischen Tradition im Alter von 40 Jahren abschloss, ist (wie auch seine späteren Symphonien) ein Stück Absolute Musik – frei von außermusikalischen Programmbezügen und aus sich selbst und der symphonischen Tradition heraus verständlich. Der Dirigent Hans von Bülow sprach sogar von „Beethovens Zehnter", um deutlich zu machen, wie sehr Brahms der symphonischen Tradition Absoluter (also nicht programmbezogener Musik) verpflichtet war. Richard Wagner dagegen hielt die Komposition von Symphonien für einen musikgeschichtlichen Anachronismus: Mit Beethovens Neunter Symphonie sei der Durchbruch zur Verbindung von Musik und Sprache gelungen, und die Musik im „Kunstwerk der Zukunft"[73] habe die Aufgabe, die semantischen und gefühlsmäßigen Bezüge der Sprache so genau wie möglich abzubilden.

Der Streit zwischen „Wagnerianern" und „Brahminen"[74] wurde nun nicht in dem Sinne entschieden, dass sich eine Partei in dieser Auseinandersetzung durchsetzte: Musikgeschichtlich haben sowohl Brahms als auch Wagner ihre Nachfolger gefunden. Aber gerade die bedeutendsten Komponisten haben sich nicht auf die Seite eines der Protagonisten in diesem Streit eingelassen, sondern einen Ausweg aus dem ästhetischen Dilemma gefunden. Auch diesen Weg können wir mit dem Modell der orthogonalen Positionierung beschreiben (vgl. *Abb. 5*):

---

halt dafür auszugeben. Die *Ueberschriften* geben unserem Vorstellen und Fühlen eine Richtung, welche wir nur zu oft dem Charakter der *Musik* zuschreiben, eine Leichtgläubigkeit, gegen welche der Scherz der Titelverwechslung nicht genug empfohlen werden kann." (Ebd., S. 9; Hervorhebung im Original)

73 So betitelte Richard Wagner (1849/1982) seinen vielleicht berühmtesten programmatischen Aufsatz.

74 Vgl. dazu den Titel von Dahlhaus (1988).

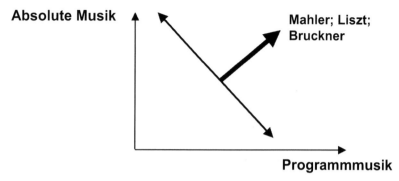

Abb. 5: Orthogonale Positionierung in der Musik am Beispiel Gustav Mahlers, Franz Liszts und Anton Bruckners

Gustav Mahler etwa schrieb neun Symphonien. Aber obwohl alle neun Werke in unterschiedlichem Maße auf die formale symphonische Tradition bezogen sind, weisen sie alle *auch* außermusikalische Bezüge auf.[75] Sie bilden demnach eine höchst originelle *Synthese* zwischen den beiden musikästhetischen Polen des späten 19. Jahrhunderts – „progressive Problemverschiebungen", um einen Ausdruck des Wissenschaftstheoretikers Imre Lakatos auf musikalische Zusammenhänge anzuwenden.[76]

Wir sehen: Gerade die bedeutendsten wissenschaftlichen und künstlerischen Leistungen bestehen *nicht* darin, die Anhänger des einen oder des anderen „Lagers" mit „Munition" zu versorgen. Relevanten intellektuellen Fortschritt erreichen wir (nur?), indem wir uns an produktiven Synthesen versuchen – und so, wie Hegel es ausdrückte, die zwischen den konträren Positionen bestehenden Gegensätze „aufheben". Das bedeutet Fortschritt. Und es wäre kein geringer Fortschritt, wenn sich humanistische Theoriebildung an diesen Zusammenhängen orientieren würde.

---

75 Das weist überzeugend Floros (1977/1987) und (1985) nach.
76 Vgl. dazu Lakatos (1974), S. 302.

Schlussbemerkung

> Nur richtiges *Fragen* erschließt die Wirklichkeit in
> ihren Zusammenhängen. Bloße Beschreibung von
> Tatsachen führt nicht weit. Auf das Fragen kommt
> es an.
>
> Walter Eucken

Dürfen wir Fortschrittsoptimisten sein? Oder sollten wir doch lieber in das Lager der Fortschrittspessimisten wechseln, schon weil es nach verbreiteter Meinung leichter zu verteidigen ist?

Doch wer so fragt, übersieht, dass die Frage nach der Berechtigung des Fortschrittsoptimismus oder des Fortschrittspessimismus selbst als Beispiel für einen tiefgreifenden Wertekonflikt gelten kann, den wir im geschilderten Sinne produktiv überwinden können. Gewiss: Ob das gelingt, steht nicht fest. Hier wurde schließlich keine Unterweisung in Prophetie geboten, sondern *methodologisch argumentiert* – nämlich wie wir Fortschritt definieren, diagnostizieren und begünstigen können. Ich kann nur hoffen (aber nicht wissen), dass man künftig derartige Probleme für ausreichend interessant ansehen wird, um sich weiter mit ihnen zu beschäftigen.

Aber es gibt auch ein *moralisches* Argument dafür, das Fortschrittsproblem ernst zu nehmen. Es ist nämlich durchaus nicht belanglos, wie wir über Existenz und Natur des Fortschritts denken. Wer am Fortschritt zweifelt, wird an ihm nicht arbeiten; wer an ihm nicht arbeitet, will (und wird) keinen Fortschritt erzielen; wer jedoch keinen Fortschritt erzielen will, hält die existierende Welt offensichtlich nicht für verbesserungsbedürftig – also offenbar für die beste aller Welten. Und daran zweifle *ich*. Evolutionäres Denken bedeutet nämlich, das Existierende immer als Vorstufe der „Entstehung des Neuen"[77] aufzufassen – und der Entstehung des Besseren. Dem Menschen (und nur ihm) ist es vorbehalten, seine Geisteskräfte dafür zu nutzen, in diesem Sinne einen Fortschritt zu erzielen – also im Interesse aller Menschen an schöpferischen Synthesen und an schöpferischen Konflikttransformationen zu arbeiten. Eines der Ziele des Evolutionären Humanismus[78] ist es, das Bewusstsein für den Wert einer solchen Heuristik auszubilden – und dadurch den Menschen zu bilden.

---

77 Vgl. dazu den Titel von Kuhn (1977).
78 Meine eigene Konzeption des Evolutionären Humanismus (Engel 1999 und 2010) unterscheidet sich vom „evolutionären Humanismus" Schmidt-Salomons

Literatur

Albert, Hans: Wertfreiheit als methodisches Prinzip. Zur Frage der Notwendigkeit einer normativen Sozialwissenschaft, in: Topitsch, Ernst (Hrsg.): *Logik der Sozialwissenschaften*, Köln: Kiepenheuer & Witsch 1965, 9. Aufl. 1976, S. 181-210.

Albert, Hans: *Traktat über kritische Vernunft*, Tübingen: Mohr (Siebeck) 1968, 4. Aufl. 1980.

Albert, Hans / Topitsch, Ernst (Hrsg.): *Werturteilsstreit*, Darmstadt: Wissenschaftliche Buchgesellschaft 1979.

Ayala, Francisco José: The Concept of Biological Progress, in: Ayala, Francisco José / Dobzhansky, Theodosius (Hrsg.): *Studies in the Philosophy of Biology. Reduction and Related Problems*, London: Macmillan 1974, S. 339-355.

Boden, Margaret A.: Wunder und wissenschaftliche Erklärung, in: *Ratio* 11, Nr. 2, 1969, S. 118-124.

Brennan, Geoffrey / Buchanan, James M.: *Die Begründung von Regeln. Mit einer Einleitung von Christian Watrin*, Tübingen: Mohr (Siebeck) [1985] 1993.

Burck, Erich (Hrsg.): *Die Idee des Fortschritts. Neun Vorträge über Wege und Grenzen des Fortschrittsglaubens*, München: Beck 1963.

Dahlhaus, Carl: *Analyse und Werturteil*, Mainz: Schott 1970.

Dahlhaus, Carl: „Wagnerianer" und „Brahminen", in: Deutsches Institut für Fernstudien (Hrsg.): *Funkkolleg „Musikgeschichte". Studienbegleitbrief 8*, Tübingen: Deutsches Institut für Fernstudien 1980, S. 110-141.

Diamond, Jared: *Kollaps. Warum Gesellschaften überleben oder untergehen*, Frankfurt am Main: S. Fischer, 2. Aufl. 2005.

Donner, Franziska: Was ist „Fortschritt"? Ein interkultureller Näherungsversuch, in: *Internationale Politik* 59, Heft 11-12, 2004, S. 40-46.

Ederer, Günter / Ederer, Peer: *Das Erbe der Egoisten. Wie unsere Generation die Zukunft Deutschlands verspielt*, München: Goldmann 1997.

Engel, Gerhard: Philosophische Ökologiekritik, in: *Aufklärung und Kritik* 1, Heft 2, 1994, S. 78-95.

Engel, Gerhard: Zukunftsfähig? Kritische Anmerkungen zur politischen Ökologie, in: Renner, Andreas / Hinterberger, Friedrich (Hrsg.): *Zukunftsfähigkeit und Neoliberalismus. Zur Vereinbarkeit von Umweltschutz und Wettbewerbswirtschaft*, Baden-Baden: Nomos 1998, S. 131-155.

(2005 und 2010) in zahlreichen Punkten. Um diese Unterschiede (etwa die besondere Betonung der integrativen Dimension des evolutionären Denkens und die Ablehnung eines halbierten Naturalismus) auch terminologisch sinnfällig werden zu lassen, schreibe ich „Evolutionär" groß – und das auch in übertragenem Sinne. Vgl. dazu meine Rezension von Schmidt-Salomons „Manifest" (Engel 2006c) sowie meine Erläuterung verschiedener Versionen des evolutionären Humanismus in Engel (2012).

Engel, Gerhard: Evolutionärer Humanismus. Skizzen zu einem integrativen Forschungsprogramm, in: Mittelstraß, Jürgen (Hrsg.): *Die Zukunft des Wissens. Workshop-Beiträge zum XVIII. Deutschen Kongreß für Philosophie in Konstanz 1999,* Konstanz: Universitätsverlag 1999, S. 231-238.

Engel, Gerhard: Die Überwindung von Normativität durch Theoriebildung, in: Leipold, Helmut / Pies, Ingo (Hrsg.): *Ordnungstheorie und Ordnungspolitik – Konzeptionen und Entwicklungsperspektiven,* Stuttgart: Lucius & Lucius 2000, S. 277-302.

Engel, Gerhard: Die Anmaßung von Wissen. Hayek und der Kritische Rationalismus Karl Poppers, in: Papcke, Gerhard (Hrsg.): *Wissen, Freiheit und Ordnung. Beiträge zu Werk und Wirkung Friedrich August von Hayeks,* Peking: Verlag der Akademie für Sozialwissenschaften 2001, S. 75-108 [in chinesischer Sprache].

Engel, Gerhard: Grüner Antikapitalismus. Zur Ideologiekritik der Umweltbewegung, in: *Aufklärung und Kritik,* Sonderheft Nr. 8, Schwerpunkt „Ernst Topitsch", 2004, S. 136-158.

Engel, Gerhard: Gibt es eine „humanistische Wissenschaft"? Teil 1: Integration und Vermittlung, in: *Aufklärung und Kritik* 13, Heft 1, 2006a, S. 94-117.

Engel, Gerhard: Gibt es eine „humanistische Wissenschaft"? Teil 2: Praxis und Zukunft, in: *Aufklärung und Kritik* 13, Heft 2, 2006b, S. 26-50.

Engel, Gerhard: Michael Schmidt-Salomon: Manifest des evolutionären Humanismus, in: *Aufklärung und Kritik* 13, Heft 1, 2006c, S. 278-283.

Engel, Gerhard: Evolutionärer Humanismus als Integrationswissenschaft, in: Groschopp, Horst (Hrsg.): *Humanismusperspektiven,* Aschaffenburg: Alibri 2010, S. 112-131.

Engel, Gerhard: Das Stichwort „Evolutionärer Humanismus", in: *Information Philosophie* 40 (2012), Heft 3/4, S. 116-121.

Floros, Constantin: *Gustav Mahler. Band II: Mahler und die Symphonik des 19. Jahrhunderts in neuer Deutung. Zur Grundlegung einer zeitgemäßen musikalischen Exegetik,* Wiesbaden: Breitkopf & Härtel 1977.

Floros, Constantin: *Gustav Mahler. Band I: Die geistige Welt Gustav Mahlers in systematischer Darstellung,* Wiesbaden: Breitkopf & Härtel 1977, 2. Aufl. 1987.

Floros, Constantin: *Gustav Mahler. Band III: Die Symphonien,* Wiesbaden: Breitkopf & Härtel 1985.

Friedman, Thomas L.: *Die Welt ist flach. Eine kurze Geschichte des 21. Jahrhunderts,* Frankfurt am Main: Suhrkamp 2006.

Fukuyama, Francis: *Staaten bauen. Die neue Herausforderung internationaler Politik,* Berlin: Propyläen 2004.

Gabriel, Markus: *Antike und moderne Skepsis zur Einführung,* Hamburg: Junius 2008.

Goff, Jacques le: *Die Geschichte Europas,* Weinheim / Basel: Beltz [1996] 2000.

Goffman, Erving: *Frame Analysis: An Essay on the Organization of Experience*, London: Harper and Row 1974.

Hanslick, Eduard: *Vom Musikalisch-Schönen. Ein Beitrag zur Revision der Ästhetik der Tonkunst* [1854], Darmstadt: Wissenschaftliche Buchgesellschaft 1976.

Hicks, John R.: *Einführung in die Volkswirtschaftslehre*, Reinbek bei Hamburg: Rowohlt [1942] 1962.

Hobbes, Thomas: *Leviathan. Oder Stoff, Form und Gewalt eines kirchlichen und bürgerlichen Staates* [1651], hrsg. von Iring Fetscher, Frankfurt am Main: Suhrkamp 1984, 5. Aufl. 1992.

Homann, Karl / Suchanek, Andreas: *Ökonomik: Eine Einführung*, Tübingen: Mohr Siebeck 2000.

Horstmann, Ulrich: *Das Untier. Konturen einer Philosophie der Menschenflucht*, Warendorf: Verlag Johannes G. Hoof 2004.

Humboldt, Wilhelm von: *Ideen zu einem Versuch, die Grenzen der Wirksamkeit des Staats zu bestimmen* [1792], Stuttgart: Reclam 1967.

Ignatieff, Michael: State Failure and Nation-building, in: Holzgrefe, Jeff L. / Keohane, Robert O. (Hrsg.): *Humanitarian Intervention. Ethical, Legal and Political Dilemmas*, Cambridge: Cambridge University Press 2003, S. 299-321.

Jänicke, Martin: *Staatsversagen. Die Ohnmacht der Politik in der Industriegesellschaft*, München: Piper 1986.

Jones, Eric Lionel: *Das Wunder Europa. Umwelt, Wirtschaft und Geopolitik in der Geschichte Europas und Asiens* [1981], Tübingen: Mohr (Siebeck) 1991.

Kabisch, Thomas: Konservativ gegen Neudeutsch, oder: Was heißt „außermusikalisch"? In: Deutsches Institut für Fernstudien (Hrsg.): *Funkkolleg „Musikgeschichte". Studienbegleitbrief 8*, Tübingen: Deutsches Institut für Fernstudien 1988, S. 55-109.

Kabou, Axelle: *Weder arm noch ohnmächtig. Eine Streitschrift gegen schwarze Eliten und weiße Helfer*, Basel: Lenos 1995.

Kant, Immanuel: *Werke in sechs Bänden. Hrsg. von Wilhelm Weischedel*, Darmstadt: Wissenschaftliche Buchgesellschaft 1975-1983.

Kant, Immanuel: Prolegomena zu einer jeden künftigen Metaphysik, die als Wissenschaft wird auftreten können [1783], in: *Werke in sechs Bänden. Hg. von W. Weischedel. Band III: Schriften zur Metaphysik und Logik*, Darmstadt: Wissenschaftliche Buchgesellschaft 1975, S. 109-264.

Kanterian, Edward: *Analytische Philosophie*, Frankfurt am Main: Campus 2004.

Kersting, Wolfgang: *Thomas Hobbes zur Einführung*, Hamburg: Junius 1992.

Kreft, Dieter / Mielenz, Ingrid / Trauernicht, Gitta / Jordan, Erwin (Hrsg.): *Fortschritt durch Recht. Festschrift für Johannes Münder*, München: Sozialpädagogisches Institut im SOS-Kinderdorf 2004.

Kuhn, Thomas S.: *Die Entstehung des Neuen. Studien zur Struktur der Wissenschaftsgeschichte*, Frankfurt am Main: Suhrkamp 1977.

Lakatos, Imre: Die Geschichte der Wissenschaft und ihre rationalen Rekonstruktionen, in: Lakatos, Imre / Musgrave, Alan (Hrsg.): *Kritik und Erkenntnisfort-*
schritt, Braunschweig: Vieweg 1974, S. 271-311.

Lakatos, Imre / Musgrave, Alan (Hrsg.): *Kritik und Erkenntnisfortschritt,* Braunschweig: Vieweg 1974.

Leschke, Martin: Friedrich August von Hayek: Der aufgeklärte Konstruktivist, in:
Leipold, Helmut / Pies, Ingo (Hrsg.): *Ordnungstheorie und Ordnungspolitik.*
Konzeptionen und Entwicklungsperspektiven, Stuttgart: Lucius & Lucius 2000,
S. 25-50.

Lewin, Roger: *Die Komplexitätstheorie. Wissenschaft nach der Chaosforschung*,
Hamburg: Hoffmann und Campe 1993.

Lewis, Bernard: Eurocentrism Revisited, in: *Commentary* 98, No. 6, 1994, S. 47-
51.

Löbsack, Theo: *Versuch und Irrtum. Der Mensch: Fehlschlag der Natur,* München:
Bertelsmann 1974.

Lorenz, Konrad: Die angeborenen Formen möglicher Erfahrung, in: *Zeitschrift für*
Tierpsychologie 5, Heft 2, 1943, S. 235-409.

Lorenz, Konrad: *Die Rückseite des Spiegels. Versuch einer Naturgeschichte*
menschlichen Erkennens, München: Deutscher Taschenbuch-Verlag 1977.

Mankiw, N. Gregory: *Grundzüge der Volkswirtschaftslehre*, 2. Auflage, Stuttgart:
Schaeffer Poeschel 2001.

Markl, Hubert: *Evolution, Genetik und menschliches Verhalten. Zur Frage wissen-*
schaftlicher Verantwortung, München: Piper 1986.

Maxeiner, Dirk / Miersch, Michael: *Lexikon der Öko-Irrtümer. Überraschende*
Fakten zu Energie, Gentechnik, Gesundheit, Klima, Ozon, Wald und vielen an-
deren Umweltthemen, Frankfurt am Main: Eichborn 1998.

Mérö, László: *Die Logik der Unvernunft. Spieltheorie und die Psychologie des*
Handelns, Reinbek bei Hamburg: Rowohlt 2000.

Merton, Robert K.: *Auf den Schultern von Riesen. Ein Leitfaden durch das Laby-*
rinth der Gelehrsamkeit [1965], Frankfurt am Main: Suhrkamp 1983.

Mittelstraß, Jürgen: Art. „Fortschritt", in: Mittelstraß, Jürgen (Hrsg.): *Enzyklopädie*
Philosophie und Wissenschaftstheorie, Band 1, Stuttgart und Weimar: Metzler
1995, S. 664-666.

Molitor, Bruno: Die „Moderne" und der Staat, in: Bossle, Lothar / Radnitzky,
Gerard (Hrsg.): *Selbstgefährdung der offenen Gesellschaft*, Würzburg: Nau-
mann 1982, S. 211-252.

Morris, Desmond: *Der nackte Affe*, München: Droemer Knaur 1968.

Morris, Desmond: *The Human Animal*, London: BBC Books 1994.

Nawroth, Egon Edgar: *Die Sozial- und Wirtschaftsphilosophie des Neoliberalis-*
mus, Heidelberg: Kerle 1961, 2. Aufl. 1962.

Neuweiler, Gerhard: *Und wir sind es doch – die Krone der Evolution,* Berlin: Wa-
genbach 2008.

Nordenbo, Sven Erik: Rationalität – eurozentristisch oder universell? In: *Zeitschrift für Didaktik der Philosophie und Ethik* 14, Heft 1, 1992, S. 3-7.

Pies, Ingo: Theoretische Grundlagen demokratischer Wirtschafts- und Gesellschaftspolitik – Der Beitrag der Gerechtigkeitstheorie, in: Pies, Ingo / Leschke, Martin (Hrsg.): *John Rawls' politischer Liberalismus*, Tübingen: Mohr (Siebeck) 1995, S. 1-19.

Pies, Ingo: Theoretische Grundlagen demokratischer Wirtschafts- und Gesellschaftspolitik – Der Beitrag Karl Poppers, in: Pies, Ingo / Leschke, Martin (Hrsg.): *Karl Poppers Kritischer Rationalismus,* Tübingen: Mohr (Siebeck) 1999, S. 1-38.

Pies, Ingo: Institutionenökonomik als Ordnungstheorie: Ein Ansatz wissenschaftlicher Politikberatung in der Demokratie, in: Leipold, Helmut / Pies, Ingo (Hrsg.): *Ordnungstheorie und Ordnungspolitik*, Stuttgart: Lucius & Lucius 2000a, S. 347-370.

Pies, Ingo: *Ordnungspolitik in der Demokratie. Ein ökonomischer Ansatz diskursiver Politikberatung,* Tübingen: Mohr Siebeck 2000b.

Pies, Ingo / Leschke, Martin (Hrsg.): *F. A. von Hayeks konstitutioneller Liberalismus,* Tübingen: Mohr Siebeck 2003.

Pinker, Steven: *Gewalt. Eine neue Geschichte der Menschheit*, Frankfurt a.M.: S. Fischer 2011.

Popper, Karl: Die Logik der Sozialwissenschaften, in: Adorno, Th.W. et al.: *Der Positivismusstreit in der deutschen Soziologie,* Darmstadt und Neuwied: Luchterhand 1969, 12. Aufl. 1987, S. 103-123.

Popper, Karl: Autobiography, in: Schilpp, Paul Arthur (Hrsg.): *The Philosophy of Karl Popper, Band 1*, LaSalle, Illinois: Open Court 1974, S. 1-181.

Popper, Karl: *Ausgangspunkte. Meine intellektuelle Entwicklung*, Hamburg: Hoffmann und Campe 1979, 4. Aufl. 1992.

Popper, Karl / Lorenz, Konrad: *Die Zukunft ist offen. Das Altenberger Gespräch,* München: Piper 1985, 6. Aufl. 1994.

Prigogine, Ilya: Die physikalisch-chemischen Wurzeln des Lebens, in: Meier, Heinrich (Hrsg.): *Die Herausforderung der Evolutionsbiologie,* München: Piper 1988, S. 19-52.

Rapp, Friedrich: Fortschritt wohin? Fortschritt als Leitbegriff der Zukunftserwartung seit der Aufklärung, in: Becker, Uwe et al. (Hrsg.): *Zukunft. Über Konzepte und Methoden zeitlicher Fernorientierung*, Bochum: SWI-Verlag 1997, S. 69-88.

Reichholf, Josef H.: *Comeback der Biber. Ökologische Überraschungen*, München: Deutscher Taschenbuch-Verlag 1996.

Rensch, Bernhard: *Das universale Weltbild. Evolution und Naturphilosophie* [1977], 2., durchgesehene Aufl., Darmstadt: Wissenschaftliche Buchgesellschaft 1991.

Ridley, Matt: *Wenn Ideen Sex haben. Wie Fortschritt entsteht und Wohlstand vermehrt wird*, München: DVA 2011.

Rieck, Christian: *Spieltheorie. Eine Einführung,* 7., erw. und überarb. Aufl., Eschborn: Rieck 2007.

Roberts, J. M.: *Der Triumph des Abendlandes. Eine neue Deutung der Weltgeschichte,* Düsseldorf / Wien: Econ 1986.

Savigny, Eike von: *Die Philosophie der normalen Sprache. Eine kritische Einführung in die »ordinary language philosophy«,* Frankfurt am Main: Suhrkamp 1974.

Schmidt-Salomon, Michael: *Manifest des evolutionären Humanismus. Plädoyer für eine zeitgemäße Leitkultur,* Aschaffenburg: Alibri 2005, 2. Aufl. 2006.

Schmidt-Salomon, Michael: Evolutionärer Humanismus, in: Groschopp, Horst (Hrsg.): *Humanismusperspektiven,* Aschaffenburg: Alibri 2010, S. 132-135.

Seibt, Ferdinand: *Die Begründung Europas. Ein Zwischenbericht über die letzten tausend Jahre,* Frankfurt am Main: S. Fischer 2002.

Simpson, George G.: *The Meaning of Evolution,* New Haven, Conn.: Yale University Press 1949.

Smolin, Lee: *Warum gibt es die Welt? Die Evolution des Kosmos,* München: Deutscher Taschenbuch-Verlag 1999.

Streminger, Gerhard: David Humes Wunderanalyse, in: *Aufklärung und Kritik* 10, Heft 2, 2003, S. 205-224.

Teilhard de Chardin, Pierre: *Der Mensch im Kosmos,* München: Beck 1959.

Wagner, Richard: Das Kunstwerk der Zukunft [1849], in: Gregor-Dellin, Martin (Hrsg.): *Richard Wagner. Mein Denken. Eine Auswahl der Schriften,* München: Piper 1982, S. 124-162.

Walter, Norbert: Ökonomische Globalisierung und gesellschaftlicher Fortschritt, in: Fikentscher, Wolfgang et al.: *Globale Gerechtigkeit,* Bamberg: Universitätsverlag Bamberg 2001, S. 93-100.

Ward-Perkins, Bryan: *Der Untergang des Römischen Reiches und das Ende der Zivilisation,* Darmstadt: Wissenschaftliche Buchgesellschaft 2007.

Weber, Max: Der Sinn der »Wertfreiheit« der soziologischen und ökonomischen Wissenschaften [1918], in: *Gesammelte Aufsätze zur Wissenschaftslehre, hrsg. von Johannes Winckelmann* [1922], Tübingen: Mohr (Siebeck), 7. Aufl. 1988, S. 489-540.

Weizsäcker, Carl Friedrich von: *Die Geschichte der Natur. Zwölf Vorlesungen,* Göttingen: Vandenhoeck & Ruprecht 1948, 8. Aufl. 1979.

Weizsäcker, Carl Friedrich von: Evolution und Entropiewachstum, in: Weizsäcker, Ernst von (Hrsg.): *Offene Systeme 1. Beiträge zur Zeitstruktur von Information, Entropie und Evolution,* Stuttgart: Klett 1974, S. 200-221.

Weizsäcker, Carl Friedrich von: *Der Garten des Menschlichen. Beiträge zur geschichtlichen Anthropologie,* München: Hanser 1977.

Wentzel, Dirk: Der Ordnungsbezug der Spieltheorie, in: Leipold, Helmut / Pies, Ingo (Hrsg.): *Ordnungstheorie und Ordnungspolitik. Konzeptionen und Entwicklungsperspektiven,* Stuttgart: Lucius & Lucius 2000, S. 197-223.

Wuketits, Franz M.: *Naturkatastrophe Mensch. Evolution ohne Fortschritt,* Düssel-
    dorf: Patmos, 2. Aufl. 1998.

Zakaria, Fareed: *Das Ende der Freiheit. Wieviel Demokratie verträgt der Mensch?*
    [2003], München: Deutscher Taschenbuch-Verlag 2007.

Autoren

Dr. Gerhard Engel war bis 2011 Lehrkraft für besondere Aufgaben am Seminar für Philosophie der Technischen Universität Braunschweig. Seit 2007 ist er Mitherausgeber der Zeitschrift *Aufklärung und Kritik* und seit 2009 Präsident der *Humanistischen Akademie Bayern* sowie Lehrbeauftragter für Wirtschaftsethik an der Fachhochschule Nordhausen. Seine Forschungsschwerpunkte sind Humanismus, Kulturphilosophie, Politische Philosophie, Wirtschaftsethik und Metaphilosophie. Gegenwärtiges Projekt: Evolutionärer Humanismus als einheitswissenschaftlicher Entwurf.

Helmut Fink ist Dipl.-Physiker. Er ist seit 1999 Vorsitzender des HVD-Nürnberg (jetzt: HVD Bayern), seit 2006 Mitglied im Präsidium des HVD-Bundesverbandes sowie seit 2009 Vizepräsident der *Humanistischen Akademie Bayern*. Ferner ist er Mitbegründer des Erlebnismuseums *turmdersinne* in Nürnberg und dort Referent für Wissenschaft und Philosophie. Buchpublikationen (jeweils Hrsg., mit R. Rosenzweig, mentis Verlag): *Freier Wille – frommer Wunsch?* (2006), *Neuronen im Gespräch* (2008), *Künstliche Sinne, gedoptes Gehirn* (2010), *Mann, Frau, Gehirn* (2011), *Verantwortung als Illusion?* (2012).

Prof. Dr. Ernst Peter Fischer ist apl. Professor für Wissenschaftsgeschichte an der Universität Konstanz. Als diplomierter Physiker, promovierter Biologe und habilitierter Wissenschaftshistoriker übt er derzeit freie Tätigkeiten als Wissenschaftsvermittler und Berater aus. Er erhielt zahlreiche Auszeichnungen, darunter den *Kulturpreis der Eduard-Rhein-Stiftung* (2003), die *Treviranus-Medaille des Verbandes Deutscher Biologen* (2003) und die *Medaille der Deutschen Physikalischen Gesellschaft für Na-*

turwissenschaftliche Publizistik (2004). Er ist Autor und Herausgeber zahl-
reicher Bücher, CDs und DVDs. Aktuelle Buchpublikationen: *Das große
Buch der Evolution* (Fackelträger-Verlag, 2008); *Der kleine Darwin* (Pan-
theon, 2009); *Laser* (Siedler, 2010); *Die Hintertreppe zum Quantensprung*
(Herbig, 2010); *Information* (Jacoby & Stuart, 2010); *Warum Spinat nur
Popeye stark macht* (Pantheon, 2011).

Prof. Dr. Dittmar Graf ist seit 2012 Leiter des
Instituts für Biologiedidaktik an der Universität Gießen, Fachschriftleiter für Biologie und
Mitherausgeber der Zeitschrift *Der Mathematische und Naturwissenschaftliche Unterricht*
(MNU). Bis 2012 war er Lehrstuhlinhaber an
der Technischen Universität Dortmund. Seine
Forschungsschwerpunkte sind Diagnose von
Lernprozessen und Evolutionsdidaktik. Aktuelle Buchpublikationen: *Biologiedidaktik: Grundlagen und Methoden* (mit K.-H. Berck, Verlag
Quelle & Meyer, 2010); *Evolutionstheorie – Akzeptanz und Vermittlung
im europäischen Vergleich* (Hrsg., Springer Verlag, 2011); *Evolutionsbiologie: Moderne Themen für den Unterricht* (Hrsg., mit D. Dreesmann und
K. Witte, Spektrum, 2011).

Prof. Dr. Dr. h.c. Winfried Henke, Akademischer Direktor i.R., ist apl. Professor am Institut
für Anthropologie der Johannes Gutenberg Universität Mainz. Seine Forschungsschwerpunkte
sind Paläoanthropologie, Primatologie, Morphologie, Systematik, Prähistorische Anthropologie, Demographie und Soziobiologie. 2006
wurde ihm die Ehrendoktorwürde der *National
and Kapodistrian University* Athen verliehen.
Seit 2007 ist er Mitglied der *Leopoldina* (Nationale Akademie der Wissenschaften). Buch-
publikationen: *Handbook of Paleoanthropology* (3 Bände, Hrsg., mit Ian
Tattersall, Springer, 2007).

Prof. Dr. Thomas Junker ist seit 2006 apl. Professor an der Universität Tübingen. 1992-1995 war er als wissenschaftlicher Mitarbeiter im *Darwin Correspondence Project* und als Post-Doc an der *Harvard University* tätig. 2001 habilitierte er sich in der Geschichte der Naturwissenschaften. Seine Forschungsschwerpunkte sind die Geschichte der Biologie, der Evolutionstheorie und der Anthropologie. Aktuelle Buchpublikationen: *Die Evolution des Menschen* (C.H. Beck, 2. Aufl. 2008); *Die Entdeckung der Evolution* (mit U. Hoßfeld, Wiss. Buchges., 2. Aufl. 2009); *Der Darwin-Code: Die Evolution erklärt unser Leben* (mit Sabine Paul, C.H. Beck, 2009, 3. Auflage 2010 als Taschenbuch); *Die 101 wichtigsten Fragen: Evolution* (C.H. Beck, 2011).

Dr. Rudolf Kötter ist Leitender akademischer Direktor und Geschäftsführer des Zentralinstituts für Angewandte Ethik und Wissenschaftskommunikation der Universität Erlangen-Nürnberg. Seine Forschungsschwerpunkte sind Erkenntnis- und Wissenschaftstheorie, insbesondere Wissenschaftstheorie der Naturwissenschaften, sowie angewandte Ethik, insbesondere Wirtschaftsethik, Bio- und Medizinethik. Ausgewählte Veröffentlichungen: „Kreationisten versus Evolutionstheoretiker. Zu wissenschaftstheoretischen Aspekten der Auseinandersetzung" (in: *Praxis der Naturwissenschaften Biologie* 49, 2000), „Abbildung, Verbildlichung und Veranschaulichung: Zu Grundfunktionen des Bildes in den Wissenschaften" (in: *Bild und Gestalt*, hrsg. von F. Stahnisch und H. Bauer, LIT-Verlag, 2007).

Dr. Sabine Paul ist Molekular- und Evoluti-
onsbiologin mit interdisziplinärer Promotion
zur Technikfolgenabschätzung. Seit 2005 ist sie
Leiterin für Wissenschaftliches Marketing bei
der *Evomed Diagnostics AG*, Darmstadt. 2002-
2005 war sie Leiterin für Kommunikation und
Marketing am Forschungsinstitut und Naturmu-
seum Senckenberg in Frankfurt am Main. Sie
arbeitet als Wissenschaftsautorin, Trainerin und
Referentin zur Evolutionären Medizin, Evolutionären Ernährung und Evolutionären Psychologie (mit Schwerpunkt Kunst und Religion).
Aktuelle Buchpublikationen: *Der Darwin-Code: Die Evolution erklärt
unser Leben* (mit Thomas Junker, C.H. Beck, 2009, 3. Auflage 2010 als
Taschenbuch); *PaläoPower* (C.H. Beck, 2012).

Prof. Dr. Rainer Prätorius lehrt Verwaltungs-
wissenschaft an der Helmut Schmidt Universität
/ Universität der Bundeswehr in Hamburg. Er
war mehrfach Gastprofessor für Politikwissen-
schaft an der *University of Minnesota* (USA).
Ein Forschungsschwerpunkt (neben Polizei
und innerer Sicherheit) ist die amerikanische
Politik, insbesondere im Verhältnis zur Religion. Einschlägige Buchpublikation: *In God We
Trust. Politik und Religion in den USA* (C.H.
Beck, 2003).

Dr. Michael Schmidt-Salomon ist freischaf- fender Schriftsteller und Philosoph sowie Vor- standssprecher der *Giordano-Bruno-Stiftung*. Aktuelle Buchveröffentlichungen: *Jenseits von Gut und Böse – Warum wir ohne Moral die besseren Menschen sind* (2009/2012), *Leibniz war kein Butterkeks – Den großen und kleinen Fragen der Philosophie auf der Spur* (gemein- sam mit Lea Salomon, 2011/2012) und *Keine Macht den Doofen!* (2012, allesamt bei Piper). Im Alibri Verlag liegen u. a. vor: *Manifest des evolutionären Humanismus. Plädoyer für eine zeitgemäße Leitkultur* (2005/2006), *Auf dem Weg zur Einheit des Wissens* (2007) und *Anleitung zum Seligsein* (2011). Weitere Informationen im In- ternet unter www.schmidt-salomon.de.

Rüdiger Vaas ist Philosoph, Publizist, Dozent, Wissenschaftsjournalist und Redakteur beim Monatsmagazin *bild der wissenschaft* in Stutt- gart. Er hat Philosophie, Biologie und Germa- nistik in Tübingen, Hohenheim und Stuttgart studiert. Neben zahlreichen Texten in vielen Zeitungen und Zeitschriften sowie im *Lexikon der Neurowissenschaft* hat er folgende Bücher veröffentlicht: *Der genetische Code* (Wiss. Verlagsges., 1994); *Der Tod kam aus dem All* (Franckh-Kosmos, 1995); *Spurensuche im In- dianerland* (Hirzel, 2001); *Tunnel durch Raum und Zeit* (Franckh-Kosmos, 2005, 5. Auflage 2012); *Schöne neue Neuro-Welt* (Hirzel, 2008); *Hawkings neues Univer- sum* (Franckh-Kosmos, 2008, 9. Auflage 2012); *Gott, Gene und Gehirn* (Hirzel, 2009, 3. Auflage 2012) sowie *Hawkings Kosmos einfach erklärt* (Franckh-Kosmos, 2011).

Prof. Dr. Dr. Gerhard Vollmer ist Physiker und Philosoph. Nach Lehrtätigkeiten in Freiburg, Hannover und Gießen leitete er bis 2008 das Seminar für Philosophie an der TU Braunschweig. Er ist Mitglied der Akademie der Naturforscher *Leopoldina*. 2002 war er Gastprofessor an der Universität in Changsha in Südchina. 2004 erhielt er für die Grundlegung einer Evolutionären Erkenntnistheorie und für seine herausragende Mittlerfunktion zwischen Natur- und Geisteswissenschaften den *Kulturpreis der Eduard-Rhein-Stiftung*. Er vertritt einen evolutionären Naturalismus. Seine Forschungsschwerpunkte sind Erkenntnis- und Wissenschaftstheorie, Naturphilosophie, Künstliche Intelligenz und Evolutionäre Ethik. Buchauswahl: *Evolutionäre Erkenntnistheorie* (Hirzel, 1975, 8. Aufl. 2002); *Was können wir wissen?* (2 Bände, Hirzel, 1985, 4. Aufl. 2008); *Wieso können wir die Welt erkennen?* (Hirzel, 2003).

Prof. Dr. Franz M. Wuketits ist Professor für Philosophie und Wissenschaftstheorie und seit 2002 Vorstandsmitglied des Konrad-Lorenz-Instituts für Evolutions- und Kognitionsforschung in Altenberg (Niederösterreich). Seine Forschungsschwerpunkte sind Geschichte und Theorie der Biowissenschaften, Evolutionstheorie, Evolutionäre Erkenntnistheorie und Evolutionäre Ethik. Er ist Autor von über 400 wissenschaftlichen Veröffentlichungen, darunter 40 Bücher. Aktuelle Buchpublikationen: *Der freie Wille – die Evolution einer Illusion* (Hirzel, 2. Aufl. 2008); *Evolution ohne Fortschritt* (Alibri, 2009); *Wie der Mensch wurde, was er isst* (Hirzel, 2010); *Wie viel Moral verträgt der Mensch?* (Gütersloher Verlagshaus, 2010); *Schwein und Mensch* (Westarp, 2011); *Die Boten der Nemesis* (Gütersloher Verlagshaus, 2012).

Die Humanistische Akademie Bayern ist ein gemeinnütziger Verein, der sich die wissenschaftliche Auseinandersetzung mit grundlegenden Fragen von Natur, Mensch und Gesellschaft unter weltlich-humanistischer Perspektive zum Ziel gesetzt hat. Die Akademie wendet sich an Menschen, die sich für einen kritischen und toleranten Diskurs engagieren. Sie betrachtet es als ihre Aufgabe, Orientierungshilfen zu geben und zur Verbreitung von Aufklärung und Humanismus beizutragen.

Die Humanistische Akademie Bayern richtet wissenschaftliche und bildende Veranstaltungen aus (Vorträge, Podiumsdiskussionen, Kurse, Arbeitskreise, Tagungen) und organisiert Angebote zur weltanschaulichen, politischen sowie sozialen Aus-, Fort- und Weiterbildung im Sinne des weltlichen Humanismus. Sie ist parteipolitisch neutral.

Präsident ist Dr. Gerhard Engel (Hildesheim).

Vizepräsidenten sind Michael Bauer und Helmut Fink (beide Nürnberg).

Dem wissenschaftlichen Beirat gehören an:
Prof. Dr. Hans Albert (Heidelberg),
Dr. Wolfgang Buschlinger (Wiesbaden),
Prof. Dr. Dr. Eric Hilgendorf (Würzburg),
Prof. Dr. Dr. Norbert Hoerster (Reichenberg),
Prof. Dr. Thomas Mohrs (Passau),
Prof. Dr. Armin Pfahl-Traughber (Brühl),
Prof. Dr. Dr. Gerhard Vollmer (Neuburg),
Prof. Dr. Franz Josef Wetz (Schwäb. Gmünd).

Humanistische Akademie Bayern e.V.
Äußere Cramer-Klett-Str. 11–13
90489 Nürnberg
Tel.: 0911 43104-0 · Fax: -15
kontakt@humanistische-akademie-bayern.de
www.humanistische-akademie-bayern.de

Humanistische Akademie
Bayern

Franz M. Wuketits
Evolution ohne Fortschritt
Aufstieg oder Niedergang in Natur und Gesellschaft
ISBN 3-86569-040-8, Erweiterte Neuauflage, 269 Seiten, kartoniert, Euro 18,50

Evolution, gleich ob die biologische oder die soziokulturelle gemeint ist, wird oft mit "Fortschritt" ineinsgesetzt. Franz Wuketits widerspricht diesen Vorstellungen vehement. Evolution ist kein geradliniger Prozess, kein gerichteter Pfeil, der vom Einzeller zum Homo sapiens führt, oder von der Barbarei zur sozialen Utopie. Vielmehr gleicht Evolution einem Zickzackkurs. Manchmal geht es in Richtung mehr Komplexität, manchmal aber auch nicht. Biologische wie soziale und kulturelle Geschichte ist vielmehr eine Abfolge von Katastrophen, Arten sterben aus, Ökosysteme brechen zusammen, Kulturen gehen unter, Kriege unterminieren wieder und wieder das Wohlergehen der Menschheit. Das Buch gliedert sich in zwei Teile. Der erste Teil behandelt die Genese der Fortschrittsidee in der biologischen Evolutionstheorie und ihren Widerhall in sozialen und kulturellen Fortschrittsmodellen. Der zweite Teil widmet sich der Relativierung, der Kritik und letztendlich der Verabschiedung der Idee eines universellen Fortschritts.

Andreas Kilian
Egoismus, Macht und Strategien
Soziobiologie im Alltag
ISBN 978-3-86569-047-0, 212 Seiten, kartoniert, Euro 16.-

Heftig wird darüber gestritten, wie stark unser biologisches Erbe bis heute unser Verhalten beeinflusst. Andreas Kilian geht davon aus, dass es eine große Bedeutung hat, vertritt aber zugleich die Auffassung, dass wir ihm nicht „ausgeliefert" sind, sondern diesen Umstand reflektieren und entsprechend reagieren können. Sein Buch stellt archaische Verhaltensstrategien im Alltag dar, die in der Eiszeit unser Überleben sicherten, heute aber keinen Sinn mehr ergeben.

Christoph Antweiler / Christoph Lammers / Nicole Thies (Hrsg.)
Die unerschöpfte Theorie
Evolution und Kreationismus in Wissenschaft und Gesellschaft
ISBN 3-86569-078-5, 224 Seiten, Fotos, kartoniert, Euro 15.-

Der Sammelband erörtert die Frage, inwieweit ein naturalistisches, auf den Theoremen der Evolution aufbauendes Weltbild auch auf Fragestellungen des sozialen Lebens eine Antwort geben kann.

Thorsten Schäfer / Annett Schulze (Hrsg.)
Zur Re-Biologisierung der Gesellschaft
Menschenfeindliche Konstruktionen im Ökologischen und im Sozialen
Mit einem Vorwort von Alex Demirovic
ca. 160 Seiten, kartoniert, Euro ca. 14.-
ISBN 978-3-86569-088-3

Die Beiträge setzen sich mit unterschiedlichen Aspekten von Biopolitik und Ökologie auseinander. Beispielhaft zeigen die Beiträge auf, welche konkreten Auswirkungen diese Konzeptionen gegenwärtig auf sozio-ökonomische Lebensverhältnisse in Deutschland haben.

Alibri Verlag, Postfach 100 361, 63703 Aschaffenburg
Fon (06021) 581 734, www.alibri.de